2023年

第2辑

总第70辑

Nomocracy Forum

法治论坛

广州市法学会　编

法律出版社
LAW PRESS · CHINA
北京

图书在版编目(CIP)数据

法治论坛. 2023年. 第2辑 : 总第70辑 / 广州市法学会编. -- 北京 : 法律出版社, 2023
ISBN 978-7-5197-8314-3

Ⅰ. ①法… Ⅱ. ①广… Ⅲ. ①法学-丛刊 Ⅳ. ①D90-55

中国国家版本馆CIP数据核字(2023)第174396号

法治论坛(2023年第2辑·总第70辑)
FAZHI LUNTAN (2023 NIAN DI-2 JI · ZONG DI-70 JI)

广州市法学会 编

策划编辑 蒋 橙
责任编辑 蒋 橙
装帧设计 鲍龙卉

出版发行 法律出版社
编辑统筹 法律应用出版分社
责任校对 朱海波
责任印制 刘晓伟
经 销 新华书店

开本 710毫米×1000毫米 1/16
印张 21.75 **字数** 378千
版本 2023年10月第1版
印次 2023年10月第1次印刷
印刷 北京盛通印刷股份有限公司

地址:北京市丰台区莲花池西里7号(100073)
网址:www.lawpress.com.cn
投稿邮箱:info@lawpress.com.cn
举报盗版邮箱:jbwq@lawpress.com.cn

销售电话:010-83938349
客服电话:010-83938350
咨询电话:010-63939796

书号:ISBN 978-7-5197-8314-3
定价:98.00元

凡购买本社图书,如有印装错误,我社负责退换。电话:010-83938349

法治论坛

Nomocracy Forum

目录

CONTENTS

数字法治

“双碳”法治

实务研究

案例分析

数字法治

大数据时代网络情报非法收集的国际法因应

郭 萍 姜 瑞*

【内容提要】 大数据发展为人类生产生活带来诸多裨益,但科技能否发挥良性作用取决于人的使用。情报作为各项决策的重要支撑,正由传统纸质载体逐步发展到数据信息载体,使领馆职能及政府信息公开为情报收集提供合法渠道,但仍难以避免利用网络技术窃取情报的不法行为。不法行为在《国家对国际不法行为的责任条款草案》中有明确的归因标准和责任承担方式,入侵他国网络系统可以此为参照,归因于国家责任或归因于个人责任,但对捍卫国家网络主权作用仍显不足。国际法对网络空间的规制尚无明确标准,为维护国家网络主权,完善本国网络情报机制建设是第一要义,国际合作建立网络攻击基因样本库是有力工具,从联合国框架和国内刑诉渠道同时追责是救济路径。

【关键词】 大数据 网络攻击 网络情报 国际不法行为 刑法域外适用

一、问题的提出

数据信息是当代情报的主要内容,伴随网络技术的发展,利用互联网收集情报成为国家情报部门关注的新渠道。但网络是一把"双刃剑",其既为国家收集情报提供便利,也置国家安全于高风险境地,入侵网络系统是近年来网络攻击的典型形式之一,形式和范围的多样化,加剧对其进行法律定性和规制的紧

---

* 郭萍——中山大学法学院/南方海洋科学与工程广东省实验室(珠海)教授、博导,最高人民法院民事审判第四庭国际海事法律研究基地(中山大学)执行主任,主要研究领域:海商法、海洋法;姜瑞——中山大学法学院国际法博士生,主要研究领域:海洋法、海商法。资助项目:本文得到南方海洋科学与工程广东省实验室(珠海)科研项目(SML2020SP005)资助。

迫性和挑战。关于网络攻击的定义,国际上目前尚未达成统一,美国认为网络攻击需要达到破坏或摧毁对手关键网络系统、资产或功能的程度。但以中国、俄罗斯为主的上海合作组织采取了更为宽泛的定义,包括一切利用网络技术破坏社会和政治稳定的行为。由此,美国认为只窃取情报不造成网络系统破坏的行为不属于网络攻击,中国认为入侵网络系统窃取情报行为属于网络攻击。[1]但不论哪种定义,利用蠕虫病毒、特洛伊木马等恶意程序入侵网络系统,窃取情报数据行为是一种国际不法行为,需要承担国际责任。

2022年6月,西北工业大学电子邮件系统遭受网络攻击,中国相关机构经调查取证和技术分析,证实该行为源自美国国家安全局(NSA)的"特定入侵行动办公室"(TAO)。TAO曾长期利用互联网技术隐蔽、多次窃取西北工业大学和中国运营商敏感信息。中国警方将其定性为网络攻击行为。[2] 从互联网的最初发展至今,利用网络技术长期隐蔽、窃取网络数据信息的案例不绝于耳,但多数情况下行为主体并没有为此承担法律责任,这令人反思国际法对网络不法行为规制的效果。

习近平总书记在党的二十大报告中明确要求强化国家在网络、数据、金融等方面的安全保障体系建设,完善参与国际安全治理机制。[3] 目前,国际上关于网络信息技术应用规制尚无具有普遍拘束力的条约,利用互联网技术非法收集网络情报行为在国际法层面的属性判定、归因与责任承担值得深思。本文将基于国际法律现状,从国际法角度分析在不造成计算机系统瘫痪、损坏的情况下非法收集网络情报行为的不法性与责任,为保障国家网络主权和数据安全提供对策。

二、网络情报非法收集行为的国际法判别

正如联合国秘书长古特雷斯在"数据改善生活"的演讲中所提到的,准确的

---

1 Hathaway et al.,"The Law of Cyber-Attack", California Law Review, 2012 (4).

2 国家计算机病毒应急处理中心:《西北工业大学遭美国NSA网络攻击事件调查报告(之二)》,载国家计算机病毒应急处理中心网,https://www.cverc.org.cn/head/zhaiyao/news2022-09-27-NPU2.htm。

3 习近平:《在中国共产党第二十次全国代表大会上的报告》,载中国政府网,http://www.gov.cn/xinwen/2022-10/25/content_5721685.htm。

数据是良策和善治的命脉,数据让世界人民过上更好的生活。[4] 利用网络收集数据信息无可厚非,但网络虚拟性和联通性不能突破法律约束。

(一)情报与网络情报

情报是情报学研究中的核心,定义情报是研究情报收集、利用及判别其合法与否的基础。依据现有研究,情报是指政府、军队和企业为制定和执行政策而搜集、分析与处理的信息,是决策者制定和执行计划的重要依据。[5] 我国《国家情报法》第11条规定,国家情报工作机构的职权在于依法搜集和处理境内外危害中国国家安全和利益行为的相关情报,其中,"依法"应当包括依照我国国内法律及我国签署的国际条约,譬如《联合国宪章》。美国在其2004年颁布的《情报改革与预防恐怖主义法案》对国家情报修订的定义是"'国家情报'和'与国家安全有关的情报'是指所有不论其来源的情报,包括在美国境内外收集的信息,其可适用于总统指令同意下的不止一个联邦政府机构,情报内容关涉对美国国家、人民、财产和利益的威胁,发展、扩散或使用大规模毁灭性武器,及其他任何影响美国国土安全事项。"[6] 美国对其情报工作的定位是"为总统及其国家安全委员会提供外交、国防、经济决策和保卫国家利益免受外部威胁所必需的信息。"[7] 相较而言,美国对情报的定义和作用范围更为广泛,除传统国家安全之外还强调对外交、经济、财产等方面的保护提供服务,中国对情报的功能定义尚局限于国家安全和利益。不过,中国法律强调情报收集应依法进行,但美国法律并未提及情报收集手段的合法问题,且明确不论情报来源。

4 United Nations Department of Economic and Social Affairs, "The power of data to improve our lives", the United Nations website, https://www.un.org/development/desa/en/news/statistics/power-of-data-to-improve-our-lives.html, last visit time March 1, 2023.

5 高金虎:《论情报的定义》,载《情报杂志》2014年第3期。

6 Intelligence Reform and Terrorism Prevention Act of 2004, SEC. 1012. Revised Definition of National Intelligence, U.S. National Archives and Records Administration website, https://www.archives.gov/files/cui/documents/2004 – intelligence-reform-and-terrorism-prevention-act.pdf, last visit time February 28, 2023.

7 马德辉、黄紫斐:《美国国家情报战略的演进与国家情报工作的新变化、新特点与新趋势》,载《情报杂志》2015年第6期。

表1　中美有关情报定义对照

	构成内容	服务用途	获取手段
中国	国家安全与利益	服务国家重大决策	依法
美国	国家、人民、财产和利益； 大规模毁灭性武器； 任何威胁美国国土利益事项	服务联邦政府机构	不论来源

情报在国家安全与发展中占据重要位置，特别是美国在情报安排方面拥有完备的机制，从1947年美国《国家安全法》奠定国安体制的基本框架之后，美国国安体制历经历代总统改革，形成世界上最为强大的情报系统，到奥巴马时期，已经建立网络安全体制，增设应对网络安全威胁的机构，组建美国“网络安全司令部”。[8] 这意味着随着科学技术的进步和大数据时代的兴起，情报载体已从以纸质载体为主过渡到以数据信息载体为主的情报3.0时代。[9] 发展至今，网络情报成为国家情报的重要来源，美国在2014年发布的《国家情报战略》中提出“网络情报”（Cyber Intelligence）一词，并概括为“从所有情报来源收集、处理、分析和传播有关外国行为者的网络计划、意图、能力、研发、战术以及作战活动和指标的信息，对国家安全、信息系统、基础设施和数据的影响和潜在影响，以及对网络特征或对外国信息系统的组件、结构、适用和漏洞的洞察。”[10]从美国对网络情报的描述可知，网络情报主要以数据信息为内容，依托于生产、管理、使用和操控信息的能力，通过互联网端的操作，在一个融合所有通信网络、数据库和信息资源的电子互动平台，获取网络虚拟空间信息或洞察网络运行。这成为近年来各国竞相研发的对象，以避免本国网络生态系统遭受一切可能的威胁，同时对情报资源提供补充。

（二）网络情报非法收集的国际法定性

传统观念认为情报收集是一种秘密行为，但随着和平时期的开启与发展，人们所面临的问题更加多元复杂，气候变化、生物安全、公共卫生等新威胁逐步

8　刘胜湘等：《国家安全：理论、体制与战略》，中国社会科学出版社2015年版，第107～117页。

9　吴晨生、张惠娜、刘如等：《追本溯源：情报3.0时代对情报定义的思考》，载《情报学报》2017年第1期。

10　“The National Intelligence Strategy of the United States of America 2014”, p. 8, Office of the Director of National Intelligence website, https://www.dni.gov/files/documents/2014_NIS_Publication.pdf, last visit time February 28, 2023.

成为国家关注的焦点,情报收集方式亦逐步向公开方式演变,即开源情报(open source intelligence)手段,情报工作人员可从公开的互联网资料或已公开的政府文件报告及解密的历史资料中收集所需信息。[11] 国际法框架提供一定合法渠道便于国家收集有关情报。在国际外交关系领域,互派使节是国家建立正式外交关系的典型标志和主要方式,其职责即包含情报收集,外交使节分为两类,一类是临时性执行出国特别任务的代表或代表团,另一类是常驻外国行使经常联系和交涉等职务的常设使馆,即大使馆、公使馆等。[12] 根据《维也纳外交关系公约》第 3 条之规定,在国际外交关系领域,使馆的职责之一即是以一切合法手段调查接受国之状况及发展情形,向派遣国政府报告。使馆有较大的权利范围,可收集一切通过合法手段收集到的情报信息,包括政治、军事、文化、社会等全方位情报信息,具体方式不限于线下或网络。与此相关联,维也纳会议还制定《维也纳领事关系公约》,领事关系是国际商业关系的产物,第 5 条规定其情报收集的主要职责在于以一切合法手段调查接受国国内商业、经济、文化及科学活动的状况和发展情形,向派遣国报告和关心人士提供资料。领馆因其职责授权专注于商业文化类情报,主要服务于国内经贸发展。除此之外,国家还有权派遣新闻媒体、学者、地方政府机构人员等出国交流学习,或加入政府间国际组织和非政府组织收集有关情报,这些皆为目前国际法所允许的情报合法收集手段。

随着计算机技术的普及和智能互联时代的到来,互联网技术被滥用的风险大幅提升。情报是为政策提供建议,而非刺探秘密,情报战略的目标一旦偏移为刺探和收集秘密,情报手段就会变得无所顾忌和放肆。[13] 网络入侵的不法行为主体数量激增,他们主要通过互联网终端,利用"木马"程序、"零日漏洞"等网络技术远程秘密潜入他国网络系统,窃取数据、更改程序、发布不实信息等,严重者制造网络攻击,危害社会稳定运转。拥有高超计算机技术水平的国家或非国家行为体,为利益而入侵他国网络系统,以实现窃取情报、散布消息、攻击计算机设施等不正当目的。这显然违背《联合国宪章》第 2 条之规定,联合国及其会员国应当遵行"各会员国主权平等原则",这既是《联合国宪章》的内容,也

---

11 孙智中:《大数据时代的开源情报:特征及流程》,载《图书馆学研究》2022 年第 7 期。

12 周鲠生:《国际法》(下册),武汉大学出版社 2007 年版,第 450 页。

13 Robert David Steele,"The new craft of intelligence, on intelligence: spies and secrecy in an open world", AFCEA International Press 2001, p. 8 – 13.

是国际惯例,是国际社会广泛认可的基本原则,国家因主权而对其领陆、领水、领空拥有完整性和排他性管辖权。随着计算机技术的发展,国家主权原则应当延伸至网络空间,国家对本国网络空间享有绝对主权,独立自主且排他处理网络空间事务。[14] 具体而言,对内最高统治权表现为国家对其"领网"空间的一切基础设施、软件、信息数据等拥有绝对控制权和管辖权,对外独立权表现为国家享有不受他国影响和限制、平等独立行使网络空间治理的权利。[15] 侵入和破坏他国网络系统、窃取他国储存在网络上的机密信息等行为本质是对他国具有独立、完整和排他性管辖权区域的侵犯,即对国家网络主权的侵犯。[16] 网络情报的获取应当限于一国主动公开的数据,不应为搜集情报而破坏他国网络系统安全,窃取数据信息或造成损害。

三、网络情报非法收集行为的责任归因

利用网络技术非法入侵他国网络系统收集情报行为违反尊重国家主权和领土完整的国际法原则,但目前在国际法层面,利用网络技术非法窃取他国情报行为的法律属性和行为规制仍处缺位状态,和平时期,如何定性和追究窃取网络情报行为主体国际责任的问题具有现实意义,毫无疑问,网络窃取情报行为与传统间谍行为一样对国家主权造成侵犯,就如各国国内法所深恶痛绝的,非法收集网络情报行为体应当承担一定的法律责任。

(一)归因于国家责任

国际不法行为归因国家责任的原因在于已发生行为起因于国家,且受控于国家,国家对损害后果的发生有不可分脱的责任。[17]

1.归因于国家责任的标准

网络情报非法收集行为归因于国家责任的标准可参考《国家对国际不法行为的责任条款草案》(以下简称《国家责任条款草案》)的规定,任何国家机关行

---

14 《网络主权:理论与实践(3.0版)》,载世界互联网大会官网,https://cn.wicinternet.org/2021-09/28/content_36222995.htm。

15 吕晓轩:《中国参与全球互联网治理研究:基于国际法理的视角》,人民日报出版社2017年版,第61~62页。

16 张薇主编:《国家安全情报研究》(下册),金城出版社2021年版,第429~430页。

17 张磊:《论国际法上构成国家行为的基本原则——以联合国〈国家对国际不法行为的责任条款草案〉为线索》,载《天津行政学院学报》2016年第2期。

为应视为国际法所指的国家行为，包括依其国内法具有此种地位的个人和实体，或经法律授权而行使政府权力要素的个人或实体。[18] 国内法关于公权力机构职责行使方式的规定不能成为国家逃脱责任的理由。利用网络技术非法收集他国情报的行为主要由具有高超网络技术能力的个人或群体完成，当一个人或一群人的行为出于国家指令，或在国家直接指挥、控制或资助之下进行，则认为该行为归属国家。现代国际法对国际不法行为责任采用客观责任原则的归责原则，即不考虑国家主观是否存在过错，只要客观上实施了国际不法行为即应承担责任，参考《塔林网络战国际法手册》案文，无论行为发生地或相关行为者位处何处，都不影响具有实际指挥、控制权的国家承担责任。[19] 譬如，国家安全机构及其下设部门办公室即属于国家机关，其主要负责人及相关工作人员的行为服务并受控于该国，则该国对这些人员和机关的行为应当承担责任。另一种情况下，即刺破"个人面纱"，部分人员会以个体身份从事网络情报窃取行为，但其本质是受雇于国家或其行为由国家控制。此种情况下，虽然表面上看起来是个人行为，但本质是国家掌握实际控制权，国家应当对该不法行为承担责任。若国家号召公民实施网络入侵或对抗行为，虽然公民属于"志愿者"身份，也应归属国家责任。[20]

2. 国家责任的承担方式

入侵他国网络系统非法收集网络情报所引起的法律责任通常被认为是侵权责任，[21] 国家对此侵权行为承担一定的法律后果，包括精神的满足、物质的赔偿及刑事的制裁，《国家责任条款草案》第 29 ~ 31 条规定国家责任承担方式，第一，继续履行；第二，责任国停止不法行为，在必要情况下提供不重复该行为的适当承诺和保证；第三，损害赔偿，包括物质损害和精神损害。物质损害主要包括对国家及其国民财产造成的可估价的损害，一般以经济补偿为主要责任承担方式，精神损害主要指对人的情感与心理造成的损伤，如果可以作出财务评估则适用补偿方式，若无法对其作出经济性评估，则采用抵偿方式，即宣告性判

18 《国家责任条款草案》第 4 条、第 5 条。

19 北约卓越网络合作防卫中心国际专家小组编：《塔林网络战国际法手册》，朱莉欣等译，国防工业出版社 2016 年版，第 17 页。

20 北约卓越网络合作防卫中心国际专家小组编：《塔林网络战国际法手册》，朱莉欣等译，国防工业出版社 2016 年版，第 16 页。

21 周鲠生：《国际法》（上册），商务印书馆 1981 年版，第 233 页。

决、表示遗憾、赔礼道歉等形式。[22] 由于目前关于国家罪行的概念仍处争议当中,国际尚且缺乏国家刑事制裁的执行方式。在数据时代,网络情报的数据构成作为虚拟代码组合,可复制、可下载,令不法行为主体恢复原状无现实意义,则应当适用经济补偿或抵偿的方式赔偿损害。如果受害国能够对其遭受的损失进行经济性评估,包含可期待可确定的利润损失,则可采用经济补偿方式,若无法对非法收集情报行为进行经济性评估,可以要求责任主体针对违反国际义务行为本身进行赔礼道歉,作为对受害国冒犯行为的补救。但在实践中,如何落实国家责任仍是一项艰难的课题。

(二)归因于个人责任

技术发展为情报收集带来的影响之一是“提供和获取”情报的非国家行为者数量呈指数级增长,[23]个人或群体试图通过数据信息实现个人利益,在一定程度上对国家情报收集构成补充,但同时,部分个人或群体对网络技术的不当使用给国家安全、经济技术发展与知识产权保护等方面带来威胁。

1.归因于个人责任的标准

在网络空间,一些热衷于网络虚拟空间探索、具有超常计算机水平的个人或群体出于私人不正当目的,在未经授权情况下利用互联网技术突破他国加密系统窥探、窃取网络情报、破坏网络系统或散布影响他国和平稳定秩序的不实信息,这些人通常被称为网络黑客(hacker的音译),其入侵、监控、占有、利用的行为效果已经构成对他国排他性网络主权的侵犯和对国家安全的威胁。[24]《国家责任条款草案》一读认为仅代表个人意志的行为不能认定为国家行为,损害他国利益或国际社会利益应由其个人负责。[25] 此类行为并不受国家指挥、控制,其本人身份不构成履行国家机关职务,行为目的出于满足个人私益,应当将其归为个人责任。实践中存在大量个人或团体单独发起的网络入侵实例,譬如1982年的“414s”侵入事件、1994年的“罗马实验室事件”以及2010年著名的

---

22 牟文富:《核不扩散条约下的国家责任》,四川大学出版社2011年版,第214~215页。

23 Isabelle Duyvesteyn, Ben de Jong and Joop van Reijn, “The Future of Intelligence: Challenges in the 21st century”, First published by Routledge 2014, p. 152.

24 伍小乐:《论大数据主权的生成逻辑》,载《湘潭大学学报(哲学社会科学版)》2022年第5期。

25 赵建文:《国际法上的国家责任》,中国政法大学2004年博士学位论文,第55页。

"维基解密事件"。[26] 而要证明个体行为者是自发发起网络入侵行为还是响应国家号召成为"志愿者"的行为也存在困难，当无法有充分证据证明国家对此网络行为负责时，只能追究个人的国际不法行为责任。

2. 个人责任承担方式

比照国家责任，个人非法收集网络情报的行为对国家网络主权和国家安全造成危险和损害，承担国际法责任是应然与实然之需。国际法个人责任的承担方式除停止不法行为、损害赔偿之外，还将面临刑事制裁。如果个人非法收集网络情报造成国家财产损失、商业信息泄露、危害国家安全等，受害国有权依据国内法基于属地管辖权或属人管辖权对行为人实施刑事逮捕和起诉。我国《刑法》第 285 条规定对违反我国法律规定，侵入国家事务、国防系统或尖端科技领域系统行为以"非法侵入计算机信息系统罪"定罪，窃取计算机系统数据、实施非法控制等行为以"非法获取计算机信息系统数据、非法控制计算机信息系统罪"定罪。[27] 国际上多国实践也表明其对非法收集网络情报行为持否定态度。[28] 当然，互联网虚拟特性使行为主体与行为发生地、结果发生地可以同时分布在不同国家，追究个人刑事责任在逮捕、定罪、服刑等方面会面临跨国困难，往往需要引渡条约辅助。国家之间如果缺乏司法互惠协助条约，可能面临责任追究不能的后果。

四、我国应对网络情报非法收集的策略

网络逻辑代码所支撑的逻辑空间与现实生活中主权概念所界定的物理空

---

26 ［英］阿兰·柯林斯：《当代安全研究》（第三版），高望来、王荣译，世界知识出版社 2016 年版，第 540～541 页。1982 年"414s"侵入事件中，6 名来自密尔沃基的十几岁黑客以其所在地区的电话区号为名，组成小团体，出于好奇心而侵入数台美国计算机系统，但并未造成任何损失。直到他们侵入癌症纪念中心的两台计算机时，删除所有日志文件时删除了账单数据造成 1500 美元损失，从而引起美国联邦调查局的注意，而被公众所知。1994 年"罗马实验室事件"中，一名英国黑客和另一名身份不明的黑客利用"特洛伊木马"等手段侵入美国空军主要的指挥和控制研究机构——罗马实验室，达 150 多次，控制罗马实验室系统数天之久，复制和下载了重要情报信息，威胁美国国家安全。2010 年"维基解密事件"起源于名为"维基解密"的网站，该网站是由一群非营利活跃分子团体组建，创始人是阿桑奇，主张信息自由，他们在 2010 年先后公布了美国政府有关阿富汗战争和伊拉克战争的大量秘密文件，使美国外交形象遭受巨大打击。这些秘密文件可能来源于投稿，也可能通过技术手段获取。

27 参见《刑法》第 285 条。

28 张薇主编：《国家安全情报研究》（下册），金城出版社 2021 年版，第 426～427 页。

间存在实质性隔阂,但回顾主权概念的发展历程,不难发现,主权内涵一直随时代发展和变化而调整,从领土主权、领水主权到领空主权,“主权至高”的基本观念从未被撼动,今天的网络虚拟空间亦不会突破主权,只是为主权概念注入新的内容。网络主权是主权在网络空间的延伸,所谓网络无边界的说法是只强调维护本国网络主权、无视他国国家安全而谋取自身利益的说辞,[29]对入侵国家网络系统、侵犯网络主权行为应当坚决予以规制。

（一）强化我国网络情报安全体系建设

响应习近平总书记提出的“强化国家网络等安全保障体系建设”要求,[30]保护国家网络主权与安全、防范网络情报非法收集的第一要义是强化本国网络情报安全体系建设,为国家网络安全保障提供制度支撑。国家网络情报法律体系应当是全面、完整和闭环的制度体系,包括情报人才培养、情报收集与共享、防御与应急处置、监管与法律责任及公众教育等系列内容。目前,我国已相继制定和颁布《国家安全法》《网络安全法》《数据安全法》《国家情报法》等法律法规,对监测、防御和处置境内外网络安全风险进行宏观布局,但在一些方面仍有待进一步改进和完善。

首先,培养数字化人才是构建国家网络安全体系的基础。一方面,需要加强网络情报的基本理论与重大问题研究,在关键技术领域加大扶持力度,着重解决我国网络技术面临的困境。另一方面,网络数据过载、信息繁多、真假难辨,情报学科人才培养要从注重情报收集向情报收集与情报分析并重的方向转变,重视情报分析人才的培养和教育,以便更快识别、追溯不法入侵程序。

其次,重视情报共享机制建设。良好的共享机制能够提升信息综合利用率与工作效率,对网络风险及时作出预判和应急处置。这方面可以参考美国经验,整合国家各层级情报资源,建立多层级情报信息共享网络。

再次,我国关于网络攻击相关法律研究仍有待加强和深入,网络攻击的基本定义含混不清,导致该表达在不同场合的滥用。因此应当注意在相关法律文件之间术语表达的统一与协调,以使相关法律能够准确适用于网络空间,为执

29　吕晓轩:《中国参与全球互联网治理研究:基于国际法理的视角》,人民日报出版社2017年版,第71~73页。

30　习近平:《在中国共产党第二十次全国代表大会上的报告》,载中国政府网,http://www.gov.cn/xinwen/2022-10/25/content_5721685.htm。

法人员提供明确的法律依据。[31]

最后,发挥公众力量。拥有移动相机和互联网的平民已成为情报的收集者和传播者,在美国对本·拉登的行动中,最早的情报来源于一位巴基斯坦人发布的推文。[32] 公众已经是数据时代不可忽视的群体,群体数量庞大、人员不特定,发挥群众力量参与防范网络入侵行为、保障网络安全不失为一种良策。

(二)通过国际合作建立网络攻击基因样本库

在网络时代,网络入侵事件并非只发生于中国,世界多国均面临不法行为者入侵本国网络系统的威胁,大部分国家情报系统已无法实现自给自足,这为协同各国合作、共同建立网络攻击基因与样本库提供契机,以确定和分析共同威胁。[33] 即便是美国这样拥有强大网络信息技术的国家,业已认识到建设"共同安全"的重要性,并在信息安全、网络安全和空间安全方面积极寻求盟国和伙伴的帮助。[34] 未来,网络技术会越来越发达,世界各国面临的危险也将更加多样化、复杂化,联合各国力量是应对未知挑战的可取之举。

中国作为网络大国,在科技方面拥有较高水平,仅 360 公司在过去 10 年间就已掌握 300 亿个攻击样本,[35]为分析和追溯攻击源提供诸多助力。基于此,中国可以率先发起行动与相关国家合作捍卫网络安全,共同建立以大数据为核心、以技战术和代码样本分析为基础、以基因序列比对为目的的样本库、知识库,联合其他国家共同建立一个庞大的样本比对库,形成优势互补,以便国家在察觉异常之后能够迅速比对样本库基因序列,调取攻击者信息,及时追溯源头、阻止侵入者的不法攻击,推动网络资源的利用与共享。当然,网络攻击基因样本库的管理与访问也需严格的审核程序,严格把控质量,防止鱼龙混杂或者样本库本身遭受攻击而陷入瘫痪。

2017 年,国际非营利组织兰德研究机构曾发布报告呼吁国际社会建立一个独立、权威、可信和"去政府化"的"全球网络溯源联盟"(GCAC),基于调查启动

---

31 李俊莉等:《大数据视角下公安情报分析技术》,科学技术文献出版社 2016 年版,第 7 页。

32 Isabelle Duyvesteyn, Ben de Jong and Joop van Reijn,"The Future of Intelligence: Challenges in the 21st century",First published by Routledge 2014,p. 152.

33 Chris Clough, Quid Pro Quo,"The Challenges of International Strategic Intelligence Cooperation", International Journal of Intelligence and Counter Intelligence, 2004(4).

34 刘胜湘等:《国家安全:理论、体制与战略》,中国社会科学出版社 2015 年版,第 271 页。

35 周鸿祎:《从网络大国到网络强国,一字之变的密码在这儿》,载人民政协网 2023 年 3 月 13 日, https://baijiahao. baidu. com/s? id = 1753795830907632151&wfr = spider&for = pc。

标准、证据搜集、证据评估框架、归因可靠性标准、通知和公开声明程序、严重性和复杂度评估程序六大国际溯源标准流程运作。[36] 兰德报告的本意在于以一个全球组织为核心,调查网络攻击事件并公开归因,以提高公众的可信度。成立一个中立的国际组织不失为一种更加客观、公正和有效的追溯方式,甚至国际组织和国家可以共同合作建立网络基因样本库,实现追溯的效率和可靠性。这要求各国在投资平衡、高度信任、分享敏感信息意愿以及应对未来威胁方面达成共识,[37]基于《联合国宪章》善意合作原则和共商、共建、共享理念,共同应对全球网络风险。

(三)探寻网络情报非法收集救济路径

侵入国家网络系统非法收集网络情报行为是各国公认的危害国家网络主权与安全的行为,对其救济的前提是重申网络主权的重要性,网络主权的实质是主权在互联网虚拟空间的延伸而非在实体物理空间的继续,强调以对网络基础设施的物理破坏为侵犯网络主权的标准并没有凸显网络的虚拟特性。国家有权在《联合国宪章》框架下对本国网络空间秩序、活动、安全享有平等权、独立权、管辖权和防卫权,各国在网络空间也应做到不侵犯他国、不干涉他国内政,履行审慎预防义务、保障义务。联合国信息安全政府专家组在其报告中也曾强调国家主权及其衍生规范原则适用于信息通信技术活动,主权原则是增强信息通信技术安全的根基。[38] 依照国际法目前的发展状况,入侵网络系统非法收集网络情报行为尚无更恰当、有效的应对措施,特别是归因于国家责任的网络侵权行为的救济。我国可以考虑从国际和国内两条路径尝试寻求救济:

第一,在联合国框架下寻求国际层面救济。联合国安理会已有先例,2020年时值联合国安理会首次讨论网络攻击问题之际,美英等国提请讨论网络攻击事件,要求俄罗斯对此事件负责。[39] 虽然安理会未就此通过任何决议,但这开创了在联合国框架内讨论和追究网络攻击责任的先河。中国作为联合国安理会常任理事国之一,应当充分利用、发挥和维护联合国在国际重要事件中的作用,

---

36 "Stateless Attribution: Toward International Accountability in Cyberspace", RAND website, http://www.rand.org/pubs/research_reports/RR2081.html, last visit time March 13,2023.

37 Isabelle Duyvesteyn, Ben de Jong and Joop van Reijn, "The Future of Intelligence: Challenges in the 21st century", First published by Routledge 2014, p.157.

38 《网络主权:理论与实践(3.0版)》,载世界互联网大会官网,https://cn.wicinternet.org/2021-09/28/content_36222995.htm。

39 沈逸、杨海军主编:《全球网络空间秩序与规则制定》,时事出版社2021年版,第70页。

在证据确凿的情况下,可考虑将案件提交安理会讨论。就此,也可利用国际舆论对有关国家形成压力,以迫使其尊重他国网络空间主权,推行正当的网络安全治理理念。网络安全形势日益严峻,网络军事、网络恐怖主义、网络犯罪等皆为目前需要关注的领域,联合国专门成立多个专项工作组,用于研究互联网治理的各项政策,包括网络犯罪工作组、国际电联工作组、信息安全政府专家组、信息安全开放式工作组等。[40] 但联合国在维护网络安全领域的工作仍然任重道远,网络空间各项规则的制定进程困难重重,国家间利益协调艰难推进,中国应抓住机遇争取话语权、引领网络空间国际规则的制定。当然,外交途径和经济制裁也是网络主权受损的救济方式,但外交途径方式收效甚微,经济制裁方式更是仰赖于强大的经济实力,对于实力雄厚国家的惩罚微不足道。

第二,扩大我国刑法域外适用以寻求刑事救济。我国刑法在打击网络入侵方面能够发挥作用,依照我国《刑法》规定,发生在我国领域内的犯罪都应适用本法,其中行为和结果有一项发生在中国领域内即视为在我国领域内犯罪。我国《刑法修正案(七)》第 285 条补充两款罪名,非法获取计算机信息系统数据、非法控制计算机信息系统罪以及提供侵入、非法控制计算机信息系统程序、工具罪,针对我国实施非法窃取网络情报行为属于非法获取计算机信息系统数据、非法控制计算机信息系统,侵犯我国网络主权,即使行为主体在境外,但犯罪结果发生在中国境内,我国法院对此仍然享有属地管辖权,可以通过法院诉讼实现救济或形成威慑。不过,我国在法律域外适用方面仍有所欠缺,也未明确规定刑法的域外适用范围,今后在《刑法》修订过程中,可以考虑加入对网络入侵行为的域外规制,如果与《联合国宪章》之类的国际条约相配合使用将更加成功,辅以与他国的引渡合作关系的建立,将增加国内刑法的域外适用可能性。[41]

五、结　　语

科学技术正飞速推进人类社会向信息时代纵深发展,大数据、人工智能、互联网和区块链等技术的发展和应用已经远超规范研究的速度,对具有滞后性的

40　沈逸、杨海军主编:《全球网络空间秩序与规则制定》,时事出版社 2021 年版,第 80 ~ 81 页。

41　Hathaway et al.,"The Law of Cyber-Attack", California Law Review, 2012 (4).

法律构成挑战,如何规制人类对科技的利用方式使之产生“科技向善”的成果是国际社会面临的重要课题。网络空间作为人类目前发展的第五大空间,对其规则制定的本质是国际权力的再分配,制定法律规范势必是一个艰难博弈的过程。国际法对网络技术发展的法律制度供给远远不足,一些基本问题尚未厘清,譬如对“网络攻击”一词的内涵和确认标准仍不明晰,在实践中存在乱用现象;网络战是否存在、判定的标准为何以及战时基本原则如何在网络空间适用等都是亟待解决的法律问题。互联网为人类社会发展带来根本性变革,但同时也使全球网络治理面临艰难困境。人类应共同致力于引导科技产生更多良好的网络产品和服务,建立公平、有序、可持续的良好网络秩序。

DEPA 协定下中国参与跨境数据流动规则制定的机遇与策略

刘益灯　宋　歌*

【内容提要】 数字时代的经济增长和贸易繁荣离不开跨境数据安全有序流动。放眼世界,数据跨境流动的全球博弈明显加强。可以预见,未来对于数据跨境流动规则的国际数字贸易谈判一定会趋向更高水平、更严标准及更深程度。《数字经济伙伴关系协定》(DEPA)作为首个涵盖数字贸易的新式协定,内容设计更具创新性与灵活性,很大程度上与中国诉求相契合。在此背景下,我国正式申请加入 DEPA,此举既体现了我国参与全球数字经贸治理的决心,也为推动世界制定更高水平规则标准提供了坚实保障。从短期来看,加入 DEPA 有利于对冲美欧数字规则主导地位,提升我国战略博弈能力。从长期来看,将进一步提升我国国际数字经贸治理的话语权和影响力。未来,我国应以申请加入 DEPA 为契机,对标国际高标准的跨境数据流动规则。一方面,坚持对外开放,参与全球数字经贸规则制定,推动数字经济国际合作。另一方面,率先在自贸试验区开展跨境数据自由流动先行先试,推动数字经济国内治理和国内法规的国际化进程,打造数字贸易规则"中式模板"。

【关键词】 数据跨境流动　数字经济伙伴关系协定　全球数字经贸治理

数字经济时代,数据不仅成为一国的核心生产要素和基础性战略资源,更

---

* 刘益灯——中南大学法学院教授,博士生导师,主要研究领域:国际法学;宋歌——中南大学法学院博士研究生,主要研究领域:国际法学。本文是基金项目国家人权教育与培训基地(中南大学人权研究中心)重大项目"跨境电子数据治理中的消费者权益保护问题研究"(CSUHR22010102);2023 年度湖南省研究生科研创新资助项目"中国参与数据跨境流动规则的因应策略研究"(CX20230128)的阶段性成果。本文获第三十四届全国副省级城市法治论坛主题征文二等奖。

是构建国际竞争优势的关键。数据流动对于全球经济的增长贡献远超一般传统生产要素,对数字贸易规则的形成与发展产生深远影响。作为数据治理核心,跨境数据流动规则正成为对接国际高水平经贸协定的重要标志。越来越多国家通过签订双边或多边协定的方式,参与跨境数据流动规则的制定,希望在国际领域占据战略主动权。当前,数字贸易国际规则的制定权仍被部分西方发达国家把持,旨在维护其先发优势,削弱后发国家的话语影响力,不断将其国内数字贸易规则国际化。典型代表为以充分保障数据自由流动、反对数据本地化的"美式模板"和强调隐私、视听产品例外和消费者保护的"欧式模板",我国在数字经贸规则领域也提出一系列主张,在主权语境下形成了颇具特色的中国方案。[1] 由于国家间存在明显差异,一套基于多方利益博弈、融合多元价值诉求的全球数字经贸规则始终难以形成。在此情形下,新加坡、智利、新西兰于 2020 年 6 月共同签署《数字经济伙伴关系协定》(DEPA)作为推动全球数字经贸规则构建的"新式模板",为团结更多国家在数字经贸领域形成合力提供良好契机,为全球数字经贸治理提供了新的选项和可能。[2]

我国政府先后颁布了《网络安全法》《数据安全法》《个人信息保护法》《数据出境安全评估办法》等一系列法律法规,初步构建了国内跨境数据流动管理框架体系。在推动国内数字经济高速发展的同时,积极参与制定国际高标准的区域贸易协定,不断强化国际合作。作为参与全球数字经贸治理的重要一环,我国政府于 2021 年 11 月 1 日正式向 DEPA 保存方新西兰提出加入申请。[3] 这是继申请加入《全面与进步跨太平洋伙伴关系协定》(CPTPP)后中国推进高标准对外开放的又一重大举措,[4] 宣示了中国以开放的态度积极参与全球数字经贸规则的制定。

跨境数据流动规则既是新一轮国际经贸治理规则的前沿议题,也是未来大国间战略博弈的焦点。当前全球跨境数据流动规则难以达成一致共识,DEPA

---

1 参见熊鸿儒、田杰棠:《突出重围:数据跨境流动规则的"中国方案"》,载《人民论坛·学术前沿》2021 年第 1 期。

2 参见赵龙跃、高红伟:《中国与全球数字贸易治理:基于加入 DEPA 的机遇与挑战》,载《太平洋学报》2022 年第 2 期。

3 《中方正式提出申请加入〈数字经济伙伴关系协定〉(DEPA)》,载商务部 2022 年 7 月 25 日,http://www.mofcom.gov.cn/article/syxwfb/202111/20211103213288.shtml。

4 《中方正式提出申请加入〈全面与进步跨太平洋伙伴关系协定〉(CPTPP)》,载商务部 2022 年 7 月 25 日,http://www.mofcom.gov.cn/article/news/202109/20210903199707.shtml。

作为世界上第一个专项性数字经贸协定,就跨境数据流动规则而言,采取了独创的模块化结构形式,与其他数字经贸协定相比,DEPA 更加契合我国的发展诉求,其倡导的开放、合作、普惠的数字发展趋向与我国秉承的理念基本一致。对我国而言,应以申请加入 DEPA 为契机,通过跨境数据流动规则为突破,对标国际高标准数字经贸规则,在兼顾数据自由流动和安全目标下,构建跨境数据规则的"中式模板",以灵活应对数字经济时代所带来的机遇与挑战。

一、全球跨境数据流动规则发展现状及趋势

数据跨境流动对全球 GDP 增长的推动作用已远超贸易和投资,在数字领域当中国与国之间规则安排的重要性愈加凸显,由此产生的跨境数据流动、数据本地化、数据安全、个人信息保护等一系列问题,需要统一的规则和标准来协调。以世界贸易组织(WTO)为核心的多边贸易体制的滞后性无法顺应数字贸易发展需要,部分发达成员不愿放弃在国际经贸规则体系中的优势地位,转而利用双边或区域贸易协定出台一系列对其区域治理有利的规则成果。[5] 囿于国家间的价值取向不同,统一性的全球规则始终难以构建。在此背景下,DEPA 以其创新性、开放性、灵活性的机制安排为全球数字治理提供了新路径。

(一)WTO 数字贸易规则停滞不前

由于 WTO 参与成员众多,且主要成员间对数字贸易(或称电子商务)[6] 议题分歧巨大,当前 WTO 并未就数字贸易达成专门协定。部分 WTO 成员为维护核心利益,不断向 WTO 提出跨境数据治理的提案。如美国就曾向 WTO 提案,强调数据自由流动对全球经济发展的重要性,主张不应对数据跨境流动施加"不合理"限制。[7] 欧盟因高度重视隐私保护的需要,其提案仍以保障数字主体权利为前提,对于跨境数据流动实施"有条件"的治理规则。我国认为跨境数据流动规则具有较大的敏感性及复杂性,为了维护数据主权和安全的需要,对

5 See Susannah Hodson, "Applying WTO and FTA Disciplines to Data Localization Measures", World Trade Review, Vol. 18, Iss. 4, 2019.

6 按照 WTO 惯例,无论是使用电子商务还是数字贸易作为核心概念,其内涵并无实质性的区别。

7 See WTO, "The economic benefits of cross-border data flows, Communication from the United States", S/C/W/382, June 17, 2019.

跨境数据流动问题仍持观望和保留态度。[8] 各国对于跨境数据治理规则的不同诉求使 WTO 很难达成统一的数据治理体系。

(二)区域性数据治理规则进退维谷

鉴于 WTO 多边数字贸易治理规则滞后,以美欧为代表的发达成员通过利用双边或区域渠道推进跨境数据流动规则不断向更严水平、更高标准趋势发展。发达国家以扩张制度性权力的方式,实现对数据自由流动的核心主张。[9] 还利用规则制定的先发优势进一步遏制中国等新兴经济体发展,使国家间跨境数据流动规则的分歧加剧。

目前,区域性数字贸易治理模式主要分以下三类:第一类以美国为代表,主张跨境数据自由流动及数据非本地化存储,以此保持其在数字领域的优势地位,抢占数据跨境流动规则的主导权,并通过签署一系列区域性数字贸易协定,诸如《跨太平洋伙伴关系协定》(TPP)、《美墨加协定》(USMCA)来强化以美国利益为核心的跨境数据流动规则的"黄金标准"。[10] 第二类以欧盟为代表,主张以保障数据主体人格权利为核心,以"充分性原则"为认定标准,[11] 并通过颁布一系列法规,诸如《有关个人数据自动化处理的个人保护公约》、《通用数据保护条例》(GDPR)的形式反映其在数字治理领域的立场。[12] 第三类以中国为代表,主张以维护数据主权和安全为核心,以数据本地化为原则,有条件地允许数据跨境流动。近年来,我国顺应国际数字贸易的发展趋势,主动参与跨境数据流动规则的制度构建,我国所签署的《区域全面经济伙伴关系协定》(RCEP),[13] 在一定程度上体现了我国对于数据跨境流动规制的贸易立场。三者间治理模式

---

8 See WTO, "Joint Statement on Electronic Commerce, Communication from china", INF/ECOM/19, 24 April 2019.

9 参见谢卓君、杨署东:《全球治理中的跨境数据流动规制与中国参与——基于 WTO、CPTPP 和 RCEP 的比较分析》,载《国际观察》2021 年第 5 期。

10 参见周念利、陈寰琦:《基于〈美墨加协定〉分析数字贸易规则"美式模板"的深化及扩展》,载《国际贸易问题》2019 年第 9 期。

11 "充分性原则"作为欧盟跨境数据规制的核心原则,是指欧盟要求成员国限制数据的跨境输出,除非能够证明数据输入国或接受国的保护水平能够达到"充分性"认定标准。

12 See WTO, "Joint Statement on Electronic Commerce, EU Proposal for WTO Disciplines and Commitments Relating to Electronic Commerce, Communication from the European Union", INF/ECOM/22, 26 April 2019.

13 《RCEP 即将正式生效　中国实施 RCEP 已经准备就绪》,载央广网 2022 年 7 月 25 日,https://baijiahao.baidu.com/s?id=1719927075887821645&wfr=spider&for=pc&searchword=。

分歧严重,在此背景下,DEPA 作为数字经济的后起之秀,为全球数字经贸的治理提供了新路径。

(三)DEPA“新式协定”方兴未艾

DEPA 是全球首个数字贸易领域的专门协定。协定发起方新西兰、新加坡和智利作为较早一批发起和参与区域贸易协定的国家,三国共同经历了 TPP 的退出闹剧和 CPTPP 的签订,对国际经贸规则的制定有着一定的经验和默契,对于数字贸易制度建设有着共同期许。为了打破传统数字经济发展的僵局和壁垒,促进全球数字贸易的深度合作和发展,DEPA 应运而生。

有别于传统的区域数字经贸协定,DEPA 代表了全新的数字规则发展趋势。在现有的货物和服务贸易之外,单独提出数字经贸规则,有针对性地协调数字贸易合作,制定数字贸易规范,为全球数字贸易制度安排提供了模板。特别对于跨境数据流动和个人信息保护议题,其采用模块化框架使它相较传统经贸协定更具有灵活性和扩展性。DEPA 建立了一种合作机制,允许成员在必要时根据自身发展状况适当调整规则,有助于进行更具开拓性和创新性的做法。[14] DEPA 计划建立一个超越既有国家间数字贸易管理框架,指出了确保与志同道合的成员达成高标准经贸协定的途径。我国也已申请加入 DEPA,此举既顺应我国加快数字贸易领域改革开放的需要,又有助于我国积极对接国际,为发展和完善国际数字经贸规则贡献中国力量。

二、DEPA 背景下数据跨境流动的核心内容及特点

DEPA 共有 16 个模块,其中与跨境数据流动有关的规则主要集中于模块 4,具体包括个人信息保护、跨境数据流动、计算设施的位置三个方面。

(一)DEPA 跨境数据流动的核心内容

1. 个人信息保护

DEPA 第 4.2 条第 1 款首先强调了关于个人信息保护的重要性。DEPA 第 4.2 条第 2 款规定各缔约方应采取或维持电子商务和数字贸易中用户个人信息的法律框架。为提高法律确定性,缔约方可通过个人信息保护法或其他与隐私

14 参见任宏达:《数字贸易国际规则的多元发展与中国元素——以中国申请加入〈数字经济伙伴关系协定〉为视角》,载《中国发展观察》2021 年第 24 期。

有关的自愿承诺之法律等方式来履行本款规定的义务。考虑到缔约方处理个人信息时的立法差异,DEPA 并未采用“一揽子”协议方式制定具体规则,而是允许各缔约方参照国际机构的原则和准则创设法律框架,从而达到各缔约方之间个人信息保护规则的平衡与协调。第4.2条第3款制定具体原则,主要为安全保障、目的规范、数据质量、收集限制、使用限制、透明度、个人参与和问责制,要求各缔约方依照上述原则设立法律框架进行个人信息保护,同时在第4款、第5款中进一步落实了个人信息保护的救济举措。认识到各缔约方可能采取不同的法律方法来保护个人信息,在第4.2条第6款中提议引入具备互操作性和兼容性的个人信息保护机制,来促进不同个人信息保护制度间的和谐共处,同时在该款项中规定兜底条款,为机制今后的发展预留广阔空间。为进一步促进各缔约方对于个人信息保护机制的互操作性和兼容性,于第4.2条第8款创设对企业所采用和互认的数据保护信任标志。第10款进一步规定了各缔约方应努力承认数据保护信任标志,以其作为保护个人信息跨境传输的长效机制。[15]

2. 跨境数据流动

对于跨境数据流动问题,各缔约方认识到成员间对于电子手段转让信息可能有着不同的监管要求,在第4.3条第1款中规定允许各缔约方设置不同监管规则的内容。第4.3条第2款要求各缔约方应允许通过电子手段跨境传输信息,如果这种活动是以开展受保护人的业务为需要。将第4.3条第3款作为数据跨境流动的例外规定,本条规定只有在不妨碍缔约方为实现合法的公共政策目标所需的限度下,才能采取或维持与第2款不一致的措施,并将措施分为两类:一是不得以构成任意或无理歧视或变相限制贸易的方式实施;二是对信息转让的限制不得超过实现目标所必需的程度。该例外条款只有在符合目的、方式和现实的基础上,才能实施或维持限制数据流动的措施。[16] DEPA 原则上允许数据跨境自由流动,旨在为各缔约方营造互利共赢的法治营商环境,使企业可以随时提供数字产品及服务。

3. 计算设施的位置

计算设施的位置即数据存储本地化。[17] 第4.4条第1款规定各缔约方均有

15 See DEPA, article 4.2.

16 See DEPA, article 4.3.

17 数据本地化是指出于本国公民隐私保护、国家数据安全以及执法便利等目的,要求数据在境内存储、处理的管理要求集合。

要求各自设立不同计算设施监管的权利,其中包括寻求确保通信安全和保密的要求。第4.4条第2款规定禁止将数据存储本地化的要求作为市场准入的条件。第4.4条第3款设置的例外规定与第4.3条中的例外规定基本一致,规定只有在必要限度下才能采取或维持数据存储本地化的措施。[18]

4. 数据共享、监管沙盒和政府数据公开

除DEPA专项模块4外,在第9.4条提出了两种驱动数据创新的方法:一是建立数据共享机制,DEPA鼓励各缔约方通过设立数据共享机制来促进数据在数字环境中使用;二是创设数据监管沙盒机制,各缔约方致力于在数据监管沙盒上进行协作,以创建安全的环境,使企业在可信赖的数据共享环境中创新产品和服务,从而促进发展和高效的市场开放。DEPA在第9.5条中规定政府数据公开,同时允许缔约方可以探索扩大访问和使用公开政府数据的方式,给予企业更多机遇。[19]

(二)DEPA 跨境数据流动的治理特点

1. 采取"模块化"议题组合安排,凸显灵活性

DEPA具有较强的灵活性,其采用"模块化"议题组合安排,缔约方不必同意全部内容,这为处于数字贸易发展阶段不同、治理需求不同的各个国家赋予更多选择的空间。相较传统综合数字经贸协定,缔约方可在一定范围内自行决定申请加入合适模块,增加了各国的自主选择权,同时极大地简化了流程,提升了数字治理效率。灵活的准入机制在很大程度上打破了数字大国对规则的垄断,机制设计上更加平等务实,给予缔约方更大的自由和包容,让更多成员有机会以符合自身发展水平的方式参与全球数字经贸合作,也为中国元素融入国际规则提供了依据。

2. 聚焦全球数字贸易发展前沿,突出创新性

DEPA承诺建立一套数字体系,支持创新,并在全球建立信任机制。例如跨境数据流动规则,DEPA虽在很大程度上借鉴了CPTPP相关条款,但进一步细化了数据隐私条款、完善了个人信息保护监管框架。创设数字系统的信任机制,采取数据保护可信任标志并倡导政府数据公开。DEPA还支持缔约方通过促进跨境数据驱动型创新以促进产品和服务的开放,通过设置"数据创新"条

18 See DEPA, article 4.4.

19 See DEPA, article 9.4、9.5.

款,采取数据监管沙盒方式,鼓励在安全可信任的数据共享环境中创新金融产品和服务。DEPA 对于部分条款的创新具有前瞻性意义,确保了协定未来的延展性,助推全球数字经济的创新发展。

3. 促进全球数字经济的国际合作,强调开放性

DEPA 协定的最大优势在于开放性。开放性的制度设计让其具备与数字经济共同发展的潜力,允许缔约方在其必要时根据发展情况调整规则,有效提升了参与者的自由度,扩大了协定的参与面,同时为其他成员更广泛地采用模块提供条件,为其顺利参与国际合作提供了包容性的政府间数字经济合作制度框架。这份旨在促进开放的伙伴关系协定,对全球数字经济一体化进程具有开创性意义,体现了当前数字经贸规则的最新发展趋向。

三、DEPA 与当前主要跨境数据流动规则之分析与比较

当前,发达成员间利用双边和区域贸易协定作为推进其数据跨境自由流动主张的主要渠道,试图先行制定更高标准的跨境数据流动规则来建立竞争优势,迫使后发国家只有付出更高昂的代价和规则成本方可融入。可以预见到,未来跨境数据流动规则必然是向着更高水平、更加开放、更严水平的趋势发展。[20] 我国申请加入 CPTPP 和 DEPA 的同时也对跨境数据流动规则提出了更高、更严格的标准要求。对当前跨境数据流动主要条款进行比较研究,有助于中国更好地融入国际数字经贸规则当中。

(一)DEPA 与 CPTPP、RCEP 规制跨境数据自由流动之比较分析

CPTPP 作为高标准区域经贸协定,不同于专项条约 DEPA,CPTPP 对跨境数据流动规则以专属章节形式在第十四章中规定。从规则内容看,第 14.11 条第 1 款是促进跨境数据自由流动条款,第 14.11 条第 2 款为缔约方设立了强制允许数据跨境流动的义务,且限定了缔约方通过保护个人信息规避这一条款的事由,使本条款成为 CPTPP 对跨境数据流动的关键条款。在第 14.11 条第 3 款中设置只有在不构成“不合理歧视或变相限制”或“不超过实现目标所需的程度”情形下,方可采取“合法公共政策目标”的例外规定。即如果缔约方采取限

20 参见何波:《中国参与数据跨境流动国际规则的挑战与因应》,载《行政法学研究》2022 年第 4 期。

制措施,必须在满足目的限制、合理性和必要性的前提下实施。[21] 总体而言,CPTPP 对跨境数据流动设置了高标准的规则要求,也对全球数字贸易规则产生了深远影响。由于 DEPA 缔约方也属于 CPTPP 成员,DEPA 坚持沿用 CPTPP 中关于数据跨境流动的相关规定。[22]

RCEP 是我国现阶段参与全球治理当中最高标准的数字贸易协定。第 12.15 条为 RCEP 数据跨境自由流动条款,首先承认跨境数据流动的重要意义,然后在总体上采取"原则 + 例外"的模式,原则上规定在允许缔约方存在对电子信息传输的内部监管基础上,为缔约方设定了不得阻止正常经营活动中的跨境信息传输活动。在第 12.15 条第 3 款中作出例外规定,即在不构成"不合理歧视或变相限制"的前提下对"合法公共政策目标"的相对豁免,以及对"基本安全利益"的绝对豁免。RCEP 对基于合法公共政策目标所实施的跨境数据流动的限制措施制定了目标正当性,即为实现合法公共政策目标可以采取其认为具有"必要性"的措施,此规定赋予了各缔约方决定合法公共政策的实质性自主权。需要注意的是,CPTPP 和 DEPA 没有此项授权。[23] 同时,在基本安全规则中,进一步增设各缔约方不得对该类举措提出异议的要求,进一步扩大了缔约方在跨境数据流动规则上的自主权。[24] 总体而言,RCEP 对于跨境数据流动治理呈现出较为保守的特点,凸显了对数据安全价值理念的追求,在一定程度上降低了规则的水平,使其整体上难以满足 DEPA 和 CPTPP 对数据跨境流动规则的高标准要求。

(二)DEPA 与 CPTPP、RCEP 规制数据存储本地化之比较分析

数据存储本地化问题对于在数字领域尚处发展阶段的发展中国家而言尤为值得关注。CPTPP 将数据存储本地化规定在第 14.13 条中,在结构上同跨境数据流动规则相一致。第 14.13 条第 1 款允许对包含安全保障和机密保护在内的不同监管要求。在第 2 款中设定了不得将数据存储本地化作为市场准入条件的强制性要求。在第 14.13 条第 3 款中作出除非为"合法公共政策目标"

---

21 See Mira Burri, "The Regulation of Data Flows through Trade Agreements", Law and Policy in International Business, Vol. 48, No. 1, 2017.

22 See CPTPP, article 14.11.

23 参见周念利、于美月:《中国应如何对接 DEPA——基于 DEPA 与 RCEP 对比的视角》,载《理论学刊》2022 年第 2 期。

24 See RCEP, article 12.15.

不能将数据存储本地化作为准入条件,但也不能构成“不合理歧视或变相限制”并需要满足“必要性”条件的例外规定。[25] CPTPP第14.13条和DEPA第4.4条内容一致,兼具让缔约方保留监管自主空间和自由设置数据存储地的权限。

RCEP在第12.14条中对数据存储本地化作出要求,第12.14条第1款允许设置不同的监管要求,第2款对数据存储非本地化进行了强制性要求。对于例外条款的规定,除为“合法公共政策目标”所必需之外,RCEP增添了对缔约方为保护“基本安全利益”行为的豁免,[26]由此体现出各缔约方主权保护的重视程度。

(三)DEPA与CPTPP、RCEP规制个人信息保护之比较分析

个人信息保护规则覆盖范围较广,且涉及的规定较为零散。对于其法律规制问题,DEPA和CPTPP可采用隐私、数据和个人信息进行全面保护的法律规定,从而履行个人信息保护的义务;RCEP则在此基础上引入法规来确保相关义务得以有效执行。对于存在差异化的个人信息保护,各缔约方可能会采取不同的法律制度进行保护,因此为促进制度的互操作性和兼容性,在DEPA第4.2条第6款和CPTPP第14.8条第5款中规定了协调各方规则分歧的措施,如相互承认监管结果、设置更广泛的国家信任标志或认证框架,由此体现了DEPA和CPTPP积极探索兼容性机制的制度安排。[27] 对于数据保护可信任标志问题,与RCEP、CPTPP最大的不同在于,DEPA认识到承认数据保护可信任标志在数据安全中发挥的重要作用,因此支持各缔约方相互承认彼此间数据保护信任标志,鼓励以此构建促进跨境信息传输并保护个人信息的长效机制,为数字贸易发展营造良好的法治营商环境。

(四)小结

在跨境数据流动方面,相较于中国参与的RCEP,在CPTPP和DEPA中对各缔约方保留的管制权限较少,因而数据跨境流动自由化水平更高。虽然中国对接DEPA跨境数据流动规则存在一定难度,但中国给予RCEP的承诺水平与DEPA较为接近,因此准入门槛相对较低。[28] 通过申请加入DEPA,既能提升我

25 See CPTPP, article 14.13.

26 See RCEP, article 12.14.

27 See DEPA, article 4.2; CPTPP, artcicle 14.8.

28 参见陈寰琦、陆锐盈:《〈数字经济合作协定〉数据安全规则解析及对中国的启示——基于和CPTPP/USMCA/RCEP的比对》,载《长安大学学报(社会科学版)》2022年第5期。

国经贸谈判话语权和影响力，也有助于推动我国对接国际高标准跨境数据流动规则。需要注意的是，当前我国对跨境数据流动采用限制措施尚难以满足“合法公共政策目标”的必要性要求，有待进一步商榷。

在数据存储本地化方面，从承诺强度来看，DEPA 要高于 RCEP，但是略低于 CPTPP。由于这一议题较新，当前仅有少部分规定纳入自由贸易协定当中。但相较而言，我国在《网络安全法》《数据安全法》《个人信息保护法》中虽均对数据存储本地化作出了规定，但仍与 DEPA 存在一定差异。鉴于此，对国内法规的完善也是我国今后更好对接 DEPA 之关键所在。

在个人信息保护方面，DEPA 在内容的广度和规则的深度上不断延展，使其有别于 RCEP 和 CPTPP。在内容的广度上，DEPA 扩大了个人信息保护规则的覆盖范围，其针对八项主要议题构建了数十项具体规则。在规则的深度上，虽然 RCEP 和 CPTPP 关于这一议题也具强制性，但从措辞来看，DEPA 承诺更具约束力。总体而言，尽管我国已经颁布了一系列法规来落实个人信息保护和数据安全领域相关规章，但在相关制度构建上与 DEPA 仍存在一定差距，如对“隐私保护”的界定等问题需要不断细化和完善规则。这也是我国今后对接 DEPA 乃至更高标准的数字经贸协定所需考量的重要问题。

四、DEPA 协定下中国参与跨境数据流动规制的机遇与挑战

当前，依据我国信通院最新发布的《中国数字经济发展白皮书(2022 年)》，2021 年我国数字经济规模为 45.5 万亿元，占 GDP 比重达 39.8%，成为推助我国高质量发展的重要引擎。[29] 但从国际话语权来看，数字经济规模与在我国在全球数字经贸治理中的话语权和影响力并不相当。对此，我国也在不断尝试参与全球数字经贸规则的制定，以求探索一条推进数据跨境流动治理的可行路径。[30] 我国申请加入 DEPA，既为我国积极对接高标准跨境数据流动规则、争取数字经贸治理主动权提供发展机遇，同时也面临一定的风险与挑战。

29　中国信通院：《中国数字经济发展白皮书(2022 年)》，载微信公众号“中国信通院 CAICT”2022 年 7 月 25 日，https://mp.weixin.qq.com/s/KZezeFlCRGo2taUD9oKlgw。

30　参见张光、宋歌：《数字经济下的全球规则博弈与中国路径选择——基于跨境数据流动规制视角》，载《学术交流》2022 年第 1 期。

（一）中国加入DEPA的机遇

1. 对冲美欧数字规则的影响力，提供全球数字治理新思路

综观全球数字经济格局，已经基本形成以美国、欧盟和中国为核心的三大数字经济区域，美欧国家立足于政策基准和自身发展状况引领这一数字治理规范，利用双边和区域贸易协定推动达成一系列规则成果，积极抢占国际数字治理规则制定的主导权，并已逐渐对他国产生溢出性影响。以中国为代表的亚太地区作为数字经济市场增长动能最快、发展潜力最大的地区，由于缺乏统一的规制体系，在日益形成的全球数字市场与国际数字经济治理机制中话语权不足，处于被动局面。[31] 为维护更多新兴市场国家和欠发达国家的数字经济发展利益，对冲美欧对数字霸权的主导地位，构建一个公平、开放和非歧视的全球数字治理体系，DEPA应运而生。

DEPA虽然签署时间较短、涵盖的经济体量规模较小，却具有开创性的时代意义。不同于传统数字经贸协定，DEPA作为全球首个专项数字经贸协定，其独创的“模块化”准入方式，使协定更具扩展性和可执行性。这种创新性的制度安排既兼顾了国家间数字发展的差异性和安全复杂性，也在一定程度上有效缓解了当前全球数字治理“联盟化”的趋势。DEPA作为当前全球数字贸易规则的高标准样板，不仅为全球数字治理难题的破解提供新思路，也为今后全球数字经贸规则的制定起到一定的调整和示范作用。

2. 推动数字贸易领域的国际合作，提升我国数字经贸的话语权和影响力

实质上，DEPA作为一个非约束性承诺协定，建立了一个超越CPTPP承诺的国家数字经贸治理框架，指出了确保志同道合的贸易伙伴达成高标准协议的途径，给世界各国以积极开放的承诺，这必将在一定程度上促进各国在数字领域达成更加广泛深远的合作，促进更多国家以符合自身数字经济发展水平的方式融入国际合作中，在特定领域迅速达成一致共识。

申请加入DEPA作为我国深化高水平对外开放的重要举措，既有助于为全球数字经济治理的规则体系和制度安排注入中国力量，也有利于提升我国在数字经贸治理领域的话语权和影响力。相较于美国强调数字贸易自由化和欧盟强调隐私安全保护的数字治理理念，我国提出了一条在发展与安全之间寻求动

31　参见周念利、吴希贤、焦婕：《基于DEPA探究亚太地区数字贸易治理前景》，载《长安大学学报（社会科学版）》2022年第2期。

态平衡的数字治理理念，认为数据跨境流动、本地化等规则制定的核心应兼具商业价值的增长和国家安全的保护，并给各国传递包容性、普惠性的发展理念，这正与 DEPA 高度契合。[32] 我国加入 DEPA，既有助于凝聚亚太地区数字经济发展共识，为参与全球数字经济治理赢得更多话语权；又有助于提升中国在未来全球数字经济体系中的影响力。我国的加入将为完善全球数字治理机制、提升全球数字经济发展新动能作出更多贡献，为打造更加公平、开放、普惠的全球数字经济发展环境贡献中国力量。

（二）中国加入 DEPA 所面临的挑战

1. 发达成员对中国参与数据跨境流动规则的干预

由于 WTO 多边框架下数字贸易规则存在缺失，全球统一数字治理机制始终难以构建，当前围绕跨境数据自由流动与数据主权的战略博弈日趋激烈。亚太地区因经济中心的转移，也逐渐成为中美两国未来在全球数字治理领域竞争的关键。当前，美国政府高度重视"印太战略"，并提出一个更具雄心的"印太经济新框架"，企图在数字治理领域制定更高标准的区域协定，从根本上超越 RCEP 与 CPTPP，以此实现数据霸权的野心。[33] 面对美方意欲"借壳"DEPA 积极寻求"重返亚太"，从而试图主导亚太地区数字经济治理的行径，我国今后在参与 DEPA 谈判过程中必须保持高度警惕，以灵活应对挑战，赢得战略主动。

2. 数据跨境流动相关国内规则与国际规则尚待兼容

国内法律制度是一国参与国际规则的基础，数字经济的全球化发展不可避免会受国内数字领域相关法律法规和监管政策影响。虽然我国并不严格禁止跨境数据传输，但当前国内立法现状尚不具备完全对接国际高标准规则的能力，仍与 DEPA 的部分条款存在差异。

DEPA 倡议各缔约方应当允许基于个人业务相关需要支持个人信息跨境传输，但我国《网络安全法》《数据安全法》《个人信息保护法》《数据出境安全评估办法》等法律对部分数据出境行为均提出了限制条件，而这些限制条件尚无法满足 DEPA 对"合法公共政策目标"必要性要求。根据 DEPA 第 4.3 条第 3 款的例外规定，若对数据跨境流动采取限制性措施，必须满足"合法公共政策目

32　参见徐泽轩、刘旭：《加入 DEPA 对我国的影响及几点建议》，载《网络安全和信息化》2022 年第 1 期。

33　参见周念利、吴希贤：《拜登政府推出亚太数字贸易协定的基本策略、内容、对华挑战及前景研判》，载《国际贸易》2022 年第 3 期。

标”的必要性条件。[34] 当前各国对于“合法公共政策目标”尚无统一界定,但参照 WTO 的一般例外条款规定,[35]跨境数据流动的“合法公共政策目标”无非是以保障信息安全、保护个人隐私、确保监管方便地访问和调取数据、防止外国敌对势力获取存储在其境内的数据等方式实现。对于上述解释,从我国的国情或政策目标出发,美欧等发达国家认为我国对于跨境数据流动、数据存储本地化规定的正当性不足,由此所采取的限制措施是“任意的”“超出实现目标所必需的”。且不同于我国签署的 RCEP,对于跨境数据流动“合法公共政策目标”的必要性认定,增设了缔约方“其认为”的自裁决条款。因此,今后我国援引“合法公共政策目标”的例外规定时,还需跟美欧等发达国家进一步充分论证,具有较大难度。

3. 立法和监管体系尚待完善

从国内立法来看,我国虽在“三法”的立法宗旨下对数据跨境流动法律规范进行初步构建,但在具体落实上尚有欠缺。

在数据分类方面,《数据安全法》第 21 条将数据流动分为三类,分别为一般数据、重要数据和核心数据。其中,对于重要数据流动应适用《网络安全法》的规定,对于核心数据流动则仅设置了较为严苛的安全审查标准,并无进一步解释说明。后续在《网络安全法》第 37 条对于重要数据也尚无具体数据分类细则,同时对于如何理解核心数据等问题也没有明确定义和具体标准。[36] 当前,对于数据的分类仍存在范围不清、标准不明、分级分类体系不明确等问题,需要进一步落实国内数据分级分类制度。

在相关立法方面,数据跨境流动规则多分散于各部门法、行政法规及部门规章当中,导致不同层级法律间对数据跨境流动规制不一致的情形时有发生。如在《数据出境安全评估办法》和《个人信息保护法》中均对数据出境行为作出限制要求,即个人信息和重要数据应当进行个人信息保护认证和安全评估,或是在与境外接收方签订标准合同的情况下可以跨境传输。虽然上述规定原则上并未禁止数据跨境流动,但我国部分规章制度中仍然禁止数据跨境行为,例如,《地图管理条例》第 34 条规定数据单位应将数据服务器设置在本国境内,[37]

---

34 See DEPA, article 4. 3.

35 参见谭观福:《数字贸易中跨境数据流动的国际法规制》,载《比较法研究》2022 年第 3 期。

36 《数据安全法》第 21 条、《网络安全法》第 37 条。

37 《地图管理条例》第 34 条。

致使对此类数据的管理现状仍为禁止数据跨境流动。由于部分行业或领域对数据监管的规定尚未作出及时修订,导致法律适用冲突的情形时有发生。对于上述禁止数据流动的规定,当前也暂未留下与上位法制度衔接的空间,使数据问题常处于多重定位且无法确定的情形。[38]

4. 数据审查和安全保护能力尚需考验

在数据审查方面,当前《网络安全法》、《数据安全法》和《个人信息保护法》对数据出境安全审查均作出了相关规定,但对于具体审查的范围、内容和方式没有作出统一标准,实践标准充满不确定性。如在《数据安全法》中对于“重要数据”的跨境传输必须进行安全审查的规定,但不同领域的重要数据清晰度不同,因而亟须明确有关安全评估的具体管理要求。

在数据安全方面,我国当前数据流动规则和安全技术手段尚处在发展阶段,如对跨境数据自由流动监管不当,既可能影响我国数字产业的发展机遇,更易引发跨境网络攻击、恐怖信息传播等国家数据安全风险,将国家和个人信息安全置于危险境地。因此,如何在保障国家信息安全和促进数据跨境流动之间寻求动态平衡,考验着中国智慧。

五、中国对接国际高标准数据跨境流动规则的应对策略

数字经济发展速度之快、辐射范围之广、影响程度之深前所未有,已日益成为重塑全球经济结构、重组全球要素资源、重建全球竞争格局的关键力量。“十四五”规划和 2035 年远景目标纲要也强调以“加快数字化发展,建设数字中国”为目标,推动数字经济持续向更深层次发展。[39] 对我国而言,应以加入 DEPA 为契机,对接国际高标准跨境数据流动规则,既要持续深化对外开放,以开放的姿态积极参与全球数字经贸治理,同时也要协调和完善国内相关法律制度,推动国内规则的国际化进程,在全球数字经贸治理中发挥中国力量。

38　参见何波:《中国参与数据跨境流动国际规则的挑战与因应》,载《行政法学研究》2022 年第 4 期。

39　《国务院关于印发“十四五”数字经济发展规划的通知》,载中国政府网,http://www.gov.cn/zhengce/content/2022-01/12/content_5667817.htm。

(一)对外层面:坚持深化对外开放,维护并参与数字经贸规则的国际合作

1. 明确我国在数据跨境流动中的立场和主张

各国之间的价值选择和政策立场存在一定差异,难以构建统一性的全球数字经贸规则框架。美欧国家利用双边和区域发展优势,抢占跨境数据流动规则制定的主导权,并以此遏制新兴国家数字经济的发展。当前数字经济格局下,统筹发展与安全是我国的最终目标。因此,我国在参与数字经贸治理谈判的过程中,应以维护国家安全为底线,以兼顾发展和安全为原则,恪守"数据主权"立场,反对任何以"长臂管辖"来进行治外法权的行径,积极联合数字立场相近的国家,在兼顾国家安全、个人信息保护和产业发展的基础上,建构多渠道跨境数据流动机制,在高水平开放中统筹发展与安全。具体来说,可以《全球数据安全倡议》为向导,采取"数据自由流动为主、安全评估例外为辅"的立法模式,同时充分合理利用"合法公共政策目标"以及"安全例外"等国际规则,鉴于安全例外的正当化数据保护比较困难,我国可主张单独列出保护国家安全的条款,将数据流动与信息保护条款并列,给缔约方留出充足的政策空间,以此提出跨境数据安全自由流动的中国方案。

2. 积极参与国际合作,为中国数据跨境流动治理方案"增容扩圈"

当前,部分发达国家排斥中国等发展中国家参与跨境数据流动全球治理,并以此为目标建立互操作机制,使我国处于劣势地位。作为全球第二大数字经济体,我国应当利用自身的发展优势,致力于探索全球数字鸿沟的弥合,推动数字经济发展。因此,我国应借助自身影响力,凝聚立场相近的成员,在谈判过程中凝聚共识。我国可以利用双边协定作为突破口,采取"以双边带多边、以区域带整体"的推进策略,推动与立场相近的成员达成数据跨境流动互信互认机制。通过"一带一路"建设过程中所展现出的大国影响力,联合与我国经贸往来密切、利益诉求相近以及政治互信度较高的经济体,以签署与沿线国家间高水平双边或区域协议为突破口,就网络数据安全、技术监管规范、个人信息保护等议题推动形成"一揽子"保障数据跨境流动的制度安排,以此助力"数字丝绸之路"高质量发展。具体可以参照DEPA中对数据跨境流动自由化的制度安排,针对沿线国家企业间数据的跨境流动,适当承认各自法律框架的数字保护信任标志,在设有各自监管要求的情况下互相承认其监管结果。倡议"一带一路"沿线国家制定企业数据互信互认的认证机制,从而简化国家间数据出境的审批程序,促进各国间数字的互联互通,减轻国家在数据流动中的障碍。这样既有利

于通过国际合作发挥我国优势，提升我国在数字贸易领域中的国际影响力，为跨境数据流动治理的中国方案“增容扩圈”，也有利于为中国申请加入 DEPA 提供政策助力。

（二）对内层面：对接 DEPA 跨境数据流动规则，改革相关国内法律制度

1. 夯实国内法细节规定，完善分类分级管理制度，明确标准性

整体来看，我国在《网络安全法》《数据安全法》《个人信息保护法》等法律法规中，已初步制定了数据跨境治理规则，原则上允许跨境数据的安全、自由流动，但相关配套措施和管理政策等具体实施方案还需进一步优化。当前，尽管《数据安全法》第 21 条中已经建立数据分类分级保护制度，借此严格监管重要数据和核心数据，但相关顶层设计仍处于空白，缺乏统一的布局和规制。因此，应进一步完善相关法律规定，建立更加明确的数据分类分级标准。

一方面，进一步制定和完善《数据安全法》的具体实施细则，从国家层面制定出台数据分级分类指南或出境标准。尽快制定和公布重要数据目录，依照各地区、各部门要求探索统一的重要数据列表和识别标准，厘定跨境数据类别（合理划分核心数据、重要数据和一般数据的具体范围）和级别（核心级、重要级、公开级），明确重要数据的范围以及在实践中的判断标准和具体操作步骤，同时对国家核心数据的内涵及外延加以解释，避免核心数据范围的扩大化，以便进行重点保护。另一方面，随着相关法律法规的完善，未来数据的分类分级标准、具体规则的实施将会更加明确，有关法律、行政法规和部门规章之间并未统一的跨境数据流动条款也应当进行探讨修订，统一上位法作为其依据，并通过立法技术作出具有衔接性和可操作性的规定，针对相关规定处在多重定位且无法确定的情形，可在既有规则基础上增设“法律、行政法规另有规定的，依照其规定”的例外条款，以此避免国内法之间对于跨境数据流动监管规定不一的情况发生。

2. 落实数据出境安全评估措施，增强可操作性

国家网信办 2022 年 7 月 7 日正式发布《数据出境安全评估办法》，并自 9 月 1 日起正式施行。[40] 一直以来，个人信息与重要数据出境安全评估作为数据安全领域的重要议题备受关注。《数据出境安全评估办法》这一规定的出台，具

---

40 国家互联网信息办公室：《数据出境安全评估办法》，载中国网信网，http://www.cac.gov.cn/2022-07-07/c_1658811536396503.htm。

体明确了数据出境安全评估的适用情形、重点评估内容、评估流程与期限，以及未能进行事前评估应当承受的相应法律后果等实质性内容，对于我国全面落实数据出境安全管理制度具有重要意义。相较于征求意见稿而言，作为重要数据出境合规工作的规范性法律文件，《数据出境安全评估办法》对数据出境安全评估管理工作流程进行了优化。一是将国家网信部门和省级网信部门的职责明确分工，有效地解决了如何在全国范围内统一评估的标准问题；二是新增了复评机制，为数据合规出境提供了一条救济途径；三是进一步完善了申报流程，对具体流程进行了内容优化和位置调整，使数据处理者在合法合规的基础上获取便利的数据出境方式。但相较于《数据安全法》和《个人信息保护法》中数据出境事前评估规则，《数据出境安全评估办法》提升了标准要求，规定数据处理者在向境外提供数据前，应事先开展数据出境风险自评估，且评估结果有效期为两年，若评估结果有效期届满或出现重新评估情形的，应当进行重新申报评估。面对当前立法趋势更加严格的倾向，我国今后可以通过出台补充办法等方式，在事前同意审查制度后，同时建立事中追查和事后追责制度，并适当放宽数据出境安全评估的程序要求，以提高国际贸易的效率，为我国今后更好地对接高标准跨境数据规则创造契机。

3. 构建数字自由贸易试验区、自贸港等平台，提升开放性

随着数字技术新模式、新业态的快速发展，我国要充分利用自身数字经济发展优势，依托数字自由贸易港、自由贸易试验区等开放平台，打造跨境数据流动特区，积极试点推进跨境数据流动治理模式创新。围绕数字贸易壁垒和政策障碍，探索我国对接国际高标准跨境数据流动规则的可行路径，在试点区域推动跨境数据自由流动的国际合作，提高国内规则与国际标准的可对接性，为数字技术新模式、新业态的发展创造开放、包容、普惠的法治营商环境，推动全球数据流动朝更加自由化、便利化的方向发展。

例如，在上海可依托自由贸易试验区临港新片区开放试点，以最新出台的《上海市数据条例》为引导，在临港新片区探索制定低风险跨境流动数据目录、推动离岸数据中心建设，支持企业在数据跨境安全有序流动中开展相关数据处理活动。在海南可利用经济特区区位优势，充分发挥海南自由贸易港在对外开放中的引领作用，坚持有关个人信息安全出境评估、数据出境安全管理试点等方面的政策重点，在各领域率先出台数据跨境流动行业标准与重要数据指南，引导构建跨境数据安全监管体系，探索建立战略性、先导性和示范性的国家级

数字自由贸易港。鼓励在北京、深圳、浙江、重庆等数字化水平发展较高的城市,在确保风险可控的前提下,加强部门联动协作,开展数据跨境传输安全管理试点,在“压力测试”中完善规则。同时统筹国内和国际规则,不断推动数字经济国内法的国际化进程,与“一带一路”沿线国家共同探索便捷高效的跨境数据流动机制。充分利用各数字自由贸易试验区等新平台复制推广试点经验,融通国内和国际规则,推动数字经济国内治理和国内法规的国际化进程,不断提升中国在数字贸易治理领域的话语权和影响力,打造数字贸易规则的“中式模板”。

六、结　　语

世界百年未有之大变局加速演进,数字经济成为国家发展和产业变革的先机。数据跨境流动作为数字经济发展的核心引擎,其关乎国家安全、产业利益、个人信息保护之间的平衡,这既需尊重各国数据主权,也需建立彼此认同的国际规则。然而,目前数字贸易国际规则的制定权仍由美国和欧盟把持,旨在维护其先发优势,削弱后发国家的话语权,使得中国等发展中成员面临严峻挑战,难以构建具有全球约束力的跨境数据流动规则体系。在此背景之下,DEPA 应运而生。DEPA 作为全球首个专门数字经贸协定,在治理框架和组织结构上具有创新性、开放性、灵活性特点,相关跨境数据流动规则的具体内容明确高效。DEPA 与 RECP、CPTPP 跨境数据流动规则比较而言,虽然 DEPA 对数字经贸提出较高标准,但与我国发展诉求较为契合。目前中国申请加入 DEPA,既是机遇也是挑战。一方面,申请加入 DEPA 给我国制定高标准的跨境数据流动规则提供了良好机遇;另一方面,我国必须进一步完善相关国内法规的实施细则,进一步推进制度性开放。当前,我国数字经济规模位居全球第二,要实现数字经济的高质量发展,并在国际竞争中增强比较优势,就要在规则制定上走在前列,而加入 DEPA 则有助于我国在数字经贸领域赢得主动权。我国应以申请加入 DEPA 为契机,对接全球高标准跨境数据流动规则。对内坚持深化改革,明确细化国内法律规定,推动国内治理和国内法规的高标准化,在数字自由贸易试验区率先开展跨境数据自由流动的先行先试,为我国对接国际高标准跨境数据流动规则奠定现实基础。对外坚持扩大开放,维护并始终致力于推动数字经贸国际合作,不断提高数字贸易规则“中式模板”的国际影响力,为共建全球数字经贸规则体系,加快构建开放型世界经济秩序发挥中国作用。

人工智能生成数据权利配置的路径选择

——以智能汽车生成数据为例

李晓宇　李　研*

【内容提要】　在分级分类标准之下，兼具人格属性与财产数据的人工智能生成数据可分为不同类型的数据。人工智能生成数据的权利配置存在单一主体独享模式、多方主体分享模式与所有利益主体共享模式。以智能汽车生成数据为例，海量碎片化以及多主体的数据权利配置不仅会增加数据交易成本与降低利用效率，从而导致反公地悲剧，还会阻碍数据的自由流通与共享利用，背离大数据时代数据共享的理念。从利益平衡、思想与表达二分法以及公有领域保护等角度上看，难以僵化地把人工智能生成数据简单分配给某类主体。"谱系主义"分析进路与"场景化"权利配置相结合的方式，有助于不同数据主体之间的动态利益平衡，防止技术圈地与数据垄断的发生。

【关键词】　人工智能生成数据　利益平衡　权利配置　谱系主义　场景化赋权

一、问题缘起

作为与智慧交通、智慧城市、智能能源融合一体的新生代智能汽车，它不仅打通了城市的人流、物流、能源流与信息流，也实现了数据、云计算、信息通信等共性基础技术的迭代发展。智能汽车生成数据的运用推动了智能汽车在价值、

* 李晓宇——广东外语外贸大学法学院讲师，中国政法大学民商经济法学院博士后研究人员，主要研究领域：知识产权法、数据法；李研——广东外语外贸大学华南国际知识产权研究院助理研究员，西南政法大学硕士研究生，主要研究领域：知识产权法、数据法。本文系广东省科技专项战略资金"攀登计划"重点项目（pdjh2021a0175）、广东省哲学社会科学规划青年项目"智能机器生成数据权益的配置进路"（GD21YFX01）阶段性成果。本文获第三十四届全国副省级城市法治论坛主题征文三等奖。

功能、技术等方面的全面升级，并有助于把握智能汽车创新发展的战略机遇。2019 年，国家工业信息安全发展研究中心指出，我国的智能汽车渗透率和市场规模将呈持续性上升；[1] 2020 年，我国印发的《智能汽车创新发展战略》提出 2025 年基本建成智能汽车生产和监管标准化体系的目标，为智能汽车产业的未来发展指明了方向。当前，粤港澳大湾区在促进智能互通化、打造成为世界级城市群进程中将智能汽车领域视为示范性领跑者。尤其是广州开发区与百度 Apollo 智能汽车生态基地、小鹏汽车等在智能交通的多个方面达成共识，一同促进智能网联汽车产业链发展体系现代化。

智能汽车生成数据兼具人格权属性、财产权属性与公共产品属性。不同的利益主体对智能汽车生成数据皆有一定诉求。在此背景下，如何合理配置智能汽车生成数据的权利是技术发展带来的时代之问。从分级分类上看，智能汽车中的车联网数据可大致分为操作数据、使用数据、性能数据、用户数据、环境数据以及工况数据六大类。智能汽车生成数据种类复杂，涉及主体繁多，主体之间界限模糊，如果固化地将权利打包给某一权利主体，可能造成权利配置过于碎片化，从而导致反公地悲剧的发生——权利享有者对他人使用资源设置障碍，导致资源有效使用权搁置、产权碎片化，造成资源浪费和分配失衡的悲剧。[2]

智能汽车生成数据作为人工智能生成数据的典型代表，厘清智能汽车生成数据权利配置问题具有研究和讨论的价值。在此前，已有不少学者从不同角度探讨人工智能生成物的权利配置难题，主流观点对智能机器生成物的可版权性以及权利主体能对其进行分配持认同态度，但生成数据的权利归属主体问题仍有待商榷。曹新明[3]、李晓宇[4]等学者认为人工智能生成物的著作权归投资者所有；朱梦云[5]认为人工智能著作权归属于使用者在我国更为可行；张怀印

---

1 《中国汽车企业与信息技术融合发展报告出炉》，载中国质量网，https://www.cqn.com.cn/zgzlb/content/2019-11/27/content_7830880.htm。

2 Heller M. A., *The tragedy of the anticommons: Property in the transition from Marx to markets*, Harvard Law Review 111(3), 621-688(1998).

3 参见曹新明、杨绪东：《人工智能生成物著作权伦理探究》，载《知识产权》2019 年第 11 期。

4 参见李晓宇：《人工智能生成物的可版权性与权利分配刍议》，载《电子知识产权》2018 年第 6 期。

5 参见朱梦云：《人工智能生成物的著作权保护可行性研究》，载《出版科学》2019 年第 3 期。

等学者[6]则主张构建邻接权制度,为人工智能生成物的归属提供法律规制;而林健[7]提出人工智能生成物的权利归属需要根据生成物的类别而具体分析。

具体至智能汽车生成数据领域,有学者根据数据敏感程度和泄露之后的危害程度对车联网数据进行等级和类别划分;[8]另有学者从智能汽车的个人数据保护角度探索主体利益平衡模式,认为我国在保护数据安全的同时应重视个人数据的保护,平衡智能汽车所涉的各方利益。[9] 当前学界对于人工智能生成数据的权利配置讨论主要集中在著作权、个人数据等角度,然而对于人工智能生成的非独创性数据的权利配置模式仍存在讨论空间,尚未形成通说。那么,人工智能生成数据的边界应该怎么界定?人工智能生成数据该如何配置?现有的权利配置学说有何优缺点?如何平衡并保护各主体在数据分配中的利益?如何规避权利配置中的反公地悲剧?对上述问题,笔者不揣浅显,求教方家。

二、人工智能生成数据边界的界定

在探讨数据权利分配前,需厘清人工智能生成数据的内涵边界。网络科技历经从Web1.0到Web2.0再到Web3.0的代际演进,进而使数据信息从网络用户单向流动,转变成“用户—网站”互动、数据信息双向流动,再进化到用户与网站发散的多向网状结构。与注重保护隐私、自由、尊严的“个识别性”个人数据不同,人工智能生成数据具备“海量性”“社会共享性”“经济价值性”“动态变化性”特征。鉴于此,本文从主体与性质两个视角界定人工智能生成数据的边界,从而区分传统Web1.0、Web2.0时代的传统数据以及个人数据。

(一)以数据生成之主体为划分标准

1.人工智能自身生成的数据

随着机器学习、深度学习、算法分析等技术广泛运用,人工智能能够独立实

---

6 参见张怀印、甘竞圆:《人工智能生成物著作权归属问题研究——谁有资格放弃〈阳光失了玻璃窗〉的版权?》,载《科技与法律》2019年第3期。

7 参见林健:《著作权视角下人工智能生成物性质探究》,载《福建江夏学院学报》2018年第1期。

8 参见王艳艳、桂丽、蔡亚芬:《车联网用户数据保护评估研究》,载《信息通信技术与政策》2020年第8期。

9 参见张韬略、蒋瑶瑶:《智能汽车个人数据保护——欧盟与德国的探索及启示》,载《德国研究》2019年第4期。

现数据的收集、处理、清洗、整合、存储。[10] 换言之，在无人为干涉的情况下，人工智能自身可以生成数据，此时人工智能是生成数据的“主角”。人类只需要事先提供素材并预先设置好指令，人工智能便会通过算法处理、分析形成新的衍生数据。更有甚者，人工智能自身自主搜集素材，根据自主决策，形成数据。例如，华为手机的“智慧剪辑”功能，手机使用人只需选择一定数量的图片、视频，选取想要的风格，人工智能系统便会根据具体的内容、场景、灯光、氛围等因素自动形成带有滤镜、美颜、背景音乐、片头片尾、各类特效的照片或视频集。又如，特斯拉汽车的自动驾驶功能，人们只需坐上汽车，系好安全带，说出目的地，内置人工智能系统就会根据听到的地点，自动设计最佳驾驶路线，并在路途中通过传感器、微型雷达等设备获取路面数据，自动调整行车速度和方向，从乘客上车到下车，自动驾驶汽车在持续自主生成一系列智能数据。

2. 人与人工智能共同生成的数据

在人机交互下，人工智能在生成数据的过程中担任“配角”，起到辅助的作用。数据的生成是人和人工智能“合作”产生的成果。[11] 与第一种类型不同之处在于，人工智能无法完全自主生成数据，其分析与处理数据的过程需要人为要素的介入。如“AR 试鞋”功能需要使用人开启手机摄像头功能并对准自己的双脚，才能通过智能算法把球鞋“嵌套”在脚上，形成虚拟的球鞋上脚影像，若使用者关闭摄像头或者双脚无法被识别，虚拟的球鞋影像数据就无法正常形成。

3. 人工智能作为工具生成的数据

在用户生成内容的情况下，人工智能仅作为一种人们利用的工具进行数据生产，其在数据生成过程中没有实质性的贡献，发挥的功能类似于笔记本电脑、手机等电子设备。如已投入商业使用的人工智能机械手臂，可以在人为设定程序后实现自动制作饮品等功能。此时人工智能对产品的配方、添加调料的种类和数量等操作完全依赖人类的设定，除完成人为设定的任务外并无自由发挥空间。又如，一种人工智能画笔，可以根据既定程序绘画、写字，但具体内容、字体、颜色、格式编排等完全由人为程序设定，人工智能在数据生成过程中同样没有自主操作权。

10　参见姚海鹏、王露瑶、刘韵洁：《大数据与人工智能导论》，人民邮电出版社 2017 年版，第 78 页。

11　参见李晓宇：《智能数字化下机器生成数据权益的法律属性》，载《北方法学》2021 年第 2 期。

综上,上述分类方式是基于人工智能与人类等不同主体对数据生成的贡献度大小、参与程度不同,将人工智能生成数据分为人工智能自主生成数据、人机协同生成数据以及人工智能作为工具辅助生成数据三种类型。

(二)以生成数据性质为划分标准

1. 人工智能生成数据之海量性、财产性、共享性

人工智能凭借对海量数据的深度学习形成神经网络算法,处理并产出规模化的数据集,其生成之数据具有海量性、广泛性、多元性、相关性等特点。具体表现为人工智能若要实现某一功能,会在检索、分析、处理数据库中的已有数据后生成若干组相关的数据束,最终通过计算而采用最优的一组数据,且这些数据在不同的具体场景下体现不同的性质。由于人工智能强大的算力,海量数据的分析、形成和筛选往往只是瞬间之事。因此,人工智能生成数据实现了实时为人们提供预测、决策的服务功能。人工智能生成数据数量巨大,且性质多变,加之数据的使用目的往往带有商业价值色彩,在数据权利的性质上更具有财产性,带有近代新兴无形财产的特征。在智能大数据时代,数据的共享和流通是促进科技发展、保障智能设备运作的现实所需。如果每一组数据都不参与共享,便会产生"数据垄断",妨害社会公众的数据访问权和知情权。鉴于此,人工智能生成数据在保护相关利益者的控制权之际,又不能失去其共享与流通的内嵌本质要求。

2. 传统个人数据之单个性、人格性、隐私性

首先,与人工智能系统相比,传统的个人数据生成由于缺乏强大的算力和成熟的算法支持,呈现出数量少、关联性弱、互相孤立、界限明晰的特点。其次,传统个人数据的形成大多并非出于商业目的,而是服务于个人隐私、尊严等权益的保护,在数据权利性质上具备人格性特征。最后,传统个人数据的形成有赖于大量个人信息的获取,生成后的个人数据包含大量足以识别个人身份、体现个人行为的个人敏感信息,具有私密性、隐私性的特征。

三、人工智能生成数据权利配置的学说分歧

人工智能生成数据的权利归属在学界颇有争议,尚无定论,学界主要存在以下几种学说。

一是公共领域说。该说主张人工智能生成数据归为公共领域,所有人可无

偿自由使用。[12] 持该说的主要缘由有三：首先，数据信息具备公共属性，古往今来的数据信息创作，都依赖于前人的智慧结晶。将人工智能生成数据归为公共领域，可避免私人过度垄断占有公共数据信息。[13] 其次，有学者认为，人工智能生成数据的创作主体是机器，而非人类。[14] 在“以人为中心”的价值体系建构中，承担权利义务的主体是人而非机器这种物。最后，人工智能生成数据，可通过市场先发优势保障其市场利益，即使缺乏著作权的强保护也不会妨害人工智能生成数据产业的发展。[15] 然而，在当今 Web3.0 人工智能时代，数据的产生、人类获取知识的方式等都发生了颠覆性的变化。人工智能处理数据的新型技术，使从各种网络设施与传感器形成的海量复杂数据，成为人工智能、大数据分析的原材料。[16] 一旦人工智能生成数据归入公共领域，便会产生侵权责任或产品瑕疵责任归责不明的问题。[17] 此外，在缺少法律保护情况下是否所有人工智能产业都能保持发展的积极性还有待商榷。

二是法律拟制说。该说将人工智能拟制为法律主体，并承认人工智能具备责任能力与意识能力，享有相关数据利益。[18] 这种学说的不足之处在于，在弱人工智能时代人工智能成为权利主体仍是一个假设，将数据配置给人工智能难以产生知识产权法保护的激励效果。当今主流观点认为人才是权利的主体，即使是被拟制的法人，也是由自然人代表其作出行动。人工智能作为人类创造出的物，如果把其作为权利的主体，似有本末倒置之疑，可能颠覆权利主客体不得转换的基本法理，且不符合“激励创新”理论。

三是设计者说。该说认为，人工智能生成数据是设计者事先根据算法模

---

12 Victor M. Palace, *What If Artificial Intelligence Wrote This*: *Artificial Intelligence and Copyright Law*, Florida Law Review, 71(1), 237(2019).

13 参见江帆：《论人工智能创作物的公共性》，载《现代出版》2020 年第 6 期。

14 Ralph D. Clifford, *Intellectual Property in the Era of the Creative Computer Program*: *Will the True Creator please Stand Up*?, 71 Tul. L. Rev. 1657, 1675 – 1680(1997).

15 Victor M. Palace, *What If Artificial Intelligence Wrote This*: *Artificial Intelligence and Copyright Law*, Florida Law Review,71(1),237(2019).

16 参见高富平：《数据生产理论——数据资源权利配置的基础理论》，载《交大法学》2019 年第 4 期。

17 参见李晓宇：《人工智能生成物的可版权性与权利分配刍议》，载《电子知识产权》2018 年第 6 期。

18 Andrew J. Wu, *From Video Games to Artificial Increasingly Sophisticated Computer Programs*, 25 AIPLA Q. J. 131, 2010.

型、程序设置等运用所得的结果。在此过程中,数据生成的实质性贡献者是设计者。一方面,在实践层面,一些人工智能生成数据是设计者预先创设好的结果,比如王者荣耀、梦幻西游等竞技类游戏。另一方面,在立法层面,一些国家的立法制度规定,将人工智能生成数据的利益配置给设计者。[19] 人工智能在生成内容的过程中,仍然要按照设定的方式执行算法进行选择和抽取,它本身并不能自行设定目标和情节,仍然具有明显的工具性。[20] 本文认为,在人工智能生成数据权利归属之争中,人工智能设计者是强有力的竞争者之一。

四是使用者说。部分学者认为,人工智能设计者在创作过程中处于辅助地位,使用者才有可能成为真正的作者。从数据的传播、利用的角度讲,对特定的人工智能生成数据直接投入资金和时间资源的人工智能软件使用人,相对来说更具有进一步使用、传播的动力和预期,即更符合当前人工智能生成数据的相关市场规律。[21] 从著作权法角度来看,使用者实际上是作品创作的作者,将数据作品利益赋予使用者体现了浪漫色彩的人文关怀理念。从侵权责任的角度来看,人工智能使用者作为作品的控制者,更有利于侵权控制,并承担相应的监督责任。[22] 使用者作为直接操纵人工智能的主体,完全可以参与人工智能生成数据的权利配置。

五是投资者说。以熊琦教授为代表的学者认为,从保护投资者利益的角度来看,人工智能生成数据作品在著作权法上也可以被看作代表设计者意愿的创作行为,因此可以将人工智能投资者视为作者。[23] 目前,著作权法中就存在将电影作品的权利配置给投资人(制片人)的做法。另外,投资者的高投入使其需要法律赋予的潜在激励,以获得积极性。从投资者积极性的角度出发,人工智能生成数据的权利归属应当有人工智能投资者的一席之地。

六是所有者说。人工智能所有者即人工智能所有权人,有时也是人工智能的购买者。该说认为,一方面,将人工智能生成数据赋予人工智能所有者,有助

---

19 比如,英国《版权法》第9条第3款将计算机生成作品的利益归属于作出必要安排的设计人。

20 参见许春明、袁玉玲:《论人工智能的法律主体性——以人工智能生成物的著作权保护为视角》,载《科技与法律》2019年第2期。

21 参见徐珉川、马文博:《论人工智能生成物著作权权利的秩序重构》,载《东南大学学报(哲学社会科学版)》2019年第5期。

22 参见谢琳、陈薇:《拟制作者规则下人工智能生成物的著作权困境解决》,载《法律适用》2019年第9期。

23 参见熊琦:《人工智能生成内容的著作权认定》,载《知识产权》2017年第3期。

于相关智能产业的发展。若不将人工智能生成数据配置给所有者,可能大大打击人们购买人工智能数据产品的消费欲望。由此产生的后果,既不利于投资者收回创作成本,也会大大降低消费者购买数据产品的可能性。据此,引发投资者成本无法有效收回,智能产业的发展也会遭受阻碍。[24] 另一方面,将人工智能生成数据权利配置给所有者,有助于权责制度的实现。所有者作为智能机器的权利外观人,更容易被识别出是否存在侵权行为。如果所有者存在侵权行为,可直接要求侵权人承担相应责任,实现权利救济。[25] 此外,若人工智能的所有者和使用者不是同一主体,在两者之间进行数据权利分配的模式应有所调整,因此,所有者也应当被列入人工智能生成数据权利主体的考虑范围内。

理论上,人工智能的设计者、使用者、投资者、所有者都可以参与人工智能生成数据的权利配置。权利主体的多样导致权利分配的困难,易导致分配出现碎片化,可能带来相关数据无法被利用的“反公地悲剧”。

四、既有人工智能生成数据权利配置方案评析

公共领域说、法律拟制说、设计者说、使用者说、投资者说、所有者说等不同配置方案,实际上脱离不开单一法律主体独享模式、多方利益主体分享模式与所有利益主体共享模式。过于碎片化的人工智能生成数据权利配置会提高数据利用成本与数据圈地等难题。

(一)人工智能生成数据权利配置的模式建构

1. 单一主体独享权利的模式

单一主体独享人工智能生成数据的权利,即将该权利归属上文提到的四主体中的一个并只由其享有。其中主流观点认为,应将人工智能生成数据权利独占式配置给使用者或投资者。以使用者作为权利独享主体为例。使用者能够成为唯一权利主体的重要原因是其对最终产品设计起着具体决定作用。使用者在创作时,往往会根据自己的判断和选择水准,融入自己的思想因素和情感因素,并以人工智能生成数据的形式表现出来。人工智能在设计产品的过程

---

24 参见孙山:《人工智能生成内容著作权法保护的困境与出路》,载《知识产权》2018 年第 11 期。

25 参见许明月:《论人工智能创作物的邻接权保护——理论证成与制度安排》,载《比较法研究》2018 年第 6 期。

中,其他主体如设计者所提供的相关资料只能为使用者提供指导方向和创作思路,并不能为用户带来实际的操作指导,因此只能对产品设计起辅助作用。该模式的优点是享有数据权利的主体以及权利边界清晰明确。

不过,这种模式存在明显的弊端,即忽略其他可能存在的权利主体的利益。对于投资者而言,其利益不能被保护,有悖公平原则,同时也将影响投资者继续投资的积极性,不利于智能产业的长期发展。[26] 对于设计者而言,在传统著作权法的实质性贡献原则下,其被视为人工智能数据生成过程中的必要安排人,通过其投入创造性智力劳动来设计人工智能程序,为人工智能生成数据提供了生成的可能性,作出了实质性贡献。[27] 投资者、设计者、所有者作为权利独享主体同理。一旦任一主体享有了完整的人工智能生成数据的权利,都必将或多或少损害其他主体的利益。因此,将人工智能生成数据的归属打包分配给单一主体的方式并不合理。

2. 使用者与投资者分享权利的模式

该模式的灵感主要来源于影视作品的权利分配模式。影视剧等作品的制作需要多个部门和大量工作人员合作,而且在电影等作品的前期准备阶段,资金投入起到关键性作用。因此,《著作权法》对这一方面的规定进行了调整,除导演、编剧、音乐制作者等保留署名权外,投资者能够获得电影作品的整体性的著作权。在该模式中,数据生成的投资者可以不用再与其他主体一一签订数据使用协议,进而能够高效利用数据,发挥数据价值。如此一来,有利于投资者加大资金投入,促进行业发展。但是,投资者的地位远高于使用者,投资者可能会极力追求自己的利益,使得使用者的权利范围不断缩小。另外,关于生成数据的具体权利分配还需投资者、使用者双方协商并达成共识,实践中这样的操作时间较长、人力成本较高,最后难以实现不同主体之间的利益共赢。

3. 所有利益主体共享数据权利的模式

在没有相关法律法规进行赋权的情况下,各个利益主体会自发地形成共享数据权利的模式,即对于某一组数据,在哪个利益主体需要利用之时拿去使用,使用完后“归还原处”,待其他主体使用的模式。该模式的优点是比较照顾所有主体的利益,但缺点十分明显——极易产生纠纷,且难以依法维权。最常见的

---

26 李晓宇:《人工智能生成物的可版权性与权利分配刍议》,载《电子知识产权》2018年第6期。

27 参见梁志文:《论人工智能创造物的法律保护》,载《法律科学》2017年第5期。

纠纷是多个主体在同一时间争夺使用同一组数据的情况。

综上所述，人工智能生成数据的权利无论是分配给单一主体，还是多个主体，都易导致各种各样的问题，损害竞争圈中其余主体的利益。唯有依据具体的不同场景，综合考虑所有潜在的权利主体的利益并进行平衡，才是最合理的分配之道。

（二）人工智能生成数据权利碎片化配置的难题

碎片化的权利分配会严重阻碍人工智能生成数据的利用与发展。首先，如若将数据权利配置给使用者，则其他利益主体需获得使用者的授权许可，方可使用数据。如此一来，大大提高了使用人工智能生成数据的交易成本与沟通成本。其次，如果将数据权利配置给设计者，不仅具体使用者的隐私面临泄露的风险，所有者、投资者也将难以获取、使用数据，造成数据流通、共享困难的局面，甚至出现所谓的数据割据或数据封建主义。最后，若上述不同利益主体共享数据，虽然表面上有利于数据充分利用，但社会公众使用该数据将面临多重授权的困境，阻碍了社会公众的数据访问权与知情权。

人工智能生成数据的内嵌公共物品属性与信息价值属性，意味着在数据使用过程中应秉持数据共享互通的理念，充分促进数据产业效益最大化。过度碎片化的数据权利配置，难以调和“数据资源公平利用”与“促进创新”、“私人数据控制权”与“社会公共价值”、“技术圈地”与“公共领域保护”之间的紧张关系。因此，在配置数据权利时，我们须意识到碎片化数据权利配置产生的“反公地悲剧”风险。为防止出现该风险，应对此做进一步探究解决方案。

值得注意的是，除四个主要的权利主体外，存在更小的智能汽车生成数据权利主体，其利益也需要被保护。智能汽车的运行是一个持续的、伴随着大量数据收集和处理的过程。以地图开发者（如高德地图车机版）为例，汽车使用者在驾驶汽车的过程中，需要借助地图开发者提供的道路情况、车流量大小等数据进行决策。同时，地图开发者将收集到使用者的常规驾驶路线、路线选择偏好等数据。作为服务提供者，地图开发者应当享有使用相关数据的权利，即作为数据利用者参与智能汽车生成物的权利配置。又如传感器制造商，其提供的传感器硬件有助于智能汽车做出事故预警。传感器产生的数据归属智能汽车生成的数据库，但制造商也有权主张其对数据的使用权利。智能汽车涉及的利益主体包括但不限于汽车厂商、组件供应商、芯片供应商、电信运营商、设备制造商、平台运营商、数据中心、汽车维修商、汽车保险公司等，而其中部分主体还存在合同关系。[28] 在物联网发展的背景下,[29]如何合理配置数据权利、平衡各权利主体的利益,对于防止碎片化赋权具有重要意义。

从后果的推断分析来看,人工智能生成数据的权利配置并不会造成公地悲剧。相较于耕地或其他有体物,各主体对于数据的使用并不会造成数据本身的损耗,因此"反公地悲剧"中因"过度使用"的恶性影响而造成资源无法利用的情形难以出现。从社会实践的角度来说,已经有地区为预防人工智能生成数据的赋权中出现"反公地悲剧"做出相关举措。美国哥伦比亚特区的地区法院法官麦克法登于 2019 年审理的电子隐私信息中心诉国家安全委员会人工智能案中认定人工智能生成的隐私数据归属于使用者,即数据的来源者,即使是政府部门也不能随意处理这类数据。[30] 我国香港特别行政区政府于 2018 年表示将采取多项措施促进香港人工智能的发展和运用,创新与科技局将创设大数据分析平台,促进不同部门间的数据分享。

五、人工智能生成数据权利配置的路径选择

对于人工智能生成数据权益的权利配置,学界目前主流观点认为,应当借鉴美国的场景理论,根据不同场景配置不同的数据权利。丁晓东教授认为,对网络平台的"爬虫数据"权属认定应采取"场景化界定"的方式,因为同一组数据在不同的场景下可能会产生不一样的特点和属性。所以,要根据数据在不同场景下的性质和类型,以及各方在具体场景中的合理预期来判断相关主体对数据享有的权益。[31] 刘继峰、曾晓梅教授提出对企业数据的保护应该区分不同情景,根据《反不正当竞争法》的三种路径进行差别化分析。[32]

笔者认为,人工智能生成数据的权利配置,应根据"不同场景"与"动态利益

---

28 参见张韬略、蒋瑶瑶:《智能汽车个人数据保护——欧盟与德国的探索及启示》,载《德国研究》2019 年第 4 期。

29 参见[美]Bob Violino:《物联网分析:从物联网数据获取价值》,沈建苗编译,载《计算机世界》2020 年 6 月 1 日,第 6 版。

30 *Electronic Privacy Information Center v. National Security Commission on Artificial Intelligence*, United States District Court, District of Columbia, Dec. 3, 2019, 419 F. Supp. 3d 82.

31 参见丁晓东:《数据到底属于谁?——从网络爬虫看平台数据权属与数据保护》,载《华东政法大学学报》2019 年第 5 期。

32 参见刘继峰、曾晓梅:《论用户数据的竞争法保护路径》,载《价格理论与实践》2018 年第 3 期。

平衡”进行差异化分析。缘由在于,首先,人工智能生成数据具有变动不居的特征,其法律属性也兼具财产属性与人格属性。在具体场景具体个案中,平衡数据主体各方利益,兼顾社会公众获取数据的访问权,有利于避免数据权利配置的碎片化,防止“反公地悲剧”的发生。其次,人工智能生成数据权利配置并非一种静态的利益配置,而是一种动态利益平衡,应根据实践情况对不同类型的人工智能生成数据权利配置作差异性分析。最后,根据利益平衡原理,为人工智能生成数据进行权利配置时,应注意留给其他社会公众足够大的自由创作空间,实现私人利益与公共利益的平衡,防止公共领域式微。正如曹新明教授所主张的,利用“权利弱化与利益分享理论”实现知识产权所有人利益和社会利益的平衡和利益最大化。[33],也要合理考量所涉主体的特点和需求,达到各主体之间的利益平衡。[34]

根据具体场景以及类型化数据,人工智能生成数据权利配置应作差异性安排。以智能汽车生成数据权利配置为例,笔者认为,当智能汽车生成数据涉及驾驶者行使的场所、行程轨迹、驾驶习惯等隐私数据时,这类数据权利应配置给具体的使用者(驾驶者),以保护个人隐私。

当智能汽车为共享汽车,则此类智能汽车生成的系统运行数据、故障数据、行车路况数据等,应配置给智能汽车设计者。此类数据有助于智能汽车数据设计者对智能汽车的保养与维修提供必要的基础数据。同时,设计者也可以根据行车路线数据、运行数据等制定出更便捷、高效、安全的自动驾驶方案。比如,现实运行中的盼达用车、百度等公司在重庆与北京试点无人驾驶的共享汽车,上述人工智能生成数据有助于智能汽车设计者究出更省时、更安全的自动驾驶策略。[35]

当某一位对多方向、多种类的人工智能的研发提供资金支持的投资者发现人工智能汽车生成数据对其投资的其他类型的人工智能有所裨益,如一日之内的人流、车流量变化记录有助于人工智能地图的设计和完善,此时从产权激励、

33 参见曹新明:《知识产权法哲学理论反思——以重构知识产权制度为视角》,载《法制与社会发展》2004 年第 6 期。

34 参见张德芬、张迩瀚:《利益平衡视角下人工智能生成内容的法律安排》,载《河南工业大学学报(社会科学版)》2019 年第 3 期。

35 参见喻麒睿:《高铁共享汽车数据流通机制及关键技术研究》,中国铁道科学研究院 2019 年博士学位论文,第 80 ~ 85 页。

促进科技发展的角度考虑,应将相应的数据权利分配给投资者。参考欧盟法对基于“大量投资”(based on substantial investment)的数据库给予特殊保护(sui generis protection),即将数据库的权利部分赋予投资者。[36]

此外,人工智能生成数据的权利配置,应当注重公共领域保留。根据思想与表达的二分法,著作权法保护的是权利人通过各种形式、方法对自己的思想所作出的创造性表达,人们不能通过法律去阻止他人以同样的思维在脑海中创造出同样的思想。因此,著作权法保护的是表达而非思想,思想是人类社会的共同财富。[37] 学者冯晓青和王凤娟、刘振认为,在难以区分思想和表达时,应适用合并原则,即将表达划入思想,不对其进行法律保护,[38]进而从整体上提高资源的利用率,从宏观上推进社会进步。在某些情景下,亦需考虑数据的公共性,比如智能汽车对交通事故、道路抢修等数据的共享,有利于其他车辆及时调整路线,躲开该路段,避免造成堵车或二次事故,以满足社会公共利益。对于部分智能汽车生成的可能会涉及思想与表达模糊地带的开发信息数据,可以参考适用合并原则,事实上开发数据的互通互享亦有助于科技水平的进一步提升。值得注意的是,此处的公共性数据的互联互通并不完全等于数据权利落入公共领域,而是指为了满足社会公益,将数据的部分权利在一定范围内共享给特定的主体。同时,应时刻注意上文提到的“数据对价”原则,若智能汽车的设计者、投资者、所有者、使用者之中的一个或多个对生成数据的权利有约定,在不侵犯其他权利主体的合法权利,不违背公序良俗,不违反法律的情况下,应尊重当事人的意思自治,秉持“契约自由”的原则。

上述内容是基于“谱系主义”的方式,对人工智能汽车生成数据进行“场景化”赋权的几种典型情景,由于具体情景的多样化,在此难以也无须穷尽情景的列举。根据理性思维、公平规则、尊重当事人合意和从数据利用效率最大化的角度来进行人工智能汽车生成数据的“场景化”赋权,是自下而上的个案化分配模式的总体思路。

---

36 Josef Drexl, *Designing Competitive Markets for Industrial Data-Between Propertisation and Access*, 8 J. Intell. Prop. Info. Tech & Electronic Com. L. 267 (2017).

37 冯晓青:《著作权法中思想与表达二分法之合并原则及其实证分析》,载《法学论坛》2009年第2期。

38 王凤娟、刘振:《著作权法中思想与表达二分法之合并原则及其适用》,载《知识产权》2017年第1期。

六、结　语

人工智能生成数据是科学技术的迭代发展与社会变革背景下的时代新宠，人工智能生成数据的权利配置是科技发展给予我们的时代之问。在配置人工智能生成数据权利时，不仅要注重对数据付出实质性贡献者的保护，也要平衡不同主体之间的利益，还要预留给社会公众足够的自由使用数据空间。根据场景化理论，针对不同类型人工智能生成数据的性质特征，借助利益平衡理论与公共领域保留理论，合理配置人工智能生成数据权利，是我们不得不面对的难题。人工智能生成数据权利配置时，需调和“数据作品公平利用”与“促进创新”、“私人数据控制权”与“社会公共价值”、“技术圈地”与“公共领域保护”之间的紧张关系。合理分配人工智能生成数据的权利，规避“反公地悲剧”，可促进我国数字经济产业崛起。

数字经济时代算法司法治理的挑战及其应对

——基于算法正义的裁判方法与多元共治

孙　跃*

【内容提要】 在数字经济时代,算法治理不能仅依靠立法与行政手段,还需要司法的参与。算法司法治理的挑战在认知与价值、个案裁判以及体制机制等多个层面均有体现。为了应对这些挑战,司法应当构建基于算法透明、算法向善以及算法效益的算法正义价值原则体系,为算法治理奠定基本方向。在个案裁判层面,需要将数字科技思维以及数字经济思维嵌入法律思维,为算法治理提供微观意义上的方法论支持。在治理模式与具体机制层面,最高人民法院可以运用统一法律适用工作机制塑造算法治理规范体系,并借助公益诉讼与企业合规促成算法的多元共治格局形成。

【关键词】 数字经济　司法　算法正义　法律方法　多元共治

一、引　　言

随着数字时代的来临,算法(algorithm)日益广泛而深入地应用于社会与经济的各个领域,并成为数字经济的重要生产要素与工具之一。算法的应用在为人们带来"数字红利"的同时,也引发了"算法黑箱""算法歧视"等新的问题,从而加剧了"数字鸿沟"。因此,算法技术的良性发展与应用离不开算法治理。近年来法学理论界对于算法审查、算法规制、算法治理等问题的关注度日益提高,

---

* 孙跃——山东工商学院法学院讲师,法学博士,主要研究领域:司法理论、数字科技法学。本文系山东工商学院第二批财富管理特色研究项目"财富管理机构数字化转型中的数据合规机制研究"(2022YB20)、司法部法治建设与法学理论研究部级科研项目"类案智能裁判人机协同及其完善研究"(22SFB5003)的研究成果。本文获第三十四届全国副省级城市法治论坛主题征文二等奖。

但相关研究成果大多集中在立法或行政领域,对"算法的司法治理"这一命题的关注存在严重不足[1]。早在20世纪六七十年代,域外发达国家就已经意识到应当运用司法手段对算法进行治理。[2] 我国在此方面的理论与实践还比较滞后,完善算法司法治理体系与加强算法司法治理能力,已经成为迫在眉睫的现实课题。鉴于此,本文将以数字经济为主要时代背景,在剖析算法司法治理面临的诸多挑战的基础之上,分别从算法治理的司法原则、算法治理的个案裁判路径以及算法治理的模式及其配套机制等多个角度出发,重点探寻算法司法治理之道,以期为算法司法治理实践提供智力参考。

二、数字经济时代算法司法治理面临的挑战

随着数字经济时代的来临,算法治理对司法系统带来了多个层面的挑战。在司法认知与价值理念层面,算法概念冲击了传统的司法认知,使得算法司法治理依赖的价值系统功能失灵。在个案裁判层面,算法相关裁判规则的稀缺性、相关事实认定的困难以及多方利益的复杂关系,为裁判方法与技术带来了挑战。在治理模式及配套机制方面,算法应用的时效性与广泛性,使传统司法治理模式的被动性与孤立性短板被放大。

(一)算法治理在认知与价值层面的挑战

司法在面对某一新事物时,首先面临的难题就是对其法律性质的确定。在定性问题上,司法面对新兴事物往往采用"类比(类推)—归入"的方法,即寻找一个与新事物最为相似的已有法律概念,将新兴事物纳入既有理论框架与认知范畴内进行调整。基于这种思路,理论界对算法法律性质产生了不同的观点:(1)算法商业秘密说,主张应当将算法视为商业秘密并进行保护与规制;[3] (2)知识产权说,这一观点主张将算法作为知识产权(专利权)进行保护;[4] (3)"法律说"则认为算法就是数字时代的"法律",是对传统意义上法律内涵的

---

1 如无专门强调,本文中的"司法机关"特指各级法院(审判机关),不包括检察院(检察机关)。

2 参见丁晓东:《驯服算法:算法治理的历史展开与当代体系》,载《华东政法大学学报》2022年第1期。

3 参见李晓辉:《算法商业秘密与算法正义》,载《比较法研究》2021年第3期。

4 参见张吉豫:《智能时代算法专利适格性的理论证成》,载《当代法学》2021年第3期。

更新；[5]（4）正当程序说，认为前述学说是“对法律介入算法之可能性的否定”，算法应当被理解为一种正当程序。[6]

同时，在传统法律关系中能够被直接适用的司法规则，未必能够妥当地调节算法催生出的新型法律关系或事实关系。例如，司法对于机动车质量问题引发的交通事故责任进行判定时，一般要适用多数人优先保护规则或乘客优先保护规则。但在人工智能算法辅助驾驶领域，在可接受的成本范围内，自动驾驶汽车系统难以正确统计可能伤害的人数和严重程度，更难以识别不同年龄、身体残障状态的交通活动人员并进行适当处置。[7] 此种情况下如果司法机关强行适用多数人优先保护规则或乘客优先保护规则，就会面临归责的期待可能性问题，对人工智能算法也很难产生有效治理。

算法及其相关概念对司法认知的冲击以及由此引发的意见分歧，会给算法司法治理价值体系带来更大的压力。司法所追求的公正、平等、自由、效率等传统价值观，在算法时代需要被赋予新的形式与内涵，并且还需要与算法具体的技术特征以及相关事实、情境进行深度关联，才能引导法官作出妥当的裁判。如果司法价值体系的内容刻舟求剑而非与时俱进，其在面对算法认知冲击时将会失灵甚至崩溃，算法的良法善治也就无从谈起。

（二）算法治理在个案裁判路径层面的挑战

国内外算法司法治理的实践，往往发端于数字经济领域中典型个案的创造性裁判。例如，意大利户户送有限责任公司算法歧视案被视为意大利对算法歧视进行司法审查的开端。[8] 在我国，胡某诉上海携程商务有限公司侵权纠纷案被视为我国针对算法歧视（“大数据杀熟”）进行司法审查与规制的首例案件。[9] 实践中，算法相关个案裁判面临的挑战主要体现为裁判规则稀缺、事实认定困难以及利益衡量复杂三个方面。

首先，在裁判规则供给层面，《民法典》《刑法》等基本法律体系法规中并无

---

5 参见［美］劳伦斯·莱斯格：《代码2.0：网络空间中的法律》，李旭、沈伟伟译，清华大学出版社2009年版，第6页。

6 参见陈景辉：《算法的法律性质：言论、商业秘密还是正当程序？》，载《比较法研究》2020年第2期。

7 参见皮勇：《论自动驾驶汽车生产者的刑事责任》，载《比较法研究》2022年第1期。

8 参见罗智敏：《算法歧视的司法审查——意大利户户送有限责任公司算法歧视案评析》，载《交大法学》2021年第2期。

9 参见浙江省绍兴市中级人民法院民事判决书，（2021）浙06民终3129号。

关于算法的专门性规定。《个人信息保护法》《数据安全法》《网络安全法》《电子商务法》等关于数字法律关系的立法缺乏针对算法的直接规定。国务院多个部门联合制定的《算法规定》虽然确立了算法治理的基本规则,但相关规则在面对复杂的案件事实时,依然可能面临适用困难。例如,《算法规定》第 16 条要求算法推荐服务提供者应当以显著方式告知用户其提供算法推荐服务的情况,但“显著方式”如何解释,就容易引发歧义。算法相关裁判规则供给的不足,容易导致相关个案裁判缺乏明确的权威理由或依据,削弱算法治理的可接受性。

其次,在算法类案件的事实认定层面,算法相关事实认定专业技术门槛较高,并且存在科技判断僭越法律判断的隐患。例如,随着生成式人工智能技术的发展,运用算法进行的深度伪造的现象(如“AI 换脸”等)日益增多。实践中不少相关犯罪的判定简单以传播次数为认定标准,而忽略了相同传播次数在技术特征方面的差异以及这些差异在社会危害性方面的不同,容易导致定罪量刑不当。[10] 当算法事实认定专业门槛较高时,司法往往会引入鉴定人、专家辅助人等“外援”来辅助事实认定,由此就可能引发“科技绑架司法”的风险。正如杭州互联网法院在一份关于算法审查案件的裁判理由中所言:“大数据分析具有很强的专业技术性,如不对算法逻辑演算过程进行司法审查,就会形成以专业技术分析代替司法判断的局面,司法权威将受到挑战。”[11]

最后,算法司法治理涉及多方利益,在个案裁判中体现为司法对各种复杂利益进行平衡取舍。在数字经济领域,算法的应用涉及平台企业、个人用户、社会公共利益、国家利益等多方利益。算法本身作为数字经济与数字社会的重要工具,其产生的影响并不局限于个案场合。也就是说,司法需要通过个案妥当裁判,产生良好的经济与社会效果。当个案裁判结果与长远的社会利益考量之间存在冲突时,也会增加司法裁判的难度。例如,为了加强个人信息及隐私保护,司法机关可以通过个案裁判施加给平台企业更加严格的法律责任,以限制其对算法的运用。但这种行为在维护用户个人权益的同时,也可能会削弱平台企业改进与推广算法技术的积极性,反而不利于数字经济的繁荣发展。

10　参见熊波:《网络违法信息传播次数作为入罪标准的困境与出路——基于 186 份刑事裁判文书和相关司法解释的思考》,载《新闻与传播研究》2020 年第 10 期;王文娟、马方:《“深度伪造”违法信息算法传播入罪的困境与破解》,载《新闻界》2021 年第 1 期。

11　参见杭州互联网法院民事判决书,(2020)浙 0192 民初 3081 号。

（三）算法治理在司法体制机制层面的挑战

传统司法治理模式及机制主要的运用场景是物理空间中的法律关系及相关事实，而算法运用场合则是“现实（物理）+虚拟”的双重空间。随着互联网科技的发展，现实社会中的种种法律关系逐渐被“数字孪生化”，一个与现实空间中的法律关系具有部分同构性，同时又映射于虚拟空间中的法律关系网逐渐形成。在物理世界虚拟化的过程中，互联网经历了从 Web1.0 到 Web2.0 再到 Web3.0 的迭代，每一次迭代都伴随着智能化与虚拟化程度的提高。[12] 与 Web1.0 和 Web2.0 时代相比，大数据、人工智能、区块链技术在 Web3.0 时代的应用更加广泛与深入，而算法则是这些技术运用的基础和主要支撑手段。这意味着相较传统领域，算法治理对司法系统提出了更高的技术性要求。司法机关的业务部门是一种基于法律专业分工而非技术专业分工的产物，难以应对日益智能化的算法治理挑战。

在社会关系层面，算法涉及的多方主体间关系具有显著的“去中心化”特征。“去中心化”弱化了传统公权力机关的单向权力结构，算法话语权由传统权力中心向全社会弥散。[13] 传统的司法治理模式以司法机关（法院）为中心，这种模式在应对“去中心化”的治理对象时难免力不从心。不仅如此，算法治理也进一步放大了司法治理的部分固有局限性。与行政监管相比，司法更加重视程序性、参与性，这使司法治理的成本较高。算法在数字经济中的运用越发广泛而深刻，如果与之相关的纠纷都需要借助司法来实现，不仅在制度安排上行不通，也不符合经济性的要求。与立法和行政可以通过主动规制的方式去治理算法相比，司法还具有明显的被动性与谦抑性特征。司法秉承的“不告不理”原则，使其在算法治理领域中很容易陷入被动局面，难免会影响治理效果。

三、构建基于算法正义的司法治理价值原则体系

作为一种数字技术手段，算法渗透在经济、社会、政治等各种关系之中，应用场景的广泛性与应用方式的多边性，决定了其性质及内涵时常处于动态变化

---

12 参见刘艳红：《Web3.0 时代网络犯罪的代际特征及刑法应对》，载《环球法律评论》2020 年第 5 期。

13 参见叶娟丽、徐琴：《去中心化与集中化：人工智能时代的权力悖论》，载《上海大学学报（社会科学版）》2019 年第 6 期。

之中。对算法性质的学理探讨固然有其价值，但面对现实中较为紧迫的算法治理问题，在短期内消弭算法法律性质认知分歧既然不可得，那么将关注重心放在“如何应对算法带来的问题”显然比“算法本质上是什么”更加具有现实意义。[14] 事实上，这一思路已经在我国数据治理及个人信息保护领域被实践所默认。除《数据安全法》外，我国并没有在其他立法中对数据的性质进行统一界定，而是采用了私法（如《民法典》等）、公法（如《网络安全法》《数据安全法》《刑法》等）、混合法（如《消费者权益保护法》《电子商务法》《个人信息保护法》等）相互结合的多元立法治理模式。

尽管在法律部门和保护进路等方面存在差异，但上述立法总体上共同形成了“合法原则”“正当目的原则”“告知同意原则”“最小必要原则”等数据治理与个人信息保护的基本原则体系。借鉴数据治理与个人信息保护的经验，可以在算法治理领域也可以提炼出一套基本原则作为其价值体系的表现形式，即算法正义原则。算法正义原则的体系可以从程序、实体以及后果三个维度展开，分别对应算法释明原则、算法向善原则以及算法效益原则。

（一）算法透明：破除“算法黑箱”

算法透明原则，是指应当通过司法治理督促算法使用者将算法对用户的权益关系的影响解释清楚。算法透明原则主要规制的现象是“算法黑箱”。由于算法是一个工作机制非常神秘的系统，人们能观测到它的输入与输出，而无法知道它如何将输入的内容变成输出的结果。[15] “算法黑箱”在很大程度上会损害对方的知情权，使其权益在不知不觉中就被处分。不仅如此，“算法黑箱”还容易成为“算法之恶”的保护伞，通过技术手段制造信息不对称，在隐秘中损害用户权益或公共利益。

在传统法治领域，对“黑箱”“透明”等现象的规制，主要是通过“公开（公示）”机制的建立实现的。但在算法治理领域，单纯依靠算法公开并不能有效解决“算法黑箱”问题。首先，算法本身具有极强的专业技术色彩，即便公开算法的程序代码或工作原理，大多数司法工作人员或一般社会公众也很难洞悉其运作机制。其次，算法还可能涉及国家机密或商业秘密等不宜公开的事项，强制

14 参见沈伟伟：《算法透明原则的迷思——算法规制理论的批判》，载《环球法律评论》2019 年第 6 期。

15 Frank Pasquale, The Black Box Society: The Secret Algorithms that Control Money and Information, Harvard University Press 2015, p. 3.

要求算法公开或绝对意义上的算法透明,容易损害国家或企业的利益。最后,算法公开容易被某些不法分子利用。有研究者曾举例说明上述问题:假如机场公开了其用于安检保障的算法,那么恐怖分子很可能会利用公开算法的漏洞从事犯罪活动,这反而会提升犯罪治理难度,并对社会公众构成更大威胁。[16]

可见,算法透明并不必然要求算法的完全公开,因为这既不具有可行性,也缺乏有效性。[17] 取而代之的是,算法透明本质上应当被理解为"算法释明":"释"要求算法的形式必须具有可解释性;"明"要求这种解释的形式要能达到让具有正常认知能力的主体了解算法对其法律权益实质性影响的程度。[18] 达至算法透明(释明)的主要司法路径是建立算法透明的审查机制。首先,对现有民商法律体系和行政法律体系中的请求权概念进行扩张解释,赋予其"算法解释请求权"的内涵,判定算法相对方有权要求算法使用方进行算法解释。[19] 其次,通过运用三大诉讼法中的证据及事实认定规则,要求使用算法的平台企业负担算法解释的举证证明责任。再次,对于算法透明的实质性司法审查,需要考虑算法使用者是否履行了"告知—同意"原则,即通过明确易懂的方式告知算法对相对方权益可能产生的实质性影响。最后,在遇到与算法相关的意思表示的解释问题时,可以比照格式合同条款解释的规则,要求算法主体无正当理由不得限制用户权益、减轻己方责任。

(二)算法向善:规制算法之恶

算法向善原则,也可以称为算法正当原则,即算法在其目的、行为手段、后果等方面具有正当性。作为数字科技的产物,算法本身具有技术中立性,但这并不等于算法在社会实践中也是中立的。因而算法一旦被投入社会之中,就不可避免地与各方主体以及各种复杂的经济、社会、政治、文化等系统发生耦合,算法会因使用者与使用方式的不同,分化出"算法善"与"算法恶"。算法运行

---

16 参见沈伟伟:《算法透明原则的迷思——算法规制理论的批判》,载《环球法律评论》2019年第5期。需要注意的是,该文并未严格区分"算法公开"与"算法透明",这一点与本文观点不尽相同。

17 类似的法理在其他数字经济治理领域中亦不乏例证。例如,数字经济领域中的超级平台企业垄断既然难以避免,那么监管与治理的重心就应当放在规制不正当竞争以及加强平台自治(如建立"数字守门人"制度)方面,而不是通过肢解超级平台企业实现治理目的。

18 此标准在美国联邦贸易委员会(FTC)发布的《人工智能和算法运用》(Using Artificial Intelligence and Algorithms)和《你的公司运用人工智能:以真实、公正、平等为目标》(Aiming for Truth, Fairness, and Equity in Your Company's Use of AI)中均有体现。

19 参见苏宇:《优化算法可解释性及透明度义务之诠释与展开》,载《法律科学》2022年第1期。

包括数据的输入、处理、输出等多个环节,任何一个环节出现问题,都可造成算法不公等"算法之恶"。[20] 同时,即便算法本身在技术层面上并无不当目的,使用算法的主体如果存在偏见或其他不当目的,作为数字工具的算法并无力进行自动化矫正,算法之恶依然不可避免。[21] 惩恶扬善是司法的基本追求之一,因而司法应当积极引导算法向善的实现。

一方面,由于算法之恶往往是算法权力不受监督与规范的产物,因而司法需要对算法权力的不正当使用进行规制,减少"算法之恶"造成的不公正。在法律层面上,互联网平台企业并非传统意义上的公权力主体。但在事实上,由于这些企业掌握了大量的资本、科技以及用户信息和数据,可以轻易地对用户权益进行处分或限制,相当于在事实上拥有了算法权力。在商业利润的驱使下,平台企业一旦故意滥用算法权力,或在算法权力运用时存在重大过失,就容易加速扩大"算法之恶"造成的不利后果。[22]

另一方面,要区分"算法歧视"与"合理差别待遇"之间的界限,对于基于算法应用产生的合理差别待遇,司法不应当将其作为规制对象。随着数字经济与数字社会的发展,实践中出现了大量的"数字弱势群体"。这一群体因缺乏运用数字科技手段的基本知识和能力,在事实上往往被排除在数字红利范围之外,导致其基本权利甚至也会因此受到侵害或不当限制。[23] 假如算法对这些群体给予特殊关照,使之获得了相对于正常群体更优的待遇,只要这一限度没有导致不同群体间权利义务关系的严重失衡,就不应当认定为算法歧视。相反,上述行为还应当被认为"算法向善"的典型体现,司法应给予肯定性评价。

(三)算法效益:增进算法红利

所谓算法效益原则,是指司法治理要通过平衡取舍算法关涉的各方利益,最终促进算法活动的整体效益最大化,增加算法为整个社会带来的"数字红利"。算法效益原则之所以也是算法正义的题中之义,在于其与数字经济以及

---

20 See Talia B. Gillis & Jann L. Spiess, Big Data and Discrimination, 86 U. Chi. L. Rev. 459, 467 (2019).

21 例如,有研究者指出"特征选择的算法歧视"问题,参见郑智航、徐昭曦:《大数据时代算法歧视的法律规制与司法审查——以美国法律实践为例》,载《比较法研究》2019 年第 4 期。

22 例如,实践中普遍存在的"大数据杀熟"现象,本质上就是一种平台企业基于特定算法故意实施的价格歧视行为。

23 参见宋保振:《"数字弱势群体"权利及其法治化保障》,载《法律科学》2020 年第 6 期。

数字社会发展的目的相互契合。相较于工业时代的传统技术手段,算法可以通过自动化决策等方式有效降低交易成本并提高社会运行与管理的效率。从法律经济学的角度来看,司法也是一种特殊的市场资源配置手段,其应当通过合理分配权利义务来促进交易成本的降低并以此激励经济发展。[24]

算法效益原则主要包括三个方面的内涵。首先,算法效益要求司法者处理好个案资源配置与普遍资源配置之间的关系,需要重视个案裁判产生的普遍性激励效应。[25] 其次,算法效益原则要求司法者在治理算法活动时,要在多方利益之间进行妥当的平衡取舍。司法活动不能仅加强一方保护而忽视其他各方利益,否则将难以促进算法红利的整体性增进。例如,平台企业普遍采用的“算法消费者价格差别待遇(ACPD)”虽然可能引发“大数据杀熟”等问题,但其同样也具有最大化消费者支付意愿与促进数字经济市场繁荣等正向功能。故司法要以保护竞争并保留对创新的必要妥协为价值目标,借助经济分析与创新审查机制更好地实现对其的调整。[26] 最后,对算法效益的追求不应片面地停留在微观领域中的交易成本以及“成本—收益”分析,还应当考虑交易风险、市场主体行为偏好、市场秩序以及公共利益等多方因素。例如,司法机关对平台企业的算法权力给予过于严苛的限制,短期来看确实可以加强对个人用户权益的保护,但也可能明显提高数据流动成本,进而抑制平台企业创新的积极性,降低数字市场的活力,最终反而不利于让算法红利普惠广大个人用户群体,也不利于激励科技与营商模式的创新。

四、数字科技与经济思维嵌入算法裁判法律思维系统

从个案裁判的角度来看,应对算法带来的治理挑战需要解决算法相关的新型(特别是疑难)案件。疑难案件裁判思维是一种“二阶”判断或论证的法律思维模式:一阶判断是基于规范与逻辑运用的形式判断;二阶判断是基于价值、利

---

24 参见[美]理查德·A. 波斯纳:《法律的经济分析》(第七版),蒋兆康译,法律出版社 2012 年版,第 763 ~ 770 页。

25 参见桑本谦、李秀霞:《“向前看”:一种真正负责任的司法态度》,载《中国法律评论》2014 年第 3 期。

26 参见喻玲:《算法消费者价格歧视反垄断法属性的误读及辨明》,载《法学》2020 年第 9 期。

益以及后果综合考虑的实质性判断。[27] 因此,算法新型案件的裁判不能仅依靠法律教义学思维的规范展开,还需要将数字科技思维"嵌入"法律思维系统,从而通过司法裁判兼顾算法治理的法律效果与社会经济效果。

(一)运用法律思维构建算法裁判规范体系

构建算法裁判规范体系,需要扩展法律发现方法运用的场域,从多元法律渊源中寻找规范依据。[28] 算法治理的规范可以从形式与实质两个方面展开。形式层面的治理规范主要来源于立法机关或司法机关创制的规则。在立法方面,算法治理所依据的规范不仅来自法律、行政法规、部门规章等法律形式,还包括规范性文件、国家行业标准。[29] 从司法的角度看,除司法解释以及类似的规范性文件外,最高人民法院发布的指导性案例以及典型案例、参考性案例也是算法治理规范体系的重要来源。在实质规范层面,司法机关还应当审查算法及相关行为是否符合社会主义核心价值观、商业道德、科技伦理以及公序良俗,并通过裁判行为引导算法向善。

在相对抽象的规范内容遭遇具体案件事实时,应当融贯性地运用各种法律解释方法,为算法个案裁判构建清晰完整的规范依据。首先,在区分算法相关概念时,需要使用文义解释方法。例如,"数据""个人信息""隐私"等法律概念虽然存在关联,但其内涵与外延存在一定的差异,与之关联的法律关系也存在区别。其次,考虑到算法治理的基础性规范可能来自不同层级的法律规范,因而体系解释方法在算法司法治理中也是必不可少的。例如,《民法典》第 127 条规定,"法律对数据、网络虚拟财产的保护有规定的,依照其规定"。在涉及算法的民事案件审理过程中,需要将上述条款与个人信息保护及数据治理领域的法律规范进行体系适用。再次,在算法相关个案裁判中,还应当注意不同法律部门在立法目的差异。例如,《个人信息保护法》与《数据安全法》虽然都涉及个人信息(数据)保护问题,但两者在各自的第 1 条中规定了不同的立法目的,在

---

27 相关理论参见[英]尼尔·麦考密克:《法律推理与法律理论》,姜峰译,法律出版社 2018 年版,第 117~155 页;[美]理查德·瓦瑟斯特罗姆:《法官如何裁判》,孙海波译,中国法制出版社 2019 年版,第 209~211 页。

28 参见孙光宁:《社会主义核心价值观的法源地位及其作用提升》,载《中国法学》2022 年第 2 期。

29 实践中,如《信息安全技术 个人信息安全规范》(GB/T 35273—2020)、《人工智能算法金融应用评价规范》(JR/T 0221—2021)等国家标准在算法治理和个人信息保护中具有细化法律和指引行为的重要作用。从法理上看,这类标准之所以可以作为裁判规范适用,源于我国《标准化法》第 2 条中的规定,即"强制性标准必须执行"。

司法适用时应当注意两部法律在目的导向上的差异与关联。[30] 最后,为了参考借鉴欧美等域外发达国家的算法治理经验,在不违反我国法律秩序的情况下,可以运用比较解释方法来判定算法行为的正当性。例如,在北京知识产权法院审理一起与算法相关的不正当竞争案时,司法机关就借鉴了OECD隐私框架、APEC隐私框架、欧盟GDPR、欧美"隐私盾"协议等内容体现的精神,来辅助国内法律的解释及适用。[31]

(二)运用数字科技思维辅助算法事实认定

司法中的事实认定建立在事实解释的基础之上,即通过基于特定的证据以及原理、规律对案件事实进行裁剪、理解、推定,形成的对行为性质的认定或者对案件事实的补全。[32] 由于算法相关事实的认定具有较强的专业技术性,需要将算法相专业性事实转化为能够为一般大众可以理解的"生活事实",以此作为认定案件事实的依据。为了实现这种"专业技术事实—日常生活事实"的转化,有必要充分运用现有的程序法律规定与证据规则,引入更多的智力资源来辅助和解释事实认定问题。其一,引入专家辅助人,参照其意见对算法相关技术性事实及证据问题进行解释说明。其二,要求第三方鉴定机构的鉴定人以及具有专业技术知识的证人出庭接受质询,并允许各方当事人围绕鉴定意见或证人证言展开辩论。其三,依据算法透明原则,要求负有算法解释义务的当事人说明算法的基本原理与功能,并如实陈述算法对其相对方权利义务可能产生的实质性影响。其四,引入陪审员或进行社会民意调查,了解一般民众对于算法相关事实的认知情况,防止算法技术性造成的认知壁垒影响事实判断。

(三)运用数字经济思维平衡取舍算法利益

算法应用往往是多方利益博弈与冲突的技术化表现,故根据算法效益原则,司法裁判不仅负有个案纠纷解决的义务,还应当通过对算法的治理促进算法科技创新、激励数字经济发展与数字社会进步,最终引导算法创造更多的"数字红利"。利益衡量是算法疑难案件的二阶判断中的主要难题,主要是因为传

---

30 《个人信息保护法》第1条确立的立法目的是"保护个人信息权益,规范个人信息处理活动,促进个人信息合理利用";《数据安全法》第1条确立的立法目的是"规范数据处理活动,保障数据安全,促进数据开发利用,保护个人、组织的合法权益,维护国家主权、安全和发展利益"。前者相较于后者突出了个人层面的信息与数据保护;后者相较于前者更加强调对国家与公共层面的数据利益及安全的维护。

31 参见北京知识产权法院民事判决书,(2016)京73民终588号。

32 参见彭中礼:《司法裁判过程中的事实解释》,载《厦门大学学报(哲学社会科学版)》2021年第4期。

统意义上的利益衡量方法很难为案件裁判提供精确的指引。传统的利益衡量方法将利益进行类型化处理,如消费者(用户)利益、平台企业利益、公共利益等,但这些利益在数字经济领域往往相互交织,难以给出较为确定的利益保护顺位。为了克服传统利益衡量方法的局限性,可以考虑引入法律经济分析与数字经济思维来平衡取舍算法相关利益。

在运用经济分析工具时,法官还需要结合算法的技术特点以及其所运用的数字商业模式,对分析框架进行迭代。法官在运用经济分析工具来辅助算法利益衡量时还需要注意传统经济思维与数字经济思维在分析进路上的差异性。例如,在传统经济模式的分析框架下,企业的生产的边际成本会先减少后增加,当成本增速大于产量增速时会产生“边际收益递减”效应。借助特定的算法,数字产品可以自动化生成并以极低成本被无限复制和传播。算法生成数字产品的用户数量越多,其边际成本就会逐步下降并越趋近于零。[33] 类似于以上的例证在算法及数字经济领域中还有很多,这就要求司法及时更新经济分析工具,重视算法应用场域背后商业模式的迭代。例如,在数字经济反垄断领域中,平台企业能够借助算法技术隐秘地进行市场控制并导致福利分配出现偏差。司法机关在应对此类案件时除运用基于福利分配的传统价格分析框架外,还需要引入“促进有效竞争”以及“非经济效率目标”等多重标准,以更妥当地平衡各方利益。[34]

五、健全司法参与互动的算法多元共治机制

为了弥补算法司法在算法治理中具有的被动性、滞后性以及孤立性等短板,同时也是为了应对算法应用场合及组织关系的“去中心化”特点,需要加强算法司法治理与其他治理机制之间的互动,通过塑造算法治理规范体系、引入公益诉讼制度、积极参与平台企业算法合规建设等路径,促成司法参与的算法多元共治格局。

33　参见易宪容、陈颖颖、位玉双:《数字经济中的几个重大理论问题研究——基于现代经济学的一般性分析》,载《经济学家》2019 年第 7 期。

34　参见杨明:《平台经济反垄断的二元分析框架》,载《中外法学》2022 年第 2 期;李剑:《平台经济领域的反垄断法实施——以经济效率目标为出发点》,载《中外法学》2022 年第 1 期。

（一）运用统一法律适用机制塑造算法治理规范体系

为了稳定算法治理的基本秩序以及各方主体对算法活动的预期，司法机关需要运用各种机制与手段，将各方主体生成的算法治理规范进行统合，最终形成相对完整与精细化的“多元一体”算法治理规范体系。为了实现这一目标，最高人民法院力推的统一法律适用工作机制大有可为。参照最高人民法院《统一法律适用工作实施办法》的相关规定，司法机关可以通过“算法相关个案妥当裁判——形成算法相关指导性案例或典型案例——制定算法相关司法解释或其他司法规范性文件”的司法路径形成并完善算法治理裁判规制体系。[35] 考虑到实践中已经有司法机关将算法治理的案例遴选为典型案例，最高人民法院可以进一步加大对算法治理问题的重视程度，通过发布算法治理专题指导性案例的方式形成更具有权威性的算法治理规则。[36] 当通过个案裁判与司法案例形成的算法治理规制累积到一定数量时，最高人民法院可以考虑将案例中的裁判规制提炼形成抽象司法解释。[37]

除上述措施外，还应当加强算法司法治理规范与立法机关、行政机关、平台企业（自治）规范的互动与衔接。首先，在“司法—立法”方面，司法机关（特别是最高人民法院）可以积极参与算法治理立法工作，促进立法对司法解释或指导性案例中成熟规制的吸收与整合。其次，在“司法—行政”方面，由于实践中算法治理的合规依据有不少都来自行政机关的部门规章、规范性文件以及行政机关参与制定的国家标准，司法机关在适用这些规范时应予以重视，不能因为这些规范在效力位阶上较低就忽略其治理功能。[38] 特别是在缺乏明确立法的情况下，可以从算法相关的部门规章、规范性文件以及国家标准中寻找裁判理由，将法律和行政法规中的模糊性规定具体化，为算法治理提供依据。[39] 最后，在

---

35 根据《统一法律适用工作实施办法》第1条，统一法律适用工作包括起草制定司法解释或其他规范性文件、发布案例、落实类案检索制度、召开专业法官会议讨论案件等推进法律统一正确实施的各项工作。

36 参见孙跃：《案例指导制度的改革目标及路径——基于权威与共识的分析》，载《法制与社会发展》2020年第6期。

37 参见孙跃：《指导性案例与抽象司法解释的互动及其完善》，载《法学家》2020年第2期。

38 参见鲁篱：《论金融司法与金融监管协同治理机制》，载《中国法学》2021年第2期。

39 这一思路在金融司法裁判领域已被多次使用。例如，司法机关经常借助金融监管部门规章的规定，将立法中关于合同效力判定的情形进行具体化，参见孙跃：《论民商事裁判中基于融贯论的体系解释——以金融机构股权代持合同效力判定为例》，载《广西社会科学》2019年第5期。

“司法—平台自治”方面,司法机关对于平台企业的自治规范要进行全面审查,对于那些合法合理的自治规范,可以将其作为裁判理由使用;反之,则应当给予平台自治规则否定性法律评价,防止平台企业滥用算法权力损害用户权益。

(二)加强公益诉讼制度在算法司法治理中的运用

在平台算法权力迅速膨胀与扩张的背景下,消费者(用户)作为个体维权的成本和难度大大提高。从现有的公益诉讼制度设计来看,公益诉讼虽然是由司法机关主导,但其在程序上涉及法院系统与民间团体及组织、行政监管执法部门、检察机关、第三方专业机构的衔接,其本质上是一种通过凝聚多方力量共同维护公共利益的司法制度。可见,无论是从支持算法用户维权的角度来看,还是从完善算法多元共治的角度来看,司法机关都有必要将公益诉讼制度引入算法司法治理领域。[40]

我国《民事诉讼法》第 58 条第 1 款规定:“对污染环境、侵害众多消费者合法权益等损害社会公共利益的行为,法律规定的机关和有关组织可以向人民法院提起诉讼”。从解释论的角度来看,上述规定至少在两个层面为运用公益诉讼支持算法维权行为提供了契机。其一,由于算法经常被运用于互联网服务领域,因而对于那些大规模算法歧视造成的消费者权益侵权现象,可以适用该规定中的“侵害众多消费者合法权益”;其二,对于其他情况下算法侵害公共利益的行为,可以对上述条款中的“等”字进行类型化解释,从而细化适用公益诉讼规制算法损害公共利益的情形与路径。

为此,最高人民法院可以参照《关于审理环境民事公益诉讼案件适用法律若干问题的解释》《关于检察公益诉讼案件适用法律若干问题的解释》的思路,将算法治理纳入公益诉讼制度框架之下。通过司法解释等方式明确以下事项:(1)算法公益诉讼的原告及其适格条件;(2)算法活动侵害公共利益判定的判断标准及救济方式;(3)算法侵权公益诉讼的具体程序;(4)算法公益诉讼与私益诉讼的关系;(5)不同类型算法公益诉讼(如民事公益诉讼、行政公益诉讼)的适用方式,以及这些程序与刑事诉讼程序的衔接等问题;(6)检察机关参与算法公益诉讼的程序;(7)算法公益诉讼与算法行政监管执法活动的衔接配合

---

40 目前国内已出现一批个人信息保护类的公益诉讼案例,但其中与算法治理直接相关的还比较少。参见 https://www. spp. gov. cn/spp/xwfbh/wsfbt/202303/t20230330_609756. shtml#1,最后访问时间:2023 年 6 月 1 日。

程序。

(三)司法机关积极参与平台企业算法合规建设

在数字经济领域,算法的主要使用者是互联网企业(特别是平台企业),仅依靠司法机关及其他机关对算法活动进行治理很难具有可操作性。因而,司法治理与平台自治需要互相配合。由于平台企业对算法的运用过于频繁和广泛,在很多情形下平台企业能够更加精准高效地进行算法活动的治理。因此,司法机关应充分尊重平台自治权,当平台自治不足或自治权行使不当时,司法才可以考虑介入。[41] 相较于通过事后个案裁判的方式引导规范平台算法自治,司法机关还可以通过司法参与算法合规建设实现算法的事前治理,实现从"消防员"向"吹哨人"的角色转型。作为一种创新治理模式,企业合规建设具有完善公司治理、行政监管与刑法激励、应对国际组织制裁等重要功能。[42] 将企业合规理念引入算法治理领域,对于规制因算法违规引发的不正当竞争、大规模侵权以及高科技犯罪等均具有重要意义,并且也可以最大限度地引导企业在"算法效益"与"算法向善"之间寻求平衡。司法机关(法院)可以通过司法审查、司法建议以及联合制定指引文件等方式参与企业算法合规建设。

首先,当企业以算法合规为由要求减免其法律责任时,司法机关应当在听取企业及检察机关(或行政机关)的意见基础之上,客观、全面地审查企业合规体系建设的情况,综合其违法违规事实作出判断,以最终确定企业应当承担的法律责任。其次,司法机关可以提出具有针对性的算法合规司法建议或操作指引,帮助企业规避算法违法违规风险,加快企业算法合规体系的构建与完善。为了提升司法建议的专业性与针对性,司法机关可以与行政监管部门建立算法合规数据共享机制。行政机关向司法机关提供算法活动监管数据,可以为后者的司法裁判提供更加充分的技术性参考。反过来,司法机关将其裁判的案例数据反馈给行政监管部门,可以为行政合规监管提供更加充分的合法性参考。最后,司法机关可以联合检察机关、行政机关、第三方专业机构,共同制定企业算

41 参见姚辉、阙梓冰:《电商平台中的自治与法治——兼议平台治理中的司法态度》,载《求是学刊》2020年第4期。

42 企业合规有广义与狭义之分,广义上的企业合规包括行政法、刑事法、经济法、国际法等层面的合规建设,狭义上的企业合规主要指企业刑事合规,本文所称企业合规为广义。参见陈瑞华:《企业合规基本理论》(第二版),法律出版社2021年版,第35~58页。

法合规指引等规范性文件,为企业算法合规体系的构建提供基本标准与操作规范。[43] 此外,司法机关还可以在算法治理典型案件的裁判理由中,通过附带意见等方式提出企业合规建议。[44]

六、结语:司法作为数字经济时代算法正义的输送方式

作为数字经济时代技术的结晶,算法呈现出鲜明的复调色彩。从价值立场来看,算法具有技术上的中立性;同时,算法又是被人为设计与控制的,其不可避免地具有价值与利益层面的倾向性。从算法使用的目的与后果来看,算法可以是为人们带来文明进步与增加数字红利的“天使”,也可以是滥用“算法权力”与扩大“数字鸿沟”的“魔鬼”。算法治理体系的完善与治理能力的提升,是建设数字中国与数字强国必不可少的一环。应对算法治理带来的挑战,司法理念、司法制度以及司法方法和技术的迭代进化都是必不可少的。随着包括司法治理在内的各种算法治理手段的丰富及水平的提升,算法的运用必将从无序走向规范,人们也将更加接近算法正义的实现。

43 例如,上海市杨浦区《企业数据合规指引》是我国首份关于企业数据合规的指引文件,其制定者包括杨浦区人民检察院联合市信息服务业行业协会、市数据合规与安全产业发展专家工作组、区工商业联合会。但该文件的制定主体并不包括法院,且缺乏与算法治理相关的专门性内容,略显遗憾。参见《上海首份〈企业数据合规指引〉出炉》,载国际注册反舞弊师网 2022 年 2 月 8 日,https://iiaf.org.cn/Item/213087.aspx。

44 例如,在我国“NFT 侵权第一案判决书”的裁判理由中,司法机关就建议平台企业应当建立侵权预防审查机制以及必要情形下的 NFT 铸造担保机制。该案虽并非关于算法案件的纠纷,但应用场合均为数字经济领域,值得借鉴。参见杭州互联网法院民事判决书,(2022)浙 0192 民初 1008 号。

人工智能平台的算法黑箱与治理图景

程雪军*

【内容提要】 在以大数据与人工智能为代表的信息技术驱动下，各种类型的算法技术快速突破并深度嵌入各类服务行业，促进了服务行业的新模式发展、新技术应用与新产品研发，从而推动了人工智能平台的崛起。然而，算法具有内在的技术缺陷，这导致人工智能平台因算法技术而衍生算法黑箱问题。基于算法技术在人工智能平台的应用现状，为化解其算法黑箱带来的问题挑战，非常有必要以社会利益论解构算法黑箱治理的必要性，结合域外国家和地区（欧盟、英国、美国、新加坡）算法黑箱的法律与伦理等层面的治理经验，我国可以从算法透明、算法问责、算法伦理层面完善人工智能平台算法黑箱的治理图景：健全算法透明体系，打开人工智能平台的算法黑箱；完善算法问责机制，明确算法黑箱的责任认定；构建人工智能平台伦理规范以加强算法伦理建设。

【关键词】 人工智能平台　算法　ChatGPT　算法黑箱　算法治理

一、从人工智能平台到算法黑箱治理

大数据与人工智能等信息技术的快速发展，深度嵌入社会经济中的各行各业，促使服务行业从传统企业阶段向人工智能平台阶段迈进。其中，算法（Algorithm）技术被各种人工智能平台广泛应用于产品与服务中，最大限度地提升了人工智能服务的效率与水平。然而，算法作为创新型信息技术，具有双面

---

* 程雪军——同济大学法学院助理教授，经济法治研究中心研究员，主要研究领域：经济法、金融法、数字法。本文系上海市哲学社会科学规划课题“金融科技公司算法风险的系统治理研究”（2022EFX001）、中国社会科学院国情调研重大项目“关于互联网金融风险治理调研”（GQZD2020006）、同济大学理论创新项目“乡村振兴战略下绿色金融法治体系研究”（4040142319/013）阶段性成果。

性的作用：一方面，算法具有促进人工智能创新发展的建设性作用。作为全面迭代发展的算法技术，它可以显著地提升服务的综合效率，促进人工智能平台向算法技术实现数字化与智能化转型，并驱动人工智能平台从“技术赋能”逐渐向“算法主导”企业活动趋势转变。另一方面，算法具有阻碍人工智能稳定发展的破坏性作用，[1]可能衍生相关的算法黑箱与其他风险问题。人工智能在发展中并非直线式上升，而是呈现出一种波浪式前进的状态，所以当算法深度嵌入人工智能行业之后，其固有的算法技术内在缺陷，如算法黑箱（Algorithm Black Box），便容易传导至全产业链的企业活动。而且，算法治理本身具有时间上的滞后性与创新上的保守性等特征，这加剧了人工智能平台滥用算法技术实施监管套利，并触发潜在的人工智能市场风险，威胁市场安全与系统稳定。

在算法大爆炸时代，人工智能平台算法黑箱的治理研究尤为重要，因为这既是保障人工智能平台技术向善的发展指南，也是防范算法黑箱风险扩大化的治理工具。然而，如何对人工智能平台利用算法带来的建设性作用与破坏性作用实现平衡取舍，对人工智能平台算法黑箱采取行之有效的治理？尽管学术界与实务界开展了相关工作，但是目前依然有所不足。一方面，在学术研究层面，我国关于人工智能平台算法黑箱的治理研究有待提高：一是没有把人工智能市场的特殊性纳入算法黑箱的治理考虑因素中，单方面关注对科技本身进行治理，忽视了人工智能平台算法治理的特殊性和要求；二是忽视了对算法提供者（人工智能平台）的监管治理，对人工智能平台算法黑箱的责任划分、承担有待完善；三是国内对算法黑箱问题的研究视角大多锁定在客户端（消费者和证券投资者）层面，而忽略了机构端（人工智能平台）滥用算法技术的本质原因。另一方面，在立法实践层面，各种算法治理与法益保护的法律规范在 2021 年之后相继出台，2021 年被称为我国“算法治理元年”。其中，《民法典》在第四编“人格权”中专门设置了第六章“隐私权与个人信息保护”，通过专章的形式完善个人信息保护；《个人信息保护法》专门设置了第 24 条，对于自动化决策系统关于个人信息保护问题作出明确规定；《网络安全法》《数据安全法》的相继实施为人工智能领域算法应用所带来的数据安全等问题构建法律治理框架；《互联网信息服务算法推荐管理规定》（以下简称《算法管理规定》）从多个维度，包括算法提供者合规、用户权益保护、有关部门监管、法律责任承担等维度，首次较为

1　参见巫云仙：《FinTech 对金融业的“破坏性创新”》，载《河北学刊》2016 年第 6 期。

系统地针对算法问题作出相应的治理。

在人工智能尤其是利用人工智能技术生成内容(AI Generated Content, AIGC)的发展浪潮下,从人工智能平台的算法本质与数据特征出发,分析人工智能平台如何通过算法技术结合海量的数据打造数据驱动型算法黑箱,并打破现有治理和监管桎梏,掩盖交易过程中形成的算法黑箱主要问题,逃避法律监管与责任追究。然后,本文回归人工智能市场治理框架下的社会利益论,对人工智能平台算法黑箱的治理展开理论依据层面的分析,有选择地借鉴域外(欧盟、英国、美国、新加坡等)算法黑箱的治理经验,从算法透明、问责与伦理角度提出构建适应我国人工智能平台算法黑箱的治理图景。

二、人工智能平台及其算法技术的崛起

在市场竞争日益激烈的环境下,各类市场主体为保持其业务规模与市场竞争力,纷纷发展人工智能提升自身经营业务,从而为算法技术等布局平台行业创造了发展空间。其中,人工智能平台作为大数据与人工智能等信息技术的应用实体,以各类数字信息技术为技术导向,掌握了机器学习、深度学习等在内的先进算法技术,在为各类市场主体提供各项技术服务时留存了海量数据,从而为其数据驱动型算法黑箱的形成提供了数据来源与算法基础。

(一)人工智能平台的算法本质与界定

随着大数据与人工智能技术的发展,算法(Algorithm)逐步渗透传统社会经济,人类社会逐步从传统的工业社会向算法社会迈进。关于算法,从语义角度来看,最早来源于古希腊语 arithmoós(αριθμό),它的本义是“计算的方法”,我国西汉时期《周髀算经》便有对算法的记载,北魏时期亦有“允尤明算法,为算术三卷”的算法语义记载。从数学角度来看,算法是通过一系列步骤,用输入数据得出输出结果的过程,[2] 在现代算法社会中,算法以各种智能终端作为信息载体,以二进制作为计算数制,[3] 并逐步发展出傅里叶、哈希、随机森林等算法,被广泛应用于匹配、加密等场景。[4] 尽管目前学术界并没有对算法进行统一的界

2 See Pablo J. Boczkowski, “Media Technologies: Essays on Communication, Materiality, and Society”, MIT Press, 2014, p. 167.

3 参见张凌寒:《权力之治:人工智能时代的算法规制》,上海人民出版社2021年版,第3~4页。

4 参见[美]克里斯托弗·斯坦纳:《算法帝国》,李筱莹译,人民邮电出版社2014年版,第132页。

定,但一般认为算法是对问题解决方案的步骤描述,其本质是用输入数据得出输出结果的程序。[5] 在计算机科学领域,算法一般视为在有限且明确的操作步骤内,将形式规范的输入值转化为输出值,以快速高效地解决某一特定问题的模式化过程。[6] 在人工智能尤其是生成式人工智能(AIGC)的发展背景下,算法具有相似的技术原理,只是将算法应用于更为复杂的人工智能场景之中。届时,人工智能平台可以利用其自身具有的海量数据、强大的算力支持、雄厚的算法基础,运行事先设计好的、嵌入平台模型的计算机代码程序,通过"输入(input)—执行指令(command)—输出(output)"的固定运行模式,实现某种特定人工智能场景下的"最优解"。换言之,人工智能平台的技术本质是算法,正是在算法的助力下,人工智能平台才可以对市场主体和企业交易活动全面搜集数据信息及匹配交易,克服传统企业活动中信息不对称、资源错配与效率低下等诸多问题,从而有效提高平台产出与生产效率。[7]

目前,人工智能平台深度嵌入各行各业,但是并没有形成相应的统一界定。国家市场监管总局于2021年颁布《互联网平台分类分级指南(征求意见稿)》,首次将互联网平台界定为兼具超大用户规模、超广业务种类、超高经济体量和超强限制能力的平台。对于人工智能平台而言,它同样是基于互联网信息技术基础之上的平台,需要满足上述治理要求,即人工智能平台的年活跃用户数不得低于5亿人(用户规模要求),核心业务种类不得低于两类(业务种类要求),市值或估值不得低于1000亿元(经济体量要求),并且具有强有力的限制商户接触消费者能力(限制能力要求)的平台。由此观之,能够成为人工智能平台型企业的,都是具备超级市场组织与连接能力的大型平台企业,比如美国的苹果(Apple)、亚马逊(Amazon)、谷歌(Google)等超级平台企业。

(二)人工智能平台的主要发展模式

从人工智能的技术进化角度看,它从弱人工智能(Artificial Narrow Intelligence, ANI)发展至强人工智能(Artificial General Intelligence, AGI)以及超人工智能(Artificial Super Intelligence, ASI),众多人工智能平台型企业基于数据、算法、算力等资源优势,不断地向相关的服务业务渗透,从而形成几类具

---

5 参见马长山:《迈向数字社会的法律》,法律出版社2021年版,第55页。

6 参见刘友华:《算法偏见及其规制路径研究》,载《法学杂志》2019年第6期。

7 参见唐松、赖晓冰、黄锐:《金融科技创新如何影响全要素生产率:促进还是抑制?——理论分析框架与区域实践》,载《中国软科学》2019年第7期。

有代表性的人工智能平台发展模式(见表 1)。

表 1　人工智能平台的主要发展模式

名称	弱人工智能阶段（ANI）			强人工智能阶段（AGI）	超人工智能阶段（ASI）
主要特征	基于搜索引擎入口获取大量网络用户与流量从而积极开展服务业务	通过电商平台上的人员、物品、资金、服务以及信息流动等获取多维度数据与用户	通过网络强有力的社交属性，为其开展各类服务业务奠定雄厚的数据与用户基础	通过算法技术开发能走、能跑、能运东西的人工智能产品或服务	通过算法技术开发具有认知智能的产品或服务
核心技术	计算机视觉、机器学习、自然语言处理、机器人、语音识别[8]				
发展模式	搜索引擎平台模式	电子商务平台模式	社交网络平台模式	机器人平台模式	开源智能平台模式
代表性机构	字母表（Alphabet）	阿里巴巴（Alibaba）	元宇宙平台（Meta Platforms）	波士顿动力（Boston Dynamics）	开放人工智能公司（OpenAI）
代表性平台	谷歌（Google）	天猫（Tmall）	脸书（Facebook）	Boston Dynamics	ChatGPT

第一,在弱人工智能阶段,ANI 是擅长单方面的人工智能,比如下棋、搜索、提供信息等,体现的是"计算智能",所以该阶段主要是利用人工智能技术帮助各种平台进行智能计算与算法决策,主要形成了以百度(Baidu)、谷歌(Google)为代表的搜索引擎平台模式,以阿里巴巴(Alibaba)、亚马逊(Amazon)为代表的电子商务平台模式,以腾讯(Tencent)、元宇宙平台(Meta Platforms)为代表的社交网络平台模式等。

第二,在强人工智能阶段,AGI 是在各方面都能和人类比肩的人工智能,即人类智力级别的人工智能,体现的是"感知智能",即具备类似人的视觉、听觉、触觉等对外界刺激做出反应的能力。在该阶段,人工智能算法技术主要形成了

8　参见程雪军:《人工智能深度介入消费金融:动因、风险及防控》,载《深圳大学学报(人文社会科学版)》2021 年第 3 期。

以波士顿动力公司(Boston Dynamics)为典型代表的机器人平台发展模式,通过机器人充分展现类人化的感知智能,并通过数据、算法、硬件等开展品类繁多的人工智能业务。

第三,在超人工智能阶段,尼克·博斯特罗姆(Nick Bostrom)将其定义为"在几乎所有领域都比最聪明的人类大脑都聪明很多,包括科技创新、通识和社交技能",[9] 即全面超越人类智力级别的人工智能,体现的是"认知智能",具备"能理解会思考"的能力。其中,2023 年年初微软(Microsoft)表示将会继续向开放人工智能公司(OpenAI)投资 100 亿美元,成为人工智能有史以来最大的投资,推动了以 CahtGPT 等为代表利用人工智能技术来生成内容(AIGC)的快速发展。即便这种 AIGC 技术还没有达到超级人工智能阶段的技术要求,但是它能够基于深度学习与自然语言处理工具等方式,通过大算法模型方式,促使人工智能平台逐步具备能理解、会思考、会聊天等"真人式"的功能,从而有力地促进了超级人工智能(ASI)新时代的到来。

三、从社会利益论透视人工智能平台算法黑箱及其治理依据

算法本身应当具有技术中立性,只有在被"人为"地运用于某一领域或某一事物时,算法技术的内在价值和影响才得以显现。在人工智能时代,随着算法技术的不断发展,人工智能平台利用海量数据与智能算法驱动传统创新发展,但人工智能平台算法黑箱似乎也带来了相应的发展问题:过度的算法依赖和监管真空,亦为人工智能平台滥用算法黑箱从事监管套利行为埋下隐患。对机构端来说,企业算法的技术创新为人工智能平台和企业机构规避现有监管治理提供了新的路径;对客户端来说,算法黑箱的不透明性加剧了消费者与中小投资者这类长尾客群接受服务过程中的信息不对称与逆向选择风险。同时,算法黑箱还将掩盖风险在不同市场交易主体之间的转移和累积,可能威胁社会公共利益。[10]

(一)人工智能平台数据导向衍生黑箱现象

人工智能平台是一种典型的平台模式,符合双边市场理论,它有效连接企

---

9 See Bostrom N. ,"Superintelligence: Paths, Dangers, Strategies", Oxford University Press, 2014.

10 参见刘怿:《算法语境下信义义务在金融领域的扩张》,载《江西财经大学学报》2020 年第 6 期。

业机构与消费者,能够从人工智能产品运行与服务提供中获取并留存海量用户的数据信息。事实上,在算法时代,世间万物皆可被数据化记录,数据是信息与社会利益的载体。[11] 作为与土地、资本等并列的新型生产要素,数据有着不同于传统生产要素的绝对优势,如低成本、增值快等:一方面,从数据的边际成本来看,其边际成本趋近于零,这不仅体现为数据的复制与传输成本极低,而且对于前手数据的循环利用和再次创作成本也大大低于其他类型的生产要素;[12] 另一方面,数据在经历每一次的生产与再生产加工之后,所产生的新数据都体现了累积、更新和完善的过程性特征,实现了相对于前手数据的新一轮的价值增值。多次反复之后,这些数据便不再是某个单一劳动过程所形成的无序数据产品,而是转变成为一系列经过筛选、排列与整合的有序数据集,[13] 具有显著的高增值性。

在人工智能平台累积了越来越多的数据生产要素,掌握了绝对数量的数据资源之后,便具有了潜在主导人工智能活动和重新配置市场资源流动的平台化力量,常被称为"算法权力"。具体而言,算法通过对海量数据展开深度学习,驱动计算机自动编写代码程序并完成交易活动,体现了机器学习强大的自主功能,但由于其中间环节的具体执行过程往往难为外部所知悉,从而被学术界与实务界称为"算法黑箱"。实际上,人工智能平台利用算法尤其是深度学习模型所带来的算法黑箱,其根源在于人工智能平台所定义的数据对象(如人工神经网络,ANN)复杂程度日益加剧,而目前学术界并没有完整的理论对整个算法系统层面的算法模型可表达性、可训练性等进行描述与揭示,从而导致人工智能平台只能获取输入输出的数据,而完全不知道内部构造与运行机理的算法黑箱。

对于人工智能平台而言,其算法黑箱的本质特征在于其具有不透明性及其难理解性。倘若以金融领域的量化投资黑箱(Quantitative Investment Black Box)为例,人工智能平台通过输入海量的数据,利用算法技术对各类大数据进行筛选、分析与处理,做出相对应的量化交易决策,进而建立输入与输出模型。

---

11 参见张凌寒:《算法权力的兴起、异化及法律规制》,载《法商研究》2019 年第 4 期。

12 参见冯科:《数字经济时代数据生产要素化的经济分析》,载《北京工商大学学报(社会科学版)》2022 年第 1 期。

13 参见闫境华、石先梅:《数据生产要素化与数据确权的政治经济学分析》,载《内蒙古社会科学》2021 年第 5 期。

其中,交易成本模型可助力人工智能平台确定交易换手率,风险模型可帮助平台避开错误的头寸敞口,投资组合模型可促进人工智能平台在降低交易成本、把控风险管理、实现平台盈利等目标之间实现平衡,将目标投资组合传送至投资执行模型并实施既定的执行策略。然而,这些量化投资模型都需要基于完善的数据与深度的研究方可实现。无论量化投资平台采取多么完善的算法模型,由于数据资源与算法技术具有内在的有限性,人工智能平台对量化投资交易模型运行过程(从数据输入到企业算法产品输出)总是处于一种"黑箱"状态。那么,基于算法黑箱而向各类消费者所推荐或决策的产品与服务,必然存在相应的企业算法风险或者其他风险。消费者因信息不对称而导致的反馈缺失或反馈不能,进一步加剧了人工智能平台的算法黑箱问题。

(二)从社会利益论透视人工智能平台算法黑箱的治理依据

在人工智能市场自律发展的常态下,人工智能平台通过利用算法创新衍生的算法黑箱问题不可能被完全遏制甚至消除,但监管机构也不能持完全放任的态度,纵容其风险与问题的蔓延。为维护体系的安全稳定,促进人工智能平台行业的长远发展,适当的治理措施尤为必要,在社会利益论的框架下,算法治理既是权利保障的稳定器,又是权力失控的抑制器,抑制人工智能平台技术创新所衍生的算法黑箱问题并保障市场稳健目标的最终实现。

社会利益论认为:"只有在完全竞争的市场中,社会公众利益才可能实现效益的最大化"。然而,现实社会经济中并不存在绝对完美的竞争市场,众多市场现象(如垄断、信息偏在、外部性等)均可导致市场失灵,需要通过政府干预来治理和矫正市场存在的缺陷,以平衡多方社会利益并维持市场的稳定运行。随着人工智能时代的到来与企业算法的深入应用,企业机构为了稳固其在传统行业时期已经形成的自然垄断地位,纷纷选择拥抱人工智能,将海量的线下数据通过人工智能平台进行线上数字化记录,并赋能企业算法产品的推出与应用。然而,算法固有的技术复杂性却为人工智能平台打开了非法逐利的"阀门"。一方面,算法显著提升了传统交易的业务效率和成交量,使人工智能平台占据了绝对的竞争优势与市场支配地位,掌握了极佳的平台资源配置,造成机构端与客户端处于严重不平等的交易地位,也导致大量缺乏技术驱动的中小企业难以在市场中求得一线生机,进而加剧社会资源的单方面倾斜与社会多方利益矛盾的出现。另一方面,算法黑箱加剧了信息的不对称,不同于传统企业业态下的信息不对称,人工智能平台算法黑箱造成的信息不对称介于创新者与用户之间,[14] 实际上是对传统信息不对称的边界进行了扩张。随着服务提供者与消费者之间的信息差越来越多,人工智能平台能够进行的套利空间越来越大。当服务提供者与用户之间的利益冲突越发尖锐,原本被分散的个别风险将持续性汇集,进而可能引发系统性危机。此外,人工智能平台利用算法黑箱逃避监管套利的法律责任,掩盖其与企业机构之间的非法数据交易行为,亦对社会公共利益造成了巨大的负外部性影响。

由此可见,人工智能平台算法黑箱问题的出现加剧了市场的偏向性发展。绝大部分利益集中于少数市场经营者,而体量庞大的长尾客群却要分担几乎全部风险。社会利益论对市场治理的诉求,旨在缓解市场经营者与消费者之间的利益冲突,以满足消费者合理的服务诉求为核心,通过对市场施以适当的干预措施,治理并矫正当前在资源分配与利益分享上存在偏颇的市场结构。诚如马克思所言,"人们奋斗所争取的一切,都同他们的利益有关"。[15] 利益关系是开启社会现象之门的一把钥匙。[16] 庞德的社会利益观也表明,秩序应建立在满足利益诉求的基础上,即利益是所有社会关系构建之时需要首先考虑的问题;而法律作为一项治国重器,势必也需要满足相关的利益需求,其任务诉求是在最少阻碍和浪费的条件下努力实现和保障相互冲突的利益,方可符合社会运作的基本逻辑框架。[17]

四、人工智能平台算法黑箱的治理图景:迎接超级AI新时代

对于人工智能平台算法黑箱而言,它是一个全新的治理问题,不过海外国家与地区关于人工智能平台算法黑箱的立法与研究可为我国提供有益的借鉴(见表2)。如美国2019年提出的《过滤气泡透明度法案》给予用户选择切换"输入透明算法"或"不透明算法"的权利;2021年《算法正义和在线平台透明度法案》针对算法备案审查作出规定;从2019年《算法问责法案》到2022年《算法

14 参见殷孟波、许坤:《国外学者在后危机时代关于金融创新"悖论"的综述》,载《经济学家》2021年第6期。

15 参见马克思:《马克思恩格斯全集》(第1卷),人民出版社1956年版,第82页。

16 参见姜敏:《危害原则与法益保护原则比较研究》,载《比较法研究》2019年第6期。

17 参见[美]罗斯科·庞德:《通过法律的社会控制》,沈宗灵译,商务印书馆2011年版,第33页。

责任法案》的转变，更加强调自动化决策系统的过程公开与透明，尤其是针对关键性的决策，消费者可依据该法案对算法系统的数据源、算法程序、参数和指标与最终的决策产生怀疑。同样，在欧盟，2018 年生效的《通用数据保护条例》（GDPR）对算法的可解释性作出规定，重点强调用户的数据安全与权益保护，保障消费者权益救济；2021 年 4 月欧盟制定《关于人工智能统一规则和修订特定欧盟法案的条例》，这是欧盟首个详细的人工智能法律框架，明确加强算法的公开透明，强调按照风险等级（不可接受的风险、高风险、有限风险和低风险）实施分级监管，从而化解人工智能风险，发展统一、可信赖的人工智能市场，建立与 GDPR 发展相适应的人工智能技术统一规则。英国在 2022 年 7 月将关于人工智能法律规范的《数据保护和数字信息法案》正式提交给议会审议，该法案立法宗旨在于负责任地使用人工智能、减少企业的合规负担以促进经济发展，并提出了六项核心原则：确保安全地使用人工智能；确保人工智能在技术上是安全的，功能与设计相符；确保人工智能具有适当的透明度和可解释性；考虑公平性；确定一名负责人工智能的法定代表人；明确赔偿或可竞争性的路径。2019 年 1 月新加坡通过《人工智能治理示范框架》，对人工智能提供指导性伦理原则，新加坡金融管理局（SMA）进一步针对算法应用于金融业并进行数据分析所引发的种种问题，提出了"公平"（Fairness）、"道德"（Ethics）、"问责"（Accountability）、"透明"（Transparency）四大原则。[18] 由此可见，算法透明、算法问责、算法伦理是应对算法黑箱的主要治理重点，我国可以有选择地对其进行治理借鉴。基于此，本文认为人工智能平台算法黑箱的治理关键在于打开黑箱，即我国应当通过建立健全的算法透明体系，将算法运作的全过程置于有效的法律监管与治理之下，以达到对算法黑箱的治理目的。此外，除了位于事前与事中阶段的算法透明要求，需要格外注意两方面的治理要求：一方面，针对人工智能平台算法黑箱造成的实质损害，需要逐步构建起完善的事后问责机制与权益救济保障；另一方面，针对人工智能平台算法黑箱可能存在的潜在危害，需要从全流程（事前、事中、事后）角度要求人工智能平台加强算法伦理建设，防范人工智能平台算法黑箱风险与伦理失范。

18　参见程雪军：《金融科技平台算法黑箱的国际规制与中国因应》，载《国际经济法学刊》2023 年第 2 期。

表2　域外人工智能平台算法黑箱的治理要点

国家或地区	主要法律规范	算法黑箱的治理要点
美国	《过滤气泡透明度法案》《算法正义和在线平台透明度法案》《算法责任法案》	算法透明、正义与问责
欧盟	《通用数据保护条例》《数字服务法案》《人工智能法草案》	算法可解释性、算法透明、分级治理
英国	《数据保护和数字信息法案》	算法安全、透明(可解释性)、公平与问责
新加坡	《人工智能治理示范框架》	算法公平、道德、问责与透明

(一)健全算法透明体系,打开人工智能平台算法黑箱

从具体的治理手段来看,算法透明拥有一个庞大且完整的治理逻辑体系。[19]一方面,对于人工智能平台算法产品的准入审查、参数报备与算法备案等要求,有助于从治理端的视角打开算法黑箱。另一方面,算法提供者(人工智能平台)需要适时履行必要的告知义务,有助于从消费者的视角打开人工智能平台的算法黑箱。人工智能平台应当根据有关法律的规定或监管部门的要求,面向社会公开必要的参数,依法履行相应的信息披露义务。

1.积极推进实质性审查标准和算法备案制度

对于人工智能平台算法黑箱的治理而言,事前阶段的准入审查是第一种重要的治理工具。人工智能平台算法黑箱的准入审查,可以从形式上的程序性审查与内容上的实质性审查展开:所谓形式上的程序性审查,是指所有人工智能平台的算法产品在投入人工智能市场运营前,都必须经有关监管部门(如人工智能委员会、国家网信部门、工业和信息化部、中国银保监会、中国证监会等)的审查流程并出具相应的审查意见,对于通过审查的人工智能平台算法产品,有关部门可核发电子牌照,并在全国范围内建立牌照联网系统,以便后续阶段的查询、监管与问责;所谓内容上的实质性审查,它要求相关监管部门应当着眼于人工智能平台算法产品的内在本质,而非外观形式主义,即通过“事实发现”来揭示并获取未知的人工智能平台算法风险信息,以事先做出预判性的应对措施。

19　参见汪庆华:《算法透明的多重维度和算法问责》,载《比较法研究》2020年第6期。

在完成上述实质性审查程序后，距离一套完整的事前准入审查制度还缺少最后一个关键环节——算法备案，其作用旨在将实质性审查的具体情况和结果进行形式上的固定。从本质上看，算法备案亦是实现人工智能平台算法透明的重要途径：一方面，算法备案有助于监管部门掌握企业算法的底层逻辑，以便提升其对于人工智能平台算法产品的监管能力，保证后续监管活动的顺利展开。另一方面，算法备案有助于法律监管机构在事前阶段明确责任主体，帮助消费者固定有关证据，从而为事后的追责环节提供保障。[20] 目前，算法备案制度已在我国市场经济实践中逐步落实，有关部门在 2021 年颁布的《算法管理规定》第 24 条明确了算法备案制度，并进一步指出算法服务提供者作为备案主体应当从"提供者的名称、服务形式、应用领域、算法类型、算法自评估报告、拟公示内容等"方面履行算法备案义务，做好备案信息的公示。当然，算法备案也并非始终处于一成不变的初始状态，而是随着人工智能平台算法产品的运行持续性地、动态地不断发生变化的结果。事实上，算法就如同一台虚拟的大型机械设备，定期检查人工智能平台算法所依托的计算模型与代码的运行，检验人工智能平台算法产品的市场有效性，是尤为必要的。一旦发现人工智能平台算法的内置程序或重要参数发生了某些更改或优化，则应当再次进行备案，以确保监管部门对进入市场的人工智能平台算法产品能够及时且精准地把握。[21]

2. 充分落实人工智能平台的算法告知义务

在人工智能业务的提供过程中，告知义务可理解为机构（如人工智能平台）与用户订立合同时的产品说明行为，一般情况下，算法提供方（人工智能平台）应当履行必要的告知义务，此系平等主体之间的民商事法律关系。从实际效果看，平台的算法告知义务是其由内而外打开算法黑箱的合理路径。

从外在表现形式上看，可以将人工智能平台在提供企业算法服务时履行的告知义务概括为一种产品说明行为，并可从以下两个角度展开论述。一方面，人工智能平台作为企业算法产品的开发者与运营者，应当在用户进入并使用人工智能平台算法产品之前，告知消费者该人工智能产品是否内置自动化决策系统、是否对个人数据进行算法计算。如果用户同意进入并使用人工智能平台算法产品，这意味着用户授权算法系统获取其个人数据信息并将这些数据输入设

20 参见张凌寒：《网络平台监管的算法问责制构建》，载《东方法学》2021 年第 3 期。

21 参见姜海燕、吴长凤：《智能投顾的发展现状及监管建议》，载《证券市场导报》2016 年第 12 期。

定好的程序中进行运算。此时,人工智能平台需要进一步向用户说明其对算法运行过程与结果输出是否存在干预的可能性或特殊情况,以确保消费者拥有及时止损的退出空间。此外,人工智能平台还应当赋予用户相应的选择权,让用户能够在进入并使用算法产品前,选择切换"内置算法程序的产品"或"无内置算法的产品"。对于选择内置算法程序产品的消费者,他们有权针对"规则驱动型算法"或"数据驱动型算法"的不同运算逻辑依据进行二次选择。另一方面,严格算法提供方告知义务的履行方式。我国《个人信息保护法》第17条规定了个人信息处理者在处理个人信息前应当以"显著方式、清晰易懂的语言真实、准确、完整"地向个人告知规定的事项。针对算法所提供的服务,《算法管理规定》第16条明确了算法提供者应当"以显著方式告知用户"具体情况,并"以适当方式公示"算法意图和运作机理等。不过,就算法提供者告知义务的具体内容而言,当算法深度嵌入服务行业后,对企业算法提供者(如人工智能平台)告知义务的要求也应当同等级上升。例如,某些人工智能平台的信用评分系统对其算法的披露与说明仅限于笼统的算法模型,以"综合处理和评估"的模糊表述草草概括,显然是不足的;实际上,由于人工智能平台领域的算法架构更为复杂,故对算法的基本逻辑与主要参数进行披露,并进一步说明人工智能平台算法运行过程中可能出现的技术风险,既不会给人工智能平台造成额外的成本,也很难被竞争者用于博弈,不会导致人工智能平台商业秘密的泄露。[22] 因此,对于风险与敏感程度都趋高的人工智能行业,相关法律规范所规定的告知义务也应当更为严格,尤其是对于人工智能平台算法提供的决策型服务,需要针对特定客户作出相应的专属说明。

(二)完善算法问责机制,明确算法黑箱的责任认定

人工智能平台算法黑箱的治理实践需要构建权利(力)、义务及责任三者间的平衡机制。当人工智能平台利用算法黑箱掩盖其主观存在的非法意图而触犯治理的原则性理念并有损其他法律权益时,人工智能平台因违反第一性义务便会产生第二性义务,即应当承担与落实相应的法律责任。此时,法律规范应当对操纵算法黑箱的主体(如人工智能平台)施以限制和惩罚,以维护那些遭受算法黑箱侵害的消费者权益。

第一,完善责任主体。根据前文论述,尽管是依靠机器学习自动化完成代

---

[22] 参见吕炳斌:《论个人信息处理者的算法说明义务》,载《现代法学》2021年第4期。

码编写的数据驱动型算法黑箱,但从人工智能平台作为海量数据的集成者与提供者与其对算法黑箱底层逻辑的潜在影响等综合因素来看,无论是在法理上还是于情理中,人工智能平台作为算法提供者有义务也有必要对算法黑箱的输出结果承担相应的责任。当然,人工智能平台算法黑箱问题的问责对象并非人工智能平台单一主体,由于企业算法本身构造的复杂性——既涉及代码编写又涉及平台模型,故在企业算法设计阶段,人工智能平台作为技术支持方系算法程序的设计者,而企业机构则是企业算法的逻辑架构者。可见,企业算法的应用将企业机构与人工智能平台长期紧密地关联起来,二者都牵涉于人工智能平台算法黑箱的法律关系之中。[23] 至于人工智能平台与企业机构之间的责任分配问题,将在下文进一步阐述。

第二,明确归责原则。根据侵权责任法相关理论基础,归责原则可分为过错责任原则、过错推定责任原则、无过错责任原则。不同的归责原则直接关系举证责任的分配问题。考虑到人工智能平台领域的特殊属性,归责原则也应予以最广泛的适用,根据不同情况适用不同的归责原则,旨在最大限度地保障处于市场交易弱势地位的消费者。具体来说,如果人工智能平台主观故意利用算法黑箱造成了损失,应当承担过错责任并接受惩罚性赔偿;如果算法决策的相对人能够证明其损害是由算法提供者所造成,而人工智能平台不能证明自己对该损害没有过错,则应当承担过错推定责任并对相关损失进行赔偿;如果企业算法产品(主要体现为数据驱动型算法)在运营过程中出现机器学习的自我偏差进而借由黑箱侵蚀消费者权益,人工智能平台虽然在主观上无过错,但作为算法开发及运营的主要负责主体,应当依法承担无过错的侵权责任,并对消费者予以适当范围内的经济补偿。

第三,强化举证责任。目前,面对网络消费领域的算法问题,中国消费者协会多次建议加强算法治理,强调明确举证责任倒置,强化人工智能平台的举证责任。具体而言,对于过错责任和无过错责任,消费者只需提供其权益受损的初步证据,而对侵权行为的进一步证明,则由人工智能平台按照有关法律与监管部门的要求提供相应资料以供审查。对于过错推定责任,按照侵权责任法的基本原理适用举证责任倒置规定,若人工智能平台不能证明自己没有过错,应当承担举证不能的不利后果。人工智能平台如若认为其依法提交的证明材料

---

23 参见刘怿:《算法语境下信义义务在金融领域的扩张》,载《江西财经大学学报》2020 年第 6 期。

涉及商业秘密,向有关主管部门说明后,有关部门负有保密义务。此外,算法备案制度的完善也有助于将人工智能平台的过错证据固定于事前,以缓解损害发生之后面临的取证难等问题。

第四,厘清法律后果。在民事法律后果层面,倘若人工智能平台利用算法黑箱侵犯消费者尤其是消费者权益的行为属于民事法律关系,那么它应当承担相应的民事责任,如经济补偿或赔偿等。在行政法律后果层面,有关政府监管部门根据人工智能平台算法黑箱所违反的市场治理要求,依法对人工智能平台追究行政责任,包括市场禁入等资格罚。在刑事法律后果层面,如果人工智能平台算法黑箱引发了系统性风险,严重危害国家安全或者社会公共利益,构成犯罪的,依法应当追究人工智能平台的刑事责任。

(三)构建人工智能平台伦理规范以加强算法伦理建设

通过算法伦理规范来治理算法歧视之前,首先需要搭建起伦理准则的框架,其次需要加强算法研发人员的伦理规范,从而全面地将这些伦理准则规范嵌入人工智能平台的算法系统,实现全流程的算法伦理治理,助力算法黑箱问题的解决。

1.构建人工智能平台伦理规范标准

当前国际上将人工智能伦理的规定分为五个维度,从传统的生物伦理原则:行善原则、不伤害原则、自治原则、正义原则及其人工智能的赋能原则(算法可解释原则)沿用而来,每一条原则都有细致的要求:在行善原则层面,需要增进人类福祉、社会利益以及共同利益;在不伤害原则层面,应当重视隐私、安全与正直;在自治原则层面,应当坚持自主、选择权以及知情—同意;在正义原则层面,需要做到公平与不歧视;在可解释性原则层面,应当恪守透明与问责。最终,这些原则共同构筑当前国际上通用的人工智能平台伦理原则规范。

针对五项国际人工智能伦理原则,欧美发达经济体根据本区域人工智能算法发展现状,制定了更加具体化与可实施的法律条例,更利于其进行场景化的应用。例如,欧盟发布了《可信赖人工智能的伦理准则》、《通用数据保护条例》(GDPR)、《数字服务法案》等相关法律伦理等规范性文件,美国颁布了《算法责任法案》等,为人工智能的推行奠定了基础。在借鉴欧美治理经验的基础上,中国也发布了一系列文件建立中国特色的人工智能伦理规范,以“以人为本”思想作为规范总纲领,在保障技术稳健性、安全性和透明性的基础上,还提及要确保人工智能的可信可控。基于五项国际公认的原则,我国对其进行细化解读,同时也有针对性地颁布了相关的文件：其一，在行善原则层面，我国通过颁布《新一代人工智能发展规划》《人工智能标准化白皮书 2018》《新一代人工智能治理原则——发展负责任的人工智能》《新一代人工智能伦理规范》《关于加强科技伦理治理的意见》，着重强调增进人类福祉以及提高伦理素养；其二，在不伤害原则层面，我国通过颁布《网络安全法》《个人信息安全规范》《数据安全法》《个人信息保护法》，高度重视保护隐私安全；其三，在自治原则层面，我国制定《个人信息保护法》《数据安全法》，坚持以人为本原则实施自治；其四，在正义原则层面，我国在《互联网信息服务算法推荐管理规定》《生成式人工智能服务管理办法（征求意见稿）》中，再三强调促进公平公正以及不歧视原则；其五，在可解释性原则层面，我国通过《新一代人工智能伦理规范》《互联网信息服务算法推荐管理规定》等规范，明确提出需要强化责任担当、确保可信可控的原则。

从人工智能平台行业的自律规范看，中国的人工智能平台可以有选择地借鉴国际人工智能平台企业对于算法伦理自治的经验。例如，2018 年，微软（Microsoft）提出了人工智能研发的六项核心设计原则（公平、可靠与安全、隐私与保障、包容、透明、负责），着重强调了人工智能平台的透明、防范算法歧视、个人隐私保护、算法问责等内容。2018 年，谷歌（Google）发布了人工智能研究七大准则（对社会有益、避免偏见、提前测试保证安全、人类担责、保证隐私、坚持科学高标准、全面权衡），指引未来公司的人工智能工作。人工智能平台巨头纷纷认识到对算法进行伦理审视与约束的重要性与紧迫性，积极将算法伦理嵌入人工智能平台应用与设计当中，这些伦理原则不是理论概念，而是能够积极指导研究和产品开发，影响商业决策的具体标准。通过有条件地借鉴域外人工智能平台企业及其行业的伦理规范准则，逐步形成我国算法伦理规范及其自律准则，能够更好地治理人工智能平台的算法黑箱问题。

2. 加强人工智能平台从业者的伦理规范

当前，人工智能尤其是基于大算法模型而产生的生成式人工智能（AIGC）快速演进，促使人类科学研究与社会经济发展在众多方面日益突破：微软（Microsoft）旗下 OpenAI 研发的 ChatGPT 算法模型，对社会经济带来全方位的冲击；谷歌（Google）旗下 DeepMind 的 AlphaFold 算法，已破解几乎人类目前已知的、超过 2 亿种蛋白质结构。尽管人工智能还处于“弱人工智能”发展阶段，但是随着大算法模型快速发展，不少教授认为只需 20 年或更短时间，强人工智能就会出现。越来越多顶级专家对 AI 越来越担忧并签署联名信，要求所有公司停止研究比GPT-4更强的AI至少6个月,从而搞清AI的危害和应对方法。

从GPT-4的算法技术本质看,建立在大型语言模型基础上的ChatGPT应当具有中立性、客观性等,但是人的意识形态与价值观必然体现在ChatGPT的创造与应用之中,从而带来各种法律与伦理等风险。[24] 由此可见,算法的公正性会受到算法开发人员的思维以及采集的数据的污染,算法从业人员作为人工智能平台的开发者,发挥着核心作用,非常有必要加强算法从业人员尤其是提高算法研发与数据采集从业人员的伦理规范,从源头上遏制算法黑箱问题的发生,并且塑造他们的社会责任感。具言之,算法研发工程师、样本数据采集员需要遵守一些基本的伦理准则,包括客观公正、有益、健康、不作恶、包容性、多样性、透明性、责任性、保护隐私等,并将人类社会的法律、道德规范嵌入人工智能平台的算法系统。

五、结　语

在以算法为典型代表的人工智能时代,平台资源的表现形式不再集中于资金融通活动,人工智能信息流通造成的分配与再分配在速度、范围和程度等各方面都已经远超纯粹的资金流动影响,甚至开始具备反向主导资金流向的趋势。在大数据与人工智能等信息技术的驱动下,尤其是算法技术的深度嵌入,促使各种人工智能平台快速崛起。可以说,人工智能平台之所以应运而生并在实践中快速铺开,具有其内在的本质原因,即人工智能平台是市场信息化与智能化发展的内在需求。然而,算法同样存在算法黑箱的问题:一方面,算法黑箱天然具有的不透明属性,为人工智能平台实施监管套利提供了放任的空间;另一方面,人工智能平台的算法黑箱对自动化决策结果的过程性掩盖,从根本上加剧个别风险在黑箱所打造的"隐层"之下逐渐累积并可能蓄势爆发。

算法治理是实现人工智能向善的重要环节,算法黑箱问题频发,治理算法迫在眉睫。[25] 然而,当人工智能平台将海量数据输入算法黑箱并以另一种看似毫无关联和规律的形式输出后,算法黑箱内部的正义与否应当如何进行界定?

24　参见张爱军:《人与ChatGPT交互政治的可能性质化:风险维度与规约路径》,载《学术界》2023年第4期。

25　参见曾雄、梁正、张辉:《欧美算法治理实践的新发展与我国算法综合治理框架的构建》,载《电子政务》2020年第7期。

这是一个难以解决的问题,仅从其外在是难以探寻的。目前,我国对人工智能的实践运用与在算法领域的治理,均获得了一定程度的成效。不过,随着新一代信息技术不断推进,人工智能创新和衍生风险的矛盾也越发凸显。关于人工智能平台算法黑箱问题的治理,与其说是对算法的治理,不如说是对行为治理的回归。算法尚未能够主导其开发者或运营者的行为,人工智能平台利用算法黑箱绕开监管体系、逃避法律责任,实际上依然属于传统工业时代下的治理问题,故并非完全依赖于技术治理所能够解决。对此,我国需要有选择地借鉴域外国家和地区(欧盟、英国、美国、新加坡)成熟的算法黑箱的治理经验,从算法透明、算法问责、算法伦理层面完善人工智能平台算法黑箱的治理图景:其一,健全算法透明体系是破解人工智能平台算法黑箱问题的关键所在,通过完善自动化决策系统进入市场的审查与备案制度,强化对算法提供方告知义务的要求;其二,在事后阶段完善算法问责机制,明确人工智能平台算法黑箱的责任认定;其三,从事前、事中、事后的全流程阶段加强算法伦理建设,防范算法黑箱风险与伦理失范,从而为人工智能平台创新向善发展保驾护航。

“双碳”法治

“双碳”视阈下的专利侵权责任规则重构

——以绿色原则的适用为视角

黄运康*

【内容提要】《民法典》绿色原则的制定具有重要的时代意义，对于实现21世纪中叶我国的“双碳”减排战略发展目标给出了一个私法上的回应。绿色原则与知识产权尤其是专利权存在功能上的互涉区，二者应该共同推进我国的绿色战略发展，在专利侵权责任上适用绿色原则有其必要性。传统上，可基于环境保护、节约资源的考量直接适用绿色原则，然而在专利侵权责任实践中却存在价值宣教功能不足、补强说理功能适用不强的局面。遵循绿色原则现有的民事司法实践，绿色原则具有表达环境公益的直接性、周延性、补充性的功能，可使裁判说理更充分、有力。为达致专利侵权责任适用案件的“绿色原则”化发展，可从专利产品之再利用、局部外观设计专利、绿色技术专利三个基本维度的侵权责任规则进行“绿色化”重构，有力推进“双碳”战略发展目标。

【关键词】“双碳”战略　绿色原则　专利权　责任规则

“双碳”战略发展目标是我国为应对全球气候问题提出的重要举措，它对全球资源的流动以及价值链的塑造进行了重构。在知识产权正在深度参与全球数字经济的背景下，“双碳”战略的实施要求知识产权的行使必须符合其内在逻辑要求，即要符合节约资源、保护生态环境的宗旨。《民法典》绿色原则对于知识产权实践“双碳”战略提供了一个私法的视角，在绿色原则的指引下，知识产品的生产与消费要符合绿色原则的“功能—结构”要求，即权利的绿色化发展。基于此，文章从专利侵权的责任规则出发探讨绿色原则在专利侵权规则中的适

* 黄运康——广西师范大学法学院讲师，法学博士，主要研究领域：知识产权。本文为基金项目：广西高校中青年教师科研基础能力提升(2023KY0049)的阶段性成果。

用，以专利产品再利用、局部外观设计专利、绿色技术专利三个维度为视角重构专利侵权责任规则。

一、绿色原则适用专利侵权责任的种类划分及不足

绿色原则是一项表征公共利益的民法基本原则，是环境正义在民法上的体现。环境公共利益的渊源可以追踪到宪法上的基本权利保护原则，宪法保护每一个公民正常生存和生活的权利，而环境公害则是对公民生存权和健康权无情的侵犯。早在绿色原则被确立之前，司法机关在裁判案件时就基于环境公共利益拒绝授予原告专利停止侵害责任，彰显了保护生态环境的公共价值。法院裁决的为保护环境公共利益而拒绝适用停止侵害的案件中，主要涉及以下两类：一类涉案专利具有环境保护价值，因专利产品已实际安装使用，如果停止使用就无法控制排放到环境中的污染物；另一类涉案专利不涉及环境保护，但是如果停止侵害则会造成较大资源浪费，从节约资源的角度考虑禁止适用停止侵害。

（一）基于环境保护考量的适用

在被控侵权人构成侵权时，法院基于停止侵权会造成巨大环境公益损害而拒绝停止侵害请求。例如，在具有广泛社会影响的武汉晶源"烟气脱硫"方法专利案中，法院认定富士化水和华阳公司构成共同侵权，侵犯了晶源公司的"烟气脱硫"方法专利。对于晶源公司要求华阳公司停止侵权的诉讼请求，福建省高级人民法院认为，"由于火力发电厂配备烟气脱硫设施，符合环境保护的基本国策和国家产业政策，且电厂供电情况将直接影响地方的经济和民生"，因此，为了平衡公共利益与权利人利益，对停止侵权的诉讼请求不予支持，而通过支付相应使用费补偿权利人损失。[1] 在上诉阶段，最高人民法院认可了福建省高级人民法院基于公共利益否决原告晶源公司停止侵权请求的判决。

（二）基于节约资源考量的适用

在构成专利侵权的案件中，对于侵权产品已经安装、使用，如果拆除、销毁会产生大量资源损耗，甚至会影响公共安全的情形，法院基于利益衡平考虑会否决权利人的停止侵害请求，而给予相应补偿。在防火隔热卷帘用耐火纤维复

1　最高人民法院民事判决书，（2008）民三终字第8号。

合卷帘及其应用发明专利案中，被告凯丹公司侵犯了原告英特莱公司的专利，原告要求停止侵权并赔偿损失。但最高人民法院认为，被告凯丹公司安装的防火卷帘产品已通过公安消防部门消防验收，并投入商业运营。如果判令凯丹公司停止使用被控侵权产品，拆除被控侵权产品，需重新进行消防设计、审批、施工、验收等手续，将导致被告承担巨大经济损失，同时影响众多经营者和社会公众正常经营和生活，造成巨大资源浪费和公共利益受损。[2] 该案中，在没有可具体援用的理由时，法院以一般性的社会公共价值为由拒绝了原告权利人的停止侵害请求，“巨大资源浪费和公共利益受损”体现出绿色原则的内在价值要求。

在涉及适用停止侵害的案件中，如果判决停止侵害不利于保护环境或节约资源，造成社会公共利益严重损失，法院一般都会限制停止侵害的适用，准确地进行判决。但是，在对有关案件的分析中也发现了不少问题，例如，不能准确区分一般公共利益与环境公共利益，在裁判说理上不能准确对环境公共利益进行解释，而是宽泛地以公共利益一笔带过，或者简单以停止使用侵权产品、予以销毁会导致资源浪费为由拒绝原告权利人的停止侵害请求，在裁判思路和说理上都存在较大缺陷。既不能准确说明拒绝适用停止侵害的理由，也可能导致权利人得不到充分救济。绿色原则具有绿色宣教、说理补强以及规范补充三大司法适用功能，[3] 绿色原则在民法上正式确立之后，法院应该在裁判案件中积极适用绿色原则，对绿色原则的内涵合理阐释，发挥绿色原则作为民法基本原则应有的作用。

（三）现有司法实践适用绿色原则的不足

通过对涉及最高人民法院《关于审理侵犯专利权纠纷案件应用法律若干问题的解释（二）》（以下简称《专利法司法解释（二）》）第 26 条、《民法典》第 9 条专利有关案件的分析，发现法院在适用侵权不停止侵害救济方式时，具有以下几个缺陷：

其一，价值宣教功能的适用不足。法院虽然在不少案件中都能准确限制停止侵害救济的适用，但是在说理上过于简单化，未能精确说明因保护环境公共

2　最高人民法院民事判决书，（2014）民提字第 91 号。

3　参见蔡守秋、张毅：《论民法总则中绿色原则的价值与功能/区域环境资源综合整治和合作治理法律问题研究——2017 年全国环境资源法学研讨会（年会）论文集》。

利益之需要而限制停止侵权,即为何保护环境之公共利益足以上升到要对专利权的行为救济作出限制的程度。在对停止侵害作出限制的案件中,绿色原则的价值宣教功能是指法官通过限制适用停止侵害救济的方式,达到彰显节约资源、保护环境的生态价值作用。虽然价值宣教不决定案件判决的走向,但通过适用绿色原则,并进行合理说理,可以弘扬节约资源、保护环境的社会美德,同时对当事人以及社会产生道德约束的作用。例如,在专利名称为"纱窗框连接紧固件"的案件中,针对涉案专利产品已经实际安装使用的情况,法院直接援引《专利法司法解释(二)》第26条,以原告权利人要求停止使用并拆除侵权产品并不符合公共利益为由,拒绝了原告停止侵权的诉讼请求。[4] 该案中法院的公共利益言辞含混不清,专利法上的公共利益就涉及公共安全、公共健康、环境公共利益等多种不同类型,在《民法典》明确确立绿色原则为基本原则之后,法院在裁判案件中应该主动适用,宣扬保护环境的生态价值。

其二,补充说理功能的适用不强。在某些案件中,法院可能基于多种理由而作出限制停止侵害救济的决定,以切实维护社会多种利益。在涉及名称为一种可用于地埋的多喷嘴型旋转喷头的发明专利案中,涉案专利产品被用在涉及1.1万亩的农村田间工程及排涝沟提升项目上。被告之一的小吕镇政府辩称,如果销毁涉案产品将严重影响社会公共利益及造成公共资源浪费,不符合《民法典》绿色原则的要求。法院认为,该案"涉及的工程为政府惠民工程,涉及公共利益,且涉案侵权产品均已安装在田地间使用,如果召回、封存并销毁涉案侵权产品,势必对该范围的农业生产造成一定影响,也会造成政府财政资金的浪费"。[5] 可见,法院是以一般的社会公共利益拒绝原告权利人的停止侵害救济,并没有强调如果销毁涉案专利产品会导致资源被大量浪费的环境公共利益。

二、基于绿色原则的专利停止侵权责任适用必要性

绿色原则是我国生态文明建设过程从预防原则向风险预防转型过程的一

4 最高人民法院民事判决书,(2020)最高法知民终195号。

5 最高人民法院民事裁定书,(2020)最高法知民终1753号。

个标志性事件。[6] 前文已述及在确立绿色原则之前法院主要通过公序良俗原则体现的一般价值理念拒绝原告权利人的停止侵害请求,在环境危机面前,更加凸显适用绿色原则的必要性和紧迫性,因为在绿色原则被确立之后,保护环境生态价值已从公序良俗原则中剥离出来,成为具有独立性的价值原则。截至 2022 年 10 月 3 日,在中国裁判文书网高级检索的“全文检索”下输入“绿色原则”,能检索到 712 篇文书,排名最高的是合同类案件,占据了绝大部分,涉及“民事责任”的有 55 件,在这 55 件案件中,只有 1 件属于知识产权纠纷,即上文提到的名称为“一种可用于地埋的多喷嘴型旋转喷头”的专利纠纷,而且该案并非法院主动适用绿色原则的情形,而是被告提出的抗辩理由。在这 712 篇文书中,有关停止侵害的有 16 篇、有关排除妨害的有 11 篇、有关排除妨碍的有 18 篇。可见,在其他领域中法院已经在停止侵害救济中积极地适用绿色原则。实践中,法院会基于绿色原则的理念确认最合适的责任承担方式。具有以下几种类型:其一,判定是否拆除、恢复原状。如在侵权责任纠纷中,原、被告双方合同已到期,原告村委会要求拆除承包地上的铁塔设备,恢复土地原状。法院认为,通信铁塔涉及社会公共利益,拆除铁塔严重浪费资源,据此,法院依据《民法典》绿色原则驳回了原告拆除设备、恢复土地原状的诉讼请求。[7] 其二,判定是否更换、重做。如在陆某锋等商品房销售合同纠纷案中,法院认为,涉案房屋已竣工验收合格,原告签订合同的根本目的已经实现,若对涉案房屋保温材料外墙进行更换重做,会造成大量资源被浪费,有违《民法典》绿色原则的基本价值准则。因而,原告的更换、重做诉讼请求得不到支持。[8] 其三,判定排除妨害纠纷。如在杨某霞、冯某杰排除妨害纠纷案中,涉案集体土地被国家征收,在土地被统分协调后,杨某霞负腾挪 2 亩土地给冯某杰的义务。一审法院支持了冯某杰要求杨某霞立即移除土地上树木并腾挪土地的诉讼请求,但二审法院认为,由于涉案土地种植了核桃树,根据《民法典》绿色原则,结合核桃树的季节性,酌定杨某霞可延期移除树木。[9]

通过有关案件的考察发现,法院已经在不同类型的案件中适用绿色原则,

---

6 参见于文轩:《生态文明语境下风险预防原则的变迁与适用》,载《吉林大学社会科学学报》2019 年第 5 期。

7 河北省三河市人民法院民事判决书,(2021)冀 1082 民初 1606 号。

8 江苏省常熟市人民法院民事判决书,(2017)苏 0581 民初 8881 号。

9 河南省洛阳市中级人民法院民事判决书,(2021)豫 03 民终 2665 号。

这些案件既有案件事实本身涉及环境生态的,如上述移除树木案,也有虽然案件事实不涉及环境生态,但为了更好地节约资源,而判处有利于保护环境的责任方式,如铁塔设备拆除案。可见,绿色原则已经成为连接民事活动与环境保护的纽带,作为环境危机的民法回应,绿色原则正在通过司法适用发挥指引民事主体节约资源、保护生态环境的作用,实现从理念中的法到现实中的法的转变。各地各级法院的积极探索已经为专利领域适用绿色原则提供了丰富的经验,在物权领域、侵权领域各地法院适用绿色原则裁决最合理的责任方式为专利侵权责任方式的优化供应了良好素材。实际上,在知识产权案件中适用绿色原则的理念早已有之,只是没有像现在民法中这样对绿色原则的内涵、内容以及适用原则进行系统的阐述,法院在以往的案例中只是一种无意识的行为,他们根据民法的基本理念、原理以及精神作出有利于环境保护的判决。但是,这并不是说绿色原则没有必要,绿色原则并非《民法典》虚设的条款,而是具有极大的宣教意义和裁判作用的条款。在构成侵权的案件中,法院应统一依据绿色原则判令不适用停止侵害的责任方式,其必要性在于:

第一,绿色原则具有表达环境公益的直接性。与公序良俗原则相比,绿色原则直接体现了环境保护公共利益的价值准则,它本身内容就表达了民法的基本理念和基本精神,是民法基本理念和基本精神的外化表现,具有确定性的特征。民法的基本理念和基本精神具有抽象性,一般不易被人理解和掌握,需要通过具体原则和规则表现出来,而公序良俗就融合了社会公德、国家公序、经济公序、家庭伦理关系以及尊重人格等多种民法理念。“公序良俗原则,性质上为授权型规定。”[10]正因如此,在司法适用中,公序良俗原则有向一般条款逃逸的现象。绿色原则的时代特征更明显,其意义、内涵十分清晰、明确,承担的任务也较为固定。

第二,绿色原则具有表达环境公益的周延性。法是“力”与“理”的结合,“理”越强的法,其获得的证明力就越大,收到的法律效果就越好。公序良俗原则本质上属于价值预设规范而非技术性规则,它解决的是依据社会公理或者基本道德准则应该维护的价值缺乏相应法律规定的问题,并不能对不同价值的孰优孰劣进行衡量。在涉及“防火隔热卷帘用耐火纤维复合卷帘及其应用”的发明专利案中,法院认为涉案产品已通过消防部门验收,如果判令停止使用并拆

10 梁慧星:《民法总论》(第5版),法律出版社2017年版,第51页。

除被控侵权产品,将会影响依赖侵权专利产品形成的社会公共秩序。在该案中,法院的裁判逻辑是值得商榷的,因为专利侵权案件的实质就是法院通过司法裁决恢复被侵权行为破坏的专利社会公共秩序,法院不能仅肯定使用侵权专利产品形成的社会公共秩序就隐含地把另一种社会价值给否定掉。实际上,该案涉及的是不同价值间的权衡取舍问题,即利益衡量,因公序良俗原则已把两种价值都包含在内而无法作出技术性判断,使案件判决失去逻辑上的自洽性。绿色原则的内容已经包含了赞成保护环境公益的价值而牺牲另一种价值的肯定性判断,该案如果依据绿色原则进行判决,虽然结果并没有因此发生变化,但将使裁判逻辑更加周延,如上述陆某锋等商品房销售合同纠纷案就是依循此逻辑得到较好的裁判效果。

第三,绿色原则具有表达环境公益的补充性。绿色原则并不是在每个案件中都能成为主导案件的决定性因素,在某些案件中,绿色原则的作用是辅助性的,它用于支持或强化案件的裁决理由。如在上述涉及"一种可用于地埋的多喷嘴型旋转喷头"专利案中,涉案侵权专利产品已经被使用在 1.1 万亩农田的政府惠民工程上,如果强制停止使用涉案专利产品,将直接影响农业的正常生产,造成巨大的经济损失,这也是法院作出侵权不判令停止的决定性因素。而如果销毁涉案产品将导致社会公共资源浪费,则是次要因素,对裁判结果起的是辅助性作用。

绿色原则在民法上被创设已有四年,它为知识产权法的绿色化铺平了制度性障碍。知识产权法院应该自觉践行绿色原则,在民法已有经验的基础上在专利侵权案件中主动适用绿色原则进行裁判,借鉴已有的成例深度展开知识产权法的绿色化,使案件的裁决更加充分、周延、有力。

三、基于绿色原则的专利侵权责任规则重构之维度

(一)专利产品的再利用

专利是有期限的垄断性权利,《专利法》规定任何未经许可的制造、销售专利产品的行为都受到禁止,由此产生的问题是,何谓制造?专利制度为此通过判例形成了修理与再造的二分法,根据专利用尽原理,修理是允许的行为,而再造则构成侵权,受到禁止。修理与再造的区分一直是各国司法的难题,对此的争议很大,所采用的标准也不完全相同,并且诸如 3D 打印技术的应用增加了界

定的困难。[11] 但是修理与再造规则却能影响对专利产品的回收再利用,影响回收经济、循环经济的发展,为了促进专利产品再利用,通过限制停止侵害责任有利于相关产品的使用,促进节约资源、环境保护。

1. 专利产品再利用的侵权困境

美国《专利法》第271条规定:"在专利有效期内,任何人未经授权制造、使用、许诺销售或销售任何专利发明……均侵犯专利权。"我国《专利法》第11条也有相似的规定,未经许可的制造、销售都是受到禁止的。根据专利用尽原则,专利产品的销售或许可销售耗尽了专利权人对该产品的权利,使购买者和后续所有者可以自由使用或转售该产品,而无须担心侵权诉讼。作为使用该产品的一部分,其所有者可以在必要时对其进行维修,但如果是对专利产品进行改造则相当于制造新产品,因此构成专利侵权。在鞠某军与山东武城古贝春案中,[12]山东省高级人民法院认为,酒厂生产的专利酒瓶售出后,酒厂已经获得了收益,体现在酒瓶上的专利已经用尽,对旧酒瓶回收、修复后使用不构成侵权。然而,实践中多数法院认为知识产权用尽原则仅限于产品流通领域,适用对象限于合法投放市场的产品。[13] 换言之,经过"修复"并投放市场的产品属于"制造"而非流通,因此构成侵权。如在2010年黑加仑饮料与维雪啤酒案中,黑加仑公司回收维雪集团享有外观设计专利的消费后的啤酒瓶,并重新灌装黑加仑饮料,法院认为黑加仑公司对啤酒瓶回收利用的行为属于生产新产品,实质上是变相生产制造专利产品行为,经售出的啤酒瓶所有权虽然发生了转移,但外观设计专利权并未因此转移或消失,因此黑加仑公司属于制造而非流通行为。[14] 可见,我国不同法院对修理/再造的理解也并非完全一致。在固特异制鞋机械公司诉杰克逊案中,针对被告修复缝纫机磨损凸轮引发的实质性重建或复制争论,美国法院对修理与再造规则进行区分,法院认为修理是"在腐烂、损伤、破损或部分破坏后恢复到完好、良好或完整的状态",再造是"重新构建的行为"。但法院同时指出,由于专利发明的数量和种类繁多,试图在这个问题上制定任何规则是

---

11 参见范长军、郭志旭:《3D打印对专利产品修理与重作规则的挑战》,载《华中科技大学学报(社会科学版)》2014年第5期。

12 山东省高级人民法院民事判决书,(2000)鲁经终字第339号。

13 赵艳斌、谷彩霞:《回收他人外观专利酒瓶灌装饮料构成侵权》,载河南省高级人民法院网2022年12月15日,http://www.hncourt.gov.cn/public/detail.php? id=114333。

14 河南省高级人民法院民事判决书,(2010)豫法民三终字第85号。

不切实际的,也是不明智的。以下两个案例可说明不同法院对此的分歧以及专利权人如何利用这些分歧阻碍对专利产品的回收再利用:

(1)日本佳能“再生墨盒案”。该案涉及的是佳能公司的专利号为3278410的日本专利,专利要求保护喷墨打印机的墨盒及其制造过程。Recycle Assist(回收协助)的日本公司从我国澳门特别行政区进口佳能在美国、欧洲和亚洲(包括日本)收集旧墨盒的回收产品,在墨盒上打一个孔,冲掉残留的墨水,然后填充新的墨水,并在日本销售。佳能公司以Recycle Assist公司销售的再生墨盒侵犯了佳能公司专利为由起诉到东京地方法院,东京地方法院在2004年12月8日的判决中认定佳能的专利已经被用尽。法院承认,当墨水用完时,墨盒并没有结束使用寿命,制造用于清洁和重新填充的小孔不会对回收墨盒的质量产生实质性影响。但在二审中,东京高等法院认为回收旧墨盒灌装新墨水的行为涉及对专利的实质性再造行为,Recycle Assist公司的行为是法律所禁止的,必须停止侵害行为。该案的适用范围远超墨水或碳粉盒业务,法院的意见旨在涵盖所有技术领域,甚至可以说,这是日本知识产权高等法院对这一复杂问题的“最终答案”。这一决定对回收墨盒或碳粉业务的影响是深远的,导致从事再生产品的公司必须重新评估其商业模式。

(2)美国棉花捆绑扎带案。原告的专利是由皮带扣和带子组成的捆绑棉花包铁扎带,原告为棉花公司,出售此类扎带并在金属主体上印上“仅允许使用一次”字样,使用一次后,这些扎带将作为旧铁出售。被告购买了废扎带,并对其进行回收,将其矫直、铆接,再把带子剪成了合适的长度出售。原审法院认为,被告利用原告丢弃的棉花捆扎带,重新捆扎成不同的捆扎带,涉及棉捆扎带、金属和铁的改进,并未侵犯原告的专利。但衡平上诉法院则作出完全不同的认定,“被告将碎片带重新组装在一起并不构成适当意义上的修理行为,因为原装带子作为扎带的能力已经被摧毁,被告重新组装了它们,属于再造”。

有学者建议用禁令救济限制来促进产品再利用专利的使用,即通过限制禁令救济的方式来激励产品的回收市场,促进可持续发展,此即通过“救济型”的治理方略去填补“惩罚型”公权宰制的先天缺陷,[15]实现绿色原则遁入私法的核心领域。为达到“物尽其用”的环境保护要求,法院应该将环境因素作为侵权责

15 参见黄锡生:《民法典时代环境权的解释路径——兼论绿色原则的民法功能》,载《现代法学》2020年第4期。

任适用的考量事由，平衡专利权利人、修理—再造的企业以及公共利益之间的利益关系。[16] 此举可谓调和利益冲突的“适中路径”：如果对所有的修理、再造行为都视为被允许的专利用尽，虽然可以促进产品的回收、再利用，但也不可避免地造成再利用产品市场对原专利产品市场竞争秩序的冲击与破坏；如果将所有对原产品的回收、再利用行为都视为重新生产、制造，如空酒瓶重新灌装，那么将极大地抑制产品的回收、再利用。对此，我国《循环经济促进法》第2条第3款规定：“本法所称再利用，是指将废物直接作为产品或者经修复、翻新、再制造后继续作为产品使用……”[17]因此修复、翻新、再造是产品再利用的主要途径，如果任由专利权的排他性阻止产品再利用，显然与我国循环经济发展理念相背离。

2. 专利产品再利用侵权规则重构

允许对用完的墨盒重新灌装，“有利于节约资源，减少浪费”。[18] 发展具有可持续的专利产品再利用规则，对发展修理行业，鼓励开展回收业务，从而达到节约资源、保护生态环境的目的，具有重要意义。[19]《民法典》第625条就规定了出卖人回收义务，该条要求出卖人在标的物使用届满后应予回收的，出卖人有回收的义务。在一物一权的物权领域中，该条规范并不会对效率产生较大的折损，因而回收成本还处于物权人可控的范围内。然而，在一权多物的知识产权领域中，规定权利人对专利产品进行回收实际上不可能达到，因为权利人对用尽的专利产品回收缺乏效率，成本不可控，专利权人因此缺乏动力开展回收服务。制度经济学派代表康芒斯认为，制度是经济制度进化的动力，因此康芒斯特别强调法律制度对经济制度变化所起的作用。发展知识产品再利用，促进回收经济发展，需要良好的制度作支撑。如果在专利合同中规定专利权人有应回收专利产品之义务，因不符合“市场是资源优化配置最有效的手段”公理，难以产生实效。而如果完全剥夺专利权人对后续产品的再利用主张权利，则对权利人打击过大，对专利制度侵害过重，不利于维持现有制度的平衡。通过限制

---

16 参见万志前、郑友德：《知识产权制度生态化重构初探》，载《法学评论》2010年第1期。

17 《循环经济促进法》（2018修正）第2条。

18 胡开忠：《专利产品的修理、再造与专利侵权的认定——从再生墨盒案谈起》，载《法学》2006年第12期。

19 参见马一德、黄运康：《反思数字化：知识产权法上“修复权”的正当性与制度构建》，载《苏州大学学报（哲学社会科学版）》2022年第5期。

专利权人对专利产品再利用适用停止侵害救济，转而由市场去开展专利产品回收业务、发展再利用经济，又不剥夺专利所有者寻求经济补偿的权利，是一种较为可行的路径。其正当性源自以下几个方面：

第一，它是《民法典》“回收义务”规定在专利领域的具体化。《民法典》规定的旧物回收义务是绿色原则在合同编中的具体化，其规定进一步提升了民法对环境保护要求的适应能力。[20] 其内容来自以下三个条款，一是第509条要求合同的履行要节约资源，避免产生浪费、污染环境；二是第558条增加了当事人遵循诚信等原则，根据交易习惯履行“旧物回收”的义务；三是第625条规定出卖人的回收义务。这些条款共同组成了民法典回收义务要求，是环境保护在民事活动领域的深入发展。对有关产品的再利用，是专利所有者践行民法典“回收义务”的具体方式，否则，如果任由其废弃，因专利权的排他性和控制力导致产生资源浪费、污染环境的后果就会违反《民法典》上述“回收义务”的具体规定。

第二，对产品回收再利用专利停止侵害进行限制不会造成专利权人无法弥补的损失，市场竞争分析可以证明此举的合理性。美国ebay案的判决降低了不具有实践性专利授予永久禁令的可能性，因为不具有实践性的专利权人和侵权人不直接在市场上竞争，并且限制禁令救济更加符合获得更多创新产品的公共政策，这些理由也可以用来证明拒绝对专利产品再利用授予禁令救济的正当性。因为如果专利权人和侵权人是市场上的直接竞争对手，专利权人会因侵权者的行为失去市场份额，此时可能会出现无法弥补损害的情况发生。而专利权人与专利产品再利用之间不存在直接的竞争关系，专利产品再利用往往处于专利产品的次级市场上，通过修理、再造获得的产品也不具备与专利产品进行直接竞争的能力，二者在产品质地、功能上有质的区别，经由修理、再造获得的产品与专利产品处于部分重叠但不完全相同的细分市场。在美国，通过修理、再造获得的产品很难通过ebay案所确立的获得禁令四因素检测标准，约翰·马歇尔法学院的本杰明·皮－刘维就建议应在专利权人、翻新者、环保者和公众之间达成适当的平衡，他提出了几条可供法院选择的缓解政策紧张的途径：(1)允许在国际用尽的情况下进行维修辩护；(2)转移证明用尽的举证责任；(3)普遍允许翻新；或(4)调整补救制度以避开禁令，支持损害赔偿。从专利制度的动态效率上看，许多创新都是由后续的改良者作出的，因为通过产品的修

20　参见刘长兴：《〈民法典〉合同编绿色条款解析》，载《法学杂志》2020年第10期。

理过程,容易找出已有产品的缺陷点,从而产生"灵光乍现"的改进方案。[21] 从维修中产生创新的一个著名例子是莱特兄弟在20世纪初制造的第一架可操作的飞机,兄弟俩在自行车修理厂独自工作,解决了困扰多年的"控制飞行"问题。

第三,限制停止侵害并未剥夺专利权人享有的经济补偿权利,因此仍能实现对权利人的完全救济。限制停止侵害救济是为了活跃产品的再利用市场,如果产品的再利用构成专利法上的"再造",专利所有者仍能基于此请求经济补偿。正如法院在黑加仑饮料与维雪啤酒案中所说的,黑加仑公司利用维雪的专利酒瓶富于美感的设计形成了某种竞争的优势,[22]但实际上这种优势是处于与原产品啤酒市场不相同的饮料市场竞争而言的,因此维雪向回收再利用生产商黑加仑公司请求经济补偿既能弱化再利用专利产品形成的竞争优势,又能实现对专利所有者的充分救济。

据此可知,限制专利权人对专利产品再利用的停止侵害救济,是《民法典》"回收义务"要求的效率解决路径,活跃了产品的回收、再利用市场,促进了资源的再利用,还能发挥专利制度动态效率的作用。

(二)局部外观设计专利

我国《专利法》在第四次修改中增加了对局部外观设计专利的保护,规定在《专利法》第2条第3款中,此举是为了激励我国局部外观设计的创新,提升企业国际竞争力。[23] 但如果修理、再造涉及组合产品中的部分组件,而该组件受局部外观设计专利保护,那么该专利权人能否阻止消费者对产品进行修理或更换的问题就被引发出来,这一问题广泛存在于汽车工业和机械制造行业中。自20世纪80年代以来,美国局部产品外观和"碎片"外观设计也能获得专利保护,这颠覆了原先依靠产品整体外观才能获得保护的传统,导致了有用产品零件以及此类零件碎片外观设计的广泛专利化。

在敞篷车顶替代织物案中,涉案专利折叠活顶由柔性顶布、支撑结构以及一种将织物密封在车身侧面以防雨的机制组成。专利中未包含构成本发明的织物或其形状、图案或设计的权利要求,因为支撑结构和顶布的寿命不相同,有人生产并提供了可更换的顶布。美国联邦最高法院认定,制造商生产的用于敞

---

21 参见刘迪:《论维修权与知识产权之协调》,载《政治与法律》2021年第9期。

22 参见河南省高级人民法院民事判决书,(2010)豫法民三终字第85号。

23 参见曹新明:《我国增加局部外观设计专利保护研究》,载《知识产权》2018年第4期。

篷车顶的替代织物是组合专利的一个未获得专利权的要素,更换已磨损的活顶织物被视为一种修理而非再造,只是所有者维修其财产的合法权利。根据美国联邦最高法院的解释逻辑,如果权利人申请了顶布的局部外观设计专利,就能阻止敞篷车所有人对磨损、破漏的车顶进行修理。

为了解决外观设计专利的扩张以及碎片化给汽车维修行业带来的严重阻碍,2017年美国制定了《促进汽车维修、贸易和销售法案》(PARTS)的零件法案,重新定义了机动车碰撞维修零件的设计专利侵权范围。PARTS明确规定,可以制造、出售或进口具有竞争力的非原始设备制造商(OEM)零件进行合法维修,为此在汽车零件市场创造了一个侵权例外。对于机器内部零件,没有人购买这些零件的外观,因为当汽车受损时,车主只是想要能恢复其原始外观的零部件,因此该零部件的设计不是“值得关注的问题”。[24]

局部外观设计专利在美国引发巨大争议,这主要源于局部外观设计专利对修理行业的扼杀过于强大,而美国又是一个汽车消费大国,如果任由局部外观设计专利权人主张权利,不仅会影响消费者的消费自主权,还会导致整个修理行业无法正常运转,导致出现大量磨损、破碎、刮花的产品无法得到正常修理而被丢弃,从而造成材料浪费、环境污染。在美国汽车车身零件协会(ABPA)与福特汽车公司案中,福特汽车公司拥有F-150车型引擎机罩('299专利)和车前灯专利('685专利)两项外观设计专利,该两项专利能阻止消费者任意对在碰撞中损坏的汽车引擎罩和车前灯进行维修。该案中,美国法院拒绝了ABPA的抗辩,法院认为仅购买F-150汽车并不意味着车主有权自主使用、更换福特汽车公司外观专利所涵盖的汽车部件,车主没有权利让ABPA成员为其制造这些零件。

局部外观设计专利对专利法修理、再造规则的侵袭是不言而喻的,由于专利相互嵌套,对大规模组件产品进行修理必然会涉及小组件的更换、拆装等步骤,将使在专利法上对修理、再造进行区分变得更加困难。局部外观设计专利可装饰性所引发的另一个问题是其价值问题,莎拉·伯斯坦(Sarah Burstein)根据成本与价值的关系将外观设计专利分为四种类型:高个人价值,低社会成本;高个人价值,高社会成本;低个人价值,高社会成本;低个人价值,低社会成本。

24 See Leah Chan Grinvald & Ofer Tur-Sinai, Intellectual Property Law and the Right to Repair, 88 Fordham L. Rev. 63 (2019).

如果专利审查局不能将无创意、美感的设计从申请中筛选出来，局部外观设计就属于典型的高个人价值，高社会成本的类型，因而会引发不良激励。根据作品独创性的程度，宾夕法尼亚大学法学院教授 Gide Parchomovsky 和以色列巴伊兰大学法学院教授 Ales Stein 矫正了作者权利和责任的传统“同等保护”模式，该模型根据作者作品的原创性来调整作者的权利和责任：对原创性程度高的给予较高的保护，通常是财产规则；对原创性程度较低的给予较低的保护，通常是责任规则。

局部外观设计专利的侵权责任问题，不仅在于其内在的固有属性，更在于其对环境保护的重要意义。我国法院已经在相关的案件中进行了实践，如珠海金晟照明公司认为已经安装在山西运城赵杏立交桥上的路灯与其持有的专利名称为“路灯(13 火祥云如意)”的外观设计专利构成近似，要求拆除并销毁全部侵权产品。法院认为，“被诉侵权产品已实际安装使用，若对侵权产品进行拆除销毁，势必造成更大的损失，”因此拒绝了原告的停止侵害请求。[25] 外观设计专利侵权案件具有以下几个特点：第一，侵权判定难。因为对是否构成近似不易判断，法院通常以“一般消费者”为参照点，综合考量整体效果等因素。但是，有一些外观是由功能结构决定的，在设计时就难以规避，这在局部外观设计加入受保护序列时将会更加明显。第二，外观设计专利虽然整体上相较发明专利价值较低，但侵权案件通常涉及的数量较大，因为外观设计具有作为工业“模具”的特点，其被设计出来后，就会进行批量生产、安装，为了节约资源不宜使用拆除、销毁等救济方式。根据世界知识产权杂志数据，仅 2011 年欧盟海关当局就查获大约 1.1 亿件侵权物品，这些物品涵盖范围从太阳镜、袋子、鞋子到电子设备、电池、药品，而它们中的 75% 要被销毁。很多侵权案件一旦适用停止侵害的责任方式，侵权物品就会被以露天焚烧、切碎、压碎、掩埋等方式处理掉，这是非常不利于环境保护的。美国 PARTS 就是限制了局部外观设计专利权人的排他权达到各方利益平衡，值得我国借鉴。

(三)绿色技术专利

专利为新技术的研究、开发提供了制度性的动力，却又给技术推广、应用带来阻碍。为实现全球大规模减排所需要的技术，国际社会曾经讨论过很多与绿色创新有关的政策和措施，但最终还是把焦点集中到了知识产权上面，可见知

25　山西省太原市中级人民法院民事判决书，(2020)晋 01 民初 642 号。

识产权制度对于环境保护具有重要的意义。国际能源机构指出,通过将净温室气体流量减少到零来平衡大气温室气体存量的想法似乎看似简单,但实现这一点所需的技术很不简单。稳定温室气体浓度需要在全球能源系统中大规模、广泛地使用替代温室气体净排放量低至零的能源技术,其他领域也需要新技术来减少温室气体排放,如改进农业方法或作物品种,以减少固碳向农田的转化;改进生物燃料技术,从而抑制森林砍伐;改进农业技术、生产农作物和饲养动物技术,以减少废弃物的排放。在 2009 年哥本哈根和 2010 年坎昆的国际环境保护会议的辩论中,就专利持有人是否能够使用专有权阻止获得清洁技术的问题进行了大量讨论。通用电气公司卡尔·霍顿(Carl Horton)断然否认专利是获得清洁技术的障碍,他指出专利不应阻止任何人制造风能或燃气涡轮机,因此他建议重塑知识产权范式以应对气候变化。在坎昆会议上,世界各国在加强绿色技术转让、绿色技术共享上达成共识,鼓励拥有绿色技术的企业参与气候变化的治理。坎昆谈判文本中提出的备选方案之一是:采取措施确保共享公共资助的技术和相关知识,包括促进以许可费条款向发展中国家转让和/或获取无害环境技术和专有技术的方式,使专有技术在公共领域可用。

为加快绿色技术的研发以及成果的实施、转化,可以分别以事前的激励视角以及事后的法律规制手段来实现,在事后使用责任规则即限制停止侵害救济的方式就是实现技术转化、利用的最佳手段之一。美国在其 1990 年的《清洁空气法》(Clean Air Act,CAA)第 308 条中就解释了获得使用清洁技术专利的重要性:在某些场合下,试图遵守 CAA 标准的一方如果不采用专利技术,可能无法达到其标准。CAA 第 308 条提供了一种机制,通过该机制,违约方可以在其尝试获取自愿许可失败的情况下获得专利许可,实际上属于责任规则机制。根据 CAA 第 308 条的规定,如果为了满足 CAA 某些章节的要求必须使用专利技术,美国可要求专利技术的所有人向违约方在支付合理的专利使用费的前提下授予专利许可证,该措施是通过事后限制停止侵害救济的方式使得遵守 CAA 规定的公司能够实施绿色专利技术。在 2009 年哥本哈根关于知识产权和气候变化的讨论之前,美国国会就对使用强制许可制度来提供清洁技术的问题进行过激烈的辩论。由此可见,在减排问题上,自由地使用绿色技术而不受专利的过大阻碍显得尤为重要。

非排他性许可和责任规则都属于对专利权的限制,本质上都是扩大绿色技术专利的推广、应用,避免专利的阻塞效应,他们具有从事后视角研究绿色技术实施和转化的中国意义。我国法院早已有通过限制专利权人停止侵害救济来促进专利技术实施的例子,2008年最高人民法院判决的武汉晶源案为其典型,最高人民法院在该案中阐释了绿色技术专利实施保护环境公共利益的功能,强调了专利权不能凌驾于环境公共利益之上,可通过限制停止侵害救济实现两者的协调。同样,美国法院也在Paice公司与丰田普斯锐一案中强调实施绿色能源技术的重要性,在拒绝普斯瑞的禁令救济中,实施绿色能源技术以促进环境公共利益成了重要的考量因素。

1. 武汉晶源案。武汉晶源公司向福建省高级人民法院起诉富士化水和华阳两公司侵犯其"曝气法海水烟气脱硫方法及一种曝气装置"(以下简称烟气脱硫)的发明专利,请求法院判令两公司停止侵权行为,并赔偿损失7600万元。对于原告请求的停止侵权行为,福建省高级人民法院认为,"火力发电厂配备烟气脱硫设施,符合环境保护的基本国策和国家产业政策",对于原告的请求侵权行为不予支持,而是酌定每年赔付使用费24万元,直至专利到期。在二审中,最高人民法院也指出,鉴于烟气脱硫系统已经被安装在发电厂并已实际投入运营,若责令其停止行为,会威胁社会公众利益,判令华阳公司每年赔付专利使用费至专利期限截止并无不妥。[26] 两审法院都能从环境公益的角度出发拒绝原告权利人的停止侵权行为,彰显了环境保护的社会公共利益属性。

2. 美国Paice公司与丰田普斯锐案。普斯瑞是丰田公司推出的首款混合动力汽车,使用了气电混合技术,可以降低一般汽车排放有害尾气量的90%,并在该技术上申请了2000多项专利。Paice公司是一家专利非实施主体(NPE),在新能源动力汽车上也有一定的技术积累。在2009年美国得克萨斯东区地区法院,Paice公司起诉丰田公司侵犯其多项混合动力专利,并在其禁令请求中声称:"专利权人最基本的权利是禁止他人实施其发明的权利,因此,法律长期以来一直认为,如果没有'特殊情况'应发布禁令,NPE主体的身份不应成为法律发布禁令的一个例外。"丰田公司辩称:"Paice公司只是利用禁令作为杠杆获取不利之财的一家公司,禁令将对丰田公司带来实质性伤害,因为禁令将危及丰田公司的混合动力项目,该项目对于节约稀缺的石油资源、减少碳氢化合物排放、改善环境以及减少美国对外国石油的依赖非常重要。"地区法院使用了ebay案"四因素测试法"来考量本案的禁令救济,法官Folsom J. 论述道,Paice公司

---

26 最高人民法院民事判决书,(2008)民三终字第8号。

的证据不足以支持其没有禁令就会遭到无法弥补的损失,困境的衡量更加有利于丰田公司,因为禁令将干扰其正常业务,导致新兴的混合动力市场可能被扼杀,丰田公司将其新能源汽车产品线推向市场的研究将受到阻碍,因禁令导致公众利益受损对任何一方都没有好处。在上诉中,美国巡回上诉法院支持了地区法院拒绝禁令的论点,认为对 Paice 公司最好的补救手段是给予损害赔偿。

上述两个案件都基于环境保护对停止侵害救济作出限制,在两个国家都产生了重大的影响。可以预见,随着中国新能源国家战略的实施,涉及新能源技术专利的纠纷将会随之大量增加,在这类案件中应该对停止侵害救济的方式进行审慎考量。

四、结　　语

“双碳”战略的实施需要渗透我们生活的每个方面,而知识产权对于实现数字经济的绿色化发展具有重要意义,知识产权的生态化转型具有现实的迫切性。[27] 知识产权类案件尤其是专利案件不仅要关注经济效益还应注重社会效益,在知识产权类案件中适用绿色原则不一定会带来巨大的经济收益,却可以带来良好的社会效益,提高知识产权的社会公信力,通过类型化案例能将这种效益传递出去。在裁判文书网分析已有的案件发现,可适用绿色原则重构专利停止侵害的案件有以下两种类型:一是案件事实内容涉及环保因素。这多是由绿色专利引起的纠纷,如武汉晶源案,涉及脱硫专利技术在发电厂中的使用,该类案件事实内容要求适用绿色原则。二是案件处理结果涉及节约资源、保护生态环境。这类案件事实内容并非直接涉及环保,但是由于侵权专利产品已经实际被安装、使用,如果强制使用停止侵害救济措施则会引发与环境的紧张关系。总之,对于绿色原则适用的时代需求与现实经验匮乏之间的缝隙,仍然需要知识产权司法机关通过典型判例,经由类型化的技术处理去填补。

27　参见侯志强:《环境权知识产权法保护的理论证成与规范构造》,载《法学》2022 年第 8 期。

碳排放控制制度体系的构建理路

陈梓铭*

【内容提要】 党的二十大报告专门提出积极稳妥推进碳达峰碳中和工作，推进“双碳”工作将成为我国中长期生态文明建设的关键战略任务。“双碳”法治化推进要求以制度规范供给构建碳排放控制制度体系。实现传统控制模式与新型控制模式协同、监管企业与环境监管者并重、“命令—控制”与市场型控制联动的体系效果是制度体系构建的核心诉求。为此，需以确立碳排放总量控制制度核心地位，配置基础制度实现政企同督，嵌入配套制度以保障实施为制度体系构建逻辑进路。基于前述要求，碳排放控制制度体系构建的法治方案宜以高法律位阶规则供给确立碳排放总量控制制度核心地位，以政企同责为理念指引配置地方政府碳减排制度和企业碳管理制度，将碳环评与中央环保督察实质嵌入制度体系。

【关键词】 碳排放控制　碳排放总量控制　碳考评　碳排放权交易制度　碳环评

一、问题的提出

“积极稳妥推进碳达峰碳中和”已被列入党的二十大报告，是推动绿色发展，促进人与自然和谐共生部分所要开展的重点专项工作，推进“双碳”工作将成为我国中长期生态文明建设的关键战略任务。可预见，党中央、国务院在经济发展、能源转型、生态环境保护、技术革新等领域将继续作出决策部署并予以

---

* 陈梓铭——武汉大学环境法研究所博士研究生，主要研究领域：环境与资源保护法学、“双碳”法治。基金项目：国家社科基金重大项目：“新时代生态文明建设目标评价考核制度优化研究”，批准号：22&ZD173。

贯彻实施,以坚定信念与有力举措持续推进气候变化应对工作。以法治视角考察,“双碳”推进的制度化、规范化水平将决定“双碳”目标愿景能否实现,换言之,即为能否以有效制度规范供给,构建起契合我国“双碳”工作的制度秩序。“双碳”制度秩序之构建需求决定我国碳排放控制制度构建工作势必不能停留于零敲碎打和小修小补,必须以系统思维构建具备清晰目标指向、实质规制能力与多元配套保障的碳排放控制制度体系。

目前学界相关研究为提升碳排放控制的法治化水平提供了有益借鉴,[1]但未能对构建碳排放控制制度体系的实质诉求、内在逻辑、法治方案等作出体系性回应。对如何将碳排放因素全面纳入环评制度体系、实现由碳排放强度控制主导向碳排放总量控制主导转变的路径为何、碳减排考评专门制度构建的进展与策略如何识别确定等制度困惑的解答需要超越以还原思维进行单一制度构建的视角与路径依赖,转而以碳排放控制制度体系的整体视角探寻解决方案。故此,本研究以“碳排放控制制度体系构建理路”为题,以碳排放控制制度体系构建诉求厘清—碳排放控制制度体系的逻辑展开设想—碳排放控制制度体系构建的法治方案论证为研究逻辑脉络,回应碳排放控制制度体系构建的法制需求与法理难题,以期达致碳达峰碳中和工作的积极稳妥推进。

二、碳排放控制制度体系构建的实践诉求

当前,中国正在展开立法研究,将应对气候变化的监管工作全面纳入法治轨道,具体包括规定各部门的法定职责及温室气体排放权的法律属性与交易机制,为政府分解落实气候变化应对目标,开展目标责任评价考核提供法制依据等。[2] 前述工作力求直面解决“双碳”推进实践的系列乱象:“一刀切”式关停、运动式减碳、碳冲锋、“两高”项目盲目发展与淘汰落后产能不力、地方拉闸限电等。国家对气候变化应对工作的高度重视与地方推进“双碳”中的法治思维欠缺法治水平偏低构成认识我国“双碳”推进实践不可偏离的两维度,此反映碳排

1　具体参见徐以祥、刘继琛:《论碳达峰碳中和的法律制度构建》,载《中国地质大学学报(社会科学版)》2022 年第 3 期;王社坤:《论我国碳评价制度的构建》,载《北方法学》2022 年第 2 期;刘志仁:《论“双碳”背景下中国碳排放管理的法治化路径》,载《法律科学(西北政法大学学报)》2022 年第 3 期;崔金星:《构建我国碳减排评价机制的法律思考》,载《环境保护》2012 年第 20 期。

2　常纪文、田丹宇:《应对气候变化法的立法探究》,载《中国环境管理》2021 年第 2 期。

放控制制度化、规范化水平亟待提升的同时,也为考察碳排放控制制度体系构建的实践诉求与重点任务提供了适宜素材。对此,笔者详述如下。

1.构建传统控制模式与新型控制模式协同的碳排放控制制度体系

"30达峰60中和"的战略目标表明我国积极主动承担碳减排大国责任的同时,也初步框定我国国内层面"双碳"工作的推进路线图,未来我国碳排放控制制度需要围绕目标展开体系化构建。此种设定目标进而自上而下、层层分解的实践做法已广泛运用于现代国家治理各领域。就生态环境治理领域而言,我国污染物治理工作通过构建专门制度,得以设定污染物的总量控制目标并通过减排的目标责任制在各省逐一分解。经由多年制度实践,此一总量控制与减排制度被证实对我国污染治理发挥了切实效用,可将其理解为过往环境治理中形成的传统碳排放控制制度。只有要求政府为目标实现而负责的目标责任才可能与责任目标相契合,[3]因此,碳排放控制制度体系构建之首要任务是逐步于制度体系中确立碳总量控制与地方政府减排制度。

还需要注意到,地方"双碳"推进实践中出现的"一刀切"式停产限产、关停、拉闸限电等做法,是地方政府迫于降碳考核压力最终在末端监管环节上的策略性回应。质言之,随着生态文明建设目标责任体系及问责机制不断强化,生态文明建设发生转折性变化,进而可能在执行中造成地方政府"一刀切""层层加码"等问题。[4] 可见,迫于分区域+逐级分解的碳总量控制与减排压力,地方政府在"双碳"推进中可能出现"用力过猛"现象。考虑到碳排放权交易、碳税等市场化机制[5]、中央环保督察、碳环评等制度已在实践、试点中被证实为推进碳减排行之有效的制度工具,为调和传统碳排放控制制度可能出现的规制失灵,有必要通过将前述新型碳排放控制制度与传统碳排放控制制度结合以构建碳排放控制制度体系。

2.构建监管企业与监管环境监管者并重的碳排放控制制度体系

作为实现规制目标的制度工具,碳排放控制制度体系构建的要义在于解决

---

3 姜渊:《政府环境法律责任的反思与重构》,载《中国地质大学学报(社会科学版)》2020年第2期。

4 陈健鹏:《生态文明建设目标责任体系及问责机制:演进历程、问题和改进方向》,载《重庆理工大学学报(社会科学版)》2020年第35期。

5 中国财政科学研究院课题组傅志华、程瑜、许文、施文泼、樊轶侠:《在积极推进碳交易的同时择机开征碳税》,载《财政研究》2018年第4期。

碳监管执行问题。对此西方国家面临的是被监管者对监管的服从问题，而我国还面临着监管者本身对法令规则的服从问题，[6]这决定了碳监管制度体系构建问题的复杂与困难。当前，各地出现“一刀切”关停煤矿企业[7]与盲目上马“两高”项目[8]两种违背中央要求的做法。对此，下文从被监管者服从与监管者服从两方面详述之。

就碳监管中的被监管者服从问题而言，当前乱象实质上反映出环境行政监管在企业信赖利益保障上陷入困顿。虽然环境法律与环境政策的协同表达，生发出气候变化风险应对的义务要求，使地方党政机关兼负推进“双碳”之政治与法律责任，[9]但必须承认的客观限制在于，当前“双碳”规范供给仍远未达预期。地方政府在此背景下推进“双碳”工作，往往导致环境行政监管中企业信赖利益无法得到保障，被监管者服从的关键在于其权益获得制度与规范层面充分保障以实现被监管者服从，企业碳排放管理的制度供给需求由此生发。就碳监管中的监管者服从问题而言，实质上指向的是我国环境治理中的监管环境监管者[10]问题。“双碳”领域虽然开始将“双碳”工作纳入中央环保督察的制度实践并通过重大会议对地方工作进行纠偏，但有针对性的监管环境监管者制度仍处阙如。考虑到污染物治理领域的减排考核极大提高了地方政府对相关环保约束性考核指标的重视，并最终确保了总量控制目标的基本达成，[11]为实现“双碳”推进中的环境监管者服从，有必要于碳监管制度体系中构建地方政府碳减排考

6　黄冬娅、杨大力:《考核式监管的运行与困境:基于主要污染物总量减排考核的分析》，载《政治学研究》2016 年第 4 期。

7　生态环境部:《太原市迎泽区禁煤“一刀切”影响群众温暖过冬》，载中华人民共和国生态环境部网 2023 年 2 月 10 日，https://www.mee.gov.cn/xxgk2018/xxgk/xxgk15/201811/t20181116_674178.html。

8　生态环境部:《不顾环境容量　盲目上马项目安徽固镇经济开发区环境污染问题突出》，载中华人民共和国生态环境部网 2023 年 2 月 10 日，https://www.mee.gov.cn/xxgk2018/xxgk/xxgk15/202104/t20210428_831106.html。

9　有关地方党政机关的“双碳”推进责任，具体可参见中共中央办公厅、国务院办公厅联合发布的《中央与国家机关生态环境保护责任清单》，该文件规定了党委、政府及有关部门等在应对气候变化、控制温室气体排放、发展可再生能源、节能等方面的具体职责事项，大致确立了各机关部门“双碳”推进所承担的责任。

10　对此，吕忠梅教授已从立法层面进行了相关探讨。参见吕忠梅:《监管环境监管者:立法缺失及制度构建》，载《法商研究》2009 年第 5 期。

11　黄冬娅、杨大力:《考核式监管的运行与困境:基于主要污染物总量减排考核的分析》，载《政治学研究》2016 年第 4 期。

评制度。综上所述,为回应碳监管执行问题,实现碳监管中的被监管者与监管者服从,我国需要构建监管企业与监管环境监管者相结合的碳排放控制制度体系。

3. 构建“命令—控制”与市场型控制联动的碳排放控制制度体系

基于国家干预手段的不同,学界通常将温室气体排放控制制度二分为“命令控制型”制度和“市场型”制度,前者主要包括环境标准、许可和总量控制制度,后者主要包括碳排放权交易和碳税制度。[12] 在当前碳排放控制制度体系中,碳总量控制与交易制度因其有效性,被视为市场经济国家实现减排的广泛应用的政策工具。[13] 该制度对目标温室气体设定排放限额总量,将区域内特定排放污染源强制纳入管制体系,并根据分配规则将配额以许可形式分配给受管制排放源并在市场上交易。[14] 目前我国碳排放控制即采取了基于碳排放总量配额的碳排放权交易制度模式并进行了初步构建。

从历时性层面展开分析可知,我国基于碳排放总量配额的碳排放权交易制度的构建历程如下:一是自部分省市的政策试点至 2017 年全国碳排放交易体系启动阶段,由国家发改委先后发布试点通知、《碳排放权交易管理暂行办法》出台以及抓紧推进全国碳排放权交易市场建设政策予以构建;二是自 2018 年碳排放权交易规范细化至《碳排放权交易暂行条例(草案)》征求意见阶段,此阶段出台了大量政策文件[15]并从规章层面制定《碳排放权交易管理办法(试行)》、公布《碳排放权交易暂行条例(草案)》[16]并公开征求意见。就当前而言,我国基于碳排放总量配额的碳排放权交易制度完成了框架性的制度设计,但碳

12 刘明明:《温室气体排放控制法律制度研究》,法律出版社 2012 年版,第 93 ~98 页。

13 Hongxun Liu & Zhi Li (2017) Carbon Cap-and-Trade in China: A Comprehensive Framework, Emerging Markets Finance and Trade, 53:5, 1152 -1169.

14 何秋:《美国气候变化法律制度研究》,中南财经政法大学 2018 年博士学位论文,第 90 ~91 页。

15 此阶段制定的政策主要有:《关于做好全国碳排放权交易市场发电行业重点排放单位名单和相关材料报送工作的通知》《碳排放权交易有关会计处理暂行规定》《纳入 2019—2020 年全国碳排放权交易配额管理的重点排放单位名单》《全国碳排放权交易配额总量设定与分配实施方案(发电行业)》《碳排放权登记管理规则(试行)》《碳排放权交易管理规则(试行)》《碳排放权结算管理规则(试行)》《关于做好全国碳排放权交易市场数据质量监督管理相关工作的通知》《关于做好全国碳排放权交易市场第一个履约周期碳排放配额清缴工作的通知》。

16 《碳排放权交易管理暂行条例》经征求意见后目前正处于待审未定状态,预估其正式出台为期不远。具体参见生态环境部:《生态环境部召开 9 月例行新闻发布会》,载中华人民共和国生态环境部网 2023 年 2 月 10 日,https://www.mee.gov.cn/ywdt/zbft/202209/t20220929_995277.shtml。

排放控制制度体系构建工作远未完成,仍需在强制效力、覆盖行业范围、具体操作规则等方面进行更为深入细致的探讨。

三、碳排放控制制度体系构建的逻辑进路

碳排放控制制度体系构建的具体展开中涉及多主体利益协调与分歧消解。“奥卡姆剃刀原理”已表明如无必要,勿增实体。[17] 只有在实践层面已生发真实需求,相应制度体系构建才具备必要性和合理性。考虑到党中央、国务院重磅政策已提出强化“双碳”落实情况考核、将碳达峰碳中和纳入中央生态环境保护督察、能源消耗总量和强度调控逐步转向碳排放总量和强度“双控”制度、完善碳排放统计核算制度,健全碳排放权市场交易制度等[18]要求,制度路径之于“双碳”推进的关键作用已得到彰显。相应地,碳排放控制制度体系的实践需要得以确立,但在具体构建中应当系统梳理实践层面生发的制度供给需求,并以体系化思路进行围绕功能实现之需要进行制度整合以确保其结构耦合与目标一致。为此,下文有必要阐明“碳排放控制制度体系的规制目标为何”“碳排放控制制度体系的规制功能如何实现”“制度体系设计中如何保障实施”等层面的问题,以明晰碳排放控制制度体系构建的逻辑进路。

1. 目标定位:碳总量控制制度[19]核心地位确立

明确碳排放控制制度体系的目标定位并循此进行有针对性的制度设计,是碳排放控制制度体系构建需要解决的首要问题。在碳减排问题上,当前我国面临“龟兔赛跑”[20]难题:如果前十年不大力控制碳排放,之后三十年的碳减排难度就会大幅增加。[21] 对我国而言,尽早行动并以高标准推进碳减排工作有可能

---

17 祝光耀、张塞主编:《生态文明建设大辞典》(第一册),江西科学技术出版社 2016 年版,第 21 页。

18 具体参见党的二十大报告和《关于完整全面准确贯彻新发展理念做好碳达峰碳中和工作的意见》。

19 需要注意的是,此处的碳总量控制不仅体现为政府层面执行和落实的减排指标,更体现为企业层面落实碳排放权交易指标所对应的碳排放总量配额。

20 “双碳”领域的“龟兔赛跑”难题,本质上是碳减排时间节点所决定的各国碳减排路径选择问题。具体参见 Victoria M., Zhu K., Brown T., et al., Early decarbonisation of the European energy system pays off. Nat Commun 11, 6223 (2020). https://doi. org/10. 1038/s41467 - 020 - 20015 - 4。

21 刘尚炜、邱明昊:《碳中和路径如何选? 乌龟,兔子,直升机?》,载知识分子网,http://www. zhishifenzi. com/depth/column/12081. html,最后访问时间:2023 年 2 月 10 日。

使碳中和阶段的减排工作更加游刃有余，但存在经济增长陷入停滞的风险，相反，如果允许碳达峰前的碳排放总量与强度维持较高水平，则未来需要承受更高的减排压力。碳减排工作的复杂性很大程度上即体现于应对气候变化的严峻形势与本地区经济发展正当需要的内生张力中。消解之道在于统筹考虑国际责任与本国情势、发展需要与环境诉求，短期利益与长期利益，在碳排放控制制度体系设计中融入总量控制理念、设定总量控制目标并在动态调整中推进碳减排工作，这要求我国碳排放控制制度体系需以碳排放总量控制为核心制度，以确保制度体系得以承载积极稳妥推进碳达峰碳中和的目标使命。但必须注意的是，就规制逻辑而言，碳排放总量控制制度不同于重点污染物总量控制制度。我国大气污染控制模式从以污染物排放浓度控制和以污染物排放总量控制为核心逐渐走向以大气环境质量改善为核心。[22] 对于大气污染总量控制索要实现的环境保护目标来说，具有决定意义的是环境质量目标，应当把环境质量目标确定为法律的直接规制目标。[23] 但碳总量控制制度则并非如此，一方面，碳排放之于气候变化的影响仍然无法得到准确预估；另一方面，碳排放问题是环境议题，更是政治、经济议题，把确定总行为控制边界的依据确定为环境质量目标并不适宜。故此，碳排放控制制度体系的构建关键不在于以环境质量改善要求构建碳排放总量控制制度。基于经济发展需要、能源结构现状、技术更新水平等因素综合考量，设定碳排放总量控制制度的碳排放总量指标并进行制度设计应为更务实的选择。

综上所述，碳排放控制制度体系服务于循序渐进推进“30达峰60中和”碳减排目标。由此决定作为总量控制理念载体的碳排放总量控制制度应被确立为制度体系的核心制度。碳排放控制制度体系设计中应明确此一制度定位，并配套与嵌入其他关联制度以实现碳排放总量控制制度指标要求，确保制度体系在设计上的逻辑结构一致性与实际运行中的目标追求一致性。

2. 功能实现：政企同督的基础制度配置

碳排放总量控制的单一制度建构无力确立监管企业与监管环境监管者并重的规制秩序，有必要通过基础制度配置，确保碳总量控制指标成为企业生产

---

22 薛文博、许艳玲、史旭荣、雷宇：《我国大气环境管理历程与展望》，载《中国环境管理》2021年第5期。

23 徐祥民：《环境质量目标主义：关于环境法直接规制目标的思考》，载《中国法学》2015年第6期。

经营与政府环境管理的刚性约束。拆分总量控制指标的执行，一是对排放总量控制指标向具体的行政区和具体的排放者的分解，二是对排放总量控制指标分解给具体企业事业单位的分解排放量的管控。[24] 碳排放控制制度体系功能实现的二元规制路径由此得以确立：中央层面设定碳排放总量控制目标并通过碳考评制度在地方层面将指标逐级分解与执行，此对应地方政府的碳减排考评制度配置；国家层面设定碳排放总量限额并通过碳管理制度在行业企业层面将指标分配与履行，此对应企业碳管理制度配置。

因此，为回应总量控制指标要求，碳排放控制制度体系设计需要确保两大路径的规制有效性，亦即实现碳排放控制制度体系的政企同督功能。首先，就地方政府碳减排考评制度而言，我国碳减排考评制度构建大致可分为“十二五”“十三五”期间碳排放强度考评阶段[25]和当前的节能减排阶段[26]。基于 2030 年碳达峰 2060 年碳中和的目标愿景，“十四五”时期后需要逐步构建与碳达峰后实现碳排放总量减排要求相匹配的总量控制考核评价制度机制。其次，就企业碳管理制度而言，包括正在试点的碳排放权交易制度与有望构建的碳排放许可管理制度。温室气体减排中基于市场的经济激励控制方式已经较为成熟，[27] 当前我国实施基于碳排放总量配额的碳排放权交易制度还停留于试点层面。企业碳管理制度构建任务之一是持续完善基于碳排放总量配额的碳排放权交易制度。同时，考虑到学界开始热议减污降碳协同治理机制构建[28]以及将碳管理纳入排污许可管理制度[29]，制度构建任务之二在于回应是否适宜规定碳排放许可管理制度以更有力实现碳总量控制指标要求。

---

24 徐祥民、贺蓉、于铭：《〈海洋环境保护法〉排污总量控制制度的运行研究》，载《河海大学学报(哲学社会科学版)》2022 年第 4 期。

25 此阶段对温室气体排放控制提出的明确指标体现在单位国内生产总值二氧化碳排放指标的约束，而非碳排放总量控制指标的约束，具体参见《“十二五”控制温室气体排放工作方案》《“十三五”控制温室气体排放工作方案》。

26 此阶段国务院与部委层面利用碳考评制度工具推动碳减排的努力逐渐趋于缓和，不再明确提出对控制温室气体排放目标完成情况进行考核、评估，具体参见《“十四五”节能减排综合工作方案》。

27 徐以祥、刘继琛：《论碳达峰碳中和的法律制度构建》，载《中国地质大学学报(社会科学版)》2022 年第 3 期。

28 陈梓铭：《减污降碳协同治理的环境法典表达》，载《南京工业大学学报(社会科学版)》2022 年第 5 期。

29 李海生、谢明辉、李小敏、李斌：《全过程一体化构建减污降碳协同制度体系》，载《环境保护》2022 年第 Z1 期。

3.实施保障:配套制度的制度体系嵌入

在前述碳排放控制核心制度与基础制度之外,各项与碳排放控制相关的配套制度在实践层面得到广泛运用,碳排放控制制度体系构建有必要对此现象进行梳理评析。当前央地正通过实施多样化的配套制度开展碳减排工作,具体包括:(1)中央层面在第二轮中央生态环境保护督察中将碳达峰碳中和落实情况纳入督察工作范围,查处整改各地落后产能淘汰不力、“两高”项目管控不严等违背“双碳”推进法治化要求的做法。(2)地方层面开始纷纷进行碳环评的政策试点,将碳排放环境影响纳入环境影响评价制度框架。究其原因,一是碳排放控制核心制度和基础制度应然层面的制度构建设想与实然层面的制度构建不完备的现状决定了当前制度供给无法收获预期规制实效,必须引入配套制度工具以保障碳排放控制的目标达成;二是碳排放总量控制核心制度+碳排放总量控制基础制度的制度构造在其实施中存在内生局限,无力在微观层面对企业建设项目生产运营实施管理。因此,制度体系构建的不完备以及制度的内生局限共同为在碳排放控制制度体系中嵌入多样化的配套制度以保障其实施提供了必要性支撑。

完成配套制度嵌入碳排放控制制度体系的必要性证成后,进一步需要回答的是碳排放控制制度体系的配套制度嵌入范围。系统论法学认为现代法不是静态的规制体系,而是动态的运作系统,需要依靠法律沟通,划定“系统/环境”的“内/外界限”,以再生产自身的统一性。[30] 碳排放控制制度体系之构建旨在构建一个在目标定位与功能实现上具有一致性的动态运作系统。在此意义上讲,此制度体系之构建对不同制度类别同样需要秉持开放态度。亦即当特定制度之功能与构造契合碳排放总量控制需求,即可进行相应制度构建以使其成为碳排放控制制度体系的组成部分。故在配套制度嵌入范围上,可以包括以下制度类型:(1)当前已经完成一定程度构建且开始在“双碳”推进中发挥作用的中央环保督察制度、环境民事公益诉讼制度、碳环评制度。(2)虽然已在相关政策文件中有所提及但并未在“双碳”推进中发挥作用的生态环境约谈制度。(3)并未进行相应制度设计但未来可能予以嵌入的排污许可制度。但进一步考虑是否有相关制度实践、法律层面的实现难度以及是否具备政策基础,嵌入的

---

30 高鸿钧、赵晓力主编:《新编西方法律思想史(现代、当代部分)》,清华大学出版社2015年版,第345~348页。

制度范围需要相应限缩。基于前述考虑,笔者将在下文中聚焦于探讨中央环保督察制度和碳环评制度的制度体系嵌入问题。

四、建构碳排放控制制度体系的法治方案

前述关于碳排放控制制度体系构建逻辑进路的探讨已为我们提供了制度体系设计框架图。从法理层面看,法律与政策的相互协调转化为环境保护法律体系建设提供制度工具[31]已成生态文明制度建设的客观现实,“双碳”领域法律与政策的协同主要可以归纳为法律与政策的协同实施、政策向法律的条款转化、政策向法律的整体转化和法律的政策化四种形式。[32] 从实践层面看,政策试点实践与立法修法进展表明我国碳排放控制制度建设的可喜进展与广阔前景,我国已积累省级碳排放强度考评与运用中央环保督察监督地方“双碳”工作的实践经验,以碳排放权交易与碳环评为代表的各项制度工具正处于地方政策试点并在一定程度上实现了法律表达,环境法典编纂、气候变化应对法与碳中和专门法制定正由学界热议研讨逐渐纳入顶层决策。碳排放控制制度体系建构是一项系统工程,基于法理研究与法制进展,笔者认为碳排放控制制度体系构建的法治方案宜展开如下。

1. 以高位阶法律规则供给确立碳排放总量控制制度核心地位

“统筹建立二氧化碳排放总量控制制度”已成为我国今后“双碳”制度化推进的重要任务。实现国家碳排放总量目标控制必须建构总量设定制度,以具体的总量控制和覆盖范围为内容,形成可预期、可执行的计划表和路线图。[33] 目前有关碳排放总量控制制度的规范供给远未能匹配在碳排放控制制度体系中构建碳排放总量控制核心制度的政策需求,仅在《碳排放权交易管理办法(试行)》第14条中有所体现。此一构造安排所导致的问题包括作为制度载体的《碳排放权交易管理办法(试行)》法律位阶偏低以致难以凸显碳排放总量控制制度的核心地位、偏重企业碳排放控制责任忽视了地方政府的碳排放控制责任

---

31 吕忠梅、吴一冉:《中国环境法治七十年:从历史走向未来》,载《中国法律评论》2019年第5期。

32 于文轩、胡泽弘:《“双碳”目标下的法律政策协同与法制因应——基于法政策学的视角》,载《中国人口·资源与环境》2022年第4期。

33 张梓太、张叶东:《实现“双碳”目标的立法维度研究》,载《南京工业大学学报(社会科学版)》2022年第4期。

等。为此有必要立足于更高法律位阶的制度规范供给构建碳排放总量控制制度并确立其核心地位。

首先需要回应的问题是,当前重点污染物总量控制制度已经体系化地在《环境保护法》《大气污染防治法》《排污许可管理条例》中作出规定,碳排放总量控制制度是否适宜沿袭既有规范架构,在重点污染物总量控制制度框架下予以规定?对此,笔者以为并不适宜。碳排放总量控制制度规范供给的立法路径选择问题本质上决定于各国对于二氧化碳等温室气体的法律定性,美国在二氧化碳排放规制上认为其符合《清洁空气法》下"空气污染物"的广泛定义,[34]故而将二氧化碳等温室气体与大气污染物一体监管。考虑到我国既有规定不再将二氧化碳认定为大气污染物,更为适宜的路径应该是通过专门立法对二氧化碳排放规制作出规定。环境法典编纂与碳中和立法已成为学界研究的热点议题,[35]也在政策文件中得到一定程度的确认,二者均适宜成为碳总量控制制度构建需求的规范载体,可在此两法中探索构建碳排放总量控制制度。在碳排放总量控制制度入法的过程中,需要处理好碳排放强度控制与碳排放总量控制的关系问题。"十四五"规划纲要表明我国在相当长时间内将继续实施以碳强度控制为主、碳排放总量控制为辅的制度,各地"十四五"生态环境保护规划也将碳排放强度控制列为控制指标[36]。可见,在以碳总量控制为主、碳排放强度控制为辅的模式转向过程中,立法层面有必要兼顾平衡制度的实施现状及其构建期待,对碳排放强度与碳排放总量要求均有所体现。故此,参照《环境保护法》第44条第1款关于重点污染物总量控制制度之规定[37],结合各地"十四五"规划碳排放强度控制的指标落实做法,建议在环境法典绿色低碳发展编编纂与碳中和立法中规定碳排放强度和总量双控制度,具体条文内容上建议表述为:国家实行温室气体排放强度和总量控制制度。温室气体排放强度和总量控制指标由国务院下达,省、自治区、直辖市人民政府分解落实。企业事业单位在执行国家

34 李艳芳、张忠利:《二氧化碳的法律定位及其排放规制立法路径选择》,载《社会科学研究》2015年第2期。

35 具体参见吕忠梅、田时雨:《论具有中国特色环境法典的编纂》,载《中国法律评论》2022年第2期;王操:《碳中和立法:何以可能与何以可为》,载《东方法学》2022年第6期。

36 具体参见《云南省"十四五"生态环境保护规划》《吉林省生态环境保护"十四五"规划》。

37 《环境保护法》第44条第1款规定:国家实行重点污染物排放总量控制制度。重点污染物排放总量控制指标由国务院下达,省、自治区、直辖市人民政府分解落实。企业事业单位在执行国家和地方污染物排放标准的同时,应当遵守分解落实到本单位的重点污染物排放总量控制指标。

和地方温室气体排放标准的同时,应当遵守分解落实到本单位的温室气体排放强度和总量控制指标。

2. 以政企同责为理念指引配置碳排放控制基础制度

在对碳排放总量控制制度所确立的总量控制与减排目标的贯彻实现上,欧盟碳排放交易体系的立法与司法实践[38]为各国家温室气体减排提供了有益参照。但需要注意的是,不能以对外来制度的简单移植替代构建本土性碳排放控制基础制度的必要努力。鉴于碳排放强度控制与地方减排考评做法已实行多年且有力实现了碳排放强度指标下降,应成为构建契合于我国碳减排的重要制度组成。为实现碳排放控制制度体系的政企同督功能,有必要以政企同责理念为指引进行针对性制度构建,防止地方政府与各企业在碳减排责任配置上的失衡风险,使二者协同服务于碳减排目标。以政企同责理念指引配置碳排放控制制度体系基础制度,关键在于明确如下问题。

首先,应将地方政府的碳减排责任与企业的碳减排责任置于同等重要位置进行相应的制度配置。目前,企业碳减排责任集中规定于《碳排放权交易管理办法(试行)》中,但此一法律文件属于部门规章,较低的法律位阶限制了其功能发挥。就地方政府碳减排责任而言,很大程度上来自各阶段地方根据国家规划定期落实碳减排强度削减指标任务,欠缺法律层面的明定。随着"双碳"目标之实现被提升至战略高度,我国开始逐步向碳排放总量控制主导模式转变,地方政府的碳减排责任需要在法律层面得到更精细化的表达。综上所述,地方政府与企业的碳减排责任配置的共性问题在于制度规范供给未达预期,解决问题的关键在于在碳排放控制制度体系构建中均衡设置地方政府与企业的责任义务。

其次,碳排放控制制度体系中配置地方政府碳减排制度的主要问题在于专门的地方政府碳减排考评制度停留于政策实践而未能在法律层面得到明定,现行立法在考核地方政府碳减排完成情况以及考核结果运用等方面仍存有空白。对此,可通过碳中和立法+配套实施办法的规范路径予以填补。就碳中和立法定位而言,有学者将其定位为促进型立法[39],笔者同意此一立法定位,促进型立法定位契合了当前推进碳达峰碳中和的紧迫需要,且有助于将政策需要在法律

38 陈惠珍:《减排目标与总量设定:欧盟碳排放交易体系的经验及启示》,载《江苏大学学报(社会科学版)》2013年第4期。

39 王操:《碳中和立法:何以可能与何以可为》,载《东方法学》2022年第6期。

层面进行直接表达,同时,先制定碳中和促进法并不对后续可能出台的气候变化应对领域的基本法造成排斥。故此,建议可将碳中和立法定位为促进型法,并在其中规定专门碳减排责任制与考核评价制度,同时为确保责任之落实,可通过制定配套实施办法进行细化规定。[40] 需要注意的是,配套实施办法应当围绕政府减排责任之设置与追究展开。唯有如此,碳排放控制制度体系构建中的地方政府碳减排考评制度配置才能落到实处。

最后,在碳排放控制制度体系中配置企业碳管理制度。当前规章层面确立了碳排放权交易制度,政策层面则在发电行业出台了全国碳排放权交易配额总量设定与分配实施方案[41]。就该制度在法律层面的规定而言,碳排放权交易制度经由多年的政策试点与法规完善,对我国碳减排的价值意义已得肯认,可在环境法典绿色低碳发展编中明确规定该项制度,使碳排放权交易制度在法律层面得到确立。就该制度的配置方向而言,一是需要精细化考察地方试点经验,明确仅通过市场机制推进碳减排能否与碳总量控制实践需求相匹配,进而确定有无必要通过构建碳排放控制许可制度实现碳排放总量控制要求;二是有必要在碳排放权交易制度实践的基础上,由生态环境部在条件成熟时出台政策规范,拓展碳排放权交易制度在各行业、多地区的覆盖范围。

3.将多元化配套制度嵌入碳排放控制制度体系

前述拟嵌入的配套制度均已在一定程度上运用于实践中。就碳环评制度而言,相关制度实践主要体现为生态环境部关于产业园区规划与重点建设项目的政策试点,就中央环保督察制度而言,相关制度实践在第二轮第三批、第四批中央生态环保督察中均有体现。可见,二者均蕴含着控制温室气体排放、保障碳排放控制制度体系实施的制度潜力。为进一步发挥其保障实施功能,笔者建议通过以下路径策略将其进一步嵌入碳排放控制制度体系中。

就中央环保督察的嵌入而言,将其嵌入的直接原因在于当前未构建起与"双碳"推进相匹配的专门碳减排考评制度,根本原因在于生态政绩考评机制存在一系列问题,容易导致地方政府间的生态环境治理"共谋行为"的产生,亟须

---

40 我国促进型立法实践中已开始采用此一规范模式,具体可参考《乡村振兴促进法》及随后配套出台的《乡村振兴责任制实施办法》。

41 具体政策文件参见《2019—2020年全国碳排放权交易配额总量设定与分配实施方案(发电行业)》《纳入2019—2020年全国碳排放权交易配额管理的重点排放单位名单》。

中央环保督察来实现可行的和有效的治理。[42] 毋庸置疑,该项制度在“双碳”推进中的运用,相当大程度上填补了碳排放控制制度体系空缺,并实质解决了地方“两高”项目盲目上马、淘汰落后产能不力等突出问题,与此同时,环保政治高压下地方政府开始基于避责心理[43]选择运动式降碳、“一刀切”降碳。为此,将中央环保督察嵌入碳排放控制制度体系,在督察理念上需要实现地方政府在回应中央督察上的精准治理、典型治理、分类治理,[44]在嵌入路径上需要运用法治思维与法治方式将环保督察制度纳入法治轨道,将目前的“制度化督察”提升为“法治化督察”,[45]革除地方降碳“一刀切”的不作为与形式主义。

就碳环评制度的嵌入而言,其核心任务是在环境法律规范配置中实现碳环评制度的嵌入。在碳环评嵌入的规范路径选择上,环境法典编纂与碳中和立法处于论证阶段。相较之下,近年来围绕环评修法,生态环境部已进行相关论证,具备更充足的政治意志基础。修改环评法,在既有环评制度规范体系下表达碳环评制度构建需求应为更妥适路径。在碳环评制度地位确立上,一则需要在环评法修订中修改立法目的条款与基本概念条款,采取“概括条款 + 授权条款”的方式为碳评价提供法律依据。[46] 二则需要确保碳环评试点“于法有据”[47]。为此,需要对《建设项目环境管理条例》《规划环境影响评价条例》立法目的条款[48]进行适度修改,明确增列“减缓与适应气候变化”的目的要求,为各地碳环评试点工作提供法制支撑。在碳环评嵌入的规则供给上,宜通过引导性政策[49]为碳

42 盛明科、李代明:《生态政绩考评失灵与环保督察——规制地方政府间“共谋”关系的制度改革逻辑》,载《吉首大学学报(社会科学版)》2018 年第 4 期。

43 庄玉乙、胡蓉:《“一刀切”抑或“集中整治”? ——环保督察下的地方政策执行选择》,载《公共管理评论》2020 年第 4 期。

44 张国磊、曹志立、杜焱强:《中央环保督察、地方政府回应与环境治理取向》,载《北京理工大学学报(社会科学版)》2020 年第 5 期。

45 陈海嵩:《环保督察制度法治化:定位、困境及其出路》,载《法学评论》2017 年第 3 期。

46 王社坤:《论我国碳评价制度的构建》,载《北方法学》2022 年第 2 期。

47 刘小冰、丁宾:《生态环境法律制度试点的作用机理、问题识别与完善路径》,载《南京工业大学学报(社会科学版)》2021 年第 6 期。

48 《建设项目环境保护管理条例》第 1 条规定:为了防止建设项目产生新的污染、破坏生态环境,制定本条例。《规划环境影响评价条例》第 1 条规定:为了加强对规划的环境影响评价工作,提高规划的科学性,从源头预防环境污染和生态破坏,促进经济、社会和环境的全面协调可持续发展,根据《中华人民共和国环境影响评价法》,制定本条例。

49 我国已有的相关引导性政策包括《控制污染物排放许可制实施方案》《关于切实做好全国碳排放权交易市场启动重点工作的通知》。

环评制度实施提供规范支撑,同时可考虑通过制定实施专门的部门规章或行政法规,实现碳环评制度嵌入的具体规则供给。

五、结　语

我国正以前所未有的决心与力度推进碳达峰碳中和行动,深刻重塑了政治、经济、环境等领域的运作样态与工作格局,逐渐培育出越发契合可持续发展理念的社会秩序。循序渐进实现“30 达峰 60 中和”目标愿景,不仅是党的二十大报告积极稳妥推进“双碳”工作的精神要求,也是以法治思维与法治方式推进“双碳”工作的应有之义。“双碳”工作之推进,不能因形势严峻与否投机式前移或延后时间节点,也不能因压力之高低放松或收紧指标约束。对此,有必要通过构建碳排放控制制度体系,以制度化约束将“双碳”推进纳入法治轨道。整体视角下的碳排放控制制度体系构建尤其需要注意其结构耦合与目标一致。经由实践诉求与逻辑进路之论证铺陈,笔者提出以碳排放总量控制为核心,以地方政府碳减排考评与企业碳管理为基础,以中央环保督察与碳环评为配套构建碳排放控制制度体系的法治方案。本文意在抛砖引玉,为碳排放控制提出制度体系设计框架图并尽可能予以具象化描绘,虑及“双碳”推进之路径方向仍在探明过程,各地政策实践有待提炼试点经验,相关法律之制定与修改尚需时日,期待学界后续产出更多相关制度研究,为积极稳妥推进碳达峰碳中和持续贡献学术智慧。

“双碳”目标下粤港澳大湾区海岸带协同保护的法治路径

程晓娅*

【内容提要】 粤港澳大湾区海岸带生态保护是实现“双碳”目标、贯彻陆海统筹理念以及建设国际一流湾区的重要内容。然而目前大湾区海岸带保护状况并不理想,这主要是因为粤、港、澳三地利益沟通机制缺位,经济、社会和法律文化背景不同导致法律规范不协调,以及海岸带管理保护机构分立,大大削减了三地海岸带生态保护的效果,进而影响“双碳”目标的实现。粤港澳大湾区海岸带保护亟须法律制度给予回应,其法治路径的关键在于构建三地协同保护的制度体系,包括在共同目标下完善三地利益沟通协调机制,实现三地海岸带保护立法共商,以及健全海岸带管理保护部门协作机制。

【关键词】 粤港澳大湾区 “双碳”目标 海岸带 协同保护 法律制度

粤港澳大湾区包括广东省9个城市、香港特别行政区、澳门特别行政区,拥有2万余平方千米的海域面积、2000余千米的海岸线、数百个海岛,海洋资源优势突出,[1]从地理位置和自然环境整体构成来看,除了佛山和肇庆,几乎整个大湾区城市群都处于海岸带空间中。[2]

---

* 程晓娅——中山大学法学院博士研究生,主要研究领域:环境与资源保护法。

基金项目:国家社会科学基金重大研究专项项目“陆海统筹背景下我国海洋生态环境协同治理研究”(18VHQ014)。感谢南方海洋科学与工程广东省实验室(珠海)研究项目对本文的支持。感谢中国政法大学国际法学院刘天舒、中山大学法学院刘妍、广东省土地规划调查院岳文对本文提出的宝贵意见。

1 赵文静、杨静、赵肖等:《粤港澳大湾区海洋生态环境保护与监管策略》,载《环境保护》2019年第47期。

2 海岸带是指海洋向陆地过度,海陆相互作用的沿海地带。它是以海岸线为核心向陆海两侧扩展一定宽度的带状区域。这一空间包括海岸及其毗邻水域,主要由山地和丘陵、台地和阶地、平原、潮间带,河流、三角洲、湿地、海滩与沙丘及其他地理单位组成。

作为重要的生态过渡带、资源富集区和人类海洋利用活动的集聚区，[3]海岸带的生态环境价值不言而喻。同时由于海岸带有着极高的固碳能力和储碳潜力，其对"双碳"目标的实现亦有极其重要的作用。"十四五"规划中要求"探索建立沿海、流域、海域协同一体的综合治理体系。严格围填海管控，加强海岸带综合管理与滨海湿地保护。"《中共中央、国务院关于完整准确全面贯彻新发展理念做好碳达峰碳中和工作的意见》(以下简称《意见》)亦明确提出在粤港澳大湾区建设中要强化绿色低碳发展导向和任务要求以及"整体推进海洋生态系统保护和修复，提升红树林、海草床、盐沼等固碳能力。"《粤港澳大湾区发展规划纲要》(以下简称《纲要》)更是明确提出了"加强海岸线保护与管控""强化近岸海域生态系统保护与修复""推进'蓝色海湾'整治行动、保护沿海红树林，建设沿海生态带"等要求。可见，海岸带生态保护已然成为湾区贯彻国家战略、助力"双碳"目标实现、建设宜居宜业宜游的国际一流湾区的重要工作。

事实上，理论界对于湾区协同发展、湾区生态保护和海岸带管理保护均有一些研究，但这些研究或侧重研究经济发展、[4]城市建设，[5]或以大气、水、土壤、海洋等各自然要素构成的整体生态资源及生态环境为对象，仅强调单海洋、单陆地的保护，[6]或是单一研究内地海岸带管理保护，[7]难以凸显粤港澳大湾区"一国两制"、以海岸带作为腹地空间的湾区特色。作为一个整体，粤港澳大湾区的海岸带保护离不开粤、港、澳三地的通力合作，对海岸带提出了更高的协同保护要求。这不仅依靠经济、社会的发展，更需要通过法律来进行引领和保障，法治事关粤港澳大湾区海岸带协同保护治理体系和治理能力现代化的顶层设计，如何通过法治路径来实现大湾区内海岸带的协同保护，回应湾区需求，构建蓝色海湾，是目前粤港澳大湾区生态保护所面临的重大现实难题。

---

3 潘新春、杨亮：《实行海岸线分类保护维护海岸带生态功能：〈海岸带保护与利用管理办法〉解读》，载《海洋开发与管理》2017年第6期。

4 向晓梅、杨娟：《粤港澳大湾区产业协同发展的机制和模式》，载《华南师范大学学报(社会科学版)》2018年第2期。

5 蔡赤萌：《粤港澳大湾区城市群建设的战略意义和现实挑战》，载《广东社会科学》2017年第4期。

6 参见王玉明：《粤港澳大湾区环境治理合作的回顾与展望》，载《哈尔滨工业大学学报(社会科学版)》2018年第1期；谢伟：《粤港澳大湾区环境行政执法协调研究》，载《广东社会科学》2018年第3期。

7 参见巩固：《欧美海洋综合管理立法经验及其启示》，载《郑州大学学报(哲学社会科学版)》2015年第3期；王小军：《制定我国海岸带管理法的思考》，载《中国海洋大学学报(社会科学版)》2017年第1期。

一、“双碳”目标要求对大湾区海岸带生态实现有效保护

对大湾区海岸带生态进行有效保护是实现“双碳”目标的重要内容。海岸带作为重要的陆海相互作用区域，其湿地植被有着极高的固碳能力和储碳潜力，全年有机碳埋藏量可达0.08～0.22Pg。[8] 中国海岸带总碳储量为13,877万～34,895万t CO_2，未来增汇量可达602万t CO_2。[9] 大湾区作为具有漫长海岸线的核心湾区，其海岸带的固碳和储碳能力不容小觑。其中湿地、海洋、红树林、海草床、盐沼等海岸带生态系统发挥着极为重要的固碳、增加碳汇的作用。

作为海洋和陆地的交接过渡地带，由于陆域和海洋环境强烈的相互作用和人类频繁活动的干扰，尽管经过了长期治理，粤港澳大湾区海岸带的生态状况仍不尽理想，主要表现为以下三类生态质量问题。

第一，粤港澳大湾区近岸海域海水水质较差，富营养化严重。2021年广东省近岸海域水质年均劣四类水质面积比例仍占5.4%。劣四类水质主要分布在珠江口、湛江港等河口港湾，主要超标分子为无机氮和活性磷酸盐。[10] 香港特别行政区受到珠江河口的区域性背景掣肘和本地污染源影响，2021年紧邻深圳的后海湾总无机氮水平仍相对较高，导致年平均值继续超标。虽然西北部水质管制区的整体达标率为67%，但总无机氮水平同样未能符合水质指标。[11] 澳门特别行政区沿岸海水水质亦受到无机氮和活性磷酸盐影响，非金属评估指数超出标准值并逐年攀升，水体富营养化严重，[12]其中澳门特别行政区海域内港和筷子基的水质情况最差，其非金属评估指数、富营养化指数及叶绿素浓度最高，且

---

8 National academies of sciences, engineering, medicine. negative emissions technologies and reliable sequestration: a research agenda. Washington: National Academies Press, 2019.

9 李捷、刘译蔓、孙辉等:《中国海岸带蓝碳现状分析》，载《环境科学与技术》2019年第10期。

10 数据来自广东省生态环境厅公布的《2021年广东省生态环境状况公报》，载广东省生态环境厅2023年2月22日，http://gdee.gd.gov.cn/attachment/0/493/493184/3927093.pdf。

11 数据来自香港特别行政区环保署公布的《2021年香港海水水质》，载香港环保署2023年2月22日，https://www.epd.gov.hk/epd/sites/default/files/epd/sc_chi/environmentinhk/water/hkwqrc/files/waterquality/annual-report/marinereport2021.pdf。

12 数据来自澳门特别行政区环保局公布的《澳门环境状况报告(2019年)》“水环境”一章，载澳门环保局2021年5月20日，https://www.dspa.gov.mo/Publications/StateReport/2019/03_sc.pdf。

2021年指数较2020年上升较显著。[13]

第二,粤港澳大湾区自然岸线退化严重。自然岸线是红树林等潮间带生物赖以生存的栖息地,觅食和繁育后代的天然场所,同时其也是承载人类进行围填海造地、海洋资源开发、海洋养殖、交通运输等活动的黄金基线。[14] 由于粤港澳大湾区开发较早,频繁的海岸带开发活动,明显增加的建设发展用地和活跃的填海造地、海堤建设、围垦活动导致自然岸线明显减退,而海岸线人工化比例加大。以珠江口海岸线为例,由于长期围垦养殖、工业园区开发、城市扩展、港口航道建设,近40年来珠江口的海岸线以年均速率39.1m/a向海域方向推进。[15] 虽然近年来随着国家对围填海活动的规制,开发强度有所下降,生态保护修复投入同时加大,但效果短期尚未体现,以人工岸线为主的大陆岸线类型现状仍未得到明显改善,这就导致红树林等可以固碳的生境面积进一步缩减。

第三,粤港澳大湾区沿岸生物资源减少,生态系统功能退化。生物资源和生态系统功能的保护也是评价海洋环境和海岸带保护的一项重要内容。粤港澳大湾区海洋保护区区域特征明显,主要涉及珊瑚礁、红树林两种生境,重点保护中华白海豚、海龟、黄唇鱼等珍稀物种。[16] 随着大湾区开发建设活动的持续,大量红树林被破坏,主要海洋珍稀濒危动物分布空间变小,陆海生态通道被破坏。近年珠江口河口和大亚湾海湾生态系统均呈亚健康状态。[17] 有学者通过分析走访资料、历史文献和数据,对比2005年佳蓬列岛造礁石珊瑚群落的调查结果发现,造礁石珊瑚覆盖率从48.2%降至20%以下。[18] 另有学者通过叠加分析比较造礁石珊瑚分布热点区和保护区的空间分布格局,识别出我国大陆沿岸造

---

13 数据来自澳门特别行政区环保局公布的《澳门环境状况报告(2021年)》,载澳门环保局2023年2月22日,https://www.dspa.gov.mo/Publications/StateReport/_tc.pdf。

14 张震、禚鹏基、霍素霞:《基于陆海统筹的海岸线保护与利用管理》,载《海洋开发与管理》2019年第4期。

15 刘旭拢、邓孺孺、许剑辉等:《近40年来珠江河口区海岸线时空变化特征及驱动力分析》,载《地球信息科学学报》2017年第10期。

16 据统计,大湾区主要保护对象方面,包括中华白海豚保护区2个,涉及保护红树林的6个,水产资源保护区2个,水产种质资源保护区1个,涉及珊瑚礁保护的2个,涉及海龟资源保护的1个,涉及黄唇鱼保护的1个,涉及海岛保护的1个,保护国防安全用海的特别保护区1个。参见赵蒙蒙、寇杰锋、杨静等:《粤港澳大湾区海岸带生态安全问题与保护建议》,载《环境保护》2019年第47期。

17 数据来自《2021年广东省生态环境状况公报》,载广东省生态环境厅2023年2月22日,http://gdee.gd.gov.cn/attachment/0/493/493184/3927093.pdf。

18 黄晖、尤丰、练健生:《珠江口万山群岛海域造礁石珊瑚群落分布与保护》,载《海洋通报》2012年第2期。

礁石珊瑚的潜在保护空缺可能主要出现在珠江口—大亚湾和福建南部沿海。[19] 这些数据均表明,珠江口海域整体的珊瑚礁状况不容乐观。

而研究表明,水质状况、自然岸线占比、生物资源以及生态系统功能均会影响湿地、海洋、红树林、海草床、盐沼的固碳能力。以红树林为例,水体环境质量、沉积物、浮游生物等都是红树林重要的环境影响因素,如一般认为低盐度海水可以促进红树林生长。而重金属含量越高,越会影响红树林的生长。[20] 可见,大湾区海岸带现有的生态环境状况在一定程度上影响了“双碳”目标的实现。随着发展的进一步加速,大湾区海岸带生态系统的保护只会面临更加复杂的挑战。在“双碳”目标下,大湾区海岸带生态环境必须实现有效保护。第一,协同处理好大湾区经济发展、海岸带生态环境保护和减排固碳的关系。《意见》明确提出在粤港澳大湾区建设中要强化绿色低碳发展导向和任务要求。第二,系统性提高大湾区海岸带生态系统质量和稳定性。《国务院关于印发2030年前碳达峰行动方案的通知》同时提出要“整体推进海洋生态系统保护和修复,提升红树林、海草床、盐沼等固碳能力。”这就要求我们的法律制度作为一种社会治理工具能够促进这两个目标的实现,通过法律机制和具体制度的设计和协同,最终实现对大湾区海岸带生态的有效保护。

二、“双碳”目标下大湾区海岸带协同保护的法治困境

大湾区海岸带作为一类特殊的地理空间,在纵向上沿海岸线绵延,在横向上跨越陆海两个生态空间,因此对其进行保护需要三地纵向和横向的共同配合,建立海岸带保护利用总体格局与陆海统筹发展空间。而大湾区海岸带生态质量难以得到有效改善的根本原因在于,三地的现有制度难以实现对海岸带的协同保护,主要体现为:海岸带开发和保护中缺乏稳定的利益沟通协调机制、法律规范存在壁垒、管理部门分散。这些制度原因造成三地在面临经济发展与环境保护博弈、污染区域转移、生境整体保护等问题时,容易出现保护目标不一、法律规范冲突、管理和保护割裂等问题,进而导致大湾区海岸带生态保护效果

19　胡文佳、张典、廖宝林等:《中国大陆沿岸造礁石珊瑚适生区及保护空缺分析》,载《中国环境科学》2021年第1期。

20　孙永光、赵冬至、高阳等:《海岸带红树林生态系统质量评价指标诊断、内涵及构建》,载《海洋环境科学》2013年第6期。

被削减。

（一）海岸带保护和经济发展的利益协调机制缺位

大湾区各区域缺乏协调经济发展与生态保护利益冲突的机制。大湾区地理位置毗邻海洋，海岸带承载着沿海地区太多的利益，其蕴含的丰富的岸线资源、海岛资源、矿产资源、渔业资源、港口资源可以为沿海地区带来直接的经济利益，其空间资源更具有重要的战略价值。对土地资源稀缺的香港特别行政区、澳门特别行政区和深圳来说，海岸带更多意味着土地和空间资源，意味着湾区居民拓展生活和生产空间的生产要素和发展机会。除此之外，海岸带还具有不容小觑的生态价值和环保意义，其作为过渡带，沟通陆地和海洋两大生态系统，沟通陆海物质及能量交换、流动，亦为公众提供了生态服务价值和休闲娱乐价值。因此海岸带绝非仅属于沿海地区，还关乎全体人类和子孙后代的发展。那么决策者选择利用海岸带各类资源大力发展经济，还是选择充分保护海岸带的生态环境，实际上就成为大湾区海岸带保护中必须直面的问题，目前大湾区各区域并没有这样一套能够协调两种选择的机制，如何在大湾区各区域决策中平衡海岸带各类自然资源开发利用、海岸带生态保护和海岸带安全保障多重目标，是大湾区能否有效协调各种利益冲突的关键。

大湾区缺乏协调不同区域利益冲突的有效机制。有区域就有区域利益，有区域利益就有区域利益保护的要求。[21] 和经济发展与环境保护利益冲突不同，区域利益冲突更强调内陆、沿海区域、海域，以及不同行政区域的利益冲突。第一，内陆、沿海区域与海域存在利益冲突。以珠江口水质为例，由于海水由内陆河流汇集而成，因此最终海水水质实际上受内陆入海河流区域和沿海区域影响。要想改善海水水质，势必要对内陆入海河流区域、沿海区域水环境质量标准和排污标准提出更高的要求，由此便会引发这些区域的利益冲突。第二，不同行政区域存在一定利益冲突。目前我国仍是基于省界、市界等行政划界进行区域治理，但陆海生态系统是一个整体，并不会因行政划界而割裂，这种陆海生态环境整体保护和行政区域的割裂往往会导致不同区域在区域发展和生态环境保护中出现冲突。[22] 以 2020 年饱受争议的深圳湾航道疏浚案为例，该航道疏

21　杨寅：《行政区域利益冲突的法律规制》，载《法学评论》2006 年第 3 期。

22　李挚萍、程晓娅：《“陆海统筹”的法律内涵及法律实现路径》，载《华南师范大学学报（社会科学版）》2021 年第 4 期。

浚工程虽然发生在深圳区域,但被质疑可能会影响香港特别行政区米埔湿地,[23]原因在于香港特别行政区与深圳共享后海湾和大鹏湾的水体,极具生态价值的米埔湿地和拉萨姆萨尔湿地就分布在后海湾内。此外,多年来为了满足香港特别行政区填海物料供给、废弃物倾倒、电力供应等需求,在香港特别行政区较为严格的环保压力和利益团体影响下,大湾区其他海域海洋环境亦为香港特别行政区发展做出一定牺牲,如江门成为湾区内香港特别行政区重要砂源保障地,[24]广海湾也支持香港特别行政区开展物料回收、循环利用,[25]这些活动均会对这些海域造成较大的生态破坏,此时便在不同行政区域内产生了利益冲突。不可否认,粤港澳三地曾就自然保育、海上执法等环境保护开展过一系列合作。如大湾区建立了以《深化粤港澳合作推进大湾区建设框架协议》《粤港合作框架协议》《粤澳合作框架协议》为基础,以联席会议为核心的合作机制,通过粤港、粤澳环保合作小组及其下设的专责(项)小组落实执行相关环境合作规划、协议和行动方案。但这些协作受举办频次和"一事一议"制度所限,对于海岸带协同的长期有效保护并不能起到良好作用。[26]

(二)大湾区海岸带管理与保护法律规范存在壁垒

我国内陆海岸带利用管理和保护的等制度措施主要见于《海洋环境保护法》《海域使用管理法》《海岸线保护与利用管理办法》等针对环保、渔业、湿地海警和各环境要素保护等问题颁布和实施的单行法律规范。广东省也主要依靠法律、[27]行政法规、[28]地方性法规和规范性文件构成的多层次规范体系来管理

23 《深圳湾航道疏浚工程环评涉嫌抄袭中科院:全面调查》,载中国新闻网,https://www.chinanews.com/sh/2020/03-28/9140403.shtml。

24 《"明日大屿"填海砂何来? 2.6亿立方砂挖空鄱阳湖》,载搜狐网2022年5月12日,https://www.sohu.com/a/303533469_653352。

25 《广东台山接收香港填海废物料已填海造地4850亩》,载中国新闻网,https://www.chinanews.com.cn/gn/2011/07-23/3204655.shtml。

26 李丽平、张莉、张彬等:《粤港澳大湾区生态环保合作对策建议》,载《中国环境报》2019年5月21日,第3版。

27 法律主要包括《环境保护法》《海域使用管理法》《海洋环境保护法》《环境影响评价法》《海警法》以及其他以单个环境要素为规制对象的法律,如《水污染防治法》《固体废物污染环境防治法》等环境保护法律。

28 行政法规主要包括《海洋倾废管理条例》《防止拆船污染环境管理条例》《防治海岸工程建设项目污染损害海洋环境管理条例》《海洋石油勘探开发环境保护管理条例》《防治船舶污染海洋环境管理条例》《防治海洋工程建设项目污染损害海洋环境管理条例》《防治陆源污染物污染损害海洋环境管理条例》。

和保护海洋环境和海岸带。此外,广东省还根据自身实践制定了多个地方性法规,具有一定的可操作性。[29] 而在开发利用的实践中,政府行为一般也会受到各类规范性文件的约束,[30]这些文件均对广东省海洋环境和海岸带保护具有一定指导作用。

虽然香港特别行政区传袭普通法传统,但在环境保护方面仍以制定法规制为主。不过,与内地的环境管理制度不同,香港特别行政区目前并没有像《环境保护法》一样的框架性环境保护法律,而是出台了一系列条例和附属立法。就海岸带管理和保护而言,香港特别行政区形成了以《海岸公园条例》为主,以其他各环境单行条例共同辅助的法律框架。《海岸公园条例》规定了6个海岸公园和1个海岸保护区的指定、管辖及管理。相较而言,澳门特别行政区现行的环境法律规范主要由三部分构成:澳门特别行政区加入的国际公约、澳葡时期的环境法例以及澳门回归后制定的环境法例。针对海洋环境和海岸带管理及保护的法律主要以纲要的形式存在。此外,2018年澳门特别行政区还通过了《海域管理纲要法》,规定了对于海岸及海域的管理和保护工作。其中规定海事及水务局负责海域的综合管理工作,环境保护局主要负责海域的环境保护工作。

通过比较分析,可知目前对于海岸带的保护,粤港澳大湾区的法律规范存在一定的壁垒,包括立法理念有所差异以及具体制度内容中的不协同。

其一,粤港澳三地有关海岸带保护的立法理念不协同。香港特别行政区以《海岸公园条例》规范海岸带的管理和保护,带动功能区域的保护利用;广东省在探索推进陆海统筹国土空间规划“三区三线”下的海岸带空间的总体保护利用,逐步构建全域生态系统保护与修复协同利用与发展的综合管理治理架构,

---

29 如《广东省实施〈中华人民共和国海洋环境保护法〉办法》《广东省海域使用管理条例》,再如,深圳市2020年1月8日颁布的《深圳经济特区海域使用管理条例》,其中就专章规定了海岸线保护管理的相关内容,规定了海岸线分类保护的制度。

30 如《国务院关于加强滨海湿地保护严格管控围填海的通知》(国发〔2018〕24号)、《广东省近岸海域污染防治实施方案》(粤环函〔2018〕1158号),以及《广东省海岸带综合保护与利用总体规划》等。2017年10月15日《广东省人民政府办公厅关于推动我省海域和无居民海岛使用“放管服”改革工作的意见》(粤府办〔2017〕62号)印发实施后,在广东省海域内申请用海涉及占用海岸线(包括大陆海岸线、海岛海岸线)的项目,均需实施海岸线占补。2021年广东省自然资源厅印发《海岸线占补实施办法(试行)》,项目建设占用海岸线导致岸线原有形态或生态功能发生变化的,要进行岸线整治修复,形成生态恢复岸线,实现岸线占用与修复补偿相平衡。

目前规划仍在编制当中；澳门特别行政区现阶段仍主要是以“陆海分立”的思路进行管理，其海域规划功能区划仍在编制。无论是污染防治还是自然资源保护，无论是陆地还是海洋环境保护，其常常作用于同一自然要素，这种人为分割分离了本来相互联系的自然要素，忽视了自然要素乃至整个海洋和海岸带生态系统的系统保护和综合管理，容易导致大湾区海岸带保护过程中出现政府职责重叠、空白或冲突的问题，跨区域的近岸海域合作保护治理能力薄弱，导致空间利用破碎化，降低大湾区核心区域辐射作用，造成核心区域海洋空间资源短缺、局部地区海洋资源开发不足的区域不平衡状况。

其二，粤港澳三地对大湾区海岸带的海水管理标准的不协同。以环境质量标准中的海水水质标准为例，内地在 2018 年机构改革以前，原环境保护部门执行的近岸海域环境功能区管理办法，将近岸海域环境功能区分为四类，分别执行国家《海水水质标准》（GB 3097—1997）的海水水质标准。原海洋管理部门执行的是海洋功能区划制度，将广东省管辖海域划分为 8 类一级功能区，159 个海岸基本功能区，99 个近海基本功能区，各功能区按照相应的海洋环境保护要求执行相应海水水质标准。而香港特别行政区海水水域共划分为 10 个水质管制区，每区均有一套法定的水质指标。[31] 香港特别行政区海水水质指标整体达标率的根据是全港开放水域监测站的四个主要水质指标参数，包括溶解氧、总无机氮、非离子化氨氮及大肠杆菌，并根据面层（S）、中层（M）和底层（B）海水深度进行区分。澳门特别行政区对海域环境质量的评价主要是从总评估指数、重金属评估指数、非金属评估指数、富营养化指数以及叶绿素浓度[32]五个方面分析，其是以国家《海水水质标准》（GB 3097—1997）第三类水质标准（适用于一般工业用水区、滨海风景旅游区）进行。[33] 这些立法内容的区域差异在实践中常会成为三地对大湾区海岸带开展协调保护的障碍。

（三）陆海分立理念下粤港澳海岸带管理机制差距较大

在陆海分立的法律体系背景下，经过 2018 年的机构改革后，目前广东省由

31 原国家环境保护局 1998 年 7 月 1 日实施的《海水水质标准》（GB 3097—1997），载国家环境保护局 2021 年 10 月 28 日，https://www.mee.gov.cn/ywgz/fgbz/bz/bzwb/shjbh/shjzlbz/199807/W020061027511546974673.pdf。

32 赤潮爆发的重要因素是水体富营养化指数和有机污染，对富营养化指数的分析可以反映水体富营养化情况，并以叶绿素 a 浓度辅助判断水体中浮藻的丰富程度。

33 数据来自澳门特别行政区环保局公布的《澳门环境状况报告（2020 年）》，载澳门环保局 2021 年 12 月 20 日，https://www.dspa.gov.mo/Publications/StateReport/2020/03_tc.pdf。

自然资源管理部门负责海域海岛资源管理、海岸带保护、利用和修复。而海洋环境的监管工作则主要由生态环境部门、广东省海洋综合执法总队和海警共同负责。近岸陆域排污等生态环境执法工作主要由生态环境部门来承担,广东省海洋综合执法总队集中行使广东省权限范围内的涉海执法职责。海警在职责范围内对海洋资源开发利用、海洋生态环境保护、海洋渔业生产作业等活动进行监督检查,预防、制止和惩治海上违法犯罪活动。目前海洋综合执法总队和海警的职权职责划分并不清晰,如涉及海上环境刑事犯罪由海警执行,但在违法用海用岛方面实践中两者都可以进行处罚。

香港特别行政区海岸带的生态环境保护工作主要由渔农自然护理署和环保署负责。香港特别行政区对海岸带专门的管理和保护主要是通过海岸公园加海岸保护区的形式进行,[34]且主要由渔农自然护理署根据《海岸公园条例》负责海岸公园加海岸保护区相关监管保护工作,而海岸保护如水质保护、环评、生态保护等工作则主要由环保署负责。海上弃置物质及物品,及将物质及物品倾倒入海及倾倒至海床下的管制是由环保署负责。[35] 对于澳门特别行政区来说,保护海岸带及海域的生态环境一直是一项重要目标。为了更好地管理和利用海域,2016年澳门特别行政区设立了海域管理及发展统筹委员会,负责统筹、协调和推动海域范畴的工作。

可见,除了香港特别行政区有渔农自然护理署专门负责海岸带管理保护工作,广东省是陆海分立法律背景下的陆海统筹初级阶段,澳门特别行政区仍主要以“陆海分立”的思路进行管理。在这种部门割裂、机构分立的管理背景下,虽说行政机关及其工作人员代表人民利益行使权力,但不可否认的事实是,无论是对外还是对内行使权力,行政机关及其工作人员在实现公共利益的同时,也会追求自己的利益。[36] 行政行为往往承载着不同部门的利益,这就导致了部分行政行为其实是从部门利益出发,而非从整体政府的角度认识。

34　目前香港特别行政区主要将海岸带分为6个海岸公园和1个海岸保护区进行管理,包括海下湾海岸公园、印洲塘海岸公园、沙洲及龙鼓洲海岸公园、东平洲海岸公园、大小磨刀海岸公园、大屿山西南海岸公园、鹤咀海岸保护区。

35　参见《海上倾倒物料条例》(香港法例第466章)规定,载电子版香港法例2022年5月4日,https://www.elegislation.gov.hk/hk/cap466! zh-Hant-HK。

36　章剑生:《作为担保行政行为合法性的内部行政法》,载《法学家》2018年第6期。

三、“双碳”目标下大湾区海岸带协同保护的法治路径

(一)基于共同目标构建多层次、多主体参与的利益沟通协调机制

由于海岸带生态环境的整体性和系统性,无论是广东省,还是香港特别行政区和澳门特别行政区,都会受陆地经济社会活动的累积影响,如深圳的填海活动会对香港特别行政区海岸的生物资源造成影响。同时,一个区域污染与破坏带来的影响往往会蔓延至整片海域。可以说,大湾区海岸带生态环境和自然资源是一种跨区域的公共物品,三地对于维护海岸带生态环境利益具有一致的诉求,较容易达成共识,这是三地合作的基础。因此,面对不容忽视的大湾区海岸带生态环境问题,各地政府亟须联手开展生态环境治理。因此三地可以以湾区的可持续发展作为共同目标,保障大湾区安全、良好的发展环境和自然资源的可持续利用。

在中央层面,可以探索建立粤港澳大湾区海岸带管理和保护协调委员会,协调诸如围填海、航道疏浚等工作,监督三方主体针对海岸带保护进行信息公开、通报。在地方层面,三地政府间要建立长期稳定的沟通机制。具体而言,可借鉴粤港环保及应对气候变化合作小组的模式,由三地成立针对大湾区海岸带保护和利用的利益协调小组,促进成立大湾区海洋环境治理和海岸带保护专门机构。如美国旧金山湾区对海岸带的管理和保护就是一个较好的范例。根据美国《加州海岸法》(California Coastal Act),涉及海岸带一般相关事务管理的工作主要是加利福尼亚州海岸委员会进行,因此,三地政府可以借鉴旧金山湾区海岸委员会,设置大湾区海岸带委员会。最后,在社会层面,要充分发挥公众参与机制在三地利益沟通和协调中的作用。海岸带保护与公众的利益息息相关,公众也能成为除政府外重要的保护力量。这既包括大湾区海岸带保护和利用的利益协调小组、行业协会负责人、企业负责人、民间环保团体以及有一定影响力的公众人物,[37]也包括开展三地公众针对海岸带保护的合作交流项目,还包括探索在三地建立生态补偿制度和自然岸线占补平衡制度,对因保护海岸带发展利益受损的区域民众进行合理补偿。此外,政府在进行涉及海岸带保护的重大规划和重大决策时,应当给予受影响区域民众质询、表达意见的途径,保证公众

37 谢伟:《粤港澳大湾区环境行政执法协调研究》,载《广东社会科学》2018 年第 3 期。

参与的机会,协调公民与海洋环境和海岸带开发利用、保护之间的矛盾。

（二）以“陆海统筹”为原则推进粤港澳三地海岸带保护立法共商

打破三地海岸带保护法律规范壁垒,意味着三地需要在立法上共同商议海岸带保护法律规范的形式与内容,减少规范冲突,促使三地的法律规范达到协调的结果。联合研究粤港澳三地关于海岸带协同保护的法律规范内容,明确三地共同的规制重点,将区域法治写入法律文本,只有这样才能保障大湾区政府间针对海岸带协同保护有法可依。实际上,区域法治的规制重点往往受到区域空间本质性特征影响。粤港澳大湾区作为一个区域,存在自身的空间本质性特征,有其自身规制要求和特色,这就是协调其法律制度的前提。三地可尝试建立针对海洋环境和海岸带协同保护的立法信息共享平台,在此平台上沟通、分享、借鉴彼此在海岸带管理和保护立法工作中的一些经验和成果,此外三地还可以集中立法资源组建针对海岸带保护的立法顾问团体,为大湾区海岸带管理保护法律规范的协同提供强大的智力支持,将“陆海统筹”作为粤港澳三地海岸带管理利用和保护法律规范的共同原则。陆海统筹是“在陆地与海洋两大系统之间建立的一种资源利用、经济发展、环境保护、生态安全的综合协调关系和发展模式”。[38] 其法律内涵是政府应当按照统筹兼顾、综合协调的要求对陆海经济社会发展与生态环境保护进行总体部署和利益协调,本质是为政府协调陆海资源开发利用和生态环境保护的行政行为提供指导原则和规范约束。[39] “陆海统筹”作为三地海岸带管理利用和保护法律规范的共同原则和制度要求,是三地可持续发展共同目标的具体法律表达,可指导和约束三地政府涉及海岸带管理和保护的规划、决策、标准制定、许可、执法等管理行为。

粤港澳大湾区海岸带生态环境改善不理想与陆海空间布局、海岸带各自然资源配置、污染防治、生态修复等活动息息相关,体现在具体法律制度上,就是三地的规划制度、标准制度、排污许可制度、调查监测制度以及执法制度未能充分回应海岸带协同保护的需求,因此,三地未来需要在这些具体制度中做出改善:其一,在三地规划制度中加强对海岸带的协同保护,在规划时应当充分考虑海岸线保护与管理力度,将海岸带生态保护目标纳入各个部门的规划中,充分

38　韩增林、狄乾斌、周乐萍:《陆海统筹的内涵与目标解析》,载《海洋经济》2012年第1期。

39　李挚萍、程晓娅:《“陆海统筹”的法律内涵及法律实现路径》,载《华南师范大学学报(社会科学版)》2021年第4期。

考虑对粤港澳大湾区受影响区域的环境影响,特别是对于自然岸线、自然保护区及珍贵生物资源,应实施最严格保护。其二,粤港澳三地标准制定程序应当实现联通协同,各项评估评价标准应考虑全局,在大湾区环境容量资源有限的情况下,就要求在各区域在标准制定时要通过协商制定、专家咨询、公众参与等程序,处理好与其他区域环境标准的关系。其三,粤港澳三地排污许可和固体废物管理制度要实现对海岸带的协同保护,通过综合排污许可制度和入海污染物总量控制制度,确定粤港澳大湾区水污染物排放控制指标及总量,从整体保护出发对入海排污口进行合理规划布局,协同污染物在陆海不同环境媒介、不同区域的迁移转化。将粤港澳大湾区作为一个整体,实现对固定污染源排放活动从陆地到海洋的全过程管理[40]和全海岸带管理。其四,完善三地海岸带生态调查监测制度,三地政府可借鉴《长江保护法》《土壤污染防治法》等相关规定,[41]进一步完善粤港澳大湾区陆海自然资源状况调查制度,建立针对大湾区海岸带管理和保护统一的资源基础数据库,建立健全大湾区海岸线动态监测机制,通过综合运用卫星、航空遥感和海上监测等多技术手段,采用数字化、可视化、网络化等多种方式,对粤港澳大湾区海岸线实行全方位、实时、动态、立体化监测。[42]

(三)健全大湾区海岸带管理保护部门协作机制

海岸带的开发利用和保护往往会涉及多个部门,割裂的管理机制往往会导致令出多门,各部门难以从一个整体保护的角度出发思考海岸带管理工作。在陆海生命共同体理念下,大湾区海岸带管理和保护部门必须将粤港澳三地陆地和海洋两大生态系统视为一个整体进行开发、建设和保护,因此,需要在这些部门之间建立一套稳定的协同秩序,主要包括以下两种机制。

其一,建立专门的机构负责海岸带管理和保护部门的协调。以湾区发展较成功的美国和日本为例。美国加利福尼亚州采取的就是专门机构负责协调的模式,对于涉海各部门的协调,加利福尼亚州成立了海洋保护委员会,负责协调

---

40 参见李挚萍、陈曦珩:《综合排污许可制度运行的体制基础及困境分析》,载《政法论丛》2019 年第 1 期。

41 《长江保护法》第 8 条、第 9 条分别规定了长江流域的调查、监测制度,《土壤污染防治法》第 15 条、第 16 条规定了土壤污染监测制度,第 35 条、第 36 条规定了土壤污染调查制度。

42 赵文静、杨静、赵肖等:《粤港澳大湾区海洋生态环境保护与监管策略》,载《环境保护》2019 年第 47 期。

加利福尼亚州海洋部门的工作,并对州和联邦的法律和政策提出必要的修改建议,此外,加利福尼亚州海岸管理局作为一个非监管机构,与海岸委员会、保护与发展委员会、地方政府和其他合作伙伴合作,以恢复和加强海岸资源和公众参与。[43] 同中国一样,日本也没有专门负责海洋管理事务的综合性职能部门,其涉海事务主要由内阁官房、环境省、农林水产省等8个行政部门承担。为了统筹协调各省厅海洋管理部门,日本设立了海洋权益相关阁僚会和海洋开发审议会作为专门协调机构,前者主要负责在各个海洋管理部门之间进行协调,统一制定和落实海洋管理政策,通过共享信息、共同制定政策的方式实现各部门间的沟通和协调。而后者则负责调查、审议有关海洋开发的综合性事项,协调制定海洋开发规划和政策措施。另外,为了进一步推动海洋的综合管理,日本在2007年正式成立了以首相为本部长的海洋政策本部,该部的工作人员由经济产业省、国土交通省等8个省厅抽调组成,在策划、拟定、调查、审议、推进中长期海洋政策和海洋基本计划等工作方面进行协作,并协调各省厅与海洋相关的行政事务。[44] 因此在促进海岸带保护管理部门协作方面,美国和日本的经验或许值得三地进一步思考和借鉴。

其二,虽然未建立专门的协调机构,但以立法的形式明确规定行政协作制度。行政协作是一种通过制度和规则来形成部门间协调与合作的秩序,完善跨部门协同的制度尝试,是指平行的职能部门之间,由于各部门管理事务的关联性和职责权限的局限性,基于同一目标,部门之间实行横向联合的管理方式。三地可尝试出台规范,明确广东省陆地管理部门和海洋管理部门、香港特别行政区渔农自然护理署和环保署,以及澳门特别行政区环保局和海事及水务局的行政协作。三地可将对海岸带进行协同保护作为陆海不同管理保护部门的基本职责,纳入不同部门职责范围内,将大湾区海岸带管理和保护中召开陆海联席会议、共享陆海信息资源、协调沟通、案件移送受理反馈等工作机制以立法的形式确立下来,并以法律形式对机构、区域之间的协作行为细节作出明确的规定,明确各区域海岸带管理和保护部门行政协助的启动、程序、拒绝、费用、争议及处理等多方面机制。总之,即使没有协调海岸带开发和保护的专门机构,三

43 王慧、姜彩云:《海岸带管理法制研究——以〈加州海岸法〉为视角》,载《环境与可持续发展》2020年第4期。

44 朱晓燕:《国内外海岸带管理对海洋生物多样性保护立法研究》,中国法制出版社2018年版,第76~80页。

地也可以通过明确立法,实现海岸带管理和保护各部门行政协作的制度化、职责化及程序化,从而督促大湾区海岸带管理和保护部门切实履行海岸带协同保护的职责。

四、结　语

作为我国未来的世界级城市群,粤港澳大湾区的发展已上升为国家战略。《纲要》的出台直接推动了粤港澳大湾区建设发展迈上新台阶。大湾区向海而兴,海岸带作为粤港澳大湾区战略实现的腹地空间,其生态环境保护关乎粤、港、澳三地的重要发展和“双碳”目标的实现。大湾区作为一个整体,其海岸带生态环境的保护绝不是完全放弃湾区发展,也不是依靠一个区域或者一个部门就能解决的问题。对粤港澳大湾区海岸带生态环境进行协同保护是“坚定不移走生态优先、绿色低碳的高质量发展道路,确保如期实现碳达峰、碳中和”的必经之路。只有充分发挥三地的协同作用,才能实现系统优化,达到整体大于部分之和的效果。这就要求我们在顶层设计中创造出有利三地协同保护的制度体系,寻求粤港澳大湾区海岸带协同保护的法治路径,其既是贯彻陆海统筹理念、建设生态文明、建成“蓝色海湾”和促进“双碳”目标实现的必然要求,也是加强三地协同、丰富“一国两制”实践内涵的重要样本。当然,粤港澳大湾区海岸带协同保护的内容远不止于此。它包含更为丰富的内容,如其中蕴含的空间管控理念、系统论、协同论等思想都值得我们去深入挖掘,其在实践中获得的宝贵经验也值得我们在理论层面进一步反思。

粤港澳大湾区“双碳”合作行政协同治理的法治保障

石逸群 *

【内容提要】 粤港澳大湾区“双碳”合作是实现粤港澳大湾区生态文明建设的关键,也是实现大湾区高质量发展的关键。协同治理分析方式作为跨域治理的新模式,是湾区“双碳”目标达成的现实需求,是区域合作治理走向区域协同治理的必然选择,有助于湾区“双碳”行政法治的构建。当前,粤港澳大湾区“双碳”合作行政协同治理在主体、制度、监督等层面存在治理困境,即在主体层面,表现为多元主体参与协同治理结构松散;在制度层面,表现为硬法、软法制度规范规制作用有限;在监督层面,组织机构行政协同治理保障不够。因此,可以分别从序参量、自组织和制度规范等方面实现湾区“双碳”合作行政协同的法治保障,即序参量表现为多元主体参与协同的行政法治保障;自组织表现为主体交互关系协同的行政法治保障;制度规范表现为“硬法 + 软法”协同的行政法治保障。

【关键词】 粤港澳大湾区　碳达峰碳中和　行政法治协同治理

在中国式现代化背景下,“双碳”是生态文明在经济建设中落地的重要抓手,“实现‘碳达峰碳中和’必须纳入生态文明建设整体布局”,[1] 推动绿色发展和产业结构调整。作为领域法的环境法,行政法部门法成为其建构“人与自然

---

* 石逸群——广东工业大学法学院博士后,主要研究领域:行政法、环境保护法。本文为中国博士后科学基金第 72 批资助项目(批准号:2022M720834)、广东工业大学党的二十大精神研究校内专项课题(23ZS0003)的阶段性成果。

1　张梓太、张叶东:《实现“双碳”目标的立法维度》,载《南京工业大学学报(社会科学版)》2022 年第 4 期。

和谐共生"哲学基础的主要手段与方式。[2] 那么,行政法治协同理应成为粤港澳大湾区法治建设的重要抓手,粤港澳大湾区"双碳"合作下对政府治理现代化也提出了治理挑战与制度要求。

协同理论为公共管理学的重要理论之一,在法学领域也有大量学者将协同治理理论运用在跨域生态环境治理之中,都取得了丰硕的研究成果。相较于京津冀、长三角流域、黄河流域等跨域协同治理研究,粤港澳大湾区生态文明建设领域的治理研究稍显不足。现有的文献资料显示,一是粤港澳大湾区"双碳"合作的整体性建构不强。现有研究集中在"双碳"合作治理的具体领域和具体路径的研究,往往是针对具体问题而展开的,属于问题应对式的而不是建构性的研究,没有形成"双碳"合作整体观的法治保障路径。二是以法学视角对协同治理理论方法研究薄弱,协同治理涉及主体协同、组织协同、过程协同、制度协同等各个方面,粤港澳大湾区"双碳"合作行政协同治理的运作逻辑理论体系尚未建立。三是协同治理的行政法治保障程序不足。既有研究肯定了协同治理在粤港澳大湾区"双碳"合作领域的治理实效,但是缺乏从法学的视角为湾区"双碳"合作全过程的协同治理提供制度保障,更没有就这种跨域协同治理形成稳定的法治保障路径。因此,有必要进行专门的研究。本文将运用协同治理的研究方法,从粤港澳大湾区"双碳"合作行政协同治理的运作逻辑出发,分别从主体、制度、监督三个层面指出湾区行政协同治理的现实困境以及如何通过行政法治予以协同治理的保障路径。

一、粤港澳大湾区"双碳"合作需要协同治理

2021 年 9 月,中共中央、国务院发布的《关于完整准确全面贯彻新发展理念做好碳达峰碳中和工作的意见》(以下简称《意见》),明确地要求大湾区作为"优化绿色低碳发展区域布局"的区域之一,应"强化绿色低碳发展导向和任务要求"。粤港澳大湾区"双碳"合作需要粤港澳三地相互协作,实现治理上的"集体行动"。协同治理分析方式是跨域治理的新模式。作为制度保障安排的协同治理是关于多元治理主体集体行动方式的规范,借助系统中诸要素或子系统间非线性的相互协调、共同作用,以此明确粤港澳大湾区"双碳"合作

2 吕忠梅:《人与自然和谐共生视野下的环境法学理论创新》,载《东方法学》2023 年第 2 期。

行政法治协同治理的运行逻辑,并达至粤港澳大湾区"双碳"协同治理的法治化保障。

(一)湾区"双碳"目标达成的现实需求

实现碳达峰碳中和目标是粤港澳大湾区生态文明建设的具体体现,也是"人与自然和谐共生"重大战略部署的应然要求,通过绿色发展来落实、平衡国家社会,经济社会发展的问题。事实上,湾区发展建设与生态环境保护的深层关系密不可分。从国际先进湾区开发的实践来看,诸如美国湾区、东京湾区的发展历程,都突出了对绿色湾区的功能定位。

党的十八大以来,国家高度重视新发展理念在粤港澳大湾区建设中的运用,特别是绿色低碳发展,出台了一系列有关应对气候变化和低碳发展的政策性文件。2017年,国家发展和改革委员会、广东省人民政府、香港特别行政区政府、澳门特别行政区政府四方共同签署的《深化粤港澳合作推进大湾区建设框架协议》(以下简称《框架协议》)中就"合作原则"提出要坚持"生态优先,绿色发展"的原则,并提出"推动形成绿色低碳的生产生活方式和城市建设运营模式"。随后,2019年,中共中央、国务院印发的《粤港澳大湾区发展规划纲要》(以下简称《规划纲要》)将"绿色发展"作为大湾区发展的合作原则与指导原则之一,而"低碳的生产生活方式""绿色低碳发展模式"更是《框架协议》与《规划纲要》中绿色原则实现的重要方式。不仅如此,2021年,广东省人民政府印发《广东省生态文明建设"十四五"规划》中提到"开展粤港澳大湾区碳市场体系建设可行性研究,推动粤港澳大湾区碳市场建设"。

与此同时,我国《宪法》序言第7自然段"生态文明""新发展理念""文明和谐美丽"等国策条款是粤港澳大湾区"双碳"合作的根本法理据,生态文明建设是实现中华民族伟大复兴的生态环节,也是我国社会主义现代化强国建设所追求的生态共识。首先,绿色发展是实现生态文明建设的方式手段。"'新发展理念'是国家继续推进社会主义现代化过程中所要遵循的发展规范"。[3] 其中,"绿色是永续发展的必要条件和人民对美好生活追求的重要体现",[4] 意味着绿色发展将成为引领新时代的发展理念,是立足于我国现实国情和客观需要的全

3　张震:《生态文明入宪及其体系性宪法功能》,载《当代法学》2018年第6期。

4　2015年10月29日党的十八届五中全会审议通过的《中共中央关于制定国民经济和社会发展第十三个五年规划的建议》首次提出五大发展理念。

新发展理念。将绿色发展与人民对美好生活追求相联系，与生态文明建设一道实现中华民族的永续发展。其次，绿色发展是通往生态文明新时代的路径。"生态文明建设的精髓是绿色发展"。[5] "绿色发展理念是将生态文明建设融入经济、政治、文化、社会建设各方面和全过程的全新发展理念"，[6] 是正确协调环境保护与经济高质量发展的新理念。最后，《宪法》序言中"文明和谐美丽"是实现生态文明建设的终极目标。2017 年中国共产党第十九次全国代表大会报告中指出，要"永远把人民对美好生活的向往作为奋斗目标"。并为第二个"一百年"奋斗目标提出具体方案。

（二）区域合作治理走向区域协同治理的必然选择

粤港澳大湾区"双碳"合作在空间上的跨域性，所涉领域的广泛性决定了传统的跨域合作治理已经远不能满足湾区"双碳"合作治理的现实需要。从事后大气污染防治的被动合作，到事前主动节能减排的治理转变，对粤港澳三方不同程度的合作治理提出了更高的要求。传统的区域合作治理已经远不能满足粤港澳大湾区"绿色湾区"建设的功能定位。

2002 年粤港共同发布《改善珠江三角洲地区空气质量的联合声明（2002—2010）》，开启了我国区域大气污染联防联治联控合作治理的先河。随后，2011 年粤港双方又同意实施《粤港珠三角地区空气质素管理计划（2011—2020 年）》，此后不断推进减排措施，为粤港澳大湾区空气质素持续改善奠定坚实基础。2014 年 9 月，粤港澳三地的环保部门共同签订了《粤港澳区域大气污染联防联治合作协议书》，逐步实现了粤港澳大湾区环境治理合作的常态化。近年来，粤港澳大湾区生态文明建设开始从事后生态环境防治向绿色低碳循环发展转变。2014 年 11 月，粤港两地政府签署了《粤港清洁生产合作协议》，并达成在"粤港合作联席会议"下设立"粤港清洁生产合作专责小组"的共识，专家小组于 2015 年 2 月成立，进而促进了区域清洁生产和环保合作的深入开展。不仅如此，粤港澳三地建立大气污染联防联治三方合作机制，建设了我国第一个具有区域代表性并与国际接轨的粤港珠三洲区域空气质量监测网络。在绿色金融领域，2020 年全国首个区域性绿色金融联盟"粤港澳大湾区绿色金融联

5　杨朝霞：《生态文明建设观的框架和要点——兼谈环境、资源与生态的法学辨析》，载《环境保护》2018 年第 13 期。

6　《〈推进生态文明体系建设和绿色发展〉研究报告发布》，载人民论坛网 2023 年 5 月 14 日，http://www.rmlt.com.cn/2019/1029/560310.shtml。

盟”正式成立。

“双碳”合作强调整体性、系统性、协同性的治理模式。[7] 粤港澳大湾区“双碳”合作涉及“一国两制三法域”，现有的联席合作会议没有从整体上凸显出对“双碳”目标的落实。整体而言，现有粤港澳大湾区“双碳”合作呈零星散发态势，分各领域的单独合作，缺乏粤港澳大湾区“双碳”合作整体的、系统的、全过程的协同。

（三）协同治理助力大湾区“双碳”行政法治构建

协同治理是高质量推动大湾区“双碳”目标实现的重要路径，“倡导多元主体在治理过程中平等参与、协同合作与共识达成，从而能够帮助现代治理理论走出价值与工具的迷失之路。”[8] 协同治理分析方式是跨域治理的新模式。作为制度保障安排的协同治理是关于多元治理主体集体行动方式的规范，借助系统中诸要素或子系统间非线性的相互协调、共同作用，通过分析粤港澳大湾区“双碳”合作行政法治协同治理的运行逻辑，以此达至粤港澳大湾区“双碳”协同治理的法治化保障。

第一，协同治理理论的主体协同研究为粤港澳大湾区“双碳”合作中多中心主体参与治理提供协同方式。主体协同强调主体参与的多元性，并探讨治理过程中不同主体之间如何协同的问题。仅仅强调政府单中心治理，或者主张私有化的治理方式在生态文明建设中出现应对不足的问题。多元主体协同治理强调政府、企业、社会组织和公民个体等治理主体在“双碳”合作中的良性互动关系。相较于传统的生态环境保护、预防及治理，“双碳”合作对多元主体参与方式，以及多元主体间协同治理逻辑与功能定位提出了更高的规制要求。因此，粤港澳大湾区“双碳”合作，除了强调政府在协同治理中的核心地位外，也应当明晰企业、社会组织、公民个体在“双碳”合作中的角色定位。特别是政府与企业，政府与非政府组织，以及政府、企业与非政府组织之间的协同关系。除此之外，粤港澳大湾区“双碳”合作行政协同治理多元主体间复杂的经济、社会等利益关系以及各治理主体的认知和行为偏差都会加剧协同治理的治理效果。

第二，协同治理理论的治理模式研究为粤港澳大湾区“双碳”合作中组织机

7 秦天宝：《整体系统观下实现碳达峰碳中和目标的法治保障》，载《法律科学（西北政法大学学报）》2022年第2期。

8 孙萍、闫亭豫：《我国协同治理理论研究述评》，载《理论月刊》2013年第3期。

构网络结构提供协同路径。现有的协同治理模式主要有单一中心的一体化体制机制、完全的市场经济体制机制和共同体制模式。[9] 粤港澳大湾区“双碳”合作涉及“一国两制三法域”,选择哪一种,甚至哪几种协同治理模式,是粤港澳大湾区“双碳”目标实现的关键。当前,粤港澳大湾区生态文明建设在很大程度上采取“中央—地方”政府交互治理模式,即在中央政府的领导之下,三地平等协商、共识决策的共同体治理模式,并逐步形成了“三级运作”方式,即决策层、协调层、执行层。最高决策层为粤港、粤澳合作联席会议,该联席会议为两地的生态环境协同治理提供了统一的组织机构和交流平台,通过签订环境保护和环境治理框架协议以及相关的政策和文件,为下一步环境治理工作提供方向性指导;协调层如粤港持续发展与环保合作小组,起到桥梁的作用,其职能是根据联席会议的决策,制定可行性的行动实施方案;执行层如环保专家小组和专题小组,专家小组主要的职能是根据联席会议的决议执行合作小组制定的方案。

第三,协同治理理论的过程协同研究为粤港澳大湾区“双碳”合作中区域行政协议落实提供协同方式。过程协同强调的是粤港澳大湾区资源整合、利益协调。通过对协同过程的理解,进而展开相应的行政法治保障的制度设计。有学者提出环形结构的协同过程,即分别由“面对面对话”(Face-to-Face Dialogue)、“建立信任”(Trust-Building)、“参与承诺”(Commitment to Process)、“达成目标共识”(Shared Understanding)和“阶段性成果”(Intermediate Outcomes)五个部分组成。[10] “面对面对话”是协同治理的必要基础,如粤港、粤澳双方定期召开的合作联席会议。“建立信任”是协同治理的重要前提,也就是在粤港澳大湾区建设中实现“认同感”。“参与承诺”是“达成目标共识”的前一步骤,通过达成有关“双碳”目标的区际行政协议、备忘录等,从而保证多元主体参与治理过程中的协同一致,即对粤港澳大湾区“双碳”合作区域行政协议决策、执行、落实全过程“政策整合”的协同治理。“阶段性成果”是协同治理的最终目标指向,基于已经达成的区域行政协议,多元主体间已经就协议内容展开实施。事实上,在不同的阶段,多元主体在协同治理的不同阶段关注的利益核心也是不同的。因此,基于“阶段性成果”的实施,会再一次进入“面对面对话”阶段。

---

9 陈建军:《区域协同治理的体制困境与模式选择》,载《探索与争鸣》2020 年第 10 期。

10 Chris Ansell, Alison Gsah, *Collaborative Governance in Theory and Practice*, Journal of Public Administration Research and Theory, 18.4(2008), p.550.

二、粤港澳大湾区“双碳”合作行政协同治理的现实困境

粤港澳大湾区“双碳”合作涉及领域繁多、体系松散，行政主管部门条块分割明显、权限边界模糊，职能冲突和缺位现象并存，缺乏有效的“双碳”合作区域行政协议和协调机制，同时三地行政壁垒的存在进一步加大了三地区域统筹和协同治理的现实难度。

（一）主体层面：多元主体参与协同治理结构松散

粤港澳大湾区“双碳”合作多元主体参与协同治理的组织机构权责不清。在机构保障方面，中央政府、广东省政府、特区政府之间关于粤港澳大湾区“双碳”合作的权责义务划分不清。在组织治理方面，在粤港、粤澳合作联席会议下设立了有关生态环境保护相关的专责小组，如海洋资源护理、海洋环境管理、林业专题、大气防治、清洁生产等专责小组，作为协调层、执行层的各专责小组级别不高、权限交叉，存在重复设立的情形。现有粤港澳大湾区生态文明建设格局下的“双碳”合作，基于区域大气污染防控而设，组织机构之间没有凸显对“双碳”目标的价值理念。

就广东省而言，“双碳”目标落实涉及的行政机关有发展改革、生态环境、工业和信息化、交通运输、住房城乡建设、城市管理、农业农村、规划资源等部门，各部门彼此之间权责并不清晰，存在利益博弈，要正确处理好经济发展与碳达峰碳中和之间的关系。[11] 如《香港气候行动蓝图 2050》中，粤港环保及应对气候变化合作小组会议每年都由广东省生态环境厅厅长和香港特别行政区环境局局长共同主持。2022 年香港特别行政区将之前的“环境局”更名为“环境及生态局”，其下设环境保护署等。环境保护署作为主管香港特别行政区环境的行政部门，其下设有空气污染管制上诉委员会备选委员小组、能源效益及节约小组委员会、绿色运输试验基金督导委员会等专门委员会。2020 年，由香港特别行政区金融监管机构联合组成的绿色和可持续金融跨机构督导小组，达成五项协调措施。澳门特别行政区设立环境保护局作为负责研究、规划、执行、统筹和推动环境政策的公共部门，其负有 23 项明确职责。同时设立了环境咨询委员会作为咨询机关。在澳门特别行政区，根据《澳门低碳发展协会章程》成立了澳

11　庞军、张宁：《论实现“双碳”目标必须处理好的三大关系》，载《环境保护》2021 年第 16 期。

门低碳发展协会。根据《琴澳湾区碳中和协会章程》,成立了琴澳湾区碳中和协会。

(二)制度层面:硬法软法制度规范规制作用有限

第一,硬法制度规范中并未将“双碳”目标作为立法目的。目前都未能将碳达峰碳中和的目标融入立法目的中,未针对“双碳”目标的推进作出相应配套的制度安排。粤港澳大湾区生态文明建设将实现“双碳”目标作为一个重要的目标指向,其涉及经济社会生活等各方面的绿色转型,并不适合单独立法。但是可以在立法目的条款中将“促进实现碳达峰、碳中和目标,推动经济社会发展全面绿色转型,推进生态文明建设”写入。目前,我国内地“双碳”法律制度体系基本形成以《宪法》为核心,以《环境保护法》《大气污染防治法》《节约能源法》《可再生能源法》《循环经济促进法》《森林法》《草原法》等法律为基础的法律规范体系。但是,在中央立法层面,碳达峰碳中和行动中应对气候变化的专门立法缺失。[12]“在应对气候变化领域,三地缺乏促进低碳发展的长效机制,尚未建立统筹衔接的决策机制、信息披露机制、核查机制、考核问责机制等”。[13]

粤港澳三地立法主体级别不对应。粤港澳大湾区建设“9 + 2”模式中内地市级行政主体与香港特别行政区、澳门特别行政区级别不对应。在合作中三地主体地位不对称,可能造成粤港澳合作缺乏从三地互惠角度推动相互间的融合,签订的合作文件只是流于形式。同时,粤港澳三地就“双碳”合作立法权限范围不一致。

第二,软法制度规范治理缺乏强制力保障。软法的制定不同于传统意义上的法律制定。在主体资格上,法律的制定主体要求是享有立法权的机关,而软法的制定主体范围远大于法律的制定主体范围。这就势必要规范软法制定的适格主体。软法采取较为灵活的方式,在不同主体之间协商一致的情况下达成的协议,也要严格符合《宪法》《立法法》等上位法。软法非国家强制力但具有社会实效的属性,虽能弥补硬法调整粤港澳大湾区营商合作地域受限问题,但也呈现出治理效力不足的问题。这就需要通过硬法分区域、分阶段确立区际行政协议的法律效力。

---

12 王江:《论碳达峰碳中和行动的法制框架》,载《东方法学》2021 年第 5 期。

13 王玉明:《粤港澳创建国家“碳达峰碳中和”引领示范区的构想》,载《哈尔滨工业大学学报(社会科学版)》2022 年第 2 期。

第三,粤港澳三地之间对于涉及"双碳"基础性概念,缺乏制度规则衔接。根据《宪法》《立法法》等有关法律法规的规定,广东省立法权限范围分为两个层次。第一个层次是省级立法权,即广东省级人大及其常委会制定的地方性法规、省级政府制定的政府规章;第二个层次是市级立法权,又进一步细分为经济特区所在地的市的立法权限和设区的市的立法权限。香港特别行政区、澳门特别行政区所享有的立法权具有"高度自治性"。因此,立法机关所享有的立法权限范围的不同,势必造成对立法所涉对象规制程度的不同,导致粤港澳三地"双碳"合作制度对接不融洽。如粤港澳三地对于温室气体与"大气污染物"的认定标准不统一的问题。

(三)监督层面:组织机构行政协同治理保障不够

对粤港澳大湾区"双碳"合作的监督,是对组织机构行政协同治理合宪性的检视,可以从组织法、行为法、责任法等行政法治方面展开论述。[14]

第一,在组织法保障方面,粤港澳大湾区"双碳"合作协同治理实施效果缺乏专门组织机构监督。粤港澳大湾区"双碳"合作协同治理的实施仍然是依靠三地各自法治保障实施,有关"双碳"区域行政协议达成之后,其实还缺乏相关制度保障,三地组织机构之间彼此约束力也不强。合作小组并不是一个正式的法定的机构,"粤港澳三地的府际合作虽有协议框架,但缺乏执行力和约束力,合作的进展和成果很大程度上取决于三地政府的自我实现、自我监督和自我评价,缺乏对影响三地环境行政执法合作效果的第三方评价和公众监督"。[15]

涉及粤港澳三地"双碳"合作执法方面,缺乏区域协同执法组织机构,以及联合执法的具体措施,甚至执法范围和程序缺乏制度规范衔接,执法的统一性、专业性和权威性不够。

第二,在行为法保障方面,粤港澳大湾区"双碳"合作涉及的三方行政主体职权与职责不清。就广东省而言,"双碳"目标落实涉及的行政机关有发展改革、生态环境、工业和信息化、交通运输、住房城乡建设、城市管理、农业农村、规划资源等部门,各部门彼此之间权责并不清晰。

第三,在责任法保障方面,责任的承担还是依靠粤港澳三地各自的法治规定。香港特别行政区由于缺乏环境行政法的传统,运用刑事法律惩罚污染行为

14 于文豪:《区域协同治理的宪法路径》,载《法商研究》2022 年第 2 期。

15 谢伟:《粤港澳大湾区环境行政执法协调研究》,载《广东社会科学》2018 年第 3 期。

被认为是管制环境污染的唯一法律手段。在跨区域环境治理的协调机构本身缺乏较强的合法性支撑的情况下,该组织做出的相关决定在一定程度上缺乏权威性和强制力,部分决定有可能存在某一方政府不执行或者实施不到位的情况,且该组织对三地政府的监督和制约作用发挥十分有限。[16]

三、粤港澳大湾区“双碳”合作行政协同的法治路径

粤港澳大湾区“双碳”合作行政协同最终要落实到法治保障的制度框架。通过厘清湾区“双碳”合作行政法治协同的运作逻辑,从整体上保障粤港澳大湾区“双碳”行政法治协同的全过程法治保障路径。序参量和自组织作为协同治理中两大核心要素,是实现粤港澳大湾区“双碳”合作行政法治协同的关键。

(一)序参量:多元主体参与协同的行政法治保障

建立粤港澳大湾区“双碳”合作行政法治协同多元主体治理方式。除政府主导外,还应当积极保障粤港澳三地企业、社会组织、公民个体参与湾区“双碳”合作协同治理。“系统的开放性是产生有序结构的必要条件”,[17]同样,粤港澳大湾区“双碳”合作更有利于多元参与主体在“双碳”合作中产生良性互动的关系。

粤港澳大湾区“双碳”合作要保持系统的开放性,鼓励并刺激更多的主体参与其中。这是由于“双碳”合作涉及不同的主体,涉及能源、工业、交通、建筑等重点领域。就广东省而言,涉及的行政机关有发展改革、生态环境、工业和信息化、交通运输、住房城乡建设、城市管理、农业农村、规划资源等部门。粤港澳大湾区“双碳”合作多元主体协同治理所呈现的非线性关系,更有助于系统自组织有序结构的形成。粤港澳大湾区“双碳”合作多元主体协同治理要求政府主体、市场主体和社会主体三者之间建立基于平等的非线性关系,并通过沟通协商、对话谈判等水平非线性互动方式来实现协同治理的目标。粤港澳大湾区“双碳”合作组织机构协同,应形成以中央政府为核心的,以政府、公众、企业、专家学者、非营利组织为主的参与主体的制度保障体系,强调自上而下的协同和自

16 叶必丰:《区域合作协议的法律效力》,载《法学家》2014 年第 6 期。

17 陶国根:《多元主体协同治理框架下的生态文明建设》,载《中南林业科技大学学报(社会科学版)》2021 年第 5 期。

下而上的同步协调，并在正式的协同治理之外，也探索非正式的协同治理。

应当广泛地纳入参与主体，不仅是涉及粤港澳大湾区的行政主体，还需要粤港澳大湾区“双碳”合作的行政相对人，甚至是行政相关人等的参与。广泛的参与主体，有利于更好地衡量各代表阶层的利益，使各参与主体所代表的利益都能得到最大限度的考虑和保护。“对协议缔结过程的参与，对区域协调的政策或理论的指导性参与，通过制定区域规划的参与以及区域合作制度平台的建设。”[18]特别是涉及公共利益的部分，更是应该做到公开、公正、公平，对于侵犯第三人合法利益的，应该在合理的限度内给予补偿。“‘双碳’政策关涉企业和公民的正常生产生活，政策内容需要充分考虑不同主体的利益诉求，契合国家整体和不同地区间的经济、社会发展情况。”[19]因此，有必要建立健全有关“双碳”合作的公共参与平台，以更加便捷、透明的方式参与粤港澳大湾区的建设。

“双碳”合作也涉及技术方面事项，应当加强专业领域工作机制的对话沟通。分别在内地与香港特别行政区、澳门特别行政区选取具有相关专业知识的人员，为湾区“双碳”合作涉及的各个专业领域和专业项目的开展提供专业咨询，特别是对政策咨询、法律及仲裁、管理咨询、建筑等专业服务领域，对需要解决的问题提出对策和建议，就推进合作项目制定各类实施方案和具体的政策设计。

（二）自组织：主体交互关系协同的行政法治保障

系统自组织强调基于政府、市场、社会和公民等多元主体的协同参与，“建立政府与社会组织、市场主体、公民之间的行政合作网络，形成多元主体之间的共建、共治、共享局面。”[20]整体而言，粤港澳大湾区“双碳”合作行政协同治理应形成以中央为主导，多方主体参与的相互依赖的网络关系的协同治理组织机构结构安排。并明确政府、企业、社会组织、公民个体在湾区“双碳”合作协同治理中的地位、扮演的角色和参与方式，建立一种纵向的、横向的或纵横结合的交互型的协同性组织网络，以此促进多元主体之间形成一种良性互动的治理组织结构。

---

18 何渊：《论区域法律治理中的地方自主权——以区域合作协议为例》，载《现代法学》2016年第1期。

19 于文轩、胡泽弘：《“双碳”目标下的法律政策协同与法制因应——基于法政策学的视角》，载《中国人口·资源与环境》2022年第4期。

20 石佑启、杨治坤：《中国政府治理的法治路径》，载《中国社会科学》2018年第1期。

第一,在纵向层面,完善中央行使粤港澳大湾区“双碳”合作立法制定权。充分发挥中央立法权限,这是中央事权与地方事权的平衡。特别是粤港澳大湾区“双碳”合作中涉及碳税的基本制度等事权应当由全国人大及其常委会制定法律来予以规范。同时,中央立法所具有的抽象或者概括的条文无法满足大湾区“双碳”合作的具体需求,也无法凸显地方特色的立法优势,所以中央立法的定位,应该是发挥其对超越地方立法权限的涵摄与补充功能,充分调动粤港澳三方参与的积极性和主动性。在中央主体方面,应当以全国人民代表大会及其常务委员会以专门授权决定的形式,授权国务院就“双碳”合作的事项进行立法。从中央层面统筹粤港澳三地利益,确保粤港澳大湾区“双碳”区际合作协议从顶层设计落地实施。

除此之外,完善中央行使粤港澳大湾区“双碳”合作立法授权。广东省要积极向中央争取授权。对于涉及“双碳”的改革措施涉及调整实施现行法律、行政法规等有关规定的,依照法定程序经有权机关授权后,可以先行先试。粤港澳大湾区“双碳”合作中涉及税收、金融等诸多事项属于立法法的法律保留事项,应当先获得全国人民代表大会常务委员会的授权。从顶层设计上充分发挥三地各自的立法优势,探索形成大湾区共同决议、分头实施、制度趋同的立法协同机制。

第二,在横向层面,充分发挥广东省行使生态文明建设中“双碳”领域地方立法实效。2023 年《立法法》的修改,将设区的市的人大及其常委会享有“环境保护”等方面事项制定地方性法规的立法法权,修改扩大至“生态文明建设”领域,[21]这一修改丰富了生态文明建设地方立法制度体系,[22]赋予了地方立法权主体就“双碳”目标实现进行立法的职权。一方面,在广东省层面,广东省人民代表大会及其常务委员会通过制定地方性条例来解决大湾区超设区的市行政区划权责的问题。另一方面,以深圳市、珠海市为契机,要用足、用好经济特区在“双碳”领域的立法权。

第三,设立专门的粤港澳大湾区“双碳”合作协调治理组织机构,作为连接纵横层面上多元主体交互关系协同的组织。该组织机构是在广东省政府、香港

---

21 参见《立法法》第 81 条。

22 张震、石逸群:《特色与融贯:生态文明建设地方立法的体系构建》,载《中国人口 · 资源与环境》2023 年第 1 期。

特别行政区政府、澳门特别行政区政府三个自愿的基础上组建,并分别由三方委派代表组成。一是设立具有更广泛代表性的合作区联席会议制度。扩大合作区联席会议的代表范围,设立具有广泛代表性的合作区联席会议制度,为相关机构制定政策提供参考依据,并形成广泛的"共商"协调机制,促进多元主体的协商。二是实现湾区组织机构间责任治理、协同治理、共享治理。首先,责任治理,意味着粤澳双方要切实履行主体责任,明确合作区管委会、执委会以及广东省派出机构的基本权责,使合作区的决策、执行、监督的责任体系更为明确和清晰。其次,协同治理,意味着以广东省全面统筹协调和资源保障机制为主导,以珠海市具体对接沟通为路径,致力建立合作区管理委员会和执行委员会之间的直接工作联系机制。最后,共享治理意味着粤澳双方探索建立合作区收益共享机制,整体上实现合作区收益均等分配、互利互惠,从而实现合作区各方的可持续发展。

(三)制度规范:"硬法 + 软法"协同的行政法治保障

法律政策协同制度保障,形成"硬法 + 软法"的湾区"双碳"合作法制保障体系。粤港澳三地分别以法律法规的形式明确多元治理主体在"双碳"合作治理和生态文明建设中各自的权限范围、责任范围并使之受到法律法规保护。与此同时,确立粤港澳大湾区"双碳"合作领域区域行政协议的治理效力,并加强三地"双碳"合作领域区域行政协议实施效果的监督。

第一,加强粤港澳大湾区"双碳"合作主要制度衔接安排。"双碳"立法并非单一性或者专项性立法,而是属于领域性立法,其制度规范涉及行政立法与环境立法、能源立法、经济立法、社会立法等立法协同。加强顶层设计的同时,也要避免行政壁垒的政策局部化、地方化、碎片化。如《规划纲要》提到,"推动大湾区开展绿色低碳发展评价""推广碳普惠制试点经验,推动粤港澳碳标签互认机制研究与应用示范"等,应逐步将绿色低碳发展评价结果纳入经济社会发展综合考核。条件成熟的,可以形成"湾区标准",经确认后纳入清单。例如,2015 年 1 月,广州碳排放权交易所与香港排放权交易所、广州赛宝认证中心服务有限公司签署三方战略合作协议,提出共同推进区域碳市场建设。推动粤港澳大湾区在绿色技术创新、绿色金融标准互认和应用、碳交易、碳标签等方面的深度合作。推动构建粤港澳大湾区绿色金融共同市场。在绿色低碳技术、清洁能源等方面深化省际交流协作。

第二,用硬法补强粤港澳大湾区"双碳"合作的软法治理实效。除了要完善硬法,发挥硬法的规制作用;还要补强软法,充分发挥软法在粤港澳大湾区生态环境保护中的治理效力。[23] 软法治理作为一种治理模式上的转型,强调以合作、沟通为主要的柔性治理方式。特别是当硬法制定的社会成本过高时,就可以考虑先通过软法治理来协调湾区“双碳”合作行政治理。

第三,构建粤港澳大湾区“双碳”合作的“硬法 + 软法”有机协同保障机制。粤港澳大湾区“双碳”合作行政法治保障手段中既需要硬法规制,又需要软法保障。硬法的优势在于其具有稳定性、权威性、强制性的特点,能够形成稳定的社会秩序,作为“双碳”合作行政协同治理法治化的主要支撑和规则保障。同时,粤港澳大湾区“双碳”合作也需要软法的保障,软法的优势在于其具有灵活性、时代性、探索性等特点,能够对出现的新问题予以及时反映。在方式上,强化粤港澳大湾区“双碳”合作既需要硬法的主导作用,又需要软法的先导作用。在功能上,强化粤港澳大湾区“双碳”合作既需要硬法的主线作用,又需要软法的补强作用。粤港澳大湾区“双碳”合作硬法与软法之间应当相互关照,进而形成大湾区生态环境保护的“硬法 + 软法”有机协同保障机制。

四、结　　语

粤港澳大湾区“双碳”合作是实现粤港澳大湾区生态文明建设的关键,也是实现大湾区高质量发展的关键。协同治理分析方式是跨域治理的新模式。作为制度保障安排的协同治理是关于多元治理主体集体行动方式的规范,借助系统中诸要素或子系统间非线性的相互协调、共同作用,以此明确粤港澳大湾区“双碳”合作行政法治协同治理的运行逻辑,并达至粤港澳大湾区“双碳”协同治理的法治化保障。当然,本文只是从行政权的视角来探讨粤港澳大湾区协同治理的法治构建,未来还应该进一步展开对粤港澳大湾区立法协同、司法协同的法治保障研究,以此渐进式稳步推进湾区“双碳”合作协同治理的法治化进程。

23　石佑启、郑崴文:《区域府际合作中软法的效力保障》,载《求索》2022 年第 6 期。

实务研究

“港澳药械通”地方行政先行立法研究

刘云甫　朱最新*

【内容提要】“港澳药械通”是全面依法治国下打造健康湾区的客观要求。“港澳药械通”先行立法是推进大湾区药品医疗器械监管创新发展，促进粤港澳大湾区规则衔接，打造“法治湾区”的需要。地方行政先行立法是“港澳药械通”先行立法的最优现实选择。“港澳药械通”地方行政先行立法必须遵循以依法立法为前提、以法源性政策法律化为根本、以职权立法为补充的立法新思路，结合大湾区药品医疗器械监管创新发展的实际，确立解放思想、改革创新、风险管理、全程管控、科学监管、社会共治、开放包容、对接港澳的原则，构建指定医疗机构制度、港澳药品医疗器械进口管理制度等制度体系，从而为促进药械监管体系和监管能力现代化，满足和保障大湾区居民用药用械需求与安全，塑造具有创新活力的健康湾区提供有力法制保障，并为大湾区规则衔接、机制对接提供良好示范。

【关键词】“港澳药械通”　法源性政策　地方行政先行立法

一、问题的提出

打造健康湾区，建设宜居宜业宜游的优质生活圈是《粤港澳大湾区发展规划纲要》（以下简称《规划纲要》）确定的粤港澳大湾区建设的重要目标。为深入实施《规划纲要》，推进大湾区药品医疗器械监管创新发展，探索建立互动互

* 刘云甫——广东外语外贸大学马克思主义学院副教授，主要研究领域：马克思主义法学；朱最新——广东外语外贸大学广东省地方立法研究评估与咨询服务基地主任，法学院教授，主要研究领域：行政法学、区域法治与地方立法。本文系教育部哲学社会科学研究重大课题攻关项目“粤港澳大湾区法律建设研究”（20JZD019）阶段性成果。

利的药品医疗器械合作新模式，提升监管体系和监管能力现代化水平，经国务院同意，国家市场监督管理总局、国家药品监督管理局等八部委于2020年11月25日联合印发《粤港澳大湾区药品医疗器械监管创新发展工作方案》（以下简称《工作方案》），确立了“港澳药械通”政策，明确“在粤港澳大湾区内地9市开业的指定医疗机构使用临床急需、已在港澳上市的药品，由国家药监局批准改为由国务院授权广东省人民政府批准”，并“坚持分步实施，先期以香港大学深圳医院为试点，在取得可复制、可推广的经验后逐步扩展至其他符合要求的指定医疗机构”。2021年1月20日，广东省市场监督管理局、广东省药监局等九部门联合转发关于《工作方案》的通知，明确在香港大学深圳医院开展试点工作，试点期至2021年7月31日。2021年8月27日，广东省市场监管局等部门联合印发《广东省粤港澳大湾区内地临床急需进口港澳药品医疗器械管理暂行规定》（以下简称《暂行规定》），明确了指定医疗机构的条件、内地临床急需进口港澳药械的范围、审批模式、各方责任、风险控制等具体内容及要求，为“港澳药械通”政策实施提供了初步的制度保障。自2021年8月至2023年2月，广东省药品监管局联合广东省卫生健康委先后分两批将试点政策扩展到广东省人民医院等14家内地指定医疗机构。“截至2022年4月28日，共批准16个药品（共22个批次）、6个医疗器械，共惠及350余名患者”。[1] “港澳药械通”政策在大湾区取得了较好的社会效果。然而，从整体看“港澳药械通”政策红利受众有限，指定医疗机构仅有14家，仅覆盖广州、深圳、珠海、东莞、佛山和中山6市，严重滞后于打造健康湾区的实践需要；“港澳药械通”作为一项行政任务，处于中央政策引导下的地方试点阶段，呈现出“政策推动、立法滞后”的特点。为进一步促进“港澳药械通”政策的规范化、常态化、法制化，促使粤港澳大湾区药品医疗器械监管创新发展在法治轨道上运行，亟须对“港澳药械通”政策背后的一系列深层次问题进行深入研究并给予立法回应。因而，将“港澳药械通”政策上升为立法，是全面依法治国下粤港澳大湾区建设的客观要求，是粤港澳大湾区法律建设不可忽视的重要课题。

1　参见《广东省市场监督管理局关于政协十三届全国委员会第五次会议第03732号提案会办意见的函》（粤市监办函〔2022〕519号）。

二、“港澳药械通”先行立法的必要性

粤港澳大湾区是一个“一国两制三法域”的湾区。“一国两制三法域”，既是大湾区建设的制度优势，也是大湾区法律建设的制度性挑战。粤港澳大湾区建设中“港澳药械通”先行立法具有必要性。

（一）推进大湾区药品医疗器械监管创新发展的需要

“港澳药械通”政策是大湾区药品医疗器械监管的创新发展，是契合大湾区融合发展的实践需要的。但其以政策形式停止相关规范的实施在形式合法性上可能存在一些问题与不足。我们不能因为“港澳药械通”政策形式合法性上的不足而以教条的形式法治理念磨灭其存在的合理性，而应当主动推动大湾区药品医疗器械监管创新发展的立法建设，从而确保“港澳药械通”政策在法治轨道上推动健康湾区发展。同时，“港澳药械通”政策是一种先行先试，与中央部委个别原有政策的具体规定存在不协调的问题。例如，为防止艾滋病等病毒通过血液制品传播，原卫生部1986年发布的《关于禁止进口因子Ⅷ因子制剂等血液制品的通告》（以下简称《通告》）明确规定，除人血清白蛋白以外，禁止进口血液制品。血液制品列为国家禁止进口的药物品种，与“港澳药械通”政策相关规定存在冲突。“港澳药械通”政策是新的综合性政策，《通告》是针对特别领域的旧政策，无法参照《立法法》新法优于旧法、特别法优于一般法的规定做出选择。就立法目的而言，“港澳药械通”政策符合《药品管理法》《医疗器械管理条例》保障人体健康和生命安全之目的。因我国生物制品检验能力已具备人源性血液制品中艾滋病等病毒的检测能力，能够充分保障进口血液制品的安全性，《通告》的必要性已不存在。从法理上看，两者不协调时，内地9市应当执行“港澳药械通”政策。但实践中执法者更多的是依据法律规定、政策规定，而非法理来执法。在法治社会，“以法律形式出现的国家意志依法优先于所有其他形式表达的国家意志；法律只能以法律的形式才能废止，而法律却能废止所有与之相冲突的意志表达，或使之根本不起作用。这就是我们所说的法律优先。”[2]因而，“港澳药械通”亟须先行立法，将“港澳药械通”政策法律化，从而有利于解决执法中的政策选择难题，推进大湾区药品医疗器械监管创新发

2　［德］奥托·迈耶：《德国行政法》，刘飞译，商务印书馆2002年版，第70页。

展,促进健康湾区建设。

根据“港澳药械通”政策,粤港澳大湾区内地9市指定医疗机构使用临床急需、已在港澳上市的药品,由国家药监局批准改为由国务院授权广东省人民政府批准;使用临床急需、港澳公立医院已采购使用、具有临床应用先进性的医疗器械,由广东省人民政府批准。但对广东省人民政府如何行使这一权力,中央并无明确的法律规定,《广东省中医药条例》《广东省医疗器械管理条例》等相关地方性法规、规章也没有对此作出规定,从而出现了法律的空白。而依据全面依法治国“重大改革于法有据”的要求和法治政府建设职权法定的原则,“港澳药械通”有必要进行先行立法,弥补法律空白,促进依法行政。

建设健康湾区既是粤港澳大湾区建设的重要目标,也具有独特的政策优势和地域优势。“港澳药械通”政策实施以来,广东不断完善和创新药品医疗器械监管模式,强化相关规则衔接与机制对接,促进粤港澳医药产业融合,为大湾区提供了更高水平的医药服务,也积累了不少成功的经验做法。为使大湾区居民获得感、幸福感、安全感更加充实、更有保障、更可持续,有必要根据粤港澳大湾区居民需求,通过立法对“港澳药械通”政策加以规范化、法制化,以保持相关政策的稳定性,不断提供优质的药品医疗器械和服务,有力推动健康湾区建设。

(二)促进粤港澳大湾区规则衔接,实现湾区融合发展

大湾区建设的目标是建立市场高水平互联互通、各类资源要素高效便捷流动、区域协调发展、营商环境一流的富有活力和国际竞争力的一流湾区和世界级城市群。[3] 规则衔接是实现大湾区市场高水平互联互通、各类资源要素高效便捷流动的有力保障,是实现大湾区融合发展的客观要求。在大湾区,内地建立了以《药品管理法》《医疗器械监督管理条例》《医疗机构管理条例》等法律行政法规为基础的药品医疗器械监管法律体系,香港特别行政区建立了以《中医药条例》《药剂业及毒药条例》《危险药物条例》《抗生素条例》《不良医药广告条例》等为基础的药品医疗器械监管法规体系,澳门特别行政区建立了以第58/90/M号法令、第59/90/M号法令、第53/94/M号法令以及《中药药事活动及中成药注册法》等为基础的药品医疗器械监管法规体系。三地根据不同法律法规体系构建的药品医疗器械监管体制机制存在较大差异。而实现《工作方案》要

3 中共中央、国务院:《粤港澳大湾区发展规划纲要》,载中央人民政府2023年1月30日,http://www.gov.cn/gongbao/content/2019/content_5370836.htm。

求的“建立大湾区内地医疗机构使用港澳上市药械产品的体制机制”,“建立完善的大湾区药械监管协调机制”,就必须创新发展大湾区药品医疗器械监管。而大湾区药品医疗器械监管创新发展的成功与否,不仅取决于中央政策引导与地方政策执行,更取决于三地相关规则的衔接。规则衔接并不是规则同化,而是尊重相互的制度差异。《工作方案》明确了大湾区药品医疗器械监管创新发展的基本原则和重点任务,促进了三地药品医疗器械监管的合作。然而,《工作方案》不是法律,无法从法律层面对三地药品医疗器械监管协作提供法律依据。“港澳药械通”先行立法,既为大湾区居民获得便利的药械产品及服务提供了有力的法制保障,也为实现大湾区的医药产业深度融合和药械生产制造产业升级指明了方向,有效地实现了三地药品医疗器械监管规则的衔接,也为其他领域规则衔接提供了良好的示范,将有力地促进大湾区融合发展。

(三)从“政策湾区”走向“法治湾区”的需要

法律与政策是政府推动粤港澳大湾区建设的两种最重要的正式制度安排,是当今社会最常见的两种社会控制手段。[4] 政策主导是粤港澳大湾区建设的重要模式。目前,粤港澳大湾区建设主要由政策主导,依赖中央政策引导与地方政策执行,政策的实施效果在某种程度上超越法律,是“政策湾区”。“港澳药械通”也是在中央政策引导下,通过地方政策得以贯彻实施的。虽然政策与法律具有共存性,是相辅相成、互相促进的。但相比政策的“碎片化”、弹性化、规范性缺失等弊端,法律具有稳定性、规范性、普遍性、非感性、直接强制性等优势,是全面依法治国下最重要的制度安排。同时,“重大改革于法有据”[5]也是全面依法治国的客观要求。作为先行先试的重大改革,“港澳药械通”必须于法有据。而且港澳特别行政区的管制特点和治理方式是法律治理。“法治湾区既是大湾区建设成功的管治理念、制度基础,同时也应该是大湾区建设的目标”。[6]“港澳药械通”政策再好,如果没有及时有效转化为法律,也不易得到全面贯彻实施,港澳居民相关的获得感、幸福感、安全感也难以得到可持续的有效保障。

---

4 参见朱最新:《珠三角一体化政策之法律化研究》,载《暨南学报(哲学社会科学版)》2012 年第 5 期。

5 《中共中央关于全面推进依法治国若干重大问题的决定》,载中央人民政府 2023 年 2 月 18 日,http://www.gov.cn/zhengce/2014-10/28/content_2771946.htm。

6 朱国斌、郑凯主编:《粤港澳大湾区法制建设合作与创新》,三联书店(香港)有限公司 2022 年版,序言第 4 页。

因此,“港澳药械通”必须实行由“政策主导”到“法律主导”的转化。然而,现行内地法律体系并未对“港澳药械通”作出规定。“港澳药械通”先行立法,使“港澳药械通”相关改革措施得到了法治的有效保障,开启了大湾区药品医疗器械监管创新发展法律治理过程,将大大推动大湾区法治建设,促进大湾区从“政策湾区”走向“法治湾区”。

三、“港澳药械通”地方行政先行立法的法律证成

地方行政先行立法,是指享有立法权的地方人民政府根据行政管理的迫切需要,在制定法律法规之前就有关事项先行立法,产生地方政府规章的情形和状态。“港澳药械通”从“政策治理”迈向“法律治理”需要地方行政先行立法。《立法法》相关规定为地方行政先行立法提供了法律依据,也为地方行政先行立法划定了权力边界。

(一)前提:法律法规立法条件尚未成熟

我国的立法体制“是中央统一领导和一定程度分权、多层级并存、多类别相结合的立法权限划分体制”。[7] 从理论上讲,中央立法是统筹全局、具有最高权威性和至上法律效力的立法。由中央立法为粤港澳大湾区药品医疗器械监管创新发展提供法律规范在理论上是较为理想的一种选择。然而,粤港澳大湾区的地理环境、人文环境、经济发展、区位优势等都具有独特性,粤港澳大湾区药品医疗器械监管创新发展的法律需求也具有区域特色。如果法律“一切都由中央制定、颁布,并且定得很死,全国‘一刀切’,那就很难适应千差万别的具体情况,不是挂一漏万,就是主观主义,实践证明不行。”[8]“中央立法要想做到全面妥善回应各个地方的不同需求,几近神话。”[9] 粤港澳大湾区药品医疗器械监管创新发展,兼涉两种制度三个法域,目前仍处于先行先试阶段,相关理论研究还是空白,立法难度非常大。基于此,“港澳药械通”中央立法并不成熟。

根据“健全有立法权的人大主导立法工作的体制机制,发挥人大及其常委

7　陈俊等:《中国的立法体制研究》,经济科学出版社2020年版,第16页。

8　中共中央文献编辑委员会:《彭真文选》,人民出版社1991年版,第387页。

9　余凌云:《地方立法能力的适度释放——兼论“行政三法”的相关修改》,载《清华法学》2019年第2期。

会在立法工作中的主导作用”[10]的要求,地方立法首先是地方人大及其常委会制定地方性法规。“港澳药械通”中央立法并不成熟,宜由地方先行立法。在理论上,这就意味着地方人大及其常委会应当先行先试,制定相关法规。而依法立法是地方立法的基本原则,是保障良法善治的基本前提。《立法法》第 5 条明确规定:“立法应当符合宪法的规定、原则和精神,依照法定的权限和程序,从国家整体利益出发,维护社会主义法制的统一、尊严、权威。”“港澳药械通”先行立法是一种制度创新,但也必须遵循依法立法原则。《工作方案》明确规定“在粤港澳大湾区内地 9 市暂停实施《医疗器械监督管理条例》第十一条第二款”,即《医疗器械监督管理条例》(2021)第 16 条第 3 款(下同)[11],并授予广东省人民政府及其相关职能部门“港澳药械通”政策的相关行政管理权。从内容上看,《工作方案》是深入实施《规划纲要》的重要举措,其内容是符合宪法和国家整体利益的。《工作方案》的相关内容是经国务院同意的,在实质上可以视为国务院的决定,符合《行政法规制定程序条例》(2017)第 35 条关于部分地方暂时调整或者暂时停止适用行政法规的要求,广东省人民政府及其相关职能部门由此获得的相关行政管理权是符合法律的。但从形式上看,《工作方案》毕竟不是国务院的决定,而是国家市场监督管理总局等八部委的联合发文,不符合《行政法规制定程序条例》(2017)第 35 条关于部分地方暂时调整或者暂时停止适用行政法规规定的形式要求。而且作为一种试验性立法,“在授权地方暂时停止适用部分法律规定的同时,应相应授权试点地方及时出台新的实施规则”[12]。但《工作方案》并未授权地方进行立法。而根据《立法法》第 82 条的规定,地方人大可以进行先行立法,其前提是尚未制定法律或者行政法规。但是,在药品医

---

10 《中共中央关于全面推进依法治国若干重大问题的决定》,载中央人民政府 2023 年 2 月 18 日,http://www.gov.cn/zhengce/2014-10/28/content_2771946.htm。

11 《医疗器械监督管理条例》(2017)(已失效)第 11 条第 2 款,向我国境内出口第二类、第三类医疗器械的境外生产企业,应当由其在我国境内设立的代表机构或者指定我国境内的企业法人作为代理人,向国务院食品药品监督管理部门提交注册申请资料和注册申请人所在国(地区)主管部门准许该医疗器械上市销售的证明文件。《医疗器械监督管理条例》(2021)修改为第 16 条第 3 款,向我国境内出口第二类、第三类医疗器械的境外注册申请人,由其指定的我国境内企业法人向国务院药品监督管理部门提交注册申请资料和注册申请人所在国(地区)主管部门准许该医疗器械上市销售的证明文件。未在境外上市的创新医疗器械,可以不提交注册申请人所在国(地区)主管部门准许该医疗器械上市销售的证明文件。

12 黎娟:《“试验性立法”的理论建构与实证分析——以我国〈立法法〉第 13 条为中心》,载《政治与法律》2017 年第 7 期。

疗器械监管创新发展领域,国家已经先后制定了《药品管理法》《基本医疗卫生与健康促进法》《药品管理法实施条例》《医疗器械监督管理条例》《医疗机构管理条例》等系列法律、行政法规,不存在尚未制定法律或者行政法规的基本前提。同时,“港澳药械通”先行立法是一个崭新的课题,涉及粤港澳三地相关规则的衔接,没有任何直接经验可以借鉴;“港澳药械通”实践也非常短暂,许多问题的有效解决还需要大量实践经验的积累,对实践中的一些做法还没有达成完全的共识。因此“港澳药械通”制定地方性法规的条件也不成熟。

(二)条件:“港澳药械通”监管创新发展的迫切需要

《立法法》第93条第5款规定:“应当制定地方性法规但条件尚不成熟的,因行政管理迫切需要,可以先制定地方政府规章。”这就意味着在法律法规立法条件不成熟的情况下,“港澳药械通”地方行政先行立法的条件是“行政管理迫切需要”。根据《工作方案》,广东省人民政府及其相关职能部门获得了“港澳药械通”政策的相关行政管理权。《暂行规定》虽然为“港澳药械通”政策实施提供了初步的制度保障,但《暂行规定》只是一个规范性文件,“港澳药械通”相关行政管理权如何行使并没有相应的法律法规规定。因而,依据“港澳药械通”政策进行的大湾区药品医疗器械监管创新发展处于依政策行政,而非依法行政的状态。这种状态不仅难以解决“港澳药械通”实施中的相关难题,也与新时代全面依法治国的要求不相一致。在内地,中共中央、国务院印发《法治政府建设实施纲要(2021—2025年)》明确要求“坚持法定职责必须为、法无授权不可为”。在港澳特别行政区,“两地对于法治的价值理念极为重视,特别是在香港特区,法治成了各方提出问题、分析问题和解决问题的出发点与落脚点。”[13]可见,无论是法治政府建设的要求,还是港澳的法治理念,都迫切需要对“港澳药械通”政策的相关行政管理权进行法律规制,以确保其在法治轨道上运行。而且地方立法的重点也是“解决地方经济、社会发展中无法可依的问题并把改革和发展的决策同地方立法结合起来,使地方经济、社会发展有法可依。”[14]因而,“港澳药械通”地方行政先行立法符合《立法法》第93条第5款之规定,于法

13 董皞:《粤港澳大湾区的特异性与协调发展合作治理之法律问题》,载《法治社会》2022年第4期。

14 王斐弘:《地方立法特色论》,载《人大研究》2005年第5期。

有据。

(三)边界:“港澳药械通”地方行政先行立法的权限范围

根据国家要求,“港澳药械通”是推进健康湾区建设的先行试验,承载着药品医疗器械监管创新发展的使命,需要先走一步、多走一步。历史的经验和教训表明,先行试验知难而退或者破法推行的做法均不可取。“港澳药械通”地方行政先行立法必须妥善处理改革与法律的关系,在法定权限内行使权力。为此,必须从三个层面科学完整准确把握“港澳药械通”地方行政先行立法权限范围:(1)地方行政先行立法的权限范围。地方行政先行立法与执行性立法不同,它是在没有上位法规定的情况下由地方人民政府自主制定的,属于“创制性立法”[15]。根据《立法法》第93条第5款的规定,“创制性立法”的权限范围与“应当制定地方性法规”的范围应当一致。也就是说,地方行政先行立法的权限范围,与地方性法规一样,只要不与上位法相抵触就可以创设相应的权利义务。当然,地方行政先行立法毕竟不是地方人大立法,其权限范围受《立法法》第93条第5款“实施满两年需要继续实施规章所规定的行政措施的,应当提请本级人民代表大会或者其常务委员会制定地方性法规”规定的约束。地方行政先行立法实施满两年后,“如未提请本级人民代表大会或者其常务委员会制定地方性法规的,规章所规定的本应制定地方性法规进行规定的行政措施自然失效,但规章其他规定继续有效”。[16] (2)“港澳药械通”政策的授权范围。根据《工作方案》,“港澳药械通”政策的授权范围主要是广东省人民政府对指定医疗机构使用临床急需、已在港澳上市的药品和港澳公立医院已采购使用的具有临床应用先进性的医疗器械进行批准,对国家药监局委托广东省药监局有关在港澳已上市传统外用中成药审批进行流程简化,开展药品上市许可持有人、医疗器械注册人制度改革,以及完善建立协作机制、健全配套制度、完善救济体系等保障措施。在这些授权中,只有对指定医疗机构使用临床急需、港澳公立医院已采购使用、具有临床应用先进性的医疗器械的审批可以突破《医疗器械监督管理条例》第11条第2款的规定,其他的必须遵守不抵触原则。(3)是否需要遵守规章减损权益禁令。对于这一点,实践中人们存在两种不同认识。一种认

15 参见王太高:《权力清单中的地方政府规章——以〈立法法〉第82条为中心的分析和展开》,载《江苏社会科学》2016年第3期。

16 冯玉军主编:《新〈立法法〉条文精释与适用指引》,法律出版社2015年版,第302页。

识认为,《立法法》第93条各条款之间是并列关系,因此第6款规章减损权益禁令[17]并不对第5款构成限制,即地方行政先行立法是规章减损权益禁令的例外。其理由是2015年3月8日在第十二届全国人民代表大会第三次会议上时任全国人民代表大会常务委员会副委员长李建国所做的《关于〈中华人民共和国立法法修正案(草案)〉的说明》在涉及此问题时,将两款的表述顺序作了调整[18]。这就意味着第5款与第6款是并列关系,不构成对第6款的限制。根据这种观点,"港澳药械通"地方行政先行立法并不需要遵循这一条件。另一种认识认为,"制定地方性法规条件不成熟的,是否包括减损行政相对人权利或者增加其义务的事项?并不包括。因为根据《立法法》的新规定,凡属此类事项,政府没有法律、行政法规、地方性法规依据的,一律不得制定规章;即使行政管理有迫切需要,没有法定依据,也不得制定规章。"[19]根据这种观点,"港澳药械通"地方行政先行立法必须遵循规章减损权益禁令。而根据《工作方案》,大湾区药品医疗器械监管创新发展是突破《医疗器械监督管理条例》等法律法规的个别条款,赋予指定医疗机构等单位相应的权利。据此进行的地方行政先行立法,不是减损,而是增加公民、法人和其他组织的权利。而根据权利义务一致原则,权利与义务是密不可分的,有权利就有义务。没有无权利的义务,也没有无义务的权利。因而,地方行政先行立法也会规定指定医疗机构等单位相应的义务。但这种义务并非地方行政先行立法增加的义务,而是"来源于权利、服务于权利并从属于权利"[20],是指定医疗机构等单位在享有权利的同时根据权利义务一致原则应当承担的相应义务。地方行政先行立法并没有在法律法规之外设定减损公民、法人和其他组织权利或者增加其义务的规范。可见,无论哪种认识,"港澳药械通"地方行政先行立法只要遵循权利义务一致原则来设定权利义务,都是没有违反规章减损权益禁令的。

---

17 《立法法》第93条第6款规定:"没有法律、行政法规、地方性法规的依据,地方政府规章不得设定减损公民、法人和其他组织权利或者增加其义务的规范。"

18 "二是制定地方政府规章,没有法律、行政法规、地方性法规依据,不得设定减损公民、法人和其他组织权利或者增加其义务的规范。同时,考虑到地方实际工作的需要,修正案草案规定,应当制定地方性法规但条件尚不成熟的,因行政管理迫切需要,可以先制定地方政府规章,规章实施满两年需要继续实施规章所规定的行政措施的,应当提请本级人民代表大会或者其常务委员会制定地方性法规。"参见李建国:《关于〈中华人民共和国立法法修正案(草案)〉的说明》。

19 刘松山:《地方性法规与政府规章的权限界分》,载《中国法律评论》2015年第4期。

20 郑成良:《权利本位论》,载《中国法学》1991年第1期。

四、“港澳药械通”地方行政先行立法的基本思路

“港澳药械通”是在《工作方案》指引下依据“一国两制”进行的试验性改革。为此展开的地方行政先行立法,必须遵循以依法立法前提、以法源性政策法律化为根本、以职权立法为补充的立法新思路,凸显湾区特色与制度创新。

(一)以依法立法为前提

地方行政先行立法是对大湾区药品医疗器械监管创新发展试验性改革的经验总结和立法固化。作为试验性立法,需要立法者在立法中发挥主观能动性,积极创新。然而,地方行政先行立法虽然不是对相关上位法和《工作方案》的被动的、机械的执行,需要积极创新,依法立法仍是地方立法必须遵循的基本原则。根据《工作方案》要求,大湾区内地 9 市暂停实施《医疗器械监督管理条例》第 11 条第 2 款。因此,依法立法并非必须遵循上位法的全部规范。但《工作方案》并不是《立法法》第 16 条规定的全国人大及其常委会根据改革发展需要暂时调整或者暂时停止适用法律的授权决定。而且《工作方案》与《药品管理法》《医疗器械监督管理条例》等法律法规的目的一致,都是满足公众用药用械需求,保障公众用药用械安全,保护和促进公众健康。因此,“港澳药械通”地方行政先行立法必须受到《药品管理法》《医疗器械监督管理条例》等法律法规所确认的价值及基本原则的拘束,必循遵守上位法的立法目的、立法精神、立法原则,遵循依法立法原则。

(二)以法源性政策法律化为根本

政策主导是大湾区药品医疗器械监管创新发展的重要方式,其主要依赖中央部委政策引导与地方政府的政策执行。这些政策不仅具有较强的执行力,而且取得了较好的社会效果。法源性政策是地方行政先行立法的重要立法资源。所谓法源性政策,是指由特定主体依法定程序制定的,经过实践检验且具有相对稳定性、可复制性、要素结构规范性的政策。[21] 法源性政策的识别应当以法属性的判断要素为标尺,按照政策的制定主体、实施时间、实施效果、可复制性、非

21 丁瑶、陈婉玲:《法源性区域经济政策之法律化》,载《苏州大学学报(社会科学版)》2022 年第 6 期。

冲突性等进行多维度权衡和识别提炼。[22] 以法属性的判断要素为标尺，按照多维度识别标准，在大湾区药品医疗器械监管创新发展中法源性政策主要有中共中央、国务院印发的《规划纲要》《横琴粤澳深度合作区建设总体方案》《全面深化前海深港现代服务业合作区改革开放方案》《广州南沙深化面向世界的粤港澳全面合作总体方案》，国务院部委印发的《工作方案》《支持港澳药品上市许可持有人在大湾区内地9市生产药品实施方案》《支持港澳医疗器械注册人在大湾区内地9市生产医疗器械实施方案》，国家中医药管理局、粤港澳大湾区建设领导小组办公室、广东省人民政府印发的《粤港澳大湾区中医药高地建设方案（2020—2025年）》，以及广东省人民政府的办事机构、职能部门印发的《暂行规定》《粤港澳大湾区内地临床急需进口港澳药品医疗器械使用评审专家库管理办法（试行）》等政策。这些政策主要是由中共中央、国务院、国务院部委，或者广东省人民政府及其办事机构、职能部门印发的中长期政策；这些政策具有科学性、有效性，在实践中已取得良好的社会效果。“法律是成熟的政策的法律化，成熟几条，先定几条，要言简意赅。”[23]因此，“港澳药械通”地方行政先行立法应当对这些法源性政策进行基于法的基本要素之提取和转化，使之成为地方行政先行立法的基础性内容。

（三）以职权立法为补充

根据《立法法》第93条之规定，地方行政立法可以就本行政区域的具体行政管理事项进行立法。而根据《药品管理法》《医疗器械监督管理条例》等法律法规以及相关组织法的规定，地方各级人民政府领导、组织、协调药品医疗器械监督管理工作以及突发事件应对工作，地方各级药品监督管理部门负责本行政区域内的药品医疗器械监管及其相关工作。根据《工作方案》，需要完善的建立协作机制、健全配套制度、完善救济体系等保障措施，也大多属于具体行政管理事项范畴。可见，大湾区药品医疗器械监管并非全部属于试验性立法，其中部分属于本行政区域的具体行政管理事项，属地方政府职权立法的范畴。近年来，广东省在药品医疗器械监管方面，在推进“放管服”改革，整合药品医疗器械监管资源，创新监管方式，提升监管体系和能力现代化方面取得了不少成果。

22 丁瑶、陈婉玲认为，除了上述这些方面外，规则要素构成也是法源性政策识别的重要因素。但我们认为，规则要素构成是法律区别于政策的重要方面，规则要素构成不应该成为法源性政策识别的要素。参见丁瑶、陈婉玲：《法源性区域经济政策之法律化》，载《苏州大学学报（社会科学版）》2022年第6期。

23 《彭真传》编写组编：《彭真传》（第4卷），中央文献出版社2012年版，第1301页。

因此,“港澳药械通”地方行政先行立法应当注意在法源性政策之外,积极吸收这些成功经验,并将之提炼和转化为先行立法的重要内容。

五、“港澳药械通”地方行政先行立法的基本原则与制度设计

“港澳药械通”地方行政先行立法的目的是加强大湾区内地临床急需进口港澳药品医疗器械的管理,创新监管方式,提升监管体系和监管能力现代化,满足大湾区居民用药用械的需求,保障大湾区居民用药用械的安全,塑造具有创新活力的健康湾区。在这一立法理念导向下,遵循以依法立法为前提、以法源性政策法律化为根本、以职权立法为补充的立法思路,结合大湾区药品医疗器械监管创新发展的实际,构建“港澳药械通”地方行政先行立法的基本原则与制度框架。

(一)基本原则

“港澳药械通”地方行政先行立法是根据《工作方案》等法源性政策,为化解大湾区居民用药用械供需矛盾,创新药品医疗器械监管进行的试验性立法。作为地方行政立法,“港澳药械通”地方行政先行立法必须受到《药品管理法》《医疗器械监督管理条例》等法律法规所确认的基本原则的拘束,即必须遵循风险管理、全程管控、科学监管、社会共治的原则。作为试验性立法,“港澳药械通”地方行政先行立法应当从《规划纲要》《横琴粤澳深度合作区建设总体方案》《工作方案》等法源性政策中提炼出相应的法律原则。立法原则,应当是法源性政策中具有根本性、指导性基本准则的提炼,是其基本精神的鲜明体现。而从《规划纲要》《横琴粤澳深度合作区建设总体方案》《工作方案》等法源性政策看,解放思想、改革创新、开放包容、对接港澳是这些政策的灵魂与核心。因此,“港澳药械通”地方行政先行立法应当坚持解放思想、改革创新、风险管理、全程管控、科学监管、社会共治、开放包容、对接港澳的原则。

(二)制度设计

“港澳药械通”地方行政先行立法的基本框架应当包括总则、指定医疗机构、药品监管创新发展、医疗器械监管创新发展、保障措施、法律责任、附则等,并至少搭建以下七大制度体系。

1. 指定医疗机构制度。主体资格是权利产生和得到认可的前提性条件。指定医疗机构制度需要解决的是主体资格问题,其内容应当包括指定医疗机构

申请条件、权利义务等内容。其中，科学设定指定医疗机构申请条件，是“港澳药械通”地方行政先行立法的关键。其条件设定，既要符合《工作方案》的基本要求，又要保持一定的前瞻性，以使其符合大湾区药品医疗器械监管创新发展的需要，保持法律应有的稳定性。

2. 港澳药品医疗器械进口管理制度。进口港澳药品医疗器械，满足大湾区居民用药用械需求，是“港澳药械通”政策确立的重点任务。因而，港澳药品医疗器械进口管理制度是“港澳药械通”地方行政先行立法的基础性制度，其内容包括进口临床急需且已在港澳上市的药品、临床急需且港澳公立医院已采购使用具有临床应用先进性的医疗器械的目录制度、进口审批实施程序制度以及外用中成药进口审批制度等。

3. 港澳药品医疗器械风险管控制度。药品药械不同于一般的食品、日用品等其他产品，其直接影响患者的生命健康。因此，对其风险管控要求应当特别严格。港澳药品医疗器械风险管控制度至少应当包括港澳药品医疗器械的使用制度、不良反应（不良事件）监测报告管理制度、召回制度、追溯制度、安全性更新报告制度、法定代表人承诺制度、应急预案制度等内容。

4. 大湾区药品医疗器械监管信息共享制度。信息共享是监管创新的基础与支撑。大湾区药品医疗器械监管信息共享制度应当是“港澳药械通”地方行政先行立法的重要内容。其内容应当包括建立涵盖采购、进口、通关、贮存、配送、使用全过程管理的临床急需进口港澳药品医疗器械监管信息平台，实现粤港澳三地监管部门之间、广东省各相关职能部门之间以及各地市相关监管部门之间监管信息的无缝共享，并依法及时向社会公开等。

5. 大湾区医药产业融合创新发展促进制度。“港澳药械通”政策目标不仅要满足大湾区居民用药用械需求，还要促进大湾区医药产业融合创新发展。因此，建立相关促进制度也应当是“港澳药械通”地方行政先行立法的应有之义。大湾区医药产业融合创新发展促进制度应当包括实施药品上市许可持有人、医疗器械注册人制度改革、简化外用中成药注册审批流程、推进中医药产品创新研发以及加强中医药政策和技术研究等内容。

6. 大湾区药品医疗器械监管协调制度。这一制度应当包括三个层面：一是建立广东省推进粤港澳大湾区建设领导小组与港澳政府协商机制，协调解决大湾区药品医疗器械监管的重大问题；二是建立广东省卫健委、药监局与港澳卫生、药品管理等部门沟通协调机制，协调解决大湾区药品医疗器械监管的具体问题;三是由广东省人民政府设立的大湾区药品医疗器械监管创新发展联席会议制度,统筹推进大湾区药品医疗器械监管创新发展,强化省内各部门之间、各地市之间的协作配合。

7.患者合法权益保障与救济制度。患者合法权益保障与救济制度既是保障大湾区居民用药用械的安全的需要,也是“港澳药械通”地方行政先行立法社会共治原则的具体体现。患者合法权益保障与救济制度包括药品港澳药械有限使用制度、保险赔付制度、患者知情制度、罕见病患者登记制度、医疗机构审计制度、医患纠纷解决制度、事故快速有效核查处置制度等内容。

六、结　　语

“港澳药械通”地方行政先行立法具备必要性和相应的法律依据。“港澳药械通”地方行政先行立法应当以法属性的判断要素为标尺,按照“港澳药械通”政策的制定主体、实施时间、实施效果、可复制性、非冲突性等进行多维度权衡和识别提炼,全面回应打造健康湾区,建设宜居宜业宜游的优质生活圈的现实需要,实现立法创新,以完备的立法促进大湾区规则衔接,推动大湾区融合发展,使大湾区居民获得感、幸福感、安全感,更加充实、更有保障、更可持续。

反电信网络诈骗的体系检讨与路径匡正

聂立泽　刘林群*

【内容提要】 对电信网络诈骗的规制已持续多年，但传统规制体系过分偏倚刑事手段且因循普通诈骗罪及其共同犯罪的认定路径，引发共犯范围、既遂状态等司法适用难题。电信网络诈骗得以实施与平台密切相关，但平台责任在传统规制体系中未得到足够关注。随着上下游黑灰产业链的完备，电信网络诈骗"撒网式"作案模式也日益"精确化"，对此，以诈骗行为为单一核心的规制模式已捉襟见肘。《反电信网络诈骗法》为匡正传统电信网络诈骗规制路径、形塑立体的电信网络诈骗规制体系提供规范指引和制度空间，但仍应从行政手段与刑事手段的并行与衔接、个人责任与平台责任的差异化评价、诈骗行为与衍生行为的区分式认定三个向度匡正电信网络诈骗规制路径。

【关键词】 电信网络诈骗　反电信网络诈骗法　平台责任　行政手段　衍生行为

一、问题源起

网络空间在扩展民众行动场域的同时，也诱发电信网络诈骗等违法犯罪活动。区别于传统诈骗的"一对一"或"有限的一对多"作案模式，电信网络诈骗借由电信网络呈现"一对多"的"撒网式"作案模式。与此同时，伴随着非法获取个人信息、非法利用信息网络提供技术支撑等电信网络诈骗上下游产业链的延长和完备，电信网络诈骗已呈现"个人信息—银行卡和手机卡—

* 聂立泽——中山大学法学院教授，博士生导师，中山大学网络犯罪研究中心（广东省网络犯罪研究基地）主任、研究员，主要研究领域：刑法学、刑事诉讼法学、国际刑法学；刘林群——中山大学法学院博士研究生，主要研究领域：刑法学。

网络技术—诈骗—洗钱”等多个违法犯罪行为“匿名勾连”的多核心样态。此外，个人信息的泄露使电信网络诈骗的对象从“抽象的受害群体”转向“具体的受害个人”，也使电信网络诈骗“撒网式”的作案方式呈现“精确化”打击的倾向。

然而，传统电信网络诈骗规制体系存在过分倚重刑事手段、沿袭线下社会规制诈骗犯罪的传统路径、对平台责任关注不足等问题。具言之，传统诈骗犯罪规制体系围绕“诈骗行为”单一核心设置诈骗罪、贷款诈骗罪、保险诈骗罪、合同诈骗罪等罪名，并通过共同犯罪的方式将与之相关的帮助行为纳入规制范围。在此规制体系下，与诈骗相关的帮助行为的可罚性认定受限于“主犯被捉获和定性”及“共同犯罪故意认定”等前提条件。但是，电信网络诈骗链条中非相邻核心之间的群体并不必然具有意思联络或共犯故意。受限于此，传统诈骗犯罪规制体系只能通过增设纯正网络犯罪罪名、修改犯罪定量参数、将未达到特定金额的电信网络诈骗行为认定为“未遂”等方式进行修补，以应对纷繁复杂的电信网络诈骗行为。此外，在身处网络空间核心位置的网络平台等网络服务提供者有能力且应当采取措施规制电信网络诈骗等网络违法犯罪行为的情况下，现行立法却仅通过民商事领域的“通知—删除”规则和刑事领域的“拒不履行信息网络安全管理义务罪”对网络平台责任范围予以限缩，导致长期以来对电信网络诈骗的防治陷入“打地鼠式”的个人责任路径。

《反电信网络诈骗法》正视电信网络诈骗链条多主体、多行为、多核心的样态，但关于行政手段及刑事手段的并行与衔接、入罪标准模糊化的防止、平台的义务来源与责任范围、诈骗行为的衍生行为是否单独构罪等诸多问题仍亟待妥适解决。

二、体系检讨：规制电信网络诈骗的思维积习审视

（一）过分偏倚刑法规制路径之检讨

作为互联网发展早期的Web1.0时代尚未存在现代意义上的网络犯罪，彼时的计算机和信息系统只是作为诸多犯罪对象之一。及至Web2.0时代，计算机、信息网络普遍成为民众学习、生活和工作的工具，与此同时，凭借计算机、信

息网络作为违法犯罪工具[1]的电信网络诈骗也日渐增多。而到了Web3.0时代,大量泄露个人信息、非法提供网络支持等违法犯罪行为快速滋生,使电信网络诈骗的潜在受害人范围近乎无限扩大、潜在的受害人画像也愈加具体。与之相对应,我国对电信网络诈骗的规制路径也在不断调整。具言之,在Web1.0时代下,我国仅针对将计算机及信息系统作为犯罪对象的情况增设非法侵入计算机信息系统罪等罪名,至于利用计算机实施诈骗的行为仍归于普通诈骗犯罪的规制范畴[2]。而在Web2.0时代下,考虑到利用计算机、信息网络作为作案工具的电信网络诈骗日渐增多的现实,我国通过"司法解释"的方式将"拨打电话、发送短信、利用互联网"等以电信网络作为作案工具的情形作为诈骗罪的"从严处罚情节"[3],并赋予"发送诈骗信息、拨打诈骗电话"等利用电信网络手段等情形在"未达到诈骗罪入罪数额,或诈骗数额难以查清"情况下"认定诈骗罪(未遂)"[4]的资格。亦即此时的"利用电信网络技术"依旧附属于诈骗犯罪,而自身的电信网络特性尚未得到彰显。及至Web3.0时代,非法利用信息网络、通过信息网络为违法犯罪行为提供帮助等行为,以及网络服务提供者基于网络服务的管理责任逐渐为刑事立法所关注,引发非法利用信息网络罪、帮助信息网络犯罪活动罪、拒不履行信息网络安全管理义务罪等独立网络犯罪的增设[5]。与此

---

1 刘艳红:《Web3.0时代网络犯罪的代际特征及刑法应对》,载《环球法律评论》2020年第5期。

2 1997年《刑法》第287条:利用计算机实施金融诈骗、盗窃、贪污、挪用公款、窃取国家秘密或者其他犯罪的,依照本法有关规定定罪处罚。

3 最高人民法院、最高人民检察院《关于办理诈骗刑事案件具体应用法律若干问题的解释》(法释〔2011〕7号)第2条:诈骗公私财物达到本解释第一条规定的数额标准,具有下列情形之一的,可以依照刑法第二百六十六条的规定酌情从严惩处:(一)通过发送短信、拨打电话或者利用互联网、广播电视、报刊杂志等发布虚假信息,对不特定多数人实施诈骗的……

4 最高人民法院、最高人民检察院《关于办理诈骗刑事案件具体应用法律若干问题的解释》(法释〔2011〕7号)第5条:诈骗未遂,以数额巨大的财物为诈骗目标的,或者具有其他严重情节的,应当定罪处罚。利用发送短信、拨打电话、互联网等电信技术手段对不特定多数人实施诈骗,诈骗数额难以查证,但具有下列情形之一的,应当认定为刑法第二百六十六条规定的"其他严重情节",以诈骗罪(未遂)定罪处罚:(一)发送诈骗信息五千条以上的;(二)拨打诈骗电话五百人次以上的;(三)诈骗手段恶劣、危害严重的。实施前款规定行为,数量达到前款第(一)、(二)项规定标准十倍以上的,或者诈骗手段特别恶劣、危害特别严重的,应当认定为刑法第二百六十六条规定的"其他特别严重情节",以诈骗罪(未遂)定罪处罚。

5 《刑法修正案(九)》第28条、第29条。

同时,我国通过司法解释的方式新增“实际被点击数”“信息数量”[6]等凸显电信网络特性的入罪情节,使犯罪定量评价体系不断丰富和完善[7]。

但是,将电信网络诈骗定性为“传统诈骗犯罪的线上化”导致对电信网络诈骗的认定受限于“诈骗行为为主要行为,与之相关的行为为次要行为”的司法惯性。诚然,线下社会的传统诈骗犯罪以保护财产权为主要法益,因此,诈骗行为属于诈骗罪中的典型实行行为,而与之相关的提供个人信息等系列行为则往往以帮助行为的身份被纳入诈骗罪共同犯罪行为的行列。就此而言,“诈骗行为为主要行为,与之相关的行为为次要行为”的逻辑顺理成章。循此逻辑,直接实施诈骗行为的人为主犯,而实施其他相关行为的人除作用较大外一般为从犯。然而,在电信网络诈骗中,所保护的法益却并不仅限于财产权,而是涵盖信息安全、信息环境秩序、信息资源等诸多法益。[8] 与之对应,电信网络诈骗实际牵涉的罪名也不仅限于诈骗罪或与之相关的金融诈骗罪、合同诈骗罪等同类型诈骗犯罪,而是包括侵犯公民个人信息罪、非法利用信息网络罪等相关罪名。在这些不同罪名所对应的不同电信网络诈骗行为之间,并不存在必然的社会危害性高低排序,也不存在绝对的主从犯位序。将刑法适用于网络空间不只是涉及确定不法类型的问题,而是牵涉行为符合何种构成要件的问题。[9] 因此,因循“诈骗行为为主要行为,与之相关的行为为次要行为”的司法惯性,不仅导致具体行为在电信网络诈骗中作用和定性出现失之过轻或失之过重的轻重失衡问题,而且受限于传统诈骗罪共同犯罪认定中是否存在意思联络、共犯故意等条框限制,无法准确划定可罚范围。

6　最高人民法院、最高人民检察院《关于办理非法利用信息网络、帮助信息网络犯罪活动等刑事案件适用法律若干问题的解释》(法释〔2019〕15 号)第 3 条:拒不履行信息网络安全管理义务,具有下列情形之一的,应当认定为刑法第二百八十六条之一第一款第一项规定的“致使违法信息大量传播”:(一)致使传播违法视频文件二百个以上的;(二)致使传播违法视频文件以外的其他违法信息二千个以上的;(三)致使传播违法信息,数量虽未达到第一项、第二项规定标准,但是按相应比例折算合计达到有关数量标准的;(四)致使向二千个以上用户账号传播违法信息的;(五)致使利用群组成员账号数累计三千以上的通讯群组或者关注人员账号数累计三万以上的社交网络传播违法信息的;(六)致使违法信息实际被点击数达到五万以上的;(七)其他致使违法信息大量传播的情形。

7　于志刚、郭旨龙:《“双层社会”与“公共秩序严重混乱”的认定标准》,载《华东政法大学学报》2014 年第 3 期。

8　合肥市人民检察院课题组:《信息时代诈骗犯罪防治及立法思考》,载《中国检察官》2019 年第 8 期。

9　叶良芳、李芳芳:《互联网视阈下合同诈骗罪的教义学回归》,载《国家检察官学院学报》2017 年第 6 期。

此外,对刑法规制路径的偏倚还导致"帮助信息网络犯罪活动罪"这一"兜底罪"的增设。尽管有观点认为帮助信息网络犯罪活动罪作为"兜底罪"是面向当下与未来、应对风险社会的必要存在,[10]甚至有观点高喊"采取'重典治乱'的刑罚策略"[11]应对电信网络诈骗犯罪。但是,"兜底罪"自身要件弹性大、相关司法适用标准不明确,极易导致适用率低或犯罪圈不当扩张的极端现象。显然,对这种隐含过度犯罪化风险的刑事立法应保持警惕和审慎,而这也是对当下刑事案件处置分流、缓解司法压力的现实考量。此外,帮助信息网络犯罪活动罪自身也面临"帮助犯量刑规则"[12]、"帮助犯的正犯化"[13]与"独立犯罪"[14]的属性之争。学界对此尚且难以达成一致见解,更遑论发挥理论对实践的指导作用。

(二)重个人轻平台责任逻辑之检讨

线下社会的诈骗罪往往由行为人直接实施诈骗行为及与之相关的诈骗帮助行为,但网络社会背景下的电信网络诈骗等违法犯罪行为在行为构造、行为场域上却与线下社会的违法犯罪行为存在显著差异。Web3.0 时代的到来并非单纯拓展了民众的活动场域和犯罪人的犯罪场域,而是形塑了由网络平台等网络服务提供者直接管理和控制的独立空间。尽管网络社会标榜"万物互联互通",但网络社会并非无边界的融合空间,而是由不同的网络平台所代表的网络空间拼凑而成。其中,不同的网络平台之间并不必然互联互通,而是取决于单一网络平台是否向其他网络平台、搜索引擎开放,以及在何种程度上开放自身的平台数据。这意味着网络社会的违法犯罪行为必须在网络平台所管控的网络空间中实施,而不是逸脱于"无法无天之地"。网络平台服务提供者扮演着提供交换资源、承担组织调度的角色,已成为身处网络活动第一线的管理者。[15] 对于发生在自己所管控的网络空间中的违法犯罪行为,网络平台显然难以完全置身事外。而就提供电话卡、物联卡、拨号器、宽带等网络接入服务的网络服务提供者而言,尽管其并未为电信网络诈骗的实施提供网络空间,但其提供的网络

---

10 江溯:《帮助信息网络犯罪活动罪的解释方向》,载《中国刑事法杂志》2020 年第 5 期。

11 徐永胜、许韬:《跨境电信网络诈骗犯罪规律特征与对策研究》,载《青少年犯罪问题》2021 年第 4 期。

12 张明楷:《论帮助信息网络犯罪活动罪》,载《政治与法律》2016 年第 2 期。

13 陆旭:《网络服务提供者的刑事责任及展开——兼评〈刑法修正案(九)〉的相关规定》,载《法治研究》2015 年第 6 期。

14 皮勇:《论新型网络犯罪立法及其适用》,载《中国社会科学》2018 年第 10 期。

15 姜瀛:《"以网管网"背景下网络平台的刑法境遇》,载《国家检察官学院学报》2017 年第 5 期。

接入服务恰恰是电信网络诈骗行为得以实施所不可或缺的工具。更实质地看，网络接入服务处于电信网络诈骗链条的前端环节，甚至可以说是扼守电信网络诈骗的源头。

可见，无论是提供网络空间还是提供网络接入服务，网络平台等网络服务提供者在电信网络诈骗链条中均处于关键地位。质言之，电信网络诈骗的规范构造呈现“个人—平台”二元主体互动样态。实践中，部分提供网络接入服务的网络服务提供者在商业利润的刺激下，还会自觉或不自觉地参与电信网络诈骗。[16] 例如，提供手机卡、物联卡等电信服务商即便知道发行的号卡超出正常需要、可能存在被滥用于电信网络诈骗等违法犯罪的潜在风险，依旧会在商业利润的刺激下通过各种方式发卡；此外，落实用户实名制制度过程中，部分电信服务商也会有意无意地采取上传照片替代真人核验等方式放松实名认证标准，为号卡被滥用埋下隐患。遗憾的是，我国对电信网络诈骗等网络违法犯罪行为的规制长期遵循“重个人责任轻平台责任”的逻辑。亦即，在电信网络诈骗等违法犯罪行为的规制中，存在诈骗罪、侵犯个人信息罪、非法利用信息网络罪等罪名追究个人的刑事责任，但对于网络平台责任的追究长期以来仅限于民商法领域“通知—删除”规则下的民事侵权责任。即便新设拒不履行信息网络安全管理义务罪为追究网络平台的刑事责任提供可能，却也通过设置“经责令改正”的客观处罚条件等方式限缩网络平台的刑事责任范围。

“重个人责任轻平台责任”的逻辑导致我国对电信网络诈骗等行为的规制只能逐一追究涉案自然人的刑事责任，由此落入共同犯罪中共同故意和意思联络认定、主犯行为尚未得到定性等条框的限制；与此同时，对电信网络诈骗等违法犯罪行为具有管控能力且具有积极协助管控义务的网络平台等网络服务提供者却游走在法律规制之外。此外，线下社会中单一犯罪所牵涉的犯罪人、犯罪数量相对有限，但电信网络诈骗等网络违法犯罪行为所牵涉的犯罪人数量、犯罪数量与线下社会相比可谓不可计量，“重个人责任轻平台责任”的逻辑在应对电信网络诈骗等违法犯罪行为时不可避免地陷入“违法犯罪的红海”之中。相比之下，网络平台等网络服务提供者则凭借其在网络空间信息流动中的“守门人”身份，能在电信网络诈骗链条的前端批量性介入、阻断，而这恰恰是为“重个人责任轻平台责任”逻辑所忽视的关键所在。现实证明，线下社会单方追究

16 黎宏：《电信诈骗中的若干难点问题解析》，载《法学》2017 年第 5 期。

个人责任的规制逻辑并不适应网络社会的治理逻辑,对电信网络诈骗违法犯罪行为的规制不能也不应忽视对平台责任的追究。

(三)因循单一诈骗规制核心之检讨

将电信网络诈骗简单定性为“传统诈骗犯罪的线上化”,实质上是延续将“电信、网络”作为诈骗“手段和工具”的Web2.0思维。诚然,在Web2.0阶段,电信、网络等技术往往只是增加了犯罪人的犯罪手段和工具,使犯罪人无须通过线下真人接触即可实施诈骗行为,而犯罪人与被害人之间仍为“一对一”或“有限的一对多”作案模式。这两种电信网络诈骗作案模式与传统诈骗罪相比,在犯罪人数量和分工上并不存在明显差异,而仅因为电信、网络技术而使潜在受害人范围得到有限扩展。此时,沿袭以诈骗行为为核心、将与诈骗行为相关的衍生行为纳入共同犯罪范畴的传统诈骗犯罪规制路径,尚足以妥适解决电信网络诈骗犯罪案件。

随着Web3.0时代的到来,Web2.0时代下“以诈骗行为为单一核心”的电信网络诈骗链条在前端和后端均出现不同程度的裂变,并生发出“个人信息泄露”“号卡买卖”“技术支持”“洗钱”等多个具备自身违法性的核心。一方面,这些核心行为本身会涵盖多种与之相关的行为集合,如“个人信息泄露”这一核心本身便涵盖非法获取个人信息、非法使用个人信息、非法购买个人信息等违法犯罪行为。电信网络诈骗使民众对自己的信息安全产生严重怀疑,使正常的信息管理和运行秩序受到严重侵害,这是传统诈骗罪所没有涉及、也无法评价的。[17] 另一方面,这些核心行为虽然与诈骗行为存在关联,但对单一诈骗行为,乃至对诈骗行为自身的依附性却大为减弱,如“个人信息泄露”这一核心行为本身已经具备足够的违法性和社会危害性,也可能与“寻衅滋事”等违法犯罪行为构成上下游犯罪关系,并不必然依附于诈骗行为。这意味着即便没有诈骗行为的存在,或诈骗行为本身并未达到情节严重的程度,“个人信息泄露”等核心行为本身已经足以构成单独犯罪或构成其他犯罪的共同犯罪。与此同时,尽管诈骗行为的实施在客观上得益于与之相关的个人信息泄露、非法提供网络支持等行为,但诈骗行为的实施者并不必然与相关行为的实施者存在明确的意思联络,彼此之间对各自的作案意图、具体行为、犯罪时间等内容往往也处于不知情的状态。与此同时,在客观上还会出现单一诈骗行为并未达到入罪标准,而与

17 吴加明:《“电信网络诈骗”的概念界定与立法运用》,载《学海》2021年第3期。

之相关的帮助行为已经达到其自身的犯罪入罪门槛的情况。

事实上,电信网络诈骗并非只有“诈骗行为”,也并不意味着其他衍生行为的社会危害性和违法性必然小于诈骗行为。电信网络诈骗牵涉的主体、行为、对象等因素复杂,即便在刑事领域,其涉案罪名也不局限于诈骗罪,而是延伸到招摇撞骗罪、信用卡诈骗罪等同类犯罪,以及扰乱无线电通讯管理秩序罪、侵犯公民个人信息罪、掩饰犯罪所得、犯罪所得收益罪等关联犯罪,以及拒不履行信息网络安全管理义务罪、非法利用信息网络罪、帮助信息网络犯罪活动罪等纯正网络犯罪。[18] 亦即电信网络诈骗链条的前端、中端、末端均具有各自的核心违法犯罪行为,而这些核心违法犯罪行为除了在客观上具有各自的违法性和单独构罪可能性外,在主观上与诈骗行为之间往往并不存在传统共同犯罪情况下明确的意思联络和犯罪意图,而是凸显网络社会特性的匿名、放任的犯罪意图。可见,围绕“诈骗行为”作为单一核心的电信网络诈骗规制体系难以适应Web3.0 时代下电信网络诈骗多个违法犯罪行为“匿名勾连”的多核心样态的规制需要。

三、路径匡正:规制电信网络诈骗的向度及其限度

2011 年最高人民法院、最高人民检察院《关于办理诈骗刑事案件具体应用法律若干问题的解释》与《刑法修正案(九)》增设“拒不履行信息网络安全管理义务罪”等均属于因应电信网络诈骗司法现实中存在问题的“被动式回应”,并未从根本上解决当前电信网络诈骗规制体系存在的过分偏倚刑法规制路径、对网络平台责任及与诈骗行为相关的衍生行为的独立违法性与构罪可能性关注不足等问题。《反电信网络诈骗法》的颁布一改以往的“被动式回应”的“打补丁”模式,转向“主动式建构”的逻辑进路,但在行政手段与刑事手段的并行与衔接、个人责任与平台责任的区分、诈骗行为与衍生行为的评价等方面仍需要进一步优化。

(一)行政手段与刑事手段:并行与衔接

以往,对电信网络诈骗的规制过分倚重单一的刑事手段,至于刑法之外的录入个人信用征信系统、禁止从事特定职业、禁止实施某种行为等行政手

---

18 高铭暄:《论中国大陆(内地)电信网络诈骗的司法应对》,载《警学研究》2019 年第 2 期。

段则鲜少适用。然而,电信网络诈骗得以实施的一大原因便在于对被害人信任的利用,包括对与被害人相关的特定成员或公检法机关等机构、组织的信任的利用。正因如此,电信网络诈骗也对社会信用体系构成巨大冲击,除破坏被害人对他人、正常机构组织的信任外,还影响社会的互信氛围和诚信基础。[19] 事实上,受电信网络诈骗的影响,民众对陌生来电、陌生信息往往持警惕态度,甚至因此导致正规来电和信息被民众错误归入诈骗来电和信息的行列。对此,《反电信网络诈骗法》针对电信网络诈骗行为增设"记入信用记录,限制部分社会行为""限制出境"等[20]行政处罚措施,并明确在不构成犯罪的情况下适用"罚款、警告、通报批评、暂停相关业务、停业整顿"等行政处罚措施。

但是,行政处罚措施的增设在客观上也为公检法机关规制电信网络诈骗带来适用行政手段抑或刑事手段的边界、如何避免以罚代刑、行政手段和刑事手段并用是否导致罚过其罪、社会信用体系尚未完善导致救济困难等问题。此外,当前全国性社会信用体系尚不健全、各地社会信用系统内容不一,如深圳便将"违反法律法规等规定驾驶电动自行车"的行为纳入"录入信用征信系统"[21]行政处罚的规制范围。对此,厘清刑事手段与行政手段各自的适用条件,即区分相关行为"罪与非罪"的界限显得尤为迫切,唯有如此才能实现行政手段和刑事手段的有效衔接,避免以罚代刑或犯罪圈不当扩张等乱象。与此同时,电信网络诈骗在入罪标准上已经突破传统诈骗罪"各地入罪标准不一"的情况,率先

19 黄晓亮、王忠诚:《论电信诈骗犯罪惩治与防范的国际合作》,载《贵州社会科学》2016年第2期。

20 《反电信网络诈骗法》第31条第2款:对经设区的市级以上公安机关认定的实施前款行为的单位、个人和相关组织者,以及因从事电信网络诈骗活动或者关联犯罪受过刑事处罚的人员,可以按照国家有关规定记入信用记录,采取限制其有关卡、账户、账号等功能和停止非柜面业务、暂停新业务、限制入网等措施。对上述认定和措施有异议的,可以提出申诉,有关部门应当建立健全申诉渠道、信用修复和救济制度。具体办法由国务院公安部门会同有关主管部门规定。第36条:对前往电信网络诈骗活动严重地区的人员,出境活动存在重大涉电信网络诈骗活动嫌疑的,移民管理机构可以决定不准其出境。因从事电信网络诈骗活动受过刑事处罚的人员,设区的市级以上公安机关可以根据犯罪情况和预防再犯罪的需要,决定自处罚完毕之日起六个月至三年以内不准其出境,并通知移民管理机构执行。

21 《深圳经济特区道路交通安全管理条例》(2021修正)第126条:违反本条例第六十五条规定,经责令改正而拒不改正的,由市公安机关交通管理部门处五千元以上二万元以下罚款,并将其处罚情况通知信用征信机构录入个人信用征信系统。

实现全国统一的入罪标准。[22] 可见，确定全国统一适用的电信网络诈骗记入信用记录标准越发重要。

《反电信网络诈骗法》为规制电信网络诈骗提供多样化、轻重有别的规制手段，但随其施行而来的是“罚款、警告”等行政处罚措施与《刑法》诈骗罪、非法利用信息网络罪、拒不履行信息网络安全管理义务罪等罪名的适用标准问题，即相关行为罪与非罪的界限区分问题，以及“记入信用记录、限制出境”等新增行政处罚的适用条件和救济途径等落地落实的具体问题。然而，既有的关于电信网络诈骗、新型网络犯罪的司法解释等规范性文件[23]恰恰难以提供凸显《反电信网络诈骗法》特殊性的有效答案。因此，亟须以制定新的司法解释或其他规范性文件的方式明确电信网络诈骗相关行为“罪与非罪”的界限，以及适用“记入信用记录”和“限制出境”等行政处罚的适用条件与救济途径。

对于诈骗行为、电信业务经营者未履行信息网络安全管理义务行为等既可能属于行政违法行为，也可能属于刑事犯罪行为的行为，其中关于发送诈骗信息和拨打诈骗电话行为的入罪标准已有先例可循，但对电信业务经营者“未落实反电信网络诈骗内部控制机制、未履行电话卡和物联卡实名制登记职责”等行为需要达到何种条件才满足拒不履行信息网络安全管理义务罪的入罪标准则未有规定。考虑到“未落实内部控制机制和号卡实名制”等行为位于电信网络诈骗链条的前端环节，且这些行为的危害性远大于直接发送诈骗信息或拨打诈骗电话等行为，对这些行为入罪门槛的规定不应低于现行司法解释关于“致使违法信息传播”的入罪门槛。由于银行金融机构、非银行支付机构不属于网络服务提供者行列，对其未落实反电信网络内部控制机制、未履行尽职调查义务等行为虽难以认定构成拒不履行信息网络安全管理义务罪，却存在认定构成帮助信息网络犯罪活动罪的可能。但是，既有司法解释等法律法规及规范文件对银行金融机构、非银行支付机构上述行为在何种情况下才满足帮助信息网络

---

22 最高人民法院、最高人民检察院、公安部《关于办理电信网络诈骗等刑事案件适用法律若干问题的意见》(法发〔2016〕32 号)第 2 条第 1 款：……利用电信网络技术手段实施诈骗，诈骗公私财物价值三千元以上、三万元以上、五十万元以上的，应当分别认定为刑法第二百六十六条规定的“数额较大”“数额巨大”“数额特别巨大”。

23 最高人民法院、最高人民检察院《关于办理诈骗刑事案件具体应用法律若干问题的解释》(法释〔2011〕7 号)；最高人民法院、最高人民检察院、公安部《关于办理电信网络诈骗等刑事案件适用法律若干问题的意见》(法发〔2016〕32 号)；最高人民法院、最高人民检察院《关于办理非法利用信息网络、帮助信息网络犯罪活动等刑事案件适用法律若干问题的解释》(法释〔2019〕15 号)。

犯罪活动罪的入罪门槛也未有规定,同样需要以司法解释等规范性文件的方式予以明确。由于银行金融机构、非银行支付机构难以认定为网络服务提供者,且帮助信息网络犯罪活动罪不存在“经责任整改而拒不整改”的处罚限制条件,但“未落实反电信网络内部控制机制、未履行尽职调查义务”等具体行为的类型和危害性大小却与电信业务经营者的相关行为相似乃至相同,因此,为避免对银行金融机构、非银行支付机构施加相较于电信业务经营者过分严苛的义务标准和入罪门槛,对于银行金融机构、非银行支付机构违反“未落实反电信网络内部控制机制、未履行尽职调查义务”时的入罪门槛宜适当高于电信业务经营者同类行为的入罪门槛。由于记入信用记录和限制出境等行政处罚属于行政部门的职责范围,应当依据《反电信网络诈骗法》的规定由公安机关会同有关主管部门就适用条件、救济途径等内容制定具体细则。但是,考虑到“记入信用记录”和“限制出境”等行政处罚系针对“因从事电信网络诈骗活动或关联犯罪受过刑事记录的人员”实施,对此,宜以制定司法解释等规范性文件的方式明确在相关人员构成电信网络诈骗相关犯罪的情况下负责向公安机关发送通知的责任主体,即由法院在作出电信网络诈骗相关犯罪的有罪判决时一并通知公安机关,抑或以检察院向公安机关发出检察建议的方式进行。

(二)个人责任与平台责任:定位与评价

电信网络诈骗行为的发生并非单一的诈骗行为人“一人之功”,而是集侵犯个人信息、非法提供网络支持、协助洗钱等行为人的“众人之力”,更在于网络平台等网络服务经营者未履行对本平台内网络用户和信息内容的监管审查义务。因此,对电信网络诈骗行为的规制应从个人责任和平台责任两个维度切入。需要注意的是,对个人责任的认定并非单一判断刑事责任的有无,还牵涉行政违法责任有无和大小的判断。在个人行为难以满足电信网络诈骗犯罪入罪门槛的情况下,应当按照《反电信网络诈骗法》的规定追究其行政违法责任,不能人为拔高电信网络犯罪诈骗行为的入罪门槛。

就电信网络诈骗的平台责任而言,除《民法典》的“通知—删除”规则[24]设定

---

24 《民法典》第1195条:网络用户利用网络服务实施侵权行为的,权利人有权通知网络服务提供者采取删除、屏蔽、断开链接等必要措施。通知应当包括构成侵权的初步证据及权利人的真实身份信息。网络服务提供者接到通知后,应当及时将该通知转送相关网络用户,并根据构成侵权的初步证据和服务类型采取必要措施;未及时采取必要措施的,对损害的扩大部分与该网络用户承担连带责任。权利人因错误通知造成网络用户或者网络服务提供者损害的,应当承担侵权责任。法律另有规定的,依照其规定。

网络平台的民事责任、《网络安全法》[25]设定网络平台的行政责任外,《刑法修正案(九)》通过增设“拒不履行信息网络安全管理义务罪”设定网络平台的刑事责任。尽管有观点基于“技术中立”[26]等理由否定网络平台等网络服务提供者承担刑事责任的合理性,认为网络服务提供者仅需要承担“通知—删除”规则下的民事、行政责任[27],甚至直言“帮助信息网络犯罪活动罪的增设不符合现代刑事法治发展的基本精神”[28]。然而,基于犯罪场理论视角,电信网络诈骗犯罪场的生成是时空因素、被害人要素、社会控制疏漏共同作用的结果[29],社会控制疏漏则体现为网络社会缺乏行之有效的电信网络诈骗识别、预警、防范机制。一般认为,对网络社会的规制涉及经济、政治、文化和社会等多个方面,难以通过设定一个专门的政府机构的方式对网络社会进行全方位规制,但网络社会“无政府”状态又会导致网络社会陷入弱肉强食的“丛林状态”。[30] 在国家能力有限的情况下,由有能力修正他人行为的第三方充当“看门人”以阻止或干扰非法活动的开展,已成为数字时代犯罪治理的通行做法。[31] 而网络平台等网络服务提供者作为网络社会“连接与交互”根基的承担者[32],正是有能力充当网络社会“看门人”的适格主体。此外,考虑到网络社会海量数据条块分割、分散在不同行业、机构,掌握在不同系统、不同场景中,由此产生的信息分散、行业共享与合作机制不足问题恰恰与电信网络诈骗高发势头没有得到遏制存在密切关联。[33] 就此而言,网络平台等网络服务提供者应当承担起保护平台内信息数据、监管

---

25 《网络安全法》第 69 条:网络运营者违反本法规定,有下列行为之一的,由有关主管部门责令改正;拒不改正或者情节严重的,处五万元以上五十万元以下罚款,对直接负责的主管人员和其他直接责任人员,处一万元以上十万元以下罚款:(一)不按照有关部门的要求对法律、行政法规禁止发布或者传输的信息,采取停止传输、消除等处置措施的;(二)拒绝、阻碍有关部门依法实施的监督检查的;(三)拒不向公安机关、国家安全机关提供技术支持和协助的。

26 周光权:《网络服务商的刑事责任范围》,载《中国法律评论》2015 年第 2 期。

27 陈洪兵:《论拒不履行信息网络安全管理义务罪的适用空间》,载《政治与法律》2017 年第 12 期。

28 刘艳红:《〈刑法修正案(九)〉评论》,载《法商研究》2016 年第 3 期。

29 叶良芳:《犯罪场理论视角下电信网络诈骗犯罪的治理对策》,载《犯罪研究》2021 年第 6 期。

30 李洪雷:《论互联网的规制体制——在政府规制与自我规制之间》,载《环球法律评论》2014 年第 1 期。

31 王熠、狄小华:《“反制技术措施”的内涵及法治实现——以〈反电信网络诈骗法〉为例》,载《南京社会科学》2022 年第 10 期。

32 敬力嘉:《论拒不履行网络安全管理义务罪》,载《政治与法律》2017 年第 1 期。

33 张淑平、郭亦农:《大数据与电信网络诈骗之跨境治理》,载《静月学刊》2018 年第 3 期。

审查平台内网络用户和违法犯罪行为的主体责任。

需要注意的是,《反电信网络诈骗法》将涵盖“基础电信企业和移动通信转售企业和代理商”在内的“电信业务经营者”[34]概念与“互联网服务提供者”概念并列,并赋予同等的“构建反电信网络诈骗内部控制机制和安全责任制度”义务。然而,《网络安全法》[35]却使用“网络运营者”的概念涵摄所有的“网络所有者、管理者和网络服务提供者”;《刑法》则将拒不履行信息网络安全管理义务罪的主体界定为网络服务提供者[36]。由于银行金融机构、非银行支付机构往往不属于网络服务提供者的行列,其未履行“构建反电信网络诈骗内部控制机制和安全责任制度”义务的行为难以认定为拒不履行信息网络安全管理义务罪,而只能认定为帮助信息网络犯罪活动罪等罪名。至于其他提供金融服务内容和海量金融消费者信息的网络金融平台[37]是否应当归入网络服务提供者的行列,则需要依据其是否提供网络技术服务或内容服务作为判断标准。但是,电信业务经营者作为提供网络接入服务的基础网络运营商属于网络技术服务提供者的行列,而网络技术服务提供者又与网络内容服务提供者共同作为网络服务提供者的下位概念。因此,为避免司法实践中出现对电信业务经营者是否属于拒不履行信息网络安全管理义务罪的“网络服务提供者”的歧义,导致影响对基础电信企业、移动通信转售企业和代理商刑事责任的追究,应当通过制定司法解释等规范性文件的方式明确电信业务经营者的性质,明确其作为网络服务提供者的身份。

承认网络平台等网络服务提供者负有对平台内电信网络诈骗行为的监督审查义务,并承担因义务履行不力而产生的刑事责任,是对网络平台在电信网络诈骗链条中的地位和作用的正视。但这并不意味着要求不同类型的网络平

---

34 《反电信网络诈骗法》第6条第5款:电信业务经营者、银行业金融机构、非银行支付机构、互联网服务提供者承担风险防控责任,建立反电信网络诈骗内部控制机制和安全责任制度,加强新业务涉诈风险安全评估。

35 《网络安全法》第76条第3项:(三)网络运营者,是指网络的所有者、管理者和网络服务提供者。

36 《刑法》第286条之一第1款:网络服务提供者不履行法律、行政法规规定的信息网络安全管理义务,经监管部门责令采取改正措施而拒不改正,有下列情形之一的,处三年以下有期徒刑、拘役或者管制,并处或者单处罚金:(一)致使违法信息大量传播的;(二)致使用户信息泄露,造成严重后果的;(三)致使刑事案件证据灭失,情节严重的;(四)有其他严重情节的。

37 皮勇、汪恭政:《网络金融平台不作为犯的刑事责任及其边界——以信息网络安全管理义务为切入点》,载《学术论坛》2018年第4期。

台等网络服务提供者承担相同的电信网络诈骗监督审查义务，更不意味着所有的网络平台承担无过错责任或无条件承担刑事责任。相反，对于不同类型的网络平台等网络服务提供者应针对其提供的服务类型设定不同的义务与责任范围，如电信业务经营者（仅提供网络接入服务）（工具）需要确保号卡实名制的落实、事中监控号卡的存续状态是否异常，为事后追责提供可能；而网站运营者则需要识别所管控的网站（网络空间）上正在发生的电信网络诈骗行为并及时预警。与此同时，对于同类型的网络平台等网络服务提供者也应当依据其规模、人力和技术水平等能力大小区分不同的履行标准，对不同的网络平台应充分考虑其实施适法行为的可能性，凸显能力越大责任越大的逻辑，不能出现对小规模网络平台严加苛责，对大规模网络平台宽容无度[38]的能力与责任"倒挂现象"。

（三）诈骗行为与衍生行为：附属与独立

电信网络诈骗与线下社会的传统诈骗均涵盖直接诈骗的行为以及个人信息泄露，非法买卖个人信息，非法提供网络支持、洗钱等与诈骗行为相关的衍生行为两种类型。其中，线下社会的传统诈骗链条以诈骗行为为核心，而我国对线下社会传统诈骗的规制也采取诈骗罪及其共同犯罪的规制模式；而其他衍生行为也围绕诈骗行为展开，属于诈骗行为的帮助行为，其违法性大小和构罪可能性附属于诈骗行为，自身则往往不具有独立构罪的可能性。正因如此，对线下社会传统诈骗链条中诈骗行为之外的衍生行为的规制，往往受限于诈骗行为实施者是否被抓获、诈骗行为是否达到入罪标准、诈骗行为实施者与衍生行为实施者之间是否存在意思联络或共犯故意等问题的回答。反观呈现多核心样态的电信网络诈骗链条，尽管个人信息泄露、非法买卖号卡等行为从形式上看附属于诈骗行为，属于诈骗行为的衍生行为，但这些行为在实际上也有独立于诈骗行为的面向。换言之，个人信息泄露、非法买卖号卡等行为既存在认定为诈骗罪共同犯罪的可能性，也具备单独构罪的可能性。事实上，这种提供信息网络技术支持、帮助行为与具体侵害权利的犯罪的实行行为相结合的样态才是互联网时代违法犯罪风险的典型形态。[39]

38　李怀胜：《网络犯罪案件的行刑衔接机制研究》，载《中国刑事法杂志》2022 年第 4 期。

39　刘宪权：《论信息网络滥用行为的刑事责任——〈刑法修正案（九）〉相关条款的理解与适用》，载《政法论坛》2015 年第 6 期。

针对网络社会背景下电信网络犯罪的特殊性,《刑法修正案(九)》增设非法利用信息网络罪和帮助信息网络犯罪活动罪等罪名,力图为与诈骗行为存在关联的衍生行为单独构罪提供独立罪名。这种立法模式将衍生行为实施者对诈骗行为的主观责任标准下探到至少具有过失、将客观行为拓展到所有加功于诈骗行为的利用信息网络行为,由此拓展衍生行为的独立构罪可能、规避传统诈骗罪及其共同犯罪规制模式的弊端,也因此让这类罪名被打上"兜底罪"或"口袋罪"的标签。然而,电信网络诈骗链条的多核心样态意味着其所牵涉的罪名并不局限于诈骗罪,而是延伸到招摇撞骗罪、信用卡诈骗罪等同类犯罪,扰乱无线电通信管理秩序罪、侵犯公民个人信息罪等关联犯罪,以及拒不履行信息网络安全管理义务罪等纯正网络犯罪。只有正视电信网络诈骗中不同行为的独立违法性及单独构罪可能性,才能避免电信网络诈骗的规制陷入以诈骗行为为单一核心的共同犯罪规制路径的窠臼。

聚众斗殴罪的法益考察与困惑澄清

陈　伟*

【内容提要】 聚众斗殴罪的法益实体不仅决定着该罪的本质界定，也牵涉刑法处罚的合理性及其规制边界问题，因而需要学理剖析与理性辨识。聚众斗殴罪存在单一法益与复合法益的理论分歧，立足于本罪的溯源性考察、分则体系位置、转化规定与加重罪状的考察，定位于公共秩序系其权衡之下的应然抉择。聚众斗殴罪的公共秩序法益属于集体法益类型，秩序维护并非为了彰显伦理道德价值，公共秩序与社会秩序不能混为一谈，而是以法秩序追求的社会安宁与有序化的共同生活规则为利益归宿。在公共秩序的法益立场上，需要达到刑法介入保护的必要性时才用刑法规制，需要实质理解本罪的罪状表述以作衔接契合。

【关键词】 聚众斗殴罪　法益考察　公共秩序　社会秩序

刑法的惩罚性背后具有法益保障的价值追求，《刑法》本质上是一部法益保护法，目的和任务就是保护法益。“法益是现代刑法的核心。”[1]法益并不局限于抽象性表述，而是具有多元性功能。法益具有理论认识功能，法益识别有助于正确认识犯罪的本质；法益具有立法规制功能，在进行刑事立法时，法益概念能使立法正当化并划定其合理性边界；法益还具有司法解释功能，亦即解释构成要件时，应使符合该构成要件的有关行为确实危害了该构成要件背后的法

---

* 陈伟——西南政法大学教授，博士生导师，重庆市新型犯罪研究中心执行主任，主要研究领域：刑法学、犯罪学、监察法学。本文系 2022 年国家社科基金项目后期资助项目“聚众斗殴罪的体系审视与规范适用研究”（项目编号：22FFXB064）与西南政法大学 2021 年度重点项目“积极主义刑法观与刑法教义适用研究”（项目编号：2021XZNDJDZD－04）的阶段性研究成果。

1　舒洪水、张晶：《近现代法益理论的发展及其功能化解读》，载《中国刑事法杂志》2010 年第 9 期。

益,从而使立法上设立此罪的目的得到实现。[2] 因而,准确界定聚众斗殴罪的保护法益,有助于更好地理解将聚众斗殴行为规定为犯罪的依据,也有助于我们对聚众斗殴罪的各构成要件进行实质解释,并且准确理解聚众斗殴罪的处罚边界。

一、聚众斗殴罪的单一法益与复杂法益之争

聚众斗殴罪保护的法益究竟是什么,学界对此观点众多。有人提出本罪保护的法益为社会秩序[3];有人提出本罪的保护法益为公共秩序以及他人生命、健康权[4];还有人将财产权也归为本罪保护法益[5]。大体而言,学界对聚众斗殴罪的法益认识可被划分为单一法益说和复合法益说两类。

(一)聚众斗殴罪的单一法益说

大部分学者持单一法益说并认为聚众斗殴罪的保护法益为公共秩序。部分学者采取直接表述的方式,指出聚众斗殴罪的法益及其基本含义。譬如,高铭暄教授、马克昌教授编撰的著述认为:“本罪的客体是社会公共秩序。所谓社会公共秩序,是指通过法律法规、道德规范、风俗习惯来建立和维持的社会生活有条不紊的状态。”[6] 陈兴良教授认为:“聚众斗殴罪侵犯的客体(法益)是公共秩序,这里的公共秩序,指在社会公共生活中应当遵守的各项共同生活的规则、秩序,亦即公序良俗和社会安宁感,而不限于公共场所的井然有序的秩序。”[7] 此外,还有一部分学者虽然并未直接表明聚众斗殴罪的法益,但是从其论述中可以合理推测其观点为单一法益说。例如,周光权教授论述道:“聚众斗殴,是指出于私仇、争霸或其他流氓动机而纠集他人成帮结伙地互相进行殴斗,从而破坏公共秩序的行为。”[8] 张明楷教授指出,对于聚众斗殴罪的理解:“应当联系

---

2 张明楷:《法益初论》,中国政法大学出版社2003年版,第216页。

3 张影:《论聚众斗殴罪》,载《浙江工业大学学报(社会科学版)》2002年第3期。

4 欧阳涛:《中华人民共和国新刑法注释与适用》,人民法院出版社1997年版,第577页。

5 王延永:《论聚众斗殴罪》,中国政法大学2007年硕士学位论文,第15页。

6 高铭暄、马克昌主编:《刑法学》(第五版),北京大学出版社、高等教育出版社2011年版,第540页。

7 陈兴良:《刑法各论精释》,人民法院出版社2015年版,第953页。

8 周光权:《刑法各论》(第三版),中国人民大学出版社2016年版,第362页。

本罪的法益认定犯罪,对于没有扰乱公共秩序的聚众斗殴行为,不宜认定为犯罪。"[9]不难看出,周光权教授与张明楷教授的观点基本一致,仍然将本罪的法益理解为单一法益的公共秩序说。

需要指出的是,虽然持单一法益说的学者认为聚众斗殴罪的法益为公共秩序,但他们对于公共秩序的理解却并不完全一致。部分学者认为,公共秩序指一种井然有序的秩序或者状态,"即通过法律法规、道德规范、风俗习惯来建立和维持的社会生活有条不紊的状态"[10]。另一部分学者认为,公共秩序的内涵还应包含"在公共场所应当遵守的各项共同生活的规则、秩序亦即公序良俗和社会安宁感"[11]。而对于此处提到的公共场所一词,学者们在理解上也出现了分歧。部分学者认为,公共场所是指广场、步行街、车站等人流量相对集中以及活动较为频繁的地方;另一部分学者认为,只要是人们共同生活的场所就属于公共场所,而不用去辨别或者区分人流多少、场所是否嘈杂、活动是否集中,只要是多人可以活动的场所即可。

持单一法益说的学者们否认人身权和财产权为本罪的法益。首先,"聚众斗殴的行为往往会侵犯公民的人身权利和财产权利,但这并非其本质特征"[12],不可认为本罪法益包括人身和财产权。聚众斗殴罪对于社会公共秩序的破坏,是通过首要分子、积极参与者和一般参与者相互攻击人身的殴斗过程而表现,往往伴随着人身和财产权的受害结果,但这样的结果往往具备附随性、随机性等特点,并非聚众斗殴罪的本质特征。以爆炸罪为例,其在危害公共安全的同时也会造成人员伤亡或者公私财物损毁等后果,但其本质特征是对于公共安全的危害,因此其侵犯的法益仍为公共安全而非人身或者财产权利。

其次,公共秩序属于社会法益,人身权、财产权属于个人法益,社会法益与个人法益并不冲突,从某种程度上说是个人法益的综合体。"对于各种具体犯罪,以保护法益所属的主体不同,可以分为针对个人法益的犯罪、针对社会法益的犯罪、针对国家法益的犯罪。"[13]一般情形下,作为集体法益的类型具有可还

9 张明楷:《刑法学》(第六版)(下),法律出版社 2021 年版,第 1394 ~ 1395 页。

10 高铭暄、马克昌主编:《刑法学》(第五版),北京大学出版社、高等教育出版社 2011 年版,第 540 页。

11 陈兴良:《刑法各论精释》,人民法院出版社 2015 年版,第 953 页。

12 高铭暄、马克昌主编:《刑法学》(第九版),北京大学出版社、高等教育出版社 2019 年版,第 538 页。

13 [日]西田典之:《日本刑法各论》,王昭武、刘明祥译,法律出版社 2013 年版,第 394 页。

原为个人法益的特性,因而国家法益、社会法益并不是完全独立于个人法益的,而是彼此之间存在紧密性关联。正如有学者表述道:“社会法益是以特殊形式表现出来的个人法益的集合,是‘井喷’出来的个人法益的综合体。”[14]公共秩序这一法益也不例外,因此将“公共秩序”确立为聚众斗殴罪的法益,实际上也包括了个人法益的内容,并且能够起到对于个人法益的保护作用。

再次,不能把随机出现的法益侵害情形作为具体犯罪的法益实体对待。“随机客体,是指在某一具体犯罪侵害的复杂客体中可能由于某种机遇而出现的客体,也称随意客体、选择客体。”[15]随机客体(法益)只是复杂法益的一种情形,并非构成犯罪的必要条件,即便其出现也只会影响量刑而并非影响定罪,这与聚众斗殴罪中人身权、财产权受到侵害所存在的偶然性、随机性特点相吻合。根据这一认识,由于侵犯他人人身权或者财产权在聚众斗殴犯罪中并不是必然出现的结果,因此不能将人身权或财产权作为本罪保护法益。不可否认,在司法实践中,聚众斗殴案件在扰乱公共秩序的同时有时也伴随着侵犯他人人身权或财产权的情形,但是这一情形并非在每件案件中都有发生,并不占据主导性和决定性的地位。由于不能囊括所有情形,以此来评价聚众斗殴罪的法益实体欠缺周延性。最关键的是,尽管集体法益可以还原为个人法益,但是个人法益难以还原为集体法益,因而认为聚众斗殴罪的法益为人身权或者财产权,亦是混淆法益类型的不当认识。

最后,根据刑法条文的内容,在聚众斗殴过程中由斗殴行为产生重伤、死亡结果的,需要按照刑法关于故意伤害罪或者故意杀人罪的相应条款予以处理,而给他人造成轻微伤或者轻伤损害后果的,仍然定聚众斗殴罪。在此情形下,虽然在聚众斗殴罪中重伤或者死亡的结果确实侵害了他人生命权或者健康权,但由于此时的罪名已经发生了转化,因而人身权的评价已经不属于聚众斗殴罪的法益内容。另外,把人身权评价为聚众斗殴罪的法益实体,必然难以区分达到重伤以上或者未达到重伤情形的聚众斗殴行为,致使法益对罪名界分的实践功能失灵。因为我们不能说聚众斗殴罪不包括重伤以上的人身权而仅包括轻伤及以下情形,这样的法益界定不仅难以囊括人身权的所有情形,而且还将导

---

14 邵栋豪:《走进社会法益保护的新时代》,载《检察日报》2011 年 7 月 28 日,第 3 版。

15 高铭暄、马克昌主编:《刑法学》(第九版),北京大学出版社、高等教育出版社 2019 年版,第 54 页。

致人们产生本罪只保护较轻程度人身权的重大误解。何况,即使回归到刑法在聚众斗殴罪中对重伤或者死亡的规定,仍然不能据此推断得出聚众斗殴罪的保护法益包括人身权的结论,因为该条款并不是法益实体的直接呈现,刑法条文如此规定更多的是出于罪责刑相适应的考量,而非肯定人身权是本罪的保护法益。

除此之外,另一种单一法益说的观点即为社会秩序说。社会秩序是事实与价值的综合,前者基于外在状态的客观描述,而后者往往作为观念形态或者价值追求而存在。对社会秩序进行相对规范的概念界定,往往存在较大的难度。比如,从一般意义上来说,"社会秩序是指人类社会共同体存在、运动、变化过程中,社会结构和社会活动的相对稳定、协调的一种状态。"[16]就此而论,破坏社会秩序就是通过外在行为改变当下状态的情形,侵害的是社会公众能够平等享有的秩序安宁权。譬如,我国台湾地区的"聚众不解散罪","认为本罪之设,旨在维持社会秩序"[17]。显然,该罪类似于我国大陆地区刑法中的聚众斗殴罪,学者强调该罪保护的法益仍以社会秩序为其核心所在。

立足于犯罪是具有社会危害性的行为,因而认为聚众斗殴罪的保护法益为社会秩序(或称之为社会治安管理秩序)而非公共秩序。支持社会秩序说的学者,其理由如下:首先,一般而言,公共秩序是指一种社会正常状态,这种社会正常状态由人们依照社会公德和法律所形成的公共生活规则予以维护,公共场所秩序和非公共场所秩序均被包括在内,此时公共秩序带有强烈的道德色彩。而社会秩序或者治安管理秩序有明确的法律依据,聚众斗殴者藐视的是法秩序而非单纯的道德秩序,因此将社会秩序确立为保护法益更为适宜。其次,法益具有法定性,治安管理法律法规就是社会秩序具有法定性的依据,而公共秩序的法定性在刑法中则难以找到依据。最后,从《刑法》第292条第1款第2项、第3项的规定来看,立法者侧重于对整个社会秩序的保护,如"社会影响恶劣""造成社会秩序混乱"等都存有"社会"或者"社会秩序"字眼。[18] 正是基于以上考量,有学者认为应将聚众斗殴罪的保护法益界定为社会秩序,也就是社会治安管理秩序。

---

16 曲新久:《论社会秩序的刑法保护与控制》,载《政法论坛》1998年第4期。

17 林山田:《刑法各罪论》(下册),北京大学出版社2012年版,第93页。

18 张影:《论聚众斗殴罪》,载《浙江工业大学学报(社会科学版)》2002年第3期。

(二)聚众斗殴罪的复合法益说

持复合法益说的论者主张,聚众斗殴罪严重威胁社会公共秩序,常以危害财产权及人身权的权利受害外观而予以体现。笔者认为,可以将上述学者的观点进一步细分为两类:一类认为本罪保护法益为公共秩序和人身权;另一类认为本罪保护法益为公共秩序、人身权和财产权。两种观点的根本不同在于是否将"财产权"纳入本罪的保护法益范围内。

有学者认为聚众斗殴罪的保护法益包括人身权。第一,聚众斗殴罪的体系位置之所以归于侵犯社会管理秩序罪一章仅是因为历史沿革。1979 年《刑法》规定的流氓罪保护法益为社会管理秩序,聚众斗殴罪作为由流氓罪分解而来的罪名之一,其法益便自然而然地应为社会管理秩序。若非顾及聚众斗殴罪在我国刑法中的前述本源,则不仅能够以我国《刑法》中的侵犯人身权犯罪之部分容纳聚众斗殴罪的现有位置,而且与保障基本权利的宪法理念和以人为本的法治精神更加契合。例如,虐待被监管人罪,本质虽为渎职犯罪,但是由于其同时侵犯了被监管人的人身权,为了贯彻以人为本的理念,1997 年《刑法》将其归入侵犯公民人身权利犯罪。第二,斗殴行为会危害人身安全,这与聚众扰乱公共场所秩序、交通秩序罪和聚众扰乱社会秩序罪等存在根本区别。聚众斗殴与聚众扰乱公共场所秩序、交通秩序和聚众扰乱社会秩序的行为一样,都属于聚众行为,都会危害社会秩序,但同时聚众斗殴行为既可能导致斗殴人员本身伤亡,也可能导致无辜群众伤亡;既会危害积极参与者的人身权利,也会危害一般参加者的人身权利,无论是上述何种情况,聚众斗殴都会危害人身安全。第三,从转化犯相关规定来看,转化后的罪名同原罪名往往有直接联系,聚众斗殴罪也不例外。例如,非法拘禁可以转化为故意伤害罪、故意杀人罪,转化前后两罪所侵犯的法益一致,均为他人人身权利。但盗窃过程中致人伤亡则只能转化为抢劫罪而不能转化为故意伤害罪、故意杀人罪,就是因为盗窃罪侵犯的法益为财产权而非人身权。同理,在聚众斗殴过程中由聚众斗殴行为产生重伤、死亡后果时向故意伤害罪、故意杀人罪进行转化,则是因为聚众斗殴罪本就侵犯人身权法益。第四,尽管聚众斗殴罪只将致轻伤的后果包含在内,但此足以表现出聚众斗殴行为同人身权受到侵犯的后果有直接联系。例如,妨害公务罪与聚众斗殴罪同属于妨碍社会管理秩序罪,但由于妨害公务行为与人身伤害后果并无直接联系,行为人若在妨害公务人员执行公务的过程中,采取殴打等方式导致执法人员轻伤,实质上应当构成妨害公务罪与故意伤害罪的竞合,择一重罪论处,这也从侧面反映出妨害公务罪的保护法益为单一法益。而聚众斗殴罪则不同,在聚众斗殴致人轻伤的情形下,由于其保护法益本就包含人身权,因此致人轻伤行为不必再另行处罚。[19]

有学者认为聚众斗殴罪的保护法益除公共秩序、人身权外,还包括财产权。此类学者认为聚众斗殴罪对公共秩序的扰乱,常以使他人人身及财产权受危害而予以表现,这决定了聚众斗殴罪应当容纳人身权和财产权作为其保护法益,从而更好实现刑法设置该罪来保护法益的任务与目的。除从行为方式上予以考量外,在聚众斗殴行为造成的危害结果上,除了破坏社会秩序外,还有较大可能造成有关人员的人身伤亡或者公私财产的损失,这也决定了聚众斗殴罪需将人身及财产权之法益予以涵括。故而,主张聚众斗殴罪的保护法益应为囊括公共秩序、人身权和财产权的复合法益。

二、聚众斗殴罪公共秩序法益的再确立

"刑法的解释不是真理的判断,而是价值的判断;因此,几乎在任何一个问题上,都会出现两种以上的对立结论;但是,任何对立结论都不可能像自然科学的对错那样清晰可见。"[20]刑法学术的繁荣需要学术争鸣,合理的刑法解释结论则需要经受长期且激烈的学术批判之检验,方能更好指导司法实践的规范适用。因此,基于刑事法治理性的视角,笔者认为聚众斗殴罪的法益应当为公共秩序。

(一)公共秩序法益顺应了本罪渊源及历史沿革

中华人民共和国成立初期,百废待兴,社会秩序亟待重建。在1950年拟出的《中华人民共和国刑法大纲草案》中,危害秩序类行为主要被置于"妨害公共秩序及公共卫生罪"内的第116条,就行为人于公共场所对他人做出下流、无赖、无耻等"流氓"行为的处理规则予以了规定,这被看作1979年《刑法》流氓罪之本源。[21] 在1963年,刑法草案修正稿第33稿同样对其作出了规定,其行为类型除涵盖侮辱妇女、寻衅滋事、斗殴外,还将兜底性质的流氓行为囊括在内,并

---

19 蒋文军、蒋毅:《聚众斗殴罪的法律理解与适用》,载《社科纵横》2016年第2期。

20 张明楷:《刑法的基本立场(修订版)》,商务印书馆2019年版,第8页。

21 马党库:《从"流氓罪"到"寻衅滋事罪":规范流变与定性的政策制约》,载《西南民族大学学报(人文社会科学版)》2020年第11期。

明确将公共秩序确立为其法益。1979年《刑法》正式规定流氓罪作为独立犯罪:"聚众斗殴,寻衅滋事,侮辱妇女或者进行其他流氓活动,破坏公共秩序,情节恶劣的,处七年以下有期徒刑、拘役或者管制。流氓集团的首要分子,处七年以上有期徒刑。"在随后的社会治理过程中,由于流氓团伙分子对社会治安的危害极大,立法解释将流氓罪首要分子的刑罚提高至死刑。

由于流氓罪的规定比较笼统,流氓罪一度成为适用最频繁、适用范围最广泛的罪名之一[22],其作为"口袋罪"所天然具有的弊端逐渐凸显。除了构成要件的非定型性之外,流氓罪还存在罪刑失衡的明显缺陷。为克服流氓罪在罪刑规范上的不足,防止流氓罪的恣意适用而过度限制甚至侵犯公民的自由权利,1997年《刑法》对原流氓罪所囊括的行为类型进行了立法分散。例如,寻衅滋事作为流氓罪的行为类型之一获得保留并被明确规定为寻衅滋事罪,其他几类原属流氓罪的行为类型则被分别纳入包含聚众斗殴罪在内的数个独立罪名予以规制。"流氓罪被取消,从总体效果上来讲,是法治进步的标志之一。"[23]而代替流氓罪承担规制聚众斗殴行为之任务的聚众斗殴罪,则成为扰乱公共秩序罪这类犯罪中的具体罪名。尽管社会步伐在进行演进性变革,但是聚众斗殴危害行为具有相应的固化性,这就表明本罪的法益类型并未发生实质性变化。基于此,鉴于聚众斗殴罪与流氓罪之间的立法渊源关系,二者之间的保护法益可谓一脉相承,因而也可以清晰地看到本罪的保护法益应为公共秩序。

(二)公共秩序法益是基于分则犯罪体系的当然理解

犯罪现象的复杂性和多样化特征,决定了研究犯罪时应注重对犯罪进行适当分类,以利于理论上及实务中的逻辑正确与条理清晰。"在三段论的推理过程中,结论是最后形成的,但在定罪时,往往会出现先有结论,后寻找大前提(所谓三段论的倒置)的情况。"[24]实践中发生犯罪行为后,司法机关往往先凭借司法经验推测该行为可能构成何罪,进而回溯至刑法规定中寻找可能与之契合的罪刑规范作为大前提,并进一步证明案件事实是否符合相关罪刑规范中的不法和有责之犯罪成立条件,最终得出内心认同的合理定罪结论。由此,在分则的体系安排中,对犯罪进行合理分类编排,显然有助于引导司法机关的定罪量刑

22 冯一文主编:《刑法判例实务评讲》,浙江大学出版社2015年版,第148页。

23 冯一文主编:《刑法判例实务评讲》,浙江大学出版社2015年版,第148页。

24 张明楷:《罪刑法定与刑法解释》,北京大学出版社2009年版,第168页。

活动。同时,将何种行为成立犯罪、应如何予以刑罚处罚以法律的形式固定下来时应符合明确性要求,这亦是罪刑法定基本原则对刑事立法的贯彻体现。而且,对分则罪名按照一定的标准进行体系性梳理排列,也有利于立法罪名设置的井然有序和司法机关的查阅适用。

因此,在结合自身法律传统及现实国情的情形下,世界各国均对刑法具体罪名依据一定的规则和标准进行了相应的分类排列,形成了层次分明、编排有序的罪名体系。我国根据长期与犯罪作斗争的现实国情,结合各类法益的重要程度和犯罪危害程度,原则上采用以同类法益作为罪名归纳的分类依据,将所有罪名依次序编排为十类犯罪。倘若称此十类犯罪为大类罪名,那么实际上在大类罪名之下还存在由若干具体罪名形成的集合而组成的小类罪名。例如,分则第六章"妨害社会管理秩序罪"就包括扰乱公共秩序罪、妨害司法罪等共 9 个小类罪名。"鉴于有的章的犯罪同类客体所包含的内容过于复杂,此时立法又往往会在该同类客体之下进行再次分类,由此形成若干'次层次'的同类客体。"[25]由于同类法益反映了该类罪之下所有具体犯罪的受侵害法益的共同属性,因此应以同类法益作为界定具体犯罪法益的指针。基于现行分则犯罪体系的排列现状,聚众斗殴罪作为扰乱公共秩序罪这一小类罪名中的具体罪名,其法益自然也应界定为公共秩序。

(三)公共秩序法益与聚众斗殴罪的转化规定相协调

"根据上下文作出的解释是最好的解释。"[26]刑法解释必须遵循罪刑法定原则,这是解释不可逾越的基本底线。因此,首先有必要详细通观并理解《刑法》第 292 条之内容的整体构造。《刑法》第 292 条第 1 款采取了"基本罪状 + 法定刑"和"加重罪状 + 法定刑"相结合的方式,先是将"聚众斗殴的"规定为简单罪状,并规定了其他积极参加者和首要分子的基本犯法定刑;紧接着逐项列出"多次聚众斗殴的""聚众斗殴人数多,规模大,社会影响恶劣的""在公共场所或者交通要道聚众斗殴,造成社会秩序严重混乱的""持械聚众斗殴的"四项加重罪状,同时规定了其他积极参加者和首要分子的加重法定刑。《刑法》第 292 条第 2 款则规定了聚众斗殴行为导致重伤、死亡严重结果的,分别根据《刑法》关于故意伤害罪与故意杀人罪的条文予以处理。

25 李永升主编:《刑法总论》(第二版),法律出版社 2016 年版,第 106 页。

26 张明楷:《刑法格言的展开》(第三版),北京大学出版社 2013 年版,第 17 页。

通说认为,聚众斗殴,“是指首要分子通过组织、策划、指挥,纠集特定或不特定的多数人同一时间聚集于同一地点”“多人攻击对方身体或者相互攻击对方身体”。[27] 尽管聚众斗殴的首要分子、其他积极参加者和其他一般参与者主观上并非必然具有造成他人重伤、死亡的故意,客观上也并非必然造成重伤、死亡结果,但是三类行为人基于对聚众斗殴行为性质的一般认识与行为发生中的实难控制性,立法者认为常态情形下聚众斗殴行为人对于致人重伤、死亡的危害结果是具有预见可能性的。在此基础上,为了更好贯彻罪刑法定原则与罪责刑相适应原则,聚众斗殴罪转化情形被《刑法》第292条第2款予以规定。“如果法益主体行使自己决定权(承诺伤害)导致其本身遭受重大伤害时,作为个人法益保护者的国家,宜适当限制其自己决定权。”[28]当行为人基于自我决定权而参与实施聚众斗殴不法行为,实际上已经作出了轻伤以下的承诺,如果此时仅认定聚众斗殴的法益为人身权,那么轻伤以下的人身权要么基于自我承诺而无须刑法保护,要么因自愿实施该种不法行为而在此限度内为刑法所否定而不给予保护。由此可见,如果不将聚众斗殴行为的法益定位为公共秩序,那么聚众斗殴中致轻伤以下的暴力行为便因法益阙如而不具有不法性,无论聚众斗殴对公共秩序造成多大的危害均不能纳入刑法评价,这一结论显然不能服众。

从《刑法》第292条第1款的“多次聚众斗殴”“聚众斗殴人数多,规模大,社会影响恶劣”等法条文字表述来看,在聚众斗殴致轻伤以下后果的限度内,即便是聚众斗殴罪的加重情形,也是侧重对公共秩序的保护。由于担当公民个人法益保护者之角色的国家限制行为人针对重伤、死亡这样的严重结果不当行使自己决定权,故在聚众斗殴过程中由聚众斗殴行为产生重伤、死亡结果时除因侵害公共秩序而构成聚众斗殴罪外还成立故意伤害罪或故意杀人罪,只是由于故意伤害罪或故意杀人罪的法定刑便能对行为的违法和责任程度予以全面评价而做到罚当其罪。因此,将公共秩序确立为聚众斗殴罪的法益,是与聚众斗殴罪转化情形的规定完全相协调的。

(四)公共秩序法益是基于加重罪状的合理解释结论

正如前文所言,《刑法》第292条第1款逐项清晰地列出了聚众斗殴罪加重

---

27 高铭暄、马克昌主编:《刑法学》(第九版),北京大学出版社、高等教育出版社2019年版,第538页。

28 张明楷:《刑法学》(第五版)(下),法律出版社2016年版,第856页。

犯的四种情形,轻伤以下的人身健康权也不为该款所保护,“聚众斗殴罪中的打斗也只限于造成轻伤程度的打斗”[29],重伤、死亡的人身健康权及生命权则由《刑法》第292条第2款予以保护,并且按照转化犯的教义要求以故意伤害罪或者故意杀人罪论处。[30] 参照结果无价值论的认识,犯罪的本质是不法行为对法益的严重威胁或者侵害。由于责任是对不法的责任,尽管存在没有责任的不法,却不存在没有不法的责任。“犯罪对公共利益的危害越大,促使人们犯罪的力量越强,制止人们犯罪的手段就应该越强有力。这就需要刑罚与犯罪相对称。”[31]当某种法益遭受严重威胁或者侵害时,其便有了承担责任的可能。具体到刑法立法的规定上,立法者往往需要综合考虑不法程度及责任,把罪刑均衡原则贯彻其中,从而设置与之相对应的法定刑。

在刑法领域,“刑法将什么行为作为禁止对象,是由刑法以什么为目的而禁止来决定的”[32]。如果认为《刑法》第292条第1款以保护公共秩序、人身权和财产权为目的而禁止聚众斗殴这种犯罪行为,那么结合故意毁坏财物罪(保护财产权)、故意伤害罪(保护人身健康权)和故意杀人罪(保护生命权)的法定刑来看,当聚众斗殴行为同时致使公共秩序、人身权和财产权受到侵害时,适用聚众斗殴罪基本犯的法定刑便不可能实现罚当其罪。此时,若要在维持《刑法》第292条第1款的法益是公共秩序、人身权和财产权的前提之下,欲实现罪责刑相适应的基本原则,立法上的解决之道便是在聚众斗殴罪的加重罪状和加重法定刑内体现并容纳对于侵害人身权和财产权行为的否定评价。比如,以同时保护人身权和财产权的抢劫罪为例,为使其在加重犯的情形下做到罪刑相称,其加重罪状便包含了“抢劫数额巨大”“抢劫致人重伤、死亡”的法条规定。如果把聚众斗殴罪立足于多元法益论的立场,立法者为了在聚众斗殴罪中实现同样的目的,则应该在该罪加重犯内设置诸如“聚众斗殴毁坏财物数额大或者巨大或者特别巨大”“聚众斗殴致人伤亡”之类的规定,以体现对财产权和人身权的保护,但是《刑法》第292条第1款的加重罪状却并未出现任何类似的文字表述。因而,从聚众斗殴罪加重罪状的“多次聚众斗殴”“聚众斗殴人数多,规模大,社会影响恶劣”等文字表述来看,同样可以看出本罪的保护法益应为公共秩序。

---

29 黎宏:《刑法学各论》(第二版),法律出版社2016年版,第378页。

30 陈伟:《聚众斗殴“致人重伤、死亡”的定性困惑及教义厘定》,载《法学》2019年第3期。

31 [意]切萨雷·贝卡里亚:《论犯罪与刑罚》,黄风译,北京大学出版社2008年版,第17页。

32 张明楷:《刑法的基本立场(修订版)》,商务印书馆2019年版,第202页。

三、聚众斗殴罪公共秩序法益的困惑澄清

综上所述,笔者认为应当将聚众斗殴罪的保护法益确立为公共秩序。有学者提出:"公共秩序的概念既不精确,亦难以表述,其涵盖范围也不能准确界定。"[33]不可否认,公共秩序具备模糊、多义、开放、变动的特性,但这并不意味着其不能被界定。有学者曾经总结出学界对于公共秩序理解的几种观点:"第一种观点认为,公共秩序就是公共场所秩序;第二种观点认为,公共秩序就是人们在共同生活中应当遵守的共同生活准则;第三种观点认为,公共秩序包括公共场所秩序和公共生活中人们应当遵守的共同生活准则;第四种观点认为,公共秩序就是指社会秩序。"[34]笔者认为,前述第一种、第二种观点将公共秩序不当限缩,而第四种观点将其范围予以不当扩大,第三种观点具有合理性,亦与前文提到的"在社会公共生活中应当遵守的各项共同生活的规则、秩序,亦即公序良俗和社会安宁感,而不限于公共场所的井然有序的秩序"[35]属于同一观点。立足于社会安宁感和共同生活规则的遵守,不仅可以较好把握聚众斗殴罪的法益内涵,而且可以据此界分刑法的处罚界限。在确立了聚众斗殴罪法益为公共秩序以及公共秩序法益的基本内涵后,由此引发的理论困惑则需要逐一地阐释和澄清。

(一)聚众斗殴罪维护的公共秩序体现的是集体法益

现代社会强调以人为本,实现人的发展,个人及其权益在法律调控机制中举足轻重。[36] 由于聚众斗殴罪难以避免地会侵害人身权和财产权等个人法益,因此将该罪法益界定为公共秩序可能面临的诘难是,这一法益评价是否合适,这一界定是否仅重视集体法益而忽视个人法益的保护,从而存在违背个人本位的法益保护理念之嫌?笔者认为,尽管聚众斗殴罪的公共秩序体现的是集体法益内容,但与人身权、财产权等个人法益并不冲突,保护公共秩序集体法益实际上也是在保护人身权、财产权等个人法益。

有学者总结出集体法益的三大特征:第一,使用上的包容性,即集体法益在

---

33 黄文婷:《公共秩序的界定:基于香港判例的分析》,载《港澳研究》2022年第1期。

34 赵廷光主编:《中国刑法原理(各论卷)》,武汉大学出版社1992年版,第258页。

35 陈兴良:《刑法各论精释》,人民法院出版社2015年版,第953页。

36 赵运锋主编:《刑事政策学》,中国法制出版社2014年版,第224页。

使用上具有较大包容性，每一个人都能使用它，没有人会被排除在外；第二，消耗上的非竞争性，若一人使用他人财产会导致他人财产的消耗，而集体法益与个人法益不同，并不具有消耗上的竞争性；第三，不可分配性，每个公民都可以享受到一个完整的集体法益，如公共安全，我们每一个人都可以享受到这种稳定的环境和秩序带来的便利，但是公共安全本身是不能分割给具体的每一个公民的。[37] 典型的公共场所秩序以及人们在公共生活中都应服从的共同生活规则所欲维护的秩序，共同组成了公共秩序这种秩序结合体。人们生存在这种秩序结合体中的有序状态之中，在共同分享这种秩序状态时并不因此而导致该秩序状态量的消耗，并且该秩序状态也是针对公共场所和人们的共同生活基础之整体而言的，无法将该秩序状态以数量化的份额分配至具体个人。不难理解，公共秩序不仅具有区别于个人法益的外在形式特征，而且具备以上三个方面的实质性特征，因而应属集体法益的范畴。

聚众斗殴罪维护的公共秩序属集体法益也会产生保护人身权、财产权等个人法益的反射效果。关于集体法益与个人法益之间的关系，主要存在一元的法益学说和二元的法益学说之间的争论。一元论认为，刑法的核心任务是保护个人法益，集体法益属于个人法益的表现形态，集体法益不具有法益类型上的独立性价值。而二元论在看到个人法益重要性的同时，强调对国家安全、公共安全与经济秩序等集体法益的保护。[38] 无论学说争论结果如何，在当今社会，集体法益的重要地位已经日益凸显，这也并未否认个人法益的重要性，两者之间并不是相互排斥的择一关系。正如有学者论述道："新兴的风险领域（核风险、克隆技术、新兴工业生产的污染、食品安全、信息安全等）出现，构成了现代社会生活的秩序或者基础……一旦这些秩序或者基础受到破坏，最终必然会在将来侵害个人法益。"[39]公共秩序也是如此，其与个人法益紧密相连，在公共秩序被扰乱的过程中，实际上对人身权和财产权的损害也往往蕴含其中，或者说是针对具体对象的人身权或者财产权的不法行为，因其危害公共秩序法益而理当被评价为集体法益，而不能局限于个人法益的框架内。而且，从根本上来说，只要对聚众斗殴罪的公共秩序法益予以充分保护，则必然能够产生保护人身权、财产

37 王永茜：《论集体法益的刑法保护》，载《环球法律评论》2013 年第 4 期。

38 姜涛：《论集体法益刑法保护的界限》，载《环球法律评论》2022 年第 5 期。

39 王永茜：《论集体法益的刑法保护》，载《环球法律评论》2013 年第 4 期。

权等个人法益的实质效果。反之,把聚众斗殴罪作为个人法益予以对待则无法做到前述的法益还原与功能保护。

(二)聚众斗殴罪维护的公共秩序并非为了彰显道德伦理

由于公共秩序"一方面由人们代代相传的风俗习惯和伦理道德所维持,另一方面由社会中的法律、法规以及其他各种规范所保护"[40],那么将聚众斗殴罪法益确立为公共秩序可能招致的另一诘难是,如此确立聚众斗殴罪的法益是否涉嫌强调该罪的本质是道德伦理上的非难谴责,或者说导致该罪过度彰显道德伦理呢?笔者认为答案同样是否定的,尽管设立该罪具有维护公序良俗和社会安宁的价值,但强调本罪的公共秩序法益,并非为了推行伦理谴责,更不是把该罪建立于伦理道德的基础之上而泛化入罪。

"伦理道德具有帮助人自身完善与维护国家稳定、社会发展,经济繁荣,人民幸福的主要社会功能。"[41]人类社会的有序平稳运行,离不开行为规则的调适和引导。伦理道德规范就是这样的一种行为规则,它通过影响人们的精神世界,使人自觉崇尚真、善、美等主流价值观念,进而调整自我的外部行为,自觉按照社会认同的秩序规则行事。我国自古便重视通过伦理道德规范调控社会秩序,并形成了影响深远的丰富而又独具特色的伦理道德观念体系。

良好的公共秩序需要"由人们代代相传的风俗习惯和伦理道德所维持"[42],但是这并不代表秩序价值的获得单纯由其维系。当人们普遍以自律性的伦理道德作为行为规范的指引时,无疑有利于实现社会公共生活的安宁与稳定有序。然而,法律法规同样具有行为规范的特性,因此公共秩序又具有"由社会中的法律、法规以及其他各种规范所保护"[43]的一面。当前置性的法律法规和其他规范不能有效实现公共秩序的维护时,刑法中的罪刑规范便以保障法的角色介入。换言之,聚众斗殴罪的罪刑规范与内含秩序价值的伦理道德在最终目的上殊途同归,二者在秩序维护层面具有并行不悖的一致性,但通过刑事法律调整获得的规范成效并不就此而轻易滑落到道德伦理的评价坐标之中。

"即使刑法规范吸纳了部分伦理规范,也不是为了推行特定的人的伦理道

40 黎宏:《刑法学各论》(第二版),法律出版社2016年版,第376页。

41 赵炎才:《致用与重构的二重变奏——清末民初伦理道德近代嬗变研究》,光明日报出版社2009年版,第21页。

42 黎宏:《刑法学各论》(第二版),法律出版社2016年版,第376页。

43 黎宏:《刑法学各论》(第二版),法律出版社2016年版,第376页。

德,只是因为部分伦理保护的价值与刑法保护的价值具有共通之处。”[44]必须指出的是,这里的共通并不是说刑法规范要全然回到伦理道德的路途之中,更不意味着刑法的旨趣在于放弃法益保护而去追求伦理目标。实际上,公共秩序的获得需要综合因素的共同促进,尽管不能完全否定伦理道德在社会治理层面的贡献度,但是回归到法治的维度上,刑法视域中的聚众斗殴罪强调的仍然是公共秩序法益的保护,而不是社会生活与精神维系层面的伦理道德。

(三)聚众斗殴罪维护的公共秩序与社会秩序的理性界分

聚众斗殴罪属于“妨害社会管理秩序罪”中的次类罪名“扰乱公共秩序罪”之中的具体罪名,将该罪法益界定为公共秩序后,结合《刑法》第292条第1款的“社会影响恶劣”“造成社会秩序严重混乱”的立法措辞予以进一步考量,由此可能会产生一系列疑问:将该罪法益界定为公共秩序,是否混淆了公共秩序与社会秩序?是否导致了与立法表达的直接冲突?公共秩序与社会秩序二者是何关系,对二者有无予以区分的必要?针对上述疑问,笔者认为,聚众斗殴罪的公共秩序法益与社会秩序并不矛盾,而且在一定条件下可以将社会秩序合理地限缩解释为同公共秩序的内涵相一致的含义。

“社会秩序指人们在各种社会交往过程中长期形成的相对稳定的关系模式、结构和状态。因领域不同又可分为各种秩序,如经济秩序、政治秩序、文化秩序、生活秩序等。”[45]这一界定显然是就广义层面的社会秩序而言的。通过法治模式治理国家和管控社会,其重要体现就是以法律手段调整社会的各方面关系,从而实现社会秩序的稳定安宁。“法律的价值追求之一就是秩序,因此法律与社会秩序存在天然的紧密关系。法律是维系良好社会秩序的重要力量。”[46]在利用法律规范的机能以维持社会秩序良好状态的过程中,其他法律往往仅调整广义层面的社会秩序中的某个方面或者某些方面的社会关系,刑法则作为二次性调整的法律,是其他法律所调整的所有社会关系的最终保障,这既说明刑法调整社会秩序的补充性,也映射出刑法调整社会秩序的广泛性。前已述及,我国刑法分则共十个大类罪名,而其所蕴含的国家安全、公共安全和社会主义市场经济秩序等十大同类法益构成了我国刑法所调整的广义社会秩序。

---

44 张明楷:《行为无价值论与结果无价值论》,北京大学出版社2012年版,第28页。

45 吕刚主编:《法理学》,西南财经大学出版社2017年版,第21页。

46 董疆:《司法权威:认同与制度建构——从我国民事诉讼制度的角度》,厦门大学出版社2015年版,第21页。

刑法中类罪名“妨害社会管理秩序罪”中的“社会管理秩序”有其相对性，指的是广义社会秩序排除国家安全、公共安全和社会主义市场经济秩序等其他九个方面的社会秩序后所余下的社会秩序内容，亦即“本章犯罪所保护的共同法益，仅是国家对社会的日常管理活动和秩序，亦即刑法分则其他各章规定之罪所保护的同类法益以外的、国家对社会的日常管理活动与秩序”[47]。按照次同类法益的不同，大类罪名“妨害社会管理秩序罪”中又分为扰乱公共秩序罪、妨害司法罪等九个小类罪名。由此，扰乱公共秩序罪之下的“社会管理秩序”范畴更为特定，指的是排除妨害司法罪、妨害国(边)境管理罪等其他八个小类罪名所保护的次同类法益后所余下的更为狭义的社会秩序内容。因此，在《刑法》第292条第1款使用了“社会影响恶劣”“造成社会秩序严重混乱”的立法措辞表达的基础上，从形式上看似乎将聚众斗殴罪界定为公共秩序法益，存在与立法相冲突之嫌，实际上并不能仅从字面意义上理解《刑法》第292条第1款中的“社会影响”和“社会秩序”。“体系解释要求消除法律条文之间的不协调，体系解释的目的在于避免断章取义。”[48]恪守刑法罪刑规范之体系解释的方法及解释结论的合理性，需要将《刑法》第292条第1款中的“社会秩序”限缩解释为与公共秩序含义相一致。

(四)聚众斗殴罪维护的公共秩序法益需达到刑法介入程度

“法益的认定关系着刑法干预范围的大小，法益是否值得刑法保护影响犯罪圈的广狭”，“在认定犯罪之时，法益侵害就应当成为犯罪成立的一个前提条件”。[49] 在将聚众斗殴罪的法益确立为公共秩序，并且在澄清了其体现的是集体法益内容、并非为了彰显伦理道德以及与社会秩序的关系后，又一需要解决的困惑是如何认定聚众斗殴罪公共秩序的法益侵害性问题。对此，不能简单根据法益实体来判断聚众斗殴罪的构成与否，仍要结合刑法规定及其文义解释来进行细致判断。“文义解释正是强调通过对刑法用语的词义、语法与结构来解释刑法，可见文义解释能保证解释的客观性与预测可能性，脱离刑法文本的解释必然损害刑法的安定性。所以，解释刑法首先应从文义解释开始。”[50]在聚众斗殴罪公共秩序的法益侵害性之认定上，首先应以该罪的法条文本作为基础和

---

47 黎宏：《刑法学各论》(第二版)，法律出版社2016年版，第348页。

48 刘延和：《刑法解释与适用研究》，法律出版社2016年版，第49页。

49 孙战国：《犯罪化基本问题研究》，中国法制出版社2013年版，第171页。

50 苏彩霞：《刑法解释的立场与方法》，法律出版社2016年版，第175页。

出发点。

聚众斗殴所侵害的法益是否达到刑法介入的程度,需要结合本罪的实行行为予以判断。“一般来说,刑法分则所规定的构成要件行为是实行行为”[51],“实行行为必然是侵害法益的危险性达到紧迫程度的行为”[52]。根据《刑法》第 292 条第 1 款中基本罪状的构成要件,聚众斗殴罪的实行行为是“聚众斗殴”。由于刑事立法者将需要施予刑罚的行为归纳提炼并类型化为了构成要件,加之实行行为必须至少是危及或者侵害法益的行为,故而在判断聚众斗殴罪的“聚众斗殴”之实行行为是否侵害了刑法所要保护的公共秩序法益这一问题时,最终仍要具体到“聚众斗殴”这一实行行为的解释适用。聚众斗殴罪作为复行为犯,其“聚众斗殴”之实行行为由“聚众”和“斗殴”两个行为所组成。其中“所谓斗殴,是指多人攻击对方身体或者相互攻击对方身体”[53],这很容易理解。关键是“聚众”的认定,在存在“斗殴”的前提下,实际上是判定“聚众斗殴”扰乱公共秩序的程度是否需要刑法介入的重要因素。

那么,在存在“斗殴”的前提下,“聚众”能否作为判定“聚众斗殴”扰乱公共秩序的程度是否需要刑法介入的重要因素呢?笔者对此予以肯定回答。“社会危害性达到一定严重程度的反社会行为才能进入刑法的调整范围,社会危害轻微的反社会行为就不能犯罪化。”[54]聚众斗殴行为要成立犯罪,基于刑罚处罚与行政治安处罚之间的差异性,其对公共秩序的扰乱程度必须达到刑法需要介入的程度。换言之,就理论上而言,刑法对于聚众斗殴罪的实行行为在扰乱公共秩序上具有最低限度的要求,只有扰乱公共秩序的程度超越行政治安处罚的范畴时,才能最终构成聚众斗殴罪。结合《刑法》第 292 条第 1 款的加重罪状,在聚众斗殴行为已成立基本犯的前提下,影响该行为加重扰乱公共秩序程度的因素为聚众斗殴次数、人数和规模、地点、是否持械。再结合《刑法》第 292 条第 1 款的基本罪状,聚众斗殴次数、地点、是否持械并非刑法明文规定的影响或决定聚众斗殴行为达到刑法所要求的扰乱公共秩序之最低限度的因素,根据罪刑法定原则,不能从解释论上将这三者作为聚众斗殴罪的基本犯罪构成要素。而人

---

51 张明楷:《刑法学》(第五版)(上),法律出版社 2016 年版,第 144 页。

52 张明楷:《刑法学》(第五版)(上),法律出版社 2016 年版,第 145 页。

53 高铭暄、马克昌主编:《刑法学》(第九版),北京大学出版社、高等教育出版社 2019 年版,第 538 页。

54 孙战国:《犯罪化基本问题研究》,中国法制出版社 2013 年版,第 176 页。

数和规模这一因素则与基本罪状中的“聚众”相契合，由此成为“斗殴”前提下判定聚众斗殴行为扰乱公共秩序的程度是否达到刑法需要介入之程度的重要因素。

“所谓聚众，是指首要分子通过组织、策划、指挥，纠集特定或不特定的多数人同一时间聚集于同一地点。”[55]由于“斗殴”并不局限于两方斗殴，包括多方斗殴情形在内乃是文义解释的当然之义，因此就“聚众”而言，实际上包括一方、两方或多方的“首要分子通过组织、策划、指挥，纠集特定或不特定的多数人同一时间聚集于同一地点”。然而，无论是两方斗殴还是多方斗殴，至少需要一方的“首要分子通过组织、策划、指挥，纠集特定或不特定的多数人同一时间聚集于同一地点”，方能对首要分子和其他积极参加者按照聚众斗殴罪的法定刑科处宣告刑。与“聚众”相关的另一问题是，首要分子纠集的“特定或不特定的多数人”之数量标准为何？“根据刑法解释原理，对刑法用语，应当适应社会发展，结合现实语境，作出符合同时代一般社会观念和刑法精神的解释。”[56]“三人成众”是我国的一般社会观念，将“聚众”中的“众”解释为三人以上符合该观念，并且也是在法条文字的客观文义范围内作出的解释，有利于满足民众在理解及行为上的预期。因此，首要分子纠集的“特定或不特定的多数人”之数量标准宜确定为三人以上。综上所述，在聚众斗殴中，无论是两方斗殴还是多方斗殴，至少需要一方的首要分子通过组织、策划、指挥而纠集三人以上与另一方或多方进行斗殴，其对公共秩序的扰乱达到法益侵害的严重程度，此时的刑法介入不仅符合法益理念，而且契合罪刑法定原则的明确要求。

---

55 高铭暄、马克昌主编：《刑法学》（第九版），北京大学出版社、高等教育出版社2019年版，第538页。

56 陈兴良：《教义刑法学》（第二版），中国人民大学出版社2014年版，第64页。

生态保护红线制度的环境法典表达

阙占文　钟昕益*

【内容提要】 生态保护红线是我国国土空间规划和生态环境体制机制改革的重要制度创新,已成为我国生态文明建设的主要制度之一。现阶段生态保护红线制度存在规范不完备、管控约束性力度小、衔接机制不顺畅等问题。需要以系统化思维完善生态保护红线制度。生态保护红线是基于区域的空间治理工具,应成为环境法典自然生态保护编的重要内容。生态保护红线包含自然保护地、饮用水水源保护区、自然海岸带等以生态保护为目标而建立的特定区域。环境法典自然生态保护编应以生态保护红线制度为空间保护的一般规定,统一生态保护红线的划定与调整的主体和程序,统一生态保护红线分区管控措施,统一生态保护红线监测与修复。生态保护红线是保障生态安全的底线。生态保护红线保护规范与其他区域保护规范发生冲突时,应适用最严格的保护规范。

【关键词】 生态保护红线　环境法典　基于区域的保护措施　生态安全

改革开放40多年来,我国经济不断繁荣发展,在多个领域取得举世瞩目的成就,但也面临严峻的生态环境问题。为了保护生态空间,我国在国际上率先提出和实施生态保护红线制度,将生态功能重要区域和生态脆弱区域划入生态保护红线,进行严格保护。[1] 生态保护红线已成为我国生态文明建设的重要制度之一,在空间治理方面发挥着重要作用。然而,现行生态保护红线制度仍面

---

* 阙占文——中山大学法学院/南方海洋科学与工程广东省实验室(珠海)副教授、博士生导师,主要研究领域:环境法学、国际法学;钟昕益——中山大学法学院硕士研究生,主要研究领域:环境法学。

基金项目:国家社科基金项目(22FFXB057)、2022年度法治建设与法学理论研究项目(22SFB2008)。

1　国务院新闻办公室:《中国的生物多样性保护》,人民出版社2021年版,第12页。

临诸多挑战,尤其是与自然保护地体系的关系、与国土空间规划等制度的衔接。体系价值是法典化的主要目标。在环境法典编纂背景下,检视生态保护红线制度实践和理论,研究生态保护红线制度在法典中的体系定位,构建逻辑自洽的生态保护红线制度,恰逢其时。

一、生态保护红线制度体系化的正当性

党的十八大以来,我国深入推进生态保护红线工作。截至2021年10月,我国初步划定的生态保护红线面积比例不低于陆域国土面积的25%,覆盖了全国生物多样性保护生态功能区,保护了全国近40%的水源涵养、洪水调蓄功能,约32%的防风固沙功能,生态保护红线固碳量约占全国的45%。[2] 同时,生态保护红线制度也在《环境保护法》《黄河保护法》等法律中得以明确,并渐趋完善。但这一制度仍面临规范完备性不足、管控约束性不强、制度衔接不畅等主要挑战。

第一,规范完备性不足造成监管不力。全国人大常委会2014年审议《环境保护法(修订草案)》时,部分常委会组成人员、部门建议在草案中明确生态保护红线。考虑到原环境保护部已经在开展这项工作,全国人大宪法和法律委员会研究后建议根据党的十八届三中全会决定的精神,增加生态保护红线制度。全国人大常委会通过的《环境保护法》第29条第1款规定,国家在重点生态功能区、生态敏感区和脆弱区等区域划定生态保护红线,实现严格保护。此后,《国家安全法》《长江保护法》等法律陆续明确了生态保护红线制度。然而,这些法律中的生态保护红线条款一般都比较概括,仅为原则性、宣示性条文,未明确生态保护红线的定义、划定主体、程序和行为管控要求。[3] 生态保护红线制度的主要内容大多体现在政策、部门或地方规范性文件、技术标准中。上述规范不但缺少法律规范所具有的约束力,且存在内部冲突。以生态保护红线分区为例,《海南省生态保护红线管理办法》将生态保护红线分为自然保护地核心保护区和其他区域,《广西生态保护红线管理办法(试行)》将生态保护红线分为一级

---

2 生态环境部召开9月例行新闻发布会,载生态环境部官网2023年2月9日,https://www.mee.gov.cn/ywdt/zbft/202109/t20210924_952851.shtml。

3 陈海嵩:《生态红线的规范效力与法治化路径》,载《现代法学》2014年第4期。

管控区和二级管控区,《宁夏生态保护红线管理条例》则适用主体功能区的要求。另外,完整的法条以普遍化的方式描述案件事实、构成要件,并赋予其同样以普遍化的方式描绘的"法律后果"。[4] 《固体废物污染防治法》第 21 条禁止在生态保护红线区域内建设工业固体废物、危险废物集中贮存、利用、处置的设施、场所和生活垃圾填埋场,该法第 102 条和第 120 条规定了违反上述规定的法律责任。《自然保护区条例》和《风景名胜区条例》同样规定了保护规范和违反保护规范的法律责任。然而,大部分生态保护红线规范属于不完整法条,没有明确违反生态保护红线规范的法律后果。由于法律后果要素的空缺,与生态保护红线有关的法律责任案例绝大部分源自违反自然保护地管控规范。由于违反自然保护地以外的生态保护红线区管控要求而需要承担法律责任的案例少之又少,减损了生态保护红线保护措施的约束力。

第二,概念不清晰引发内部冲突,影响制度实施。虽然这些政策、规范性文件和技术标准明确了生态保护红线划定等内容,但它们的规范内容和规范方式存在差异,影响生态保护红线制度的实施。(1)生态保护红线的概念。关于生态保护红线的概念,在理论和实践中存在广义和狭义两种解释。[5] 广义说把生态保护红线作为广泛的生态环境概念来定义,涉及生态、资源和环境等多个方面,包括空间范围约束和数量限制。[6] 广义生态保护红线的一个主要依据是原环境保护部于 2014 年颁布的《国家生态保护红线—生态功能基线划定技术指南(试行)》。根据这一指南,国家生态保护红线体系是实现生态功能提升、环境质量改善、资源永续利用的根本保障,具体包括生态功能保障基线、环境质量安全底线和自然资源利用上线。狭义说强调空间约束,主张生态保护红线对保障区域生态环境安全和维持区域生态平衡的重要作用,认为其是空间管控的边界。[7] (2)生态保护红线划定不一致,影响管控措施的约束力。生态保护红线既是"三线一单"生态环境分区管控的主要内容,又是"三区三线"国土空间规划体系的核心构成要素。由于主管部门的工作重心和技术规范差异,"三线一单"中的生态保护红线与"三区三线"中的生态保护红线没有完全对接。例如,对比浙江省生态环境厅发布的《"三线一单"生态环境分区管控方案》和浙江省

---

4 [德]卡尔·拉伦茨:《法学方法论》,黄家镇译,商务印书馆 2022 年版,第 321 页。

5 何雄伟:《近年来中国生态保护红线研究综述》,载《鄱阳湖学刊》2021 年第 4 期。

6 鞠昌华:《生态保护红线成为综合性概念》,载《中国环境报》2013 年 11 月 18 日,第 2 版。

7 郑华、欧阳志云:《生态红线的实践与思考》,载《中国科学院院刊》2014 年第 4 期。

自然资源厅发布的《国土空间总体规划》,其中划定的生态保护红线总面积、陆域生态保护红线和海域生态保护红线占比均有不同。[8] (3)生态保护红线与自然保护地等概念的关系。建立以国家公园为主体的自然保护地体系是党的十九大确立的重大改革任务。《关于建立以国家公园为主体的自然保护地体系的指导意见》明确,要将生态功能重要、生态环境敏感脆弱以及其他有必要严格保护的各类自然保护地纳入生态保护红线管控范围。换言之,自然保护地应当纳入生态保护红线范围。然而,《长江保护法》《军事设施保护法》等法律法规却将生态保护红线与自然保护地并列,实质上两者并不是包含与被包含的关系。[9]

第三,生态保护红线与其他制度的衔接。除生态保护红线外,我国还建立了永久基本农田、规划环评等制度,以推动空间治理。然而,这些制度间关系不明确,衔接机制尚未建立。(1)生态保护红线、永久基本农田和城镇开发边界等由不同部门主导划定,调查基础数据不一致,导致划定的生态保护红线、永久基本农田、城镇开发边界等控制线存在交叉重叠。永久基本农田与生态保护红线交叉重叠,导致原住居民生产生活与保护管理矛盾突出。为此,全国生态保护红线初步划定后,自然资源部和生态环境部先后发布《关于开展生态保护红线评估工作的函》(自然资办函〔2019〕1125号)和《关于生态保护红线划定中有关空间矛盾冲突处理规则的补充通知》(自然资函〔2021〕458号)等文件,要求科学评估生态保护红线划定情况,调整完善划定成果,减少空间矛盾冲突。(2)三线一单和国土空间规划都涉及空间管控,《关于实施"三线一单"生态环境分区管控的指导意见》要求加强"三线一单"生态环境分区管控与国土空间规划分区的衔接。然而,各地在处理"三线一单"和国土空间规划关系时的做法比较混乱:既有以"三线一单"指导国土空间规划,亦有以国土空间规划为"三线一单"的依据,有些地方甚至没对衔接机制作出规定。[10] 另外,虽然项目环评制度已经考虑生态保护红线等环境敏感区域的重要性,但生态保护红线及国土空间规划与规划环评的衔接机制仍不明确,包括生态保护红线在内的国土空间规划往往

---

8 陈海嵩、胡攀:《生态保护红线制度转型背景下的实施困境及法律对策》,载《中国地质大学学报(社会科学版)》2022年第5期。

9 参见《长江保护法》第19条。

10 陈海嵩、胡攀:《生态保护红线制度转型背景下的实施困境及法律对策》,载《中国地质大学学报(社会科学版)》2022年第5期。

游离于规划环评之外。[11] (3)被划入生态保护红线的区域属于生态敏感或重要区域。为了维护这些区域的生态系统功能,生态保护红线制度一般以“命令—控制”手段为主,制定严格的管控规范并要求行为人严格遵守这些规范。如要求生态保护红线划定后既有产业退出或者禁止从事其他建设活动。此类禁止或限制措施限缩行为自由,导致财产损失。补偿权利人由于生态保护红线划定遭受的损害,可以激励权利人保护生态环境。然而,生态保护红线划定的补偿问题尚没有妥帖的解决方案,引发纠纷。

二、生态保护红线在环境法典中的体系定位

(一)环境法典中的自然生态保护编

法典是成文法的高级形式。[12] 法典按照内在的价值追求编纂分散在不同法律中的规范,可以推动法律内在体系的统一,避免法律规范之间的冲突,增强法律的权威性。2020 年 5 月,第十三届全国人民代表大会第三次会议审议通过了《民法典》。这是中华人民共和国成立以来首部以“法典”命名的法律。习近平总书记在中央全面依法治国工作会议上提出,“民法典为其他领域立法法典化提供了很好的范例,要总结编纂民法典的经验,适时推动条件成熟的立法领域法典编纂工作。”[13]党的二十大报告在全面依法治国、推进法治中国建设的整体部署中,特别提出了“统筹立改废释纂,增强立法系统性、整体性、协同性、时效性”。全国人大常委会 2021 年和 2022 年立法工作计划均明确,研究启动环境法典等条件成熟的相关领域的法典编纂工作。可见,我国环境法典编纂已经具备坚实的政治基础。

改革开放 40 多年来,我国生态环境保护立法取得长足进步,已制定 30 多部与生态环境保护有关的法律,还有 100 多件行政法规和 1000 余件地方性法规,包括综合性法律、污染防治类法律、环境和生物多样性保护法律、资源保护利用立法和流域性立法的立法体系,基本形成“1 + N + 4”的生态环保领域法律

11　例如,根据《建设项目环境影响评价分类管理名录》(2021 版),土砂石开采涉及环境敏感区域的,必须进行提供环境影响评价报告书。

12　封丽霞:《法典编纂论——一个比较法的视角》,清华大学出版社 2012 年版,第 4 页。

13　《坚定不移走中国特色社会主义法治道路　为全面建设社会主义现代化国家提供有力法治保障》,载《求是》2021 年第 5 期。

体系。[14] 不过,生态环境立法不是我国现行法律系统的独立子系统,而是分属于行政法和经济法两个部门,形成了"环境—资源立法二元模式"。受部门主导立法等因素影响,污染防治类法律和资源保护利用法律呈现出"保护优先"或"资源利用为主"不同的立法理念。[15] 而且,因为立法时间不同,《水污染防治法》、《大气污染防治法》和《土壤污染防治法》等污染防治类法律,亦存在条款重复、规范冲突等问题,增加了法律执行和适用的难度。[16] 可见,现行生态环境立法系统性思维不足,与现代环境治理体系的目标和要求尚有距离。环境法典编纂可以克服分散立法和部门立法主导的弊端,增强立法的系统性和协同性。法国、瑞典和意大利等国都曾经制定大量的环境单行立法,面临分散立法带来的不成体系问题,为此先后进行了环境法典编纂。[17]

在比较法上,环境法典编纂体例大致有全面编纂和适度编纂两种立法例,全面编纂又可以分为形式编纂和实质编纂两种。其中,形式编纂是将所有环境立法囊括其中。[18]《法国环境法典》采取形式编纂方法,包括共同规定、自然环境、自然空间、遗迹和景观等所有环境立法。德国专家委员会早期曾坚持实质编纂方法,试图制定逻辑体系严密,语言表达准确,内容确定的环境法典。[19]《瑞典环境法典》坚持适度编纂理念,采用"框架性编纂+授权立法"的实质编纂方式,将《自然资源法》等15项环境单行立法纳入法典中,《森林保护法》等单行法平等适用,通过放弃绝对的严密性与确定性保证了法典的相对开放性和可操作性。[20] 目前,我国学术界和实务界高度赞同采取"适度法典化"路径。[21]

在立法技术方面,环境法典采取"提取公因式"的方法,大致由总则编、污染防治编、自然生态保护编、绿色低碳发展编和法律责任五编构成。我国已经针对特定环境要素制定了《水污染防治法》《大气污染防治法》《固体废物污染防

---

14 全国人大常委会委员长栗战书在黄河保护法实施座谈会上的讲话,载中国人大网2023年2月20日,http://www.npc.gov.cn/npc/c30834/202302/8ffa218ddb1d44099bb56217645ccee0.shtml。

15 吕忠梅:《中国环境法典的编纂条件及基本定位》,载《当代法学》2021年第6期。

16 吕忠梅、窦海阳:《民法典绿色化与环境法典的调适》,载《中外法学》2018年第4期。

17 吕忠梅、田时雨:《环境法典编纂何以能——基于比较法的背景观察》,载《苏州大学学报》2021年第4期。

18 吕忠梅:《发现环境法典的逻辑主线:可持续发展》,载《法律科学》2022年第1期。

19 施理:《德国环境法法典化立法实践及启示》,载《德国研究》2020年第4期。

20 竺效、田时雨:《瑞典环境法典化的特点及启示》,载《中国人大》2017年第15期。

21 吕忠梅:《中国环境法典的编纂条件及基本定位》,载《当代法学》2021年第6期。

治法》《土壤污染防治法》《噪声污染防治法》等法律，这些法律中的规范都涉及污染防治，是形成环境法基石概念和基本制度的主体，属于核心环境法规范，应全部整合进生态环境法典中。[22] 相比之下，自然生态保护类法律涵摄面宽泛，包括资源保护与利用、生物多样性维护和流域性法律等。《长江保护法》等流域性法律中的规范以生态保护为主要目标，属于核心环境法规范，应纳入环境法典中。《森林法》《草原法》等法律主要调整资源保护与开发利用，与财产权利制度有密切联系。[23] 基于适度化编纂的立法进路，自然生态保护编并非囊括所有自然生态保护法律，而应定位于整合自然生态保护法律中的保护性规范。

资源与生态系统存在于特定的空间中，与所处空间具有密切联系。皮之不存，毛将焉附。如果资源或生态系统所处的空间遭到破坏，依附于这些空间的资源将面临巨大风险。许多动植物灭绝或濒临灭绝的一个主要原因就是栖息地丧失。忽视栖息地保护，仅对濒危物种进行保护，不足以解决生物多样性问题。建立自然保护地或其他特定区域，成为自然生态保护的主要手段。《生物多样性公约》明确，就地保护生态系统和自然生境，维持恢复物种在其自然环境中有生存力的群体，是自然生态保护的基本要求。移地保护只是就地保护的辅助手段。申言之，环境法典自然生态保护编应以“区域 + 要素”为逻辑主线，建立生态空间保护规则体系，实现可持续发展目标。

（二）生态保护红线是基于区域的管理制度

前已述及，生态保护红线有广义和狭义两种解释。语义分歧不利于制定和实施生态保护红线制度。考察生态保护红线制度目标、法律文本的表达和制度变迁，镜鉴比较法上的区域管理制度，生态保护红线应属于基于区域的空间治理制度。

第一，空间是社会经济发展的载体，空间结构对经济结构和社会结构有关键性影响。早在生态保护红线制度探索前，我国已实施主体功能区制度。主体功能区根据自然条件适宜性和资源环境承载能力等因素，将国土空间分为优化开发区域、重点开发区域、限制开发区域和禁止开发区域。主体功能区制度区分不同国土空间的主体功能，控制国土空间开发强度，构建合理的国土空间开发保护格局，成为生态保护红线制度的基础。2013 年 5 月 24 日，习近平总书记

22 吴凯杰：《法典化背景下环境法规范的类型区分与体系归属》，载《法学》2022 年第 6 期。

23 Robert L. Fischman, *What is Natural Resources Law*?, 78 U. Colo. L. Rev. 717 (2007).

在主持中共中央政治局第六次集体学习时,提出“要坚定不移加快实施主体功能区战略,严格按照优化开发、重点开发、限制开发、禁止开发的主体功能定位,划定并严守生态红线”。主体功能区规划成为生态保护红线划定的重要依据之一。生态保护红线应与主体功能区区划、生态功能区划等保持协调。这显示了生态保护红线和主体功能区之间的密切关联。可见,划定生态保护红线,建立有利于生态保护红线管控的各项机制,是强化区域生态环境监管的有效手段,是保障国家和区域生态安全,遏制生态系统恶化、改善环境质量、防范环境风险、降低资源消耗的重要抓手。[24]

第二,在中央和地方立法中,生态保护红线的空间属性日益明确。《环境保护法》第29条首次在法律层面规定了生态保护红线制度。该条第1款规定生态保护红线划定于“重点生态功能区、生态环境敏感区和脆弱区”等区域,第2款则规定各级人民政府对特定区域、遗迹和古树名木的保护义务。这彰显了生态保护红线划定自然空间的作用[25]。而且,从体系分析的角度来看,《环境保护法》第15条已提出环境质量标准,第30条也对资源合理利用作出了规定,如若将环境质量优化与自然资源利用纳入生态保护红线的范畴,可能违背立法目的。《固体废物污染防治法》《黄河保护法》《长江保护法》《湿地保护法》的相关条款亦反映了生态保护红线的区域属性。在地方立法方面,《广西壮族自治区生态保护红线管理办法》第2条明确表示,生态保护红线是在“陆地和海洋重点生态功能区、生态环境敏感区和脆弱区等区域划定的严格管控边界”。

第三,在国家政策层面,关于生态保护红线的定义是随着理论研究和地方实践的不断推进而逐步完善和深化的。[26] 原环境保护部于2014年颁布的《国家生态保护红线—生态功能基线划定技术指南(试行)》采取了广义的生态保护红线概念。但是,原环境保护部和国家发展改革委于2017年发布的《生态保护红线划定指南》已经删除了与资源环境标准相关的内容,明确生态保护红线是“在生态空间范围内具有特殊重要生态功能、必须强制性严格保护的区域”。这一定义在生态环境部于2020年发布的《生态保护红线监管技术规范:基础调查(试行)》等系列标准中得以延续。而且,生态环境部专门印发《生态保护红线

24 信春鹰主编:《中华人民共和国环境保护法释义》,法律出版社2014年版,第103页。

25 王社坤、于子豪:《生态保护红线概念辨析》,载《江苏大学学报(社会科学版)》2016年第3期。

26 何雄伟:《近年来中国生态保护红线研究综述》,载《鄱阳湖学刊》2021年第4期。

勘界定标技术规范》,要求生态保护红线划定后埋设界桩界碑、设立标识标牌。这些政策规定均凸显了生态保护红线的空间属性。

(三)生态保护红线是集合性概念

综观现行有效的地方性法规、规范性文件和技术标准中的生态保护红线概念,作为基于区域的空间治理措施,生态保护红线包含三个要素:划定特定的生态空间、以自然生态保护为目标、采取严格的管控措施。(1)划定特定的生态空间。作为区域管理措施,生态保护红线必须建立在一个划定的地理空间基础上,使之区别于其他区域。这个空间的面积和规模没有标准,可大可小,取决于相应的保护目标。(2)以自然生态保护为目标。生态保护红线划定于生态敏感或脆弱区域,保护这些区域的生态系统是生态保护红线的目标。鉴于空间资源的稀缺性,生态保护红线并不以保护为唯一目标,但如保护目标与其他目标发生冲突,保护优先。(3)采取严格的管控措施。将特定区域划定为生态保护红线,反映了人类对这一区域的主动保护。有关机构和其他参与者积极保护生态环境,建立符合当地生态系统功能的管理机构。

上述要素和自然保护地的核心要素相似,反映了生态保护红线与自然保护地的密切关系,也导致理论和实践中关于生态保护红线与自然保护地关系的不同解释。考察我国自然保护地和生态保护红线的规范,生态保护红线和自然保护地属于包含和被包含的关系。《关于建立以国家公园为主体的自然保护地体系的指导意见》重塑我国自然保护地类型,将自然保护地限定为国家公园、自然保护区和自然公园,且各地区各部门不得自行设立新的自然保护地类型。根据国家林业和草原局于2023年发布的《国家级自然公园管理办法(征求意见稿)》,自然公园包括风景名胜区、森林公园、地质公园、海洋公园、湿地公园、沙漠(石漠)公园和草原公园。申言之,我国现行政策上的自然保护地是一个相对封闭的概念。国家公园、自然保护区和自然公园皆有其相应的设立标准,如面积规模适宜性和管理可行性。而且,自然保护地一般采取自下而上的设立程序,由地方政府申请设立。由此,一些同样具有保护意义的重要生态功能、生态环境敏感或脆弱的区域没有被纳入自然保护地体系中,形成保护空缺。[27] 比如重点水源涵养区、水土保持的重点预防保护区和防风固沙区。

相比之下,生态保护红线是一个相对开放的概念。凡是具有重要水源涵

27 阙占文:《保护地役权的功能审视与法律构造》,载《政法论坛》2022年第5期。

养、生物多样性维护、水土保持、防风固沙、海岸生态稳定等重要生态功能,或者水土流失、土地沙化等生态环境敏感脆弱的区域,都可以适时纳入生态保护红线之中。这也是生态保护红线应划尽划的应有之义。2022年,《生物多样性公约》缔约方会议通过《昆明—蒙特利尔全球生物多样性框架》,确保和促使到2030年至少占比30%的陆地、内陆水域、沿海和海洋区域,特别是对生物多样性和生态系统功能和服务特别重要的区域,通过具有生态代表性、保护区系统和其他有效的基于区域的保护措施至少恢复30%。保护目标的增加将推动生态保护红线类型和面积的扩张。申言之,生态保护红线是一个集合性概念,包括自然保护地、饮用水水源保护区、重要入海河口、珊瑚礁集中分布区、海草床分布区、海岸带自然岸线、生物多样性优先保护区域等。自然保护地是生态保护红线的主要类型。从面积上看,我国已建立各级各类自然保护地近万处,约占陆域国土面积的18%。[28]

因此,环境法典自然生态保护编应将生态保护红线定位于区域保护的一般规定,适用于所有具有重要生态功能,或者生态敏感脆弱的区域。生态保护红线和自然保护地等构成"一般和特殊"的关系。现行有效的《自然保护区条例》《风景名胜区条例》和正在制定的"国家公园法""自然保护地法"构成"特殊法"。鉴于环境法典可能在这些单行法制定后出台,不宜完全按照"特别法优于一般法"的规则适用,而应按照有利于保护的原则适用。

三、生态保护红线制度在环境法典中的展开

生态系统提供各种服务,包括供给服务、调节服务、支持服务和文化服务。生态系统的完整性和生态过程的稳定性对于社会经济发展至关重要。生态系统破坏既可能降低资源供给,威胁生物种群数量;亦可能损害气候或水利调节,造成自然灾害。生态保护红线的实质是维护人类社会所需生态系统服务的最关键、最高效、不可替代的空间格局,生态保护红线评估需从生态保护重要性、空间结构整体性和自然—社会系统协调性三方面综合考虑。[29] 生态保护红线是

28 国务院新闻办公室:《中国的生物多样性保护》,人民出版社2021年版,第13页。

29 冯碧鸥、岳文泽、夏皓轩:《生态安全格局视角下的生态保护红线评估——以浙江省为例》,载《应用生态学报》2022年第9期。

保障国家生态安全的底线和生命线。生态安全是国家安全的重要组成部分。《国家安全法》第30条规定,国家完善生态环境保护制度体系,加大生态建设和环境保护力度,划定生态保护红线。生态安全是生态保护红线制度的主要价值取向,指引生态保护红线划定、调整、管控和保护。

(一)生态保护红线的划定

生态保护红线划定必须遵循保护优先的原则,这是由生态保护红线制度的设置目的及其定义所决定的,亦符合《环境保护法》所确立的基本原则。为了实现最严格保护的目标,保证生态功能的系统性和完整性,在重点生态功能区、生态敏感脆弱区等区域,必须强制划定生态红线,约束人类在红线区内的开发建设活动,防止人类行为对生态区域功能的破坏和扰动,维护良好的生态效益。因此,科学性是生态保护红线划定的首要原则。一方面,生态保护红线划定有很强的专业技术性,主要由具备生态学、环境规划等学科背景的专家完成,便于其准确掌握区域内的自然生态资源与生物多样性特征,科学评价区域内的生态系统服务功能重要性与生态环境的敏感脆弱程度。[30] 另一方面,采取定量评估与定性判定相结合的方法划定生态保护红线。在资源环境承载能力和国土空间开发适宜性评价的基础上,按生态系统服务功能重要性、生态环境敏感性、生态系统完整性等初步识别生态保护红线范围。

生态保护红线的划定必须同时考虑自然保护与社会发展双重需求,因此生态保护红线的划定还需遵循协调性原则,其划定应与经济社会发展需求相适应,将人类行为对环境的影响控制在生态承载力所能够接受的范围内。既要保护重要的自然生态空间,又要为可持续发展提供必要的生态支撑[31]。因此,生态保护红线的划定必须在对各重要区域环境承载力进行科学评估的基础上,考量各地实际情况,综合衡量红线划定的可行性,预留适当的发展空间。而且,生态保护红线区域范围较广,与周边社会主体的关系密切,生态保护红线的落地与推进也需要多元社会群体的鼎力支持。生态保护红线划定过程中需要保障公众的知情权、参与权,促进不同群体间的沟通与协调。总之,划定生态保护红线可以视为国土空间保护和国土空间开发利用的竞争性控制过程,这一过程可以

30 汪芳琳、王风芹等:《安徽省生态红线区域划分与管控机制研究》,载《基因组学与应用生物学》2017年第10期。

31 邹长新、王丽霞等:《论生态保护红线的类型划分与管控》,载《生物多样性》2015年第6期。

模拟为从“源”到“汇”,克服阻力“做功”的过程。[32]

(二)生态保护红线的调整

自然生态系统是复杂的、动态的系统。生态系统组成部分和生态系统整体处于变化之中。如气候变化引起海平面上升,导致自然栖息地面积和边界变化,甚至消失。自然生态系统与人类社会系统亦是相互影响、动态变化的。人类活动的内容与形式及其对生态系统的扰动程度、影响大小以及生产力水平等因素会不断发生变化,客观情形的变动可能对生态保护红线造成影响。建立生态保护红线动态调整机制,可以适时对生态保护红线进行优化。然而,鉴于生态保护红线的安全价值,生态保护红线一经划定,必须严格遵守。为了避免生态保护红线区被蚕食,应严格限定生态保护红线调整的情形,规范生态保护红线程序,确保“生态功能不降低、面积不减少、性质不改变”。

大体上,需要建立常态化的生态保护红线评估调整机制和临时性的生态保护红线调整机制。其一,定期评估调整机制。区域生态安全问题的特征及生态安全的重心一直处于动态变化过程中,在一定时间后整体情况可能发生明显变动,基于生态安全视角而划定的红线并不具有“持久有效性”。生态保护红线划定后需要由自然资源部门定期进行评估,评价生态保护红线区的生态要素、社会经济发展态势和生态保护红线面临的挑战。如评估证实生态保护红线确需调整,由省级人民政府通过后报国务院批准。其二,临时性的生态保护红线调整机制。特定情形下,某些重要的经济社会发展项目需要占用生态保护红线区,如战略矿产资源勘探开发、油气管道基础设施、国防设施建设等重大项目。为了加强生态保护红线的安全价值,应该严格限定此类活动,建立重大项目正面清单。而且,占用生态保护红线的重大项目必须开展不可避让论证和环境影响评价,证明其占用生态保护红线的正当性,降低其造成的不利环境影响。

(三)生态保护红线管控

在空间上,生态保护红线确定了重要生态功能区以及生态敏感脆弱区等需要进行严格保护的区域的地理位置和范围,明确了保障区域生态安全所需维护的生态空间格局,但并不意味着地理界线带来的分隔可以一步到位地解决各区

32 姚岚等:《生态保护红线研究述评及框架体系构建》,载《中国土地科学》2019年第7期。

域的一切生态安全与发展问题[33]。而且,生态保护红线强调对生态系统的整体性保护,但生态红线区内部客观存在需要满足不同保护需求的区域。不同生态区域的功能重要性程度可能受到区域内的生态环境问题类型、严重程度与迫切性及生态服务功能需求等因素的影响,不同的生态区域的主导生态功能类型和生态服务的功能总体价值也有所差异,单纯采取禁止开发利用,严禁一切人类活动的管控对策不具有科学性、合理性,因此存在引入差异化管控制度的必要[34]。在规范层面,地方生态保护红线立法大多遵循差异性管控的理念。

生态环境法典可以原则性规定生态保护红线分区标准,如将生态保护红线区划分为一级与二级区域,一级核心区域禁止开发性和建设性项目,实行最严格的保护。自然保护地分区中与这一保护程度相当的区域应当划入其中,如自然保护地的核心保护区。二级区域可进行适度开发,但严禁损害主体生态功能。对二级区域中人类活动的限制必须与该区域的主体生态功能相适应,例如,在水土流失问题较明显的区域需要严格限制可能造成水土流失的任何生产建设活动。在符合生态保护红线区域功能定位的前提下进行开发建设活动,还需制定并严格执行环境保护与生态修复治理方案[35]。

生态保护红线区不仅是自然空间,亦是社会生活空间。囿于我国人多地少的基本国情,生态保护红线区内外有大量原住居民。在长期生产生活实践中,原住居民习得生态保护知识,发展出适应当地生态系统的自然资源管理实践,形成独特的本土文化。[36] 原住居民是生态保护的重要参与者。生态保护红线管控措施应考虑当地的自然资源管理知识,补偿原住居民因为自然资源管理遭受的不利益。通过协议、保护地役权等方式激励社会组织、社会资本参与生态保护红线区的保护和修复,形成多方合作治理的格局,实现人与自然和谐共生。

(四)生态保护红线的保护

生态保护红线划定后,必须以严格措施予以保护。鉴于当前生态保护红线规范存在法律后果要素缺失的问题,需要在环境法典中规定违反生态保护红线规范的法律责任。任何违反生态保护红线管控规定,跨越生态保护红线的主体

---

33 范小杉等:《基于生态安全问题的生态保护红线管控方案》,载《中国环境科学》2018 年第 12 期。

34 林勇、樊景凤等:《生态红线划分的理论和技术》,载《生态学报》2016 年第 5 期。

35 郑华、欧阳志云:《生态红线的实践与思考》,载《中国科学院院刊》2014 年第 4 期。

36 阙占文:《人畜共存视阈下的野生动物致害补偿制度》,载《中国政法大学学报》2022 年第 6 期。

都必须相应承担法律责任,为了有力保障国家生态安全,必须建立生态保护红线责任体系。

其一,全国人大常委会于2020年通过《刑法修正案(十一)》,增设了“破坏自然保护地罪”,明确“违反自然保护地管理法规,在国家公园、国家级自然保护区进行开垦、开发活动或者修建建筑物,造成严重后果或者有其他恶劣情节的,处五年以下有期徒刑或者拘役,并处或者单处罚金”;同时将在自然保护地排放污染物列入“污染环境罪”。上述修改增强了自然保护地的保护强度,间接推动了生态保护红线的保护。从刑事立法惯例和立法技术考虑,构成犯罪需要追究刑事责任的,统一在刑法中规定,其他法律仅作出衔接性规定,环境法典宜遵循这一惯例。

其二,违反生态保护红线规范造成损害的,需承担相应的民事责任。虽然《民法典》侵权责任编对污染环境和破坏生态的民事责任进行了一般性规定,但污染环境和破坏生态的特殊性决定了生态环境民事责任的复杂性。观察我国生态环境损害赔偿制度改革文本与实践,生态环境损害责任在责任性质、责任主体、构成要件、责任形式等方面与传统民事责任都存在差异,具有很强的公法色彩。环境法典编纂过程中,需思考生态环境责任的特殊性,全面创新以生态修复为中心的专门责任,细化生态修复和生态环境损害赔偿的具体要件。[37]

其三,生态保护红线制度形成了对公权力及私人行为的双重制约,生态保护红线相关规则为政府及其职能部门设定了作为义务,与公民以作为的方式违背生态保护红线制度受到处罚的责任承担逻辑相反的是,行政机关往往因不履行法定义务,致使红线失守,生态环境遭受破坏而需承担相应责任。生态保护红线保护涉及生态环境、自然资源和林业草原等不同部门,部门沟通协调的机制性障碍不利于生态保护红线制度的实施。《关于加强生态保护红线管理的通知(试行)》将自然资源、生态环境和林草部门关于生态保护红线的职责配置为国土空间用途管制、生态环境监督和自然保护地监督管理,但仍未完全破解部门职责交叉、部门协调的难题。检察公益诉讼将有助于厘清主管部门职责。

---

37 张宝:《环境法典编纂中民事责任的定位与构造》,载《环球法律评论》2022年第6期。

四、结　　语

生态保护红线强调对红线区域的整体生态价值进行综合保护,属于我国的独创性制度,对生态保护领域的其他制度产生了十分重要的影响,发挥着生态安全领域的基础性作用。在环境法典编纂的视野下考量生态保护红线的立法问题,需要重视规则体系化,澄清生态保护红线的空间保护属性,理顺生态保护红线与自然保护地等制度的关系,构建合理清晰的生态保护红线划定与管理机制。生态保护红线既要维护自然生态系统的健康稳定,又要为社会提供优质生态产品,其空间属性具有复合性。在确定保护优先原则的情况下,生态保护红线的划定与管理还需要与当地的经济发展需求相适应,以实现可持续发展。

我国海洋牧场平台法律属性研究

卜凌嘉*

【内容提要】 海洋牧场平台是海洋牧场开展渔业养殖和海上休闲旅游活动的多功能平台，是深远海渔业资源开发的重要支点。目前，我国有关法规对海洋牧场平台的法律属性未有明确规定，引发了平台确权颁证、登记管理、融资保险和运营监管等方面的一系列问题，不利于海洋牧场产业的健康发展。实践中，有的地方性法规将海洋牧场平台作为船舶予以管理，有的地方政府为海洋牧场平台颁发渔业船舶证书和国籍证书。海洋牧场平台需要长期占用海域开展作业，与具有航行能力的船舶存在本质差异，将其作为船舶管理有可能引发一系列问题。根据我国国内法、《海洋法公约》和相关技术规范，海洋牧场平台应当属于海上设施或海上构筑物。海洋牧场平台作为海上设施，面临登记制度、安全区制度以及弃置拆除制度缺失等问题，这些问题亟待通过制定相关法律法规予以解决。

【关键词】 海洋牧场平台　法律属性　船舶　海上设施

我国是海水养殖业大国。2022 年，我国海水养殖产量 2275.70 万吨，海水养殖面积 2074.72 千公顷，海水养殖产值 4638.84 亿元，占海洋渔业产值的 65.08%。[1] 一方面，海水养殖业品对改善居民膳食结构，供给优质动物蛋白发挥了重要作用，已成为我国粮食安全保障体系的重要组成部分。另一方面，集中在近岸海域的海水养殖业，养殖密度大、渔业病害频发、渔业饲料和用药等对

* 卜凌嘉——广东财经大学国际学院讲师，主要研究领域：国际法基本理论、国际海洋法。本文为教育部人文社会科学研究青年基金项目（20YJC820003）阶段性成果。

1 《2022 年全国渔业统计公报》，载农业农村部官网 2023 年 6 月 28 日，http://www.yyj.moa.gov.cn/kjzl/202306/t20230628_6431131.htm。

海洋生态环境造成污染等问题突出。为了保护海洋生态环境和增殖渔业资源，推动海水养殖向可持续发展转型，2023 年 6 月，农业农村部、自然资源部等八部门联合印发《关于加快推进深远海养殖发展的意见》，提出以机械化、自动化、智能化装备技术为支撑，在深远海开展规模化高效水产养殖的目标。[2] 实施海洋牧场战略，构建“蓝色粮仓”，是拓展深远海养殖空间，推进深远海养殖渔场建设工作的重要内容。

海洋牧场，是指基于海洋生态系统原理，在特定海域，通过人工鱼礁、增殖放流等措施，构建或者修复海洋生物繁殖、生长、索饵或者避敌所需场所，增殖养护渔业资源，改善海域生态环境，实现渔业资源可持续利用的渔业模式。[3] 截至 2023 年 7 月，全国已建成国家级海洋牧场示范区 169 个，覆盖渤海、黄海、东海和南海。[4] 为推动全国海洋牧场发展，农业部（现为农业农村部）印发《国家级海洋牧场示范区建设规划（2017—2025）》，计划到 2025 年全国建设 178 个国家级海洋牧场示范区。

随着海洋牧场的迅速发展，海洋牧场平台在海洋牧场建设中的作用也日益突出。海洋牧场平台，是指在海洋牧场海域内用于开展生态环境监测、海上管护、渔业生产、休闲经营、安全救助等活动的平台类设施。[5] 海洋牧场平台是海洋牧场开展渔业养殖和海上休闲旅游活动的多功能平台，是深远海渔业资源开发的重要支点。我国学者围绕海洋牧场平台的建设、运营和管理存在的问题已开展了一些研究，例如，赵振营等针对山东海洋牧场平台的升级改造、能源供应等问题，提出对策建议。[6] 汪倩等指出海洋牧场平台运营存在的安全隐患，建议加强对平台和游客的安全管理。[7] 作为新型海洋高端装备，海洋牧场平台的建造和使用应受到国际法和国内法的双重规制。目前，国内政策和法规对海洋牧场平台的法律属性未有明确规定，引发了平台确权颁证、登记管理、融资保险和运营监管等方面的一系列问题，不利于海洋牧场产业的健康发展。国内

2 农业农村部、工业和信息化部、国家发展改革委、科技部、自然资源部、生态环境部、交通运输部、中国海警局：《关于加快推进深远海养殖发展的意见》（农渔发〔2023〕14 号），2023 年 6 月 3 日。

3 《中华人民共和国水产行业标准：海洋牧场分类》（SC/T 9111—2017），2017 年 9 月 1 日。

4 《建设海洋牧场充实“蓝色粮仓”》，载《经济日报》2023 年 7 月 5 日，第 11 版。

5 青岛市人民代表大会常务委员会：《青岛市海洋牧场管理条例》，2022 年 5 月 1 日。

6 赵振营等：《山东海洋牧场平台发展现状及未来发展重点浅析》，载《中国水产》2020 年第 9 期。

7 汪倩、李丽丽、徐梦琪：《经略海洋背景下海洋牧场若干法律问题分析——以威海市海洋牧场为例》，载《海法评论》2019 年第 1 期。

学者尚未对海洋牧场平台的法律属性展开研究,本文将围绕这一问题进行探讨。

一、我国海洋牧场平台发展简介

海洋牧场平台以海洋巨型网箱为主体,还包括供平台管理人员或者游客使用的生活设施区、能源动力设备区等附属设施。根据其生产状态,海洋牧场平台可分为浮体式、半潜式、全潜式、升降式等不同种类。[8] 随着海洋工程、海上能源生产等技术的发展,我国海洋牧场平台自2018年起进入快速发展期,以“深蓝一号”为代表的一系列巨型网箱养殖设施相继建成和投入使用,标志着我国进入了海洋牧场平台建设的快速发展阶段(我国近年主要海洋牧场平台概况见表1)。

海洋牧场平台是推动海洋牧场建设的重要设施,也是海洋渔业产业链中重要的一环,沿海地区相继提出海洋牧场平台建设规划。例如,青岛市计划到2025年建设12个海洋牧场游钓平台,6处多功能海上综合平台。[9] 烟台市计划到2024年投产深远海大型智能养殖设施50个。[10] 泉州市规划发展深远海养殖平台360台。[11] 广东重点发展重力式和桁架式深水网箱,利用其海上风电场规模位于全国首位的优势,探索“深水网箱+风电”、“深远海养殖+休闲垂钓”及海洋牧场、深远海养殖渔场与海上风电融合发展模式。[12] 根据《广东省现代化海洋牧场建设实施方案》,珠海和湛江都将加快发展智能养殖平台。[13] 广西提出加快深远海资源开发,推动建设海洋牧场多功能平台,发展养殖工船、大型深

---

8 全国水产技术推广总站:《深远海设施养殖技术模式》,中国农业出版社2021年版,第4~6页。

9 青岛市海洋发展局:《青岛市海洋发展局关于印发〈青岛市海洋牧场建设规划(2020—2025)〉的通知》,2020年9月25日。

10 烟台市人民政府:《关于印发烟台市海洋牧场“百箱计划”项目计划三年行动方案的通知》(烟政办字〔2022〕24号),2022年5月23日。

11 谢曦:《再造一个“海上粮仓”,我市深远海养殖发展规划通过评审》,载《泉州晚报》2022年10月7日,第1版。

12 广东省农业农村厅:《广东省人民政府办公厅关于加快推进现代渔业高质量发展的意见》(粤府办〔2022〕15号),2022年4月29日。

13 广东省农业农村厅:《广东省现代化海洋牧场建设推进会在广州召开 打造“粤海粮仓” 唱响“海洋牧歌”》,载广东省农业农村厅官网2023年3月13日,http://www.gd.gov.cn/gdywdt/bmdt/content/post_4130601.html。

水智能网箱等新型海洋装备的规划。[14]

我国海洋牧场平台具有大型化和离岸化等特点。随着海洋新材料和新技术的发展,海洋网箱养殖平台向大型化发展。"深蓝一号"是世界最大的全潜式网箱,养殖水体达5万立方米。表1的数据显示海洋牧场平台大型化特征明显,养殖水体少则1.5万立方米,多的达到15万立方米。海洋牧场平台网箱体型越大,越有利于扩大单箱养殖容量,提高生产效率及其养成鱼类品质,是未来发展方向。[15] 海洋牧场平台向离岸化发展的趋势明显。距离海岸较远的深远海海域具有更好的水质,水体交换率高,养殖的鱼类生长质量好,能有效降低近岸养殖密度过高造成的病害风险。一些高品质鱼类的养殖平台需要进入深远海海域利用冷水资源,如山东省一些海洋牧场平台利用专属经济区内的黄海冷水团养殖三文鱼。

表1　我国主要海洋牧场平台概况[16]

序号	投入运营时间	作业海域	平台名称	设备参数	主要养殖品种
1	2018年5月	山东黄海专属经济区	深蓝一号	周长180米,高38米,养殖水体5万立方米	三文鱼
2	2018年9月	广东珠海万山枕箱岛海域	德海一号	总长91.3米,宽27.6米,养殖水体3万立方米	大黄鱼、军曹鱼
3	2019年5月	山东烟台长岛海域	长鲸一号	长66米,宽66米,养殖水体6.4万立方米	三文鱼
4	2019年7月	福建福州连江东洛岛	福鲍一号	长37.3米,宽33.3米,总面积1228.4平方米	鲍鱼
5	2019年8月	广东珠海蜘洲岛海域	澎湖号	长66米,宽28米,高16米,养殖水体1.5万立方米	金鲳鱼、石斑鱼

14　广西壮族自治区海洋局、广西壮族自治区发展和改革委员会:《广西向海发展经济发展战略规划(2021—2035)》(桂海发〔2021〕号),2021年12月8日。

15　石建高、余雯雯、卢本才、程世琪:《中国深远海网箱的发展现状与展望》,载《水产学报》2021年第6期。

16　本表由笔者根据媒体公开资料搜集整理而成。

续表

序号	投入运营时间	作业海域	平台名称	设备参数	主要养殖品种
6	2020年1月	山东黄海专属经济区	蓝鑫号	长158米,高54米,养殖水体6万立方米	三文鱼
7	2020年5月	福建宁德海域	海峡一号	周长440米,总体高度40米,养殖水体15万立方米	大黄鱼
8	2020年12月	山东黄海专属经济区	经海一号	网箱长度68米,宽度68米,高度40米,养殖水体7万立方米	黑鲳、花鲈
9	2022年3月	海南乐东县龙栖湾海域	普盛海洋牧场一号	平台总长86米,宽30米,高18米,养殖水体3万立方米	金鲳鱼等
10	2022年4月	广东湛江雷州流沙港	海威一号	长46米,宽23米,养殖水体1.5万立方米	军曹鱼、鮸鱼
11	2023年6月	广东湛江雷州海域	海威二号	平台长86米,宽32米,高16.5米,养殖水体3万立方米	鳘鱼、军曹鱼、鞍带石斑鱼(龙趸)

二、海洋牧场平台的法律属性问题

作为海洋渔业养殖的新兴业态,海洋牧场的管理缺乏上位法依据。山东省的一些地方如青岛市、烟台市、威海市、潍坊市和日照市这胶东五市对海洋牧场的建设和管理实施协同立法,这些城市出台的《海洋牧场管理条例》对海洋牧场平台的经营管理进行相对统一的规定,是我国对海洋牧场立法的创新性立法实践。[17] 对海洋牧场平台的管理是海洋牧场监管的重要内容,但上述海域牧场法规没有规定海洋牧场平台的法律属性。我国绝大部分海洋牧场平台为固定式

17 李宗彦、屈庆硕:《"一指用力"莫若"握指成拳"——省人大常委会指导胶东经济圈五市协同打造海洋牧场立法山东样板》,载《山东人大工作》2022年第3期;秦菲:《地方立法协助海洋牧场高质量发展》,载《烟台日报》2022年5月6日,第3版。

平台,即通过桩基、重力式基础或系泊系统等方式长期固定于某一海床之上的平台,少数海洋牧场平台为游弋式如“国信一号”。游弋式海洋牧场平台属于养殖工船的性质较为清楚,一般按照养殖渔船进行登记管理。固定式海洋牧场平台的法律地位和性质不明。《关于加快推进深远海养殖发展的意见》指出,重力式网箱、桁架类网箱及养殖平台由地方人民政府指定的主管部门制定规则进行登记。以下将结合有关理论和实践探讨固定式海洋牧场平台是船舶、人工岛屿还是海上设施。

(一)海洋牧场平台是否构成船舶

1. 将海洋牧场平台作为船舶管理的相关实践

一些地方性法规将海洋牧场平台参照船舶的规定予以管理。例如,《烟台市海洋牧场管理条例》第12条规定,海洋牧场平台应当经船舶检验机构检验,取得相应证书或者文书。未取得检验合格证书或者文书的海洋牧场平台不得投入运营。第13条规定,海洋牧场平台应当配备符合标准的船舶自动识别终端,正确显示号灯、号型。第14条规定,利用海洋牧场平台从事休闲经营活动,应当配备掌握救生、消防、通信、避碰等专业技能的人员,且符合最低安全配员要求;实际承载人数不得超过船舶检验机构核定人数。上述这些要求参照船舶管理海洋牧场平台,例如,要求海洋牧场平台符合最低安全配员的要求和配备船舶自动识别终端来自《海上交通安全法》第33条对船舶满足最低安全配员的要求以及第36条对船舶在航行中应当按有关规定开启船舶的自动识别装置规定。这些规定将海洋牧场平台按照船舶进行管理和监督,暗示海洋牧场属于船舶。

如果说以《烟台市海洋牧场管理条例》为代表的地方性法规仅仅暗示海洋牧场为船舶,那么一些地方政府机构为海洋牧场平台颁发渔业船舶证书和渔业船舶国籍证书,则直接确认了海洋牧场平台的船舶地位。截至2021年11月,(山东)自由贸易试验区烟台片区政府部门已经为近30个海洋牧场平台颁发了渔业船舶所有权证书和国籍证书。[18] 2022年7月,福建省福州市连江县海洋与渔业局参照《渔业船舶登记办法》,制定《连江县深远海渔业养殖设施登记服务

---

18 烟台市海洋发展和渔业局:《烟台海洋牧场有了“新身份” 获得国内首个网箱入级检验证书》,载烟台市海洋发展和渔业局官网2021年11月23日,http://www.yantai.gov.cn/art/2021/11/23/art_20316_2961763.html。

试点工作方案》。2022年8月,连江县海洋与渔业局为福建省泰源海洋开发有限公司的"泰渔1号"深远海养殖平台颁发了渔业船舶证书和国籍证书。[19]

2.将海洋牧场平台作为船舶管理的合理性与存在的问题

将海洋牧场平台作为船舶管理在实践中具有一定合理性和便利性。船舶是开展渔业生产和水上休闲活动的重要载体,我国通过《渔业船舶检验条例》《渔业船舶检验管理规定》《渔港水域交通安全管理条例》等一系列法律法规对渔业船舶的建造、登记、使用和管理形成了较为完善的法律制度。把海洋牧场作为船舶有以下优势:第一,有利于迅速建立海洋牧场平台安全生产制度,预防安全事故。烟台市人民代表大会常务委员会《关于〈烟台市海洋牧场管理条例〉的实施解读》指出,海洋牧场平台的相关规定是为了"压实安全责任,确保安全发展",落实平台安全生产责任。[20] 第二,将海洋牧场平台认定为船舶,可以迅速解决海洋牧场平台的确权颁证和融资保险问题。海洋牧场平台属于新型高技术高价值海洋设备,造价高昂,动辄上千万元的建造费。海洋牧场平台缺乏所有权凭证就难以对其进行资产登记和抵押贷款,直接影响了企业和养殖户筹资建造或购买平台的能力,严重制约行业发展。同时,海洋养殖业属于高投入、高风险行业,养殖周期长,受天气、洋流等多种因素影响,海洋牧场平台法律属性不明确导致平台所有者或经营者难以对平台进行投保。为海洋牧场平台颁发渔业船舶证书和国籍证书,意味着平台所有者可以根据《渔业船舶登记办法》对船舶所有权登记、抵押权和光船租赁登记的规定,行使对平台的各项权利。赋予海洋牧场平台船舶身份可以满足其所有者出售、抵押和投保的实际需求,从而促进海洋牧场平台建设和利用。

然而,从海洋牧场的运作模式来看,海域牧场平台与船舶存在明显的差异,将其作为船舶管理存在以下几个问题。第一,海洋牧场平台不具备航行能力,不具有船舶的基本特征,将其认定为船舶不符合船舶的定义。海洋牧场平台一般不具有推进装置,无自航能力或自航能力十分有限,需要使用拖船将其从码头港口拖航至工作海域,这与具有航行能力的船舶存在较大差异。我国《海商法》第3条规定,船舶指"海船和其他海上移动式装置,但是用于军事的、政府公

19　郑瑞洋:《深海鱼领到"房产证"——全国县级首本!连江发放深远海养殖平台所有权证书》,载《福州晚报》2022年8月11日,第A3版。

20　烟台市人民代表大会常务委员会:《关于〈烟台市海洋牧场管理条例〉实施解读》,载烟台市人大常委会网2022年4月29日,http://renda.yantai.gov.cn/art/2022/4/29/art_106317_604.html。

务的船舶和20总吨以下的小型船艇除外”。《海上交通安全法》第117条对船舶的解释是“各类排水或者非排水的船、艇、筏、水上飞行器、潜水器、移动式平台以及其他移动式装置”。《船舶登记条例》第56条规定,船舶是“各类机动、非机动船舶以及其他水上移动装置,但是船舶上装备的救生艇筏和长度小于5米的艇筏除外”,渔业船舶指“从事渔业生产的船舶以及属于水产系统为渔业生产服务的船舶”。上述法律法规对船舶的定义虽然对船舶的推进方式和规模有不同的要求,但均指出船舶应当具有水上移动能力。一些相关研究也指出航行能力是船舶的重要特征,如孙誉清研究了多项国际海事公约和其他国家国内法对船舶的定义后指出,具备航行能力是船舶的基本属性。[21] 吴蔚认为,以航行为目的,具备自航能力是船舶的重要特征。[22] 因此,将缺乏自航能力的海洋牧场平台认定为船舶,不符合船舶应具有航行能力的本质特征,违背人们对船舶的通常理解。

第二,把海洋牧场平台认定为船舶,可能对平台的监督和管辖造成问题。船舶由于其水上航行特征,对其实施船旗国管辖而不是属地管辖。船旗是船舶国籍的标志,船舶通过登记取得国籍,并享有悬挂其登记国家国旗的权利。根据1982年《联合国海洋法公约》(以下简称《海洋法公约》)以及相关国际法规定的船旗国管辖制度,船旗国对取得该国国籍、悬挂该国旗帜的船舶行使专属管辖权。《海洋法公约》第92条和第94条规定,除了国际公约或本公约规定的例外情况,在公海上船旗国对悬挂该国旗帜的船舶行使行政、技术及社会事项的管辖权。同时,根据该公约第58条,船旗国对悬挂该国旗帜的船舶专属管辖适用于沿海国专属经济区。换言之,在公海和专属经济区内的船舶除受到船旗国专属管辖和国际法限制外,不受其他国家的管辖。船旗国管辖制度在领海内也同样适用,但受到沿海国一些限制。比如,《海洋法公约》第27条规定,除了少数几种特定的情况,沿海国不得在通过领海的外国船舶上行使刑事管辖权。

由于我国《船舶登记条例》对船舶登记的要求较高,我国公民或我国企业(中外合资企业,中方出资额不低于50%)所有的船舶才能予以登记并取得我国国籍,悬挂我国国旗。有一些国家对船舶登记和授籍采取宽松的规定,允许

---

21 孙誉清:《商用无人船法律地位的界定》,载《武大国际法评论》2019年第6期。

22 吴蔚:《联合国海洋法公约中人工岛屿之概念及其辨析》,载《武汉理工大学学报》2014年第3期。

外国籍所有人的船舶登记并取得该国籍，这种制度称为方便旗。巴拿马、利比里亚、马绍尔群岛、马耳他等国家实施方便旗制度，这些国家对船舶的登记费以及与船舶相关的税费低廉，而且船舶融资环境优越，吸引大量外国人或法人所有和经营的船舶登记。方便旗制度也存在一些弊端，方便旗国家对其船舶缺乏实质性的联系和控制，一些悬挂方便旗的船舶对航行安全和海洋环境保护构成威胁。实践中，为规避国内较高的税赋和获取境外优惠便利的融资，我国船舶变更国籍的情况已持续多年。[23]

如果把海洋牧场平台认定为船舶，海洋牧场平台在取得我国船舶证书和国籍之后可以在实施方便旗的国家变更登记为外国船舶。海洋牧场平台造价高昂，海洋养殖业投入高，相关融资需求迫切，平台所有者有可能将平台的国籍变更为外国籍以获取方便和优惠的境外融资。根据船旗国管辖制度，我国政府主管部门对领海内的外国船舶仅具有有限管辖权，而方便旗国家在实践中又不能对有关船舶实施有效的控制，这将给我国的相关管理工作造成困难，对海上牧场的安全生产和海洋环境保护构成威胁。位于我国专属经济区内的海洋牧场平台如果具有外国船舶地位，则仅受到船旗国的专属管辖，我国政府部门难以对其实施监管。换言之，把海洋牧场平台认定为船舶，平台所有者可以通过方便旗制度变更船舶国籍，而根据船旗国管辖制由外国船旗国对位于我国管辖海域内的平台进行管辖，我国政府部门无权对平台运营管理进行检查监督，相关平台实际上将处于"监管真空"状态。李政就指出，将专属经济区制度中的船旗国管辖以及登临、检查、逮捕和进行司法程序等制度适用于巨型网箱不妥。[24]

第三，海洋牧场平台的工作方式不同于渔业船舶，有关法律法规对海洋牧场平台的管理不完全等同于对船舶的管理。比如，建设海洋牧场需要取得海域使用权，而经营船舶则不需要取得海域使用权。海洋牧场平台通过桩腿、重力式基础或系泊系统等方式长期固定于某一海域进行渔业养殖生产作业。根据《海域使用管理法》第2条，在我国内水、领海持续使用特定海域三个月以上的排他性用海活动，应依法取得海域使用权。《烟台市海洋牧场管理条例》第9条规定，建设海洋牧场应当依法取得海域使用权，并依法进行环境影响评价。海

---

23 康颖祺：《吸引中资方便旗船回归思考——以〈海南船舶条例〉为切入》，载《中国海事》2023年第2期。

24 李政：《领海以外离岸养殖的法理研究——以山东省黄海冷水团海洋牧场建设为例》，载中国海洋法学会主办：《中国海洋法年刊》，知识产权出版社2019年版，第413页。

洋牧场平台规模庞大且需长期占用海域开展渔业生产,应当取得海域使用权,而渔业船舶无论是航行、停泊还是装卸货物,都无须取得海域使用权。因此,在实践中,对海域牧场的管理不同于渔业船舶。

再如,海洋牧场平台躲避风浪的方式与渔船不同,相关法规对海洋牧场平台的管理也不同于对渔船的管理。当出现台风等恶劣天气时,渔业行政主管部门或海事主管部门会要求渔业船舶返回渔港,但缺乏自航能力且体型庞大的海洋牧场平台难以返回港口避风。《烟台市海洋牧场管理条例》第 15 条规定,当气象、海洋部门发布的海上风浪预报等级超过海洋牧场平台抗风浪等级时,平台所有人员全部撤离,而不是要求海洋牧场平台返回渔港。海洋牧场平台有的采用被动抗浪方式(利用养殖网箱自身框架的结构强度和锚定结构抵抗风浪),有的平台采用主动抗浪方式(将养殖网箱主动下潜水下,以减小风浪对养殖鱼类的冲击和伤害)。据研究,网箱下潜 10 米以上能躲避 12 级左右的台风或 5 ~ 6 级的大浪。[25]

综上所述,把海洋牧场平台认定为船舶有一定的合理性和便利性,但海洋牧场平台不具有航行能力,与船舶存在本质的差异,将其作为船舶管理有可能引发一系列问题。因此,一些地方政府赋予海洋牧场平台船舶地位是否合适值得商榷。

(二)海洋牧场平台是否构成人工岛屿

海洋牧场平台规模庞大,平台通过连接海床或底土的坐底结构或者系缆设备长时间驻留于特定海域内作业,往往需要配备一定的工作人员长期驻守在平台上进行生产、监控和管理。有的海洋牧场平台以渔业养殖为主,兼具渔业休闲功能,这些平台不仅拥有生活设施区供工作人员使用,还建造了观光区、垂钓区、餐厅、科普馆等区域,以容纳游客进行休闲渔业活动。例如,福建"闽投一号"养殖平台可搭载海景客房、宴会厅、厨房、卫生间、办公室、会议室以及智慧渔业中心等旅游功能舱室。[26] 有的地方性法规对登乘平台的休闲旅游人群作出管理规定,如《青岛市海洋牧场管理条例》第 18 条、第 22 条和第 23 条针对海洋牧场平台临时登乘人员的人身安全和环保问题作出具体规定。

长时间固定在海床之上,出水面积较大,具有生产和生活功能的海洋牧场

---

25 陈傅晓、林川、谭围主编:《深远海抗风浪网箱养鱼技术》,海洋出版社 2021 年版,第 138 页。
26 林侃:《"闽投一号"下水!》,载《福建日报》2022 年 9 月 8 日,第 6 版。

平台有可能构成人工岛屿。《海洋法公约》第60条规定,沿海国在专属经济区内有建造、使用及授权他人建造使用人工岛屿的专属权利,但没解释人工岛屿的含义。《海洋法公约》第121条规定,岛屿是"四面环水并在高潮时高于水面的自然形成的陆地区域"。国际法权威辞典《马克斯·普朗克国际公法百科全书》将人工岛屿解释为"高潮时高于水面的非自然形成的陆地区域。"[27]吴蔚认为,固定的平台,无论是浮体还是固定钢架结构,只要在一定程度上有固定的性质,能在上面长期作业的,无论用途,都应认定为人工岛屿。[28] 有研究指出,人工岛屿具有"人造性"(通过人类活动创设)、"岛屿性"(通过堆砌沙砾等物质使其在任何时候都高于海平面)和"固定性"(与海床相连,完工后难以任意移动)三个特征。[29] 与海床相连而稳定于海面之上,可供人们生产生活的海洋牧场平台有可能构成人工岛屿。

不过,将海洋牧场平台定性为人工岛屿存在一定的问题。第一,我国国内法没有规定人工岛屿这一概念,将海洋牧场平台定性为人工岛屿存在困难。如前所述,《海洋法公约》没有解释人工岛屿的含义,而我国国内法没有人工岛屿这一概念,仅凭学理解释将海洋牧场平台定性为人工岛屿缺乏权威性和一致性,在实践中存在一定的困难。第二,有的学者认为人工岛屿是由泥土或砂石等自然材料堆砌而成的陆地区域,海洋牧场平台则是由海洋钢材、高密度聚乙烯、合成纤维等人造材料建造而成的设施。范健和梁宇泽指出,多数外国学者认为人工岛屿主要由砂石、泥土或珊瑚礁等自然物质形成,而非纯粹由钢铁、混凝土等人工物质等构成。[30] 国内也有学者认为人工岛屿是由砂石等相关物理材料进行填埋堆积而成。[31] 第三,多数学者都认为人工岛屿应当能够高于水面,且高于水面的区域面积较大,可供人们生产生活。有些海洋牧场平台应用海上无人系统,以沉没于水中的方式工作,高于水面的区域很小。如海洋牧场平台"哨兵号",大部分时间无人值守,通过网络操控进行饲料投喂和调节养殖网箱的深

---

27 Alex G. Oude Elferink, "Artificial Islands, Installations and Structures", in Rüdiger Wolfrum eds., Max Plank Encyclopedias of International Law, Oxford University 2013, para. 3.

28 吴蔚:《联合国海洋法公约中人工岛屿之概念及其辨析》,载《武汉理工大学学报》2014年第3期。

29 余敏友、严兴:《论海洋核动力平台的属性——基于国际法的视角》,载《武大国际法评论》2022年第1期。

30 范健、梁宇泽:《人工岛屿国际法地位的历史嬗变》,载《亚太安全与海洋研究》2016年第2期。

31 罗国强、刘璐琦:《海洋核动力平台安全地带法律制度研究》,载《太平洋学报》2020年第10期。

度位置,仅在有需要时派工作人员短暂登上平台补给饲料和系统维护。这类海洋牧场平台大部分沉没于水下,高于水面的区域很小,不足以称其为人工岛屿。第四,人工岛屿能否作为海洋划界的依据存在争议,将海洋牧场平台定性为人工岛屿存在引发国际纠纷的风险。[32] 基于上述问题,将海洋牧场平台定性为人工岛屿可能也不合适。

(三)海洋牧场平台是否属于海上设施

1.海洋牧场平台应当属于海上设施

把海上牧场平台作为船舶或者人工岛屿都存在一定的问题,那么它是否属于海上设施?根据我国国内法、《海洋法公约》和相关技术规范,海洋牧场平台应当属于海上设施。

我国《海上交通安全法》第117条规定,海上设施是"水上水下各种固定或者浮动建筑、装置和固定平台,但是不包括码头、防波堤等港口设施"。《船舶和海上设施检验条例》第29条规定,海上设施是"水上水下各种固定或浮动建筑、装置和固定平台"。我国地方性法规还规定了海上构筑物这一概念,如《深圳市海上构筑物登记暂行办法》(2010年3月1日实施)第35条规定,海上构筑物指"在本市海域内的固定建筑物和构筑物,包括:(一)码头;(二)海上固定平台;(三)海底隧道;(四)桥梁;(五)高架屋;(六)人工鱼礁;(七)法律、法规的其他海上构筑物"。从相关国内法的规定来看,海上设施与船舶这两个概念互相排斥,因为有关法律法规同时规定了"船舶"和"海上设施"。海上设施应指除船舶以外的水上水下各种建筑、装置和平台,既包括固定的设施,也包括浮动的装置。与船舶不同,我国法律没有对海上设施的航行能力作出任何要求。海上设施包括航道标志物、海上石油钻井平台、拆船用海平台等设施设备。

根据该条例,海上构筑物是海域内固定的建筑物、平台和设施,包括码头、防波堤这类《海上交通安全法》不属于海上设施的建筑物。由此可见,我国国内法的海上设施与海上构筑物的内涵并不完全一致,海上设施包括海上各种固定或浮动建筑、装置和平台,海上构筑物则仅指海上的固定建筑物、平台和设施。但无论我国国内法的海上设施和海上构筑物的区别是什么,作为长期固定于海床上利用海水资源从事海上养殖作业的大型渔业装备,海洋牧场平台同时符合

32 杨显滨:《海上人工岛屿的国际法规制》,载《社会科学》2017年第6期;孙超、马明飞:《论人工岛屿的法律地位》,载《河北法学》2019年第4期。

国内法对海上设施和海上构筑物的定义。李珊等就指出,大型深水网箱属于海上构筑物。[33]

《海洋法公约》第60条规定了沿海国在专属经济区内有建造、使用和管理人工岛屿、海上设施和结构的权利。《〈海洋法公约〉评注》也将海上结构称为海上构筑物。[34] 与人工岛屿一样,《海洋法公约》没有解释何为海上设施,但有一些研究指出了人工岛屿和海上人工设施之间的异同,比如,人工岛屿、海上设施和结构都因其永久性位置(不可移动性)而不同于船舶。[35] 人工岛屿和海上设施存在以下差异:人工岛屿在高潮时露出水面,人工设施无须在高潮时高于水面。[36] 人工岛屿由自然材料如砂石、泥土建成,海上设施由人造材料如钢铁、水泥等材料建造。[37] 人工岛屿比离岸装置、海洋平台等人工设施要大。人工岛屿可以为任何目的而建,而离岸装置是用于经济目的。[38] 根据上述研究,用于勘探开发、养护和管理海床以及上覆水域自然资源的不可移动的人工设施、装置或设备属于海上设施。因此,固定于海床之上,利用海水养殖鱼类的海洋牧场平台是《海洋法公约》第60条中规定的海上人工设施或海上构筑物。

根据船舶检验机构技术检验文件,海洋牧场平台属于海上渔业养殖设施。中国船级社是中国政府授权的船舶检验机构,为船舶、海上设施及相关工业产品代行法定检验。2021年11月17日,中国船级社青岛分社为山东自贸试验区烟台片区的"经海001号、002号、003号"颁发入级检验证书。[39] 中国船级社根据其制定的《海上渔业养殖设施检验指南(2019)》对海洋牧场平台的结构、各项系统、安全设备、吨位、载重线、防止环境污染等方面进行检验,该指南适用于

---

33 李珊、徐伟、刘淑芬:《海上构筑物用海存在的问题及管理政策建议》,载《海洋开发与管理》2020年第6期。

34 [斐济]南丹、[以]罗森主编:《1982年〈海洋法公约〉评注》(第2卷),吕文正、毛彬译,海洋出版社2014年版,第524、532页。

35 Alexander Proelss, "Article 60", in Alexander Proelss et al. eds, United Nations Convention on the Law of Sea: A Commentary, C. H. Beck · Hart · Nomos Verlagsgesellschaft, 2017, p. 470.

36 Alex G. Oude Elferink, "Artificial Islands, Installations and Structures", in Rüdiger Wolfrum eds., Max Plank Encyclopedias of International Law, Oxford University 2013, para. 5.

37 Donald R. Rothwell and Tim Stephens, The International Law of the Sea, Hart Publishing 2010, p. 91.

38 吴蔚:《联合国海洋法公约中人工岛屿之概念及其辨析》,载《武汉理工大学学报》2014年第3期。

39 《中国船级社为"经海"系列深远海养殖智能网箱颁发入级检验证书》,载《中国船检》2021年第11期。

渔业养殖,或以渔业养殖为主,兼具渔业休闲功能的海洋工程设施。由此可见,船舶检验机构对海洋牧场平台的定性为海上设施。

根据上述分析,海洋牧场平台的法律属性应为海上设施或海上构筑物。将海洋牧场平台定性为海上设施,不仅符合相关法律法规的定义,而且能避免将平台作为船舶管理所可能引发的监管问题,比如避免船旗国管辖和方便旗制度引起的监管"空白"问题。作为沿海国,我国对内水、领海内的海上设施拥有属地管辖权。为保护领海内的海上设施,我国可根据《海洋法公约》第21条制定的相关法律和规章限制外国船舶领海无害通过权。根据《海洋法公约》第60条以及我国《专属经济区与大陆架法》第8条,我国对专属经济区和大陆架的人工岛屿、设施和结构行使专属管辖权,包括有关海关、财政、卫生、安全和出境入境的法律和法规方面的管辖权。此外,《〈海洋法公约〉评注》指出,沿海国可就在人工设施上发生的或对人工设施实施的罪行行使刑事管辖权。[40] 根据《海洋法公约》第208条之规定,沿海国应制定法律和规章,以防止、减少和控制来自人工岛屿、人工设施和结构的环境污染。沿海国还可以就对专属经济区内人工设施的环境保护实施管辖权。[41]

2. 海洋牧场平台作为海上设施有待解决的问题

将海洋牧场平台定性为海上设施,在实践中存在一系列有待解决的问题,即我国对海上设施的登记及管理的法律法规不完善。随着我国海洋经济发展和海洋工程装备技术水平的提高,海洋牧场平台、海上风力发电机组、海上升压站、海上光伏发电设施、海上波浪能发电装备等新型海上设施或海上构筑物不断出现,这些大型海上设施具有长期占用海域,位置相对固定的特性,其建设、使用和管理是我国海洋管理工作中出现的新问题。有研究指出,目前我国大部分海上构筑物尚未纳入统一的管理体系,海上构筑物的建设、施工、验收、登记、拆除和弃置等多个管理环节缺位。[42] 海域牧场平台的登记和管理出现的问题反映了我国海上设施或海上构筑物管理制度缺失带来的问题。

---

40 [斐济]南丹、[以]罗森主编:《1982年〈海洋法公约〉评注》(第2卷),吕文正、毛彬译,海洋出版社2014年版,第534~535页。

41 Alexander Proelss, *The Law on the Exclusive Economic Zone in Perspective: Legal Status and Resolution of User Conflicts Revisited*, 26 Ocean Yearbook 87 (2012).

42 李珊、徐伟、刘淑芬:《海上构筑物用海存在的问题及管理政策建议》,载《海洋开发与管理》2020年第6期。

就海洋牧场平台的登记和管理而言,在实践中至少存在以下问题。第一,海洋牧场平台登记制度有待建立。海洋牧场平台属于固定式海上设施,长期占用海域的特征,对其登记管理不宜适用船舶登记制度,而应作为不动产登记管理。深圳市政府曾经对海上构筑物登记立法进行探索,《深圳市海上构筑物登记暂行办法》第 4 条规定,深圳市政府规划和国土行政管理部门海上构筑物登记的主管部门对当事人申请海上构筑物登记进行审查,颁发海上构筑物登记证书。张晏瑲和刘鑫怡指出,从不动产登记条例来看,海上构筑物与海域使用权首次登记通常列为一类不动产项目,海上构筑物是不动产,适用不动产登记制度。[43] 海洋牧场平台适用不动产登记制度,能客观反映平台性质和功能,能避免其使用和管理中的问题。如果把海洋牧场平台登记为船舶,船舶的抵押和出售不涉及海域使用权,海洋牧场平台所有权转让无须同步办理平台所占用的海域使用权转让,可能会出现海域牧场平台所有权权利主体与相关海域使用权权利主体不一致的现象,引发矛盾与纠纷,不利于海洋牧场的经营和管理。有研究指出,应尝试建立海域使用权与海上构筑物一体化登记制度,经批准的海上构筑物,可以按照不动产登记的相关要求,直接颁发海域使用权及构筑物不动产权证书。[44] 海洋牧场平台的登记问题有待建立海上构筑物登记制度才能真正得到合理解决。值得注意的是,山东省人民政府正在推动海域使用权不动产登记规范化改革,实施海域与海上建筑物、构筑物一体化登记。[45] 这可能代表了地方政府对海域牧场平台登记改革的方向。

第二,应在海洋牧场平台周围建立安全区制度。海洋牧场平台,尤其是兼具海水养殖和休闲旅游功能的海洋牧场平台一般位于近岸海域。近岸海域尤其是大城市岸线附近,各类用海设施密集,海洋牧场平台需要派船只接送游客来往登临平台参观游览,对船舶航运和渔业捕捞等活动形成风险。为解决用海矛盾问题,一方面,需要做好海洋空间规划,科学规划海洋牧场布局。例如,《青岛市海洋牧场管理条例》第 8 条规定,市渔业行政主管部门应当会同有关部门

---

43 张晏瑲、刘鑫怡:《论海上构筑物信息系统的概念及制度构建》,载《中国软科学》2022 年第 5 期。

44 何方等:《关于立体集约生态用海的案例借鉴与制度探索》,载《海洋开发与管理》2022 年第 7 期。

45 山东省人民政府:《山东省人民政府关于印发〈中国(山东)自由贸易试验区深化改革创新方案〉的通知》(鲁政字〔2023〕11 号),2023 年 1 月 19 日。

编制海洋牧场规划并负责组织实施。海洋牧场规划应当符合国土空间规划,与海上交通资源、环境保护、港口等规划相衔接。另一方面,应当在海洋牧场周围建立安全区制度,指定航道或者禁止船舶进入或穿行平台周围海域,保障航行安全以及平台设施自身的安全。在内水和领海领域,我国可根据实际需要设定海洋牧场平台安全区的范围。在专属经济区和大陆架,根据《海洋法公约》第60条和国际海事组织相关标准,我国可在海洋牧场平台周围建立安全地带制度。[46]

第三,应建立海洋牧场平台的弃置拆除制度。海洋牧场平台规模庞大而且长期占用海域,为保护有限海洋空间资源和船舶航行自由,应当及时对报废或者弃置的海洋牧场平台进行拆除。海洋牧场平台在一定程度上类比石油平台,两者均是开发海洋自然资源的大型海上设施,其正常运作模式都是固定在海床上进行作业,前者是开发海洋生物资源的新型设备,后者是开采海底矿产油气资源的设施。自1947年墨西哥湾首次进行海上石油开采活动以来,国际社会和国内法对海上油气设施的管理已经形成了一套相对完善的制度。我国对海洋石油平台弃置已经出台了相关管理规定,如2002年原国家海洋局颁布的《海洋石油平台弃置管理暂行办法》以及2010年原国家海洋局颁布的《海上油气生产设施废弃处置管理暂行规定》对海上石油平台弃置方式、作业步骤和安全防护措施作出了比较具体的规定。我国地方性立法机构对海洋牧场平台的弃置管理制度缺失,目前仅有《烟台市海洋牧场管理条例》第12条第3款笼统地规定“已报废或者弃用的海洋牧场平台,其所有人应当自行拆除”。未来,应当借鉴海上石油平台弃置管理制度的相关规定,参照《海洋法公约》第60条和国际海事组织制定的相关国际标准,建立海洋牧场平台的弃置拆除制度。[47]

三、结　语

海洋牧场平台是推动海洋牧场建设的重要设施,也是有效推动渔业养殖从

46　国际海事组织于1989年10月19日通过A.671(16)号决议《关于海上设施和构筑物周围的安全地带和航行安全的建议》,建议成员国采取必要的步骤确保,除非得到特别授权,悬挂各自旗帜的船舶不能进入或穿过已经合理设立的安全地带。

47　国际海事组织于1989年10月19日通过A.672(16)号决议《大陆架和专属经济区内海上设施和构筑物撤除的准则和标准》,建议成员国在作出与废弃或不用的设施或构筑物的撤除有关的决定前,考虑有关准则和标准。

近海粗放式养殖向深远海规模化养殖转变的主要装备。目前,国内有关法规对海洋牧场平台的法律属性未有明确规定。一些地方性法规将海洋牧场平台参照船舶予以管理,一些地方政府为海洋牧场平台颁发渔业船舶证书和渔业船舶国籍证书,这些措施有一定的合理性和便利性,但海洋牧场平台需要长期占用海域开展作业,与具有航行能力的船舶存在本质的差异,将其作为船舶管理有可能引发一系列问题,不利于平台的有效管理。根据我国国内法、《海洋法公约》和相关技术规范,海洋牧场平台应当属于海上设施或海上构筑物。将海洋牧场平台定性为海上设施,实践中存在登记制度、安全区制度和弃置拆除制度缺失等问题,这些问题有待通过制定相关法律法规得以解决。

非价格要素保护的《反垄断法》证成与路径

丁庭威*

【内容提要】 数字经济时代,针对非价格要素的垄断行为屡见不鲜,应从新《反垄断法》层面投入更多竞争关切。关注应然层面的法律证成,提高非价格要素保护水平对《反垄断法》所关切的竞争、创新与消费者利益均有助益。面对实然层面的反竞争行为,有必要规制针对非价格要素的三大支柱与行政性垄断,探寻或然层面的最佳规制路径。针对并购行为,应完善申报门槛并突出审查重点,并以行为性救济为核心;针对滥用市场支配地位行为,从系统层面发挥SSNDQ与SSNIC测试法及消费者评价权的合力作用;针对转售服务维持的垄断协议行为,以本身违法原则处理此类"核心卡特尔";针对行政性垄断,应建立完善的监督与问责机制。

【关键词】 非价格要素 新《反垄断法》 法律证成 反竞争行为 规制路径

一、问题的提出

随着科技的发展以及数字经济时代的到来,社会经济活动开始逐步向互联网行业转移。[1] 传统经济领域中作为重要竞争关切的价格要素(price factors)

---

* 丁庭威——中国人民大学法学院博士研究生,德国科隆大学法学院联合培养博士研究生,主要研究领域:经济法总论、竞争法。本文系中国人民大学2021年度拔尖创新人才培育资助计划项目、国家留学基金委建设高水平大学公派研究生项目、陕西省教育厅专项科研计划项目"基于动态视角的数字经济降成本效应研究"(21JK0063)、2021年度福建省法学会重点课题"数据产权视野下数据抓取行为的竞争法规制研究"[FLS(2021)A04]阶段性成果。本文获第三十四届全国副省级城市法治论坛主题征文二等奖。

1 参见王煜婷:《隐私与数据保护的反垄断法考量》,载《东北大学学报(社会科学版)》2022年第1期。

在数字经济领域中将不再是"金科玉律",价格要素只是消费者考量的多元价值要素之一,[2] 非价格要素(non-price factors)[3] 逐渐成为重要竞争考量。因为以互联网行业为代表的数字经济领域很可能将非价格要素保护水平作为产品或服务质量的一个方面展开竞争。[4] 非价格要素保护水平的降低亦很可能构成《反垄断法》上的竞争损害,进而损害创新、侵害消费者利益。传统经济领域的《反垄断法》建基于价格要素之上,对非价格要素关注较少。[5] 非价格要素是指在市场经济领域中如数据、知识产权及服务等外在形式不直接表现为价格[6] 的必要竞争因素,其已经成为市场经济领域尤其是数字经济领域市场竞争的主要构成要素。质言之,数据、知识产权及服务等非价格要素的竞争业已成为数字经济领域的重要竞争形态。在一定程度上,对用户非价格要素需求的精准把握和持续争夺已在很大程度上影响甚至决定经营者在相关市场上的竞争优势及其稳定性,经营者必须高度关注用户的非价格要素需求,并基于用户非价格要素需求不断优化升级产品质量,增值叠加产品功能。[7] 2022年修正的《反垄断法》

---

2 See Philip T. Kotler & Gary Armstrong, Principles of Marketing, 17th ed., Global Edition, Pearson Education Ltd., 2018, p. 318.

3 在我国,非价格要素尤其体现为数据、知识产权、服务等方面。针对非价格要素,学者们进行了广泛的分析论证。参见梅夏英:《信息和数据概念区分的法律意义》,载《比较法研究》2020年第6期;韩旭至:《信息权利范畴的模糊性使用及其后果——基于对信息、数据混用的分析》,载《华东政法大学学报》2020年第1期;陈兵:《数字经济下相关市场界定面临的挑战及方法改进》,载《中国流通经济》2021年第2期;张守文:《消费者信息权的法律拓展与综合保护》,载《法学》2021年第12期;张守文:《信息权保护的信息法路径》,载《东方法学》2022年第4期;叶明、张洁:《反垄断法保护个人信息权益的理据与路径》,载《华中科技大学学报(社会科学版)》2023年第1期;周围、黄唯一:《反垄断法与隐私保护法的矛盾与纾解》,载《华中科技大学学报(社会科学版)》2023年第1期。

4 See Maurice E. Stucke & Allen P. Grunes, Big Data and Competition Policy, Oxford University Press, 2016, p. 259 - 263.

5 参见孟雁北:《数字经济时代反垄断法"反什么"——以〈反垄断法〉立法目标切入》,载《探索与争鸣》2022年第7期。

6 有学者认为,数据、知识产权以及服务具有资源型和财产性,其本质最终还是体现为价格,因此对于非价格要素的反垄断法规制依旧可以纳入传统的针对价格要素的反垄断分析框架之中。但笔者在本文中所讨论的非价格要素是指在外在形式上不直接表现为价格的重要因素,其与传统经济领域中的价格要素依旧有许多不同,简单将其纳入传统针对价格要素的反垄断分析框架之中较为不妥。因此,针对非价格要素进行不同层面(应然、实然及或然)的反垄断法规制考量具有必要性。具体可参见刘德良:《个人信息的财产权保护》,载《法学研究》2017年第3期;李剑:《互联网反垄断能促进数据隐私保护吗?》,载《商业经济与管理》2021年第5期。

7 参见陈兵:《数字经济下相关市场界定面临的挑战及方法改进》,载《中国流通经济》2021年第2期。

(以下简称新《反垄断法》)虽然在一定程度上回应了数字经济时代的消费者对于非价格要素的需求,但由于其规定较为原则而对非价格要素的回应与保护仍较为不足。为了弥补该遗憾,笔者将从非价格要素适用反垄断法的应然、实然及或然三个层面展开论述,分别探讨其法律证成、反竞争行为及解决路径。

二、非价格要素适用《反垄断法》的应然层面:法律证成

(一)作为竞争维度的非价格要素保护

《反垄断法》保护的客体是市场竞争,竞争损害(competitive harm)是判断《反垄断法》能否适用的前提。在传统经济领域中,竞争损害以价格要素为基础,以消费者为主体,主要判断涉嫌排除、限制竞争的垄断行为对消费者的价格损害。而在数字经济领域中,竞争损害应当将非价格要素纳入损害理论之中。[8]当不同的企业就非价格要素的保护水平存在竞争时,无论是何种反竞争行为导致的非价格要素保护水平降低都将损害竞争。如在数据驱动型并购中,企业很容易形成“扼杀式并购”(Killer Acquisition),[9]合并后的企业竞争压力减小,很容易降低针对消费者的数据保护水平以降低运营成本、提高经营利润,这无疑会对竞争产生损害。与此同时,被并购主体的“被扼杀预期”将导致初创企业(大多为中小企业)沿着为大企业做配套或改良的路径进行创新,进而扭曲原本可能出现的有损于大企业但有利于消费者利益的颠覆性创新的供给,产生数字经济市场中的低效竞争与重复创新。[10] 这些都将对竞争产生损害。[11]

(二)作为创新维度的非价格要素保护

鼓励创新是新《反垄断法》增加的价值目标,可见在数字经济时代,创新作为重要的价值考量与竞争关切将在一定程度上影响企业的生死存亡。与此同时,非价格要素(如性能)的创新是促进消费扩容提质的关键因素,对形成强大

---

8 参见焦海涛:《个人信息的反垄断法保护:从附属保护到独立保护》,载《法学》2021 年第 4 期。

9 Colleen Cunningham, Florian Ederer & Song Ma, Killer Acquisitions, 129 Journal of Political Economy 649, 649 – 702 (2021).

10 See Elena Argentesi et al., Merger Policy in Digital Markets: An Ex Post Assessment, 17 Journal of Competition Law & Economics 95,95 – 140(2021).

11 在一定程度上来说,竞争与创新二者的关系是密不可分的,两者相互促进,互为前提。本部分着重论述对“竞争”的损害,并不代表只对竞争产生损害,亦会对创新产生损害。与此同时,竞争、创新与消费者利益也是密不可分的。

国内市场具有重要意义。[12] 降低非价格要素的保护水平,将对创新造成损害。例如,具有市场支配地位的互联网企业,时常会面临“创新者的困境”,[13]久而久之,其倾向于降低对于自身产品或服务的性能保护水平,将原先性能更高的配件替换为性能更低的配件,由于其市场支配地位,锁定效应强,[14]消费者黏性大,产品的外观通常不会由于配件性能的降低而有所改变,消费者基于消费惯性依旧会选择该产品。此时,具有市场支配地位的企业不仅不会因产品或服务性能降低而造成损失,还将因剥削性滥用获得更多的超额垄断利润。[15] 反观市场中不具有支配地位的互联网企业,它们不仅不会因产品或服务性能创新获得市场的奖励,反而会为了减少自身损失而基于“理性经济人”的思维,主动向具有支配地位的企业看齐,降低自身产品或服务的性能保护水平,以期在同等的竞争环境下获得尽可能多的利润。长此以往,竞争受损、消费降级、创新倦怠,因对非价格要素保护水平的降低而导致的创新损害将导致我国始终在中低端产业链徘徊,难以实现产业链向中高端升级并难以实现消费扩容升级。

(三)作为利益维度的非价格要素保护

由于我国在立法理论与司法实践中一直没有明确《反垄断法》适用的标准,又因为适用该标准的模糊将导致反垄断监管的误差,进而直接影响个案中对反竞争行为的判定。[16]《反垄断法》以保护市场竞争为己任,而市场竞争终究是变动不居且较为抽象的“市场状态”,选择的观察截面不同必然会不同程度地影响得出的结论,[17]因此应当最终由“消费者利益”这一相对稳定且较为具体的标准来予以检验和落实。[18] 只有《反垄断法》所保护的竞争最终由消费者分享到了实实在在的利益,这种竞争才是有效的、真实的,否则竞争亦会成为强者攫取利益和资源的托词。在数字经济时代,消费者利益由价格利益和非价格利益组

---

12 参见 2023 年 3 月,23 个部门联合印发的《关于促进消费扩容提质加快形成强大国内市场的实施意见》(发改就业〔2020〕293 号)。

13 即与高强度竞争的企业相比,它们一般没有足够大的动力进行创新,而且还可能成为下一波创新浪潮中的阻力。参见王晓晔:《〈反垄断法(修正草案)〉的评析》,载《当代法学》2022 年第 3 期。

14 参见马平川:《平台反垄断的监管变革及其应对》,载《法学评论》2022 年第 4 期。

15 参见侯晨亮、杨东:《平台剥削用户数据的形态、成因及规制》,载《中国特色社会主义研究》2022 年第 5 期。

16 参见林平:《论反垄断科学监管:决策理论分析及政策启示》,载《中国工业经济》2022 年第 4 期。

17 参见丁茂中:《自我优待的反垄断规制问题》,载《法学论坛》2022 年第 4 期。

18 参见丁庭威:《平台滥用市场支配地位下的消费者权益保障》,载《法治论坛》2022 年第 2 期。

成,而对非价格要素的保护即对消费者非价格利益进行保护的直接体现。值得关注的是,在数字经济发展的过程中,很容易形成“非价格悖论”(non-price paradox),[19]即消费者在企业的诱导下,宁愿放弃非价格要素(如数据、服务)所带来的长期益处,而选择眼前价格要素所带来的显而易见的好处。[20] 长此以往,消费者的非价格利益遭受“温水煮青蛙”般的逐渐蚕食,进而最终对整体的消费者利益造成损害。有学者提出,竞争无法对诸如隐私这类非价格要素提供《反垄断法》层面的保护,大企业可能提供更多的非价格要素(隐私)保护,小企业即便提供更强的非价格要素保护(隐私)也不会被消费者选择。[21] 笔者对此不太赞同,并将在后文中提出具体解决路径。

三、非价格要素适用《反垄断法》的实然层面:反竞争行为

任一针对非价格要素的反竞争行为都将对竞争、创新与消费者非价格利益造成损害,笔者分而述之,以期对这些反竞争行为有更为清晰的认知。

(一)并购

在数字经济领域,针对非价格要素的并购行为屡见不鲜,其中以数据驱动型并购为典型代表。[22] 各互联网企业为消除竞争威胁、扩大市场势力、减少竞争压力,经常采用扼杀式并购的方式收购其他正在萌芽状态或在发展初期状态的中小型企业。并购导致非价格要素保护水平的降低对消费者利益造成的损害与价格提升造成的损害效果相当。[23] 具体表现如下。

第一,对竞争的损害。互联网企业在并购其他企业的非价格要素时,通常并非单独让其他企业将其非价格要素剥离后予以收购,而是采用收购整个企业

---

19 See Maureen K. Ohlhausen & Alexander P. Okuliar, Competition, Consumer Protection, and the Right [Approach] to Privacy, 80 Antitrust Law Journal 121,151 –156(2015).

20 See Alessandro Acquisti, Curtis Taylor & Liad Wagman, The economics of privacy, 54 Journal of economic Literature 442, 442 –492(2016).

21 参见李剑:《互联网反垄断能促进数据隐私保护吗?》,载《商业经济与管理》2021 年第 5 期。

22 参见任超:《大数据反垄断法干预的理论证成与路径选择》,载《现代经济探讨》2020 年第 4 期。

23 OECD:“The role and measurement of quality in competition analysis”,载 OECD 2013 年 9 月 28 日,https://www. oecd. org/competition/Quality-in-competition-analysis –2013. pdf。

的方式。首先,非价格要素具有软性资产[24]的特点,其剥离并不像有形资产一般简便、可视。并购企业自然不会采取如此烦琐且高成本的方式来并购非价格要素。其次,互联网企业在并购时,其初衷和目的即使被收购主体在竞争的市场中"消失",以巩固自身的市场势力,自然不会采取只收购非价格要素而让被收购企业有"重获新生"可能性的并购措施。这从阿里[25]、腾讯[26]、谷歌[27]、脸书[28]等的并购史中便可窥见一斑。易言之,大企业对非价格要素的并购将企业之间的竞争影响内部化,从而削弱市场竞争。最后,针对非价格要素的并购经常会产生跨界并购、混合并购的行为,大企业往往是多种非价格要素(如数据、知识产权)的拥有者,在一定程度上其已对非价格要素形成"要素生态"(或称"要素束"),而作为被跨界并购和混合并购对象的新进入市场的小企业,往往是单一非价格要素(如数据)即"单要素"的拥有者,"单要素"的小企业自然难以与已经具备"要素生态"("要素束")的在场大企业展开有效竞争。长此以往,市场中参与竞争的主体逐渐变少,即便有新的主体出现,其成为"独角兽"的机会亦是微乎其微,即便有这一可能,"扼杀式并购"也会将其早早地扼杀在萌芽之中。市场主体的变少,则意味着竞争的减少。

第二,对创新的克减。承前所述,对非价格要素的并购使得并购主体缺少竞争对手而丧失创新动力,[29]久而久之创新能力退化,极易产生"逃离竞争效应"(escape competition effect)的失灵。[30] "逃离竞争效应"是指竞争越强,利润就越低,企业就越是希望通过创新来逃离竞争,与此同时,亦会产生"创新转移

---

24 参见白让让:《我国经营者集中的反垄断审查与执法者的"行为性救济"偏好分析——兼论专利密集领域的执法困境》,载《经济研究》2019年第2期。

25 《阿里巴巴的并购版图》,载新浪财经2021年3月30日,https://baijiahao.baidu.com/s? id = 1695622630885437814&wfr = spider&for = pc。

26 《一文详解腾讯537亿并购的80家公司》,载个人图书馆2015年2月20日,http://www.360doc.com/content/15/0220/15/20625606_449598833.shtml。

27 Marc Bourreau & Alexandre de Streel, Digital Conglomerates and EU Competition Policy, https://www.researchgate.net/publication/332174857_Digital_Conglomerates_and_EU_Competition_Policy.

28 U. S. House Committee On The Judiciary, Investigation of Competition in Digital Markets Majority Staff Report and Recommendations, https://judiciary.house.gov/uploadedfiles/competition_in_digital_markets.pdf.

29 See G. Federico, Horizontal Mergers, Innovation and the Competitive Process, 8 Journal of European Competition Law and Practice 668, 668 - 677(2017).

30 参见张世明、孙瑜晨:《知识产权与竞争法贯通论》,中国政法大学出版社2020年版,第194~195页。

效应”(innovation diversion effect),[31]即并购非价格要素行为所特有的因创新收益在并购方内部转移而产生的抑制并购方创新动机,削弱并购方创新意图的效果。在一定程度上,竞争促进了创新。此时逃离竞争效应的失灵便意味着企业因为缺乏竞争压力而将不再具有创新动力或创新能力。易言之,无竞争则无创新,少竞争则少创新。[32] 在此情形下的并购主体极易丧失竞争危机感而躺在功劳簿上,凭借其强大的市场势力向毫无技术含量和创新空间的领域野蛮进军,如各大平台纷纷进驻社区团购这一业务领域。与此同时,创新的减少也意味着互联网企业所提供产品或服务质量的降低,极易导致消费降级。这一连锁反应对我们技术创新及产业链升级均无助益。

第三,对消费者利益的侵蚀。消费者利益包含价格利益和非价格利益,非价格要素并购将对消费者利益尤其是非价格利益产生损害。首先,并购使参与市场竞争的主体变少,消费者选择范围变窄。即便此时并购主体提供更低程度的非价格要素保护,消费者亦别无选择。例如,并购主体降低隐私数据保护水平,消费者则需被迫忍耐隐私数据泄露带来的伤害。其次,并购使并购主体将非价格要素内部化,可能使得整个市场主体降低对非价格要素的保护水平。如互联网平台上有两家电冰箱生产商,一家市场势力较大,另一家市场势力较弱,前者提供的保修服务为 3 年,而后者提供的保修服务为 5 年。若前者将后者收购,其极易保持自身 3 年的保修时限而非选择成本更高的 5 年保修时限。若此类并购行为频发,针对保修服务这类非价格要素的保护水平降逐步降低,并购主体在内部化非价格要素的过程中逐渐侵蚀消费者的非价格利益。

(二)滥用市场支配地位

对非价格要素具有市场支配地位的企业主要依托于对消费者非价格要素(如数据)的利用。它们有动机将非价格要素保护水平降低至竞争水平之下,同时超出竞争水平尽可能多地利用或收集非价格要素。[33] 滥用非价格要素的垄断

---

31 See Nicolas Petit, Innovation Competition, Unilateral Effects, and Merger Policy, Antitrust Law Journal. 2019, Vol. 82, Issue 3, p. 47.

32 参见[美]克里斯蒂娜·博翰楠、赫伯特·霍温坎普:《创造无羁限:促进创新中的自由与竞争》,兰磊译,法律出版社 2016 年版,第 11 页。

33 See Maurice E. Stucke, Should We Be Concerned about Data-Opolies? 2 Geo. L. Tech. Rev. 275, 275 – 324(2017).

行为较为容易产生锁定效应、传导效应与混同效应,[34]进而对竞争、创新与消费者利益产生损害。

首先,对竞争的阻碍。针对非价格要素的排他性滥用将明显减损竞争,排他性滥用是指阻碍、排除现有或潜在竞争对手的行为。[35] 例如,针对消费者信息这一非价格要素的排他性滥用,互联网企业可就"观察信息"(observed information)和"推断信息"(inferred information)[36]这些构成"关键信息"(key information)的消费者信息进行独家交易或拒绝交易。如先前的"虾米音乐关停"事件,很大一部分原因便是阿里集团旗下的支付宝不再与其交易"关键信息",而只与网易云音乐进行交易,久而久之,强大的传导效应使虾米音乐最终退出历史舞台。现实情况是,数字音乐市场中的竞争减少,逐渐呈现网易云音乐和 QQ 音乐双足鼎立并瓜分市场的局面,即便前些年在国家版权局的协调下各家实现了"99%的音乐版权交叉授权",但其只规定了"量"层面的交叉授权,而非规定"质"层面的交叉授权,而正是"质"层面的核心曲库才是音乐平台自身核心竞争力之所在,质言之,数字音乐平台竞争的核心其实便在于 1%的音乐独家授权。[37] 掌握了这 1%便掌握了主动权,由此便容易获得市场支配力量。因此,当下依旧无法打破两者现有的市场支配地位。两家音乐平台滥用非价格要素(版权)的行为使得该领域的竞争疲软,据业内人士预计,截至 2021 年我国主要集中于在线移动音乐领域的人均音乐支出将翻两倍以上,[38]难以为消费者提供性价比更高的服务。另外,纵观域外,德国的 Facebook 案将直接损害个人信息这一非价格要素的行为认定为垄断,因为其认为滥用个人信息的行为使 Facebook 有机会获得更大体量的"信息束",给其他竞争者增加了竞争难度,进

34 参见丁庭威:《互联网平台滥用市场支配地位规制路径新探——以双边市场下相关市场界定为分析视角》,载《科技与法律(中英文)》2021 年第 2 期。

35 参见承上:《数字平台剥削性滥用的反垄断规制》,载《电子政务》2022 年第 4 期。

36 "观察信息"是指互联网企业通过软件跟踪用户活动获得的信息;"推断信息"是指互联网平台运营算法推演获得的信息。See Greg Sivinski, Alex Okuliar & Lars Kjolbye, Is big data a big deal? A competition law approach to big data, 13 European Competition Journal 199,199 -227(2017).

37 参见龙俊:《数字音乐版权独家授权的竞争风险及其规制方法》,载《华中科技大学学报(社会科学版)》2020 年第 2 期。

38 《在线音乐平台下半场"抢"什么》,载文汇报 2018 年 12 月 13 日,http://ex. chinadaily. com. cn/exchange/partners/77/rss/channel/cn/columns/pi5y80/stories/WS5c1069e2a3101a87ca948a3e. html; BoldWill:《TME 简析——音乐是如此美妙》,载雪球网 2020 年 1 月 4 日,https://xueqiu. com/1913576456/138639265。

而损害了竞争。[39] 本案所解决的主要问题是Facebook通过服务条款要求用户允许Facebook从其关联方及第三方网站和移动应用程序收集并整合用户数据的行为是否构成滥用市场支配地位。[40] 德国联邦卡特尔局以Facebook的个人数据收集和处理行为违反GDPR关于知情同意原则的规定为由,认定该行为构成剥削性滥用行为,最终,德国联邦最高法院裁定支持了联邦卡特尔局的决定,[41]联邦最高法院这一裁定为反垄断法保护个人数据方面的权益提供了路径借鉴与参考。申言之,这一案件所进行的先驱性尝试对我国非价格要素的垄断行为规制具有一定的借鉴意义。

其次,对创新的打击。具有市场支配地位的互联网企业很可能依据自身的市场力量将对非价格要素的保护水平降低至竞争水平以下。如针对消费者数据,大企业往往基于自身所产生的锁定效应、混同效应而降低对消费者数据的保护力度,小企业即便希望通过创新达致"逃离竞争效应"而为自身赢得更大的发展空间,奈何消费者因自身相对劣势的地位而离不开大企业,致使小企业逐渐消亡,具有市场支配地位的大企业有时仅因为自身的"大"所带来的锁定效应而不需要过多的创新便可以"稳坐江山",小企业也仅因为自身的"小"便连参与竞争的资格与机会都难以获得而最终"胎死腹中"。大企业固然是创新的主力军,但小企业往往为了能够赢得生存空间,极易为创新注入不竭动力。因此,前述的恶性循环将对创新动力与创新能力形成巨大打击。

最后,对消费者利益的损害。具有市场支配地位的互联网企业极易针对非价格要素进行剥削性滥用,剥削性滥用是指剥削交易相对方,榨取消费者(包括终端消费者)利益的行为,主要表现为强加不公平或不合理的条件。承前所述,无论是排他性滥用对竞争产生的损害抑或创新造成的抑制,最终都将由消费者"埋单"。排他性滥用的最终目的即为剥削性滥用奠定基础进而更好地剥削消费者以攫取垄断利润。消费者数据的泄露、数字音乐平台的频繁切换、产品售后服务的降级等,这些被强加于消费者的不公平或不合理条件,皆因具有市场

39 Sam Clark, German antitrust decision threatens Facebook business model, https://globaldatareview.com/article/german-antitrust-decision-threatens-facebook-business-model.

40 参见陈兵、赵青:《平台经济领域个人信息保护的反垄断法必要及实现——以德国脸书案为例的解说》,载《兰州学刊》2021年第2期。

41 See Wolfgang Kerber & Karsten K. Zolna, The German Facebook case: the law and economics of the relationship between competition and data protection law, 54 European Journal of Law and Economics 218, 218 – 250(2022).

支配地位的企业滥用非价格要素造成。具体可参考阿里二选案及美团二选案。[42] 两案均涉及大型互联网平台企业滥用市场支配地位,强制要求平台内经营者进行二选一以排除、限制市场竞争的行为。二选一行为的本质是对平台内经营者所掌握的消费者数据进行争夺,进行通过经营者与平台的深度绑定进而达致对消费者数据的“锁定效应”,二选一行为会使消费者无法获得更优质的价格和服务并且会损害消费者利益。概言之,对消费者利益的保护是反垄断法的落脚点与最终价值追求,[43]平台滥用自身市场支配地位所形成的二选一行为通过对平台内经营者的限制以变相锁定消费者数据,进而以“锁定效应”侵蚀消费者利益,此类行为牵涉数据这一非价格要素,因此反垄断法理应对此投入更多竞争关切。

(三)垄断协议

若悉心观察,便可发现在实践中,针对非价格要素成立垄断协议的行为亦是层出不穷。笔者以“服务”这一非价格要素为例,针对“转售服务维持”(Resale Service Maintenance,RSM)这一行为做具体讨论。RSM是指经营者与交易相对人达成下列垄断协议:固定向第三人转售服务的质量;限定向第三人转售服务的最低质量。[44]

第一,对竞争的阻碍。以作为生活刚需的冰箱为例,生产商与经销商达成RSM的垄断协议,前者要求后者向消费者销售冰箱时,只能赠送固定的有形性服务,如一年的免费清洗服务,三年的保修服务以及一次性的拆卸服务。此种行为将服务的保护水平维持在相同水准,会阻碍经销商之间的竞争,使市场上的竞争处于较低水平。

第二,对创新的压制。服务亦需要创新,由此才能不断推动消费升级乃至产业升级,以此服务我国建立强劲的国内统一大市场这一战略目标。RSM的达成,压缩服务“质”的层面,使得服务难以在可靠性及响应性,尤其是移情性方面得到保证。服务的“质”层面被固定,服务提供者难以发挥主观能动性为消费者创造更好的消费体验感,长此以往,消费者对该服务及产品失去兴趣与信心,

---

42 具体参见国家市场监督管理总局行政处罚决定书国市监处罚〔2021〕28号与国市监处罚〔2021〕74号。

43 参见丁庭威:《平台滥用市场支配地位下的消费者权益保障》,载《法治论坛》2022年第2期。

44 这里服务的“质量”主要分为“质”的层面和“量”的层面,前者主要涉及服务的可靠性、响应性、保证性、移情性,即无形性;后者主要涉及服务的年限、多寡,即有形性。

进而减少消费;服务提供者亦无能力、无动力进行创新,消费升级自然较为乏力。

第三,对消费者利益的损害。RSM 的达成,使得消费者没有选择空间,被迫选择较低质量的服务。与此同时,经销商之间的竞争正是消费者可以获得更好服务的前提,由于缺乏竞争所带来的竞争损害及消费降低,其代价终将会转嫁至消费者。实践中通过垄断协议降低服务质量的案例层出不穷。

(四)行政性垄断

在探讨针对非价格要素的垄断行为时,往往容易直接将主体限定为互联网企业,[45]因为这些企业才是非价格要素的收集者、使用者与管理者。但在现代社会中,政府已经成为经济生活的重要参与者与建设者,其身影几乎遍布生活的各个角落,即便是在数字经济时代也概莫能外。

首先,在新冠疫情防控期间这一点十分明显,如在疫情期间为保证精准防控,政府不断收集、使用和管理大量的公民个人数据,推出的"健康码"与"行程码"将公民的身份信息、位置信息甚至一些隐私数据收入囊中。[46] 在此过程中,政府通过对数据的收集、适用于管理使得信息化建设不断完善,信息化水平不断提高,此行为对疫情防控产生了一定的积极作用。因此,当下值得关注的问题便是,疫情防控已进入新常态,这些信息将用于何处?若在尊重公民隐私数据的前提下将其他数据信息皆变为公共数据或数据基础设施以方便日常生活并最终由全体公民共享收益便也无可厚非,[47]若被用于行政性垄断便须对此提高警惕。当下,"两码"背后所蕴含的个人数据归属问题值得我们关注,虽然学界有较多探讨,[48]但实践中对于"两码"最终的处理方式并没有一套明确且令人信服的方案。

其次,如行政机关通过政府采购平台利用数据代码变相操纵,进而使部分

---

45 也有学者认为政府违反《反垄断法》时就是《反垄断法》适用的主体,也即"经营者",不应因其政府身份便网开一面,因此应摒弃行政性垄断的概念。参见史际春、赵忠龙:《行政垄断及其规制的再审视》,载《社会科学》2011 年第 9 期。

46 参见李石:《数字时代的积极自由》,载《中州学刊》2023 年第 3 期。

47 参见衣俊霖:《论公共数据国家所有》,载《法学论坛》2022 年第 4 期。

48 参见满洪杰:《被遗忘权的解析与构建:作为网络时代信息价值纠偏机制的研究》,载《法制与社会发展》2018 年第 2 期;余筱兰:《民法典编纂视角下信息删除权建构》,载《政治与法律》2018 年第 4 期;赵精武:《被从保密到安全:数据销毁义务的理论逻辑与制度建构》,载《交大法学》2022 年第 2 期。

经营者无法参与正常投标进而限制招投标;[49]又如行政机关通过信用惩戒名单,利用数据滥用行政权力将一些经营者恶意列入失信名单,使其丧失参与市场竞争的资格;[50]等等。换言之,行政机关利用数据信息以限定或变相限定的方式(如限定数据共享的对象以实施独家授权)使单位或者个人只能与其指定的经营者进行交易,这在一定程度上排除、限制了不同经营者之间的竞争,损害了消费者的利益。

四、非价格要素适用《反垄断法》的或然层面:规制路径

(一)并购:完善申报审查与行为性救济

首先,完善申报门槛。针对非价格要素并购案件中的竞争效应审查,由于不存在“价格”这一显性指标,以往的营业额申报标准不具适用性。一般而言,被收购的拥有非价格要素的主体大部分都是初创企业或中小型企业,其营业额相对较小,在面对大型企业的收购时往往缺乏议价空间与抵抗能力。[51] 但需注意的是,此类被收购企业由于具备市场竞争潜力,其交易额往往较大。交易额则是指在指定时期内的交易量或交易规模。作为目标方,其正处于发展的关键时期,较大的交易额则暗示着市场对于它的未来发展充满信心,其价值不仅局限于当前市场上的营业额。[52] 与此同时,较大的交易额亦代表着目标方能从非价格要素中可获得的未来收益以及收购方消除目标方以消除未来潜在竞争对手所带来的垄断租金。易言之,交易额可反映出目标方未来的发展潜力和市场势力。[53] 因此,针对非价格要素的并购申报,建议可以采用“交易额”标准,以便较为准确地反映并分析潜在竞争损害。

49 参见张远婷:《职能重合型行政垄断的法律规制——基于我国行业协会与行政机关脱钩改革的社会背景》,载《贵州社会科学》2021 年第 5 期。

50 参见解志勇、王晓淑:《正当程序视阈下信用修复机制研究》,载《中国海商法研究》2021 年第 3 期。

51 参见丁庭威:《专利驱动型并购的反垄断规制困境与出路》,载《甘肃政法大学学报》2023 年第 1 期。

52 参见仲春:《我国数字经济领域经营者集中审查制度的检视与完善》,载《法学评论》2021 年第 4 期。

53 参见承上:《超级平台并购初创企业的反垄断规制》,载《人文杂志》2021 年第 10 期。

其次,突出审查重点。将潜在竞争损害作为并购审查的重点。[54] 在非价格要素并购案件中,潜在竞争是市场绩效的重要维度,亦是市场竞争的主要决定力量。非价格要素中的市场绩效不再体现为价格,而更多体现在潜在的市场竞争上。消费者从非价格要素所产生的新产品和新服务中获得的益处远超市场中的价格变化。[55] 潜在竞争损害分析可采用“可能性证据规则”,[56]若被并购的对象在未来有很大可能能够成为并购主体的有力竞争者,则针对该非价格要素的并购可能会对市场竞争构成严重损害。审查可从竞争约束与竞争压力两方面入手,即考察目标方是否能对并购主体形成竞争约束,并考察并购是否会排除其他潜在竞争对手的进入,这方面可从并购企业的内部文件和外部企业对被并购企业的判断着手,这对反垄断执法机构的执法能力有更高的要求。

最后,选择合理救济方式。结构性救济和行为性救济是并购的两大救济模式,在针对非价格要素并购的救济中,基于对非价格要素市场特征的考量,行为性救济更为适宜。如在针对信息、专利等非价格要素的并购案件中,信息、专利更迭日新月异,在处理这类案件中,较多的涉及非价格要素的救济措施事后被认为是不必要的,此举表明相较于较为“笨拙的”[57]结构性救济而言,较为“灵活的”行为性救济在充满活力和变数的非价格要素市场中更具有优势,[58]若救济措施被证明是不必要的,如产生了良好的非价格要素整合效应(如数据整合效应[59]),对竞争产生更有利的刺激与影响,则行为性救济可以评估和提前终止,进而产生与允许并购相同的效果。与此同时,非价格要素由于具有“软性资产”

---

54 潜在竞争者通常是具有快速成长性的企业,能在合理期间内进入市场并实现临界用户规模;其商业模式或竞争优势能够使其具有较大的可能性在未来成为有力的竞争力量,即对并购企业产生强竞争性替代。参见唐要家、唐春晖:《重构数字经济并购控制政策研究》,载《竞争政策研究》2021 年第 6 期。

55 See Michael L. Katz & Howard A. Shelanski, Mergers and Innovation, 74 Antitrust Law Journal 1, 1 – 86(2007).

56 是指证据显示竞争者具有很大可能性会进入市场。

57 结构性救济具有“毕其功于一役”的特点,鲜有调整空间。See Alison Jones & Brenda Sufrin, EC Competition Law, Oxford University Press, 2008, p. 1079 – 1080; Tomaso Duso, Klaus Gugler & Burcin B. Yurtoglu, How effective is European merger control? 55 European Economic Review 980, 980 – 1006 (2011).

58 参见韩伟:《企业合并反垄断审查中的行为救济》,载《东方法学》2013 年第 5 期。

59 如在美国的 AT & T 并购 Time Warner 案中,因为并购产生数据整合效应而被法院允许并购。U. S. v. AT&T INC. 310 F. Supp. 3d 161 (2018).

的特征,相较于价格而言具有非显著性,[60]其背后的人力资本专用性特点并非能由剥离调整,动态监管和调整的行为性救济能够对非价格要素并购行为及时作出反应。易言之,行为性救济可以随着相关市场竞争状况的变化进而动态调整救济措施,此可实现持续监管,尽可能消除监管所产生的时滞性,[61]以最终在行为性救济下恢复市场竞争。

(二)滥用市场支配地位:适用SSNDQ测试法与SSNIC测试法及消费者评价权

第一,非价格要素与价格要素不同,其难以用"有形"的价格进行评估。与此同时,其复杂性使相关市场的界定成为有效反垄断执法的一个重要障碍。因此,在判断相关市场时,SSNIP[62]测试法难以发挥作用,[63]此时可运用SSNDQ[64]测试法和SSNIC[65]测试法来界定非价格要素的相关市场。[66]首先,针对SSNDQ测试法,即小而显著的非临时性质量下降,将"非价格要素的保护水平"定义为"Q层面",消费者基于非价格要素保护水平的降低依旧不对产品或服务进行替换,那么该企业的非价格要素构成独立的相关市场。[67]进言之,当所涉"Q层面"可以进行量化时,可考虑SSNDQ测试法;而难以进行量化时,可以在SSNDQ测试法的基础上结合定性分析的方式,[68]将"Q层面"定性为更笼统的

---

60 See Catherine Tucker, Empirical research on the economic effects of privacy regulation, 10 Journal on Telecommunications and High Technology Law 265,265 –272(2012).

61 参见叶军:《经营者集中反垄断控制限制性条件的比较分析和选择适用》,载《中外法学》2019年第4期。

62 SSNIP是"small but significant and not-transitory increase in price"的缩写,即通过"微小、显著,且非暂时的价格上涨"来测试目标商品与其他商品之间的替代性程度。

63 See David S. Evans, Attention Rivalry among Online Platforms, 9 Journal of Competition Law and Economics 313, 313 –358(2013).

64 SSNDQ是"small but significant and not-transitory decrease in quality"的缩写,即通过"微小、显著,且非暂时的质量下降"来测试目标商品与其他商品之间的替代性程度。

65 SSNIC是"small but significant and not-transitory increase in cost"的缩写,即通过"微小、显著,且非暂时的成本上升"来测试目标商品与其他商品之间的替代性程度。See Newman J. M., Antitrust in Zero-Price Markets: Applications, 94 Washington University Law Review 49, 49 –111(2016).

66 See Aleksandra Gebicka & Andreas Heinemann, Social Media & Competition Law, 37 World Competition 149, 149 –172(2014).

67 如将一个主要的"非价格要素的保护水平"指标降低25%,这样的理论预设基于保持所有其他条件相同,如果一个既有的拥有非价格要素的企业在某种程度上减少"Q层面"而没有其他替代的非价格要素出现,那么该非价格要素构成独立的相关市场。

68 参见丁茂中:《自我优待的反垄断规制问题》,载《法学论坛》2022年第4期。

“质量”。因为除非直接涉及定价问题，否则测试法皆较难作出较为精准的判断。[69] 易言之，定性分析法应内嵌于SSNDQ测试法中，能量化和不能量化的“Q层面”在不同的情形下都有不同的判断。其次，针对SSNIC测试法，即小而显著的非临时性成本增加，该方法以用户所需支出的成本变化代替价格因素，其中用户成本既包含用户的隐私成本、时间成本等，也包括用户的数据转移成本，本文中所指向的主要是用户数据这一非价格要素的转移成本，将“非价格要素的转移成本”定义为“C层面”，消费者基于非价格要素转移成本的增加依旧不对产品或服务进行替换，那么该企业的非价格要素构成独立的相关市场。相较SSNDQ测试法而言，“C层面”的“非价格要素的转移成本”较好量化，因为成本的转移是“非此即彼”的，在转移的两方中，一方的增加则意味着另一方的减少。最后，反观实践，值得我们反思的是，针对非价格要素的滥用问题，SSNIP测试法被逐渐认定为较难适用，进而学界提出SSNDQ测试法与SSNIC测试法，就现实案例而言，两种方式亦存在一系列问题并且在司法实践中鲜有成功适用的案例。[70] 但从SSNIP测试法向SSNDQ测试法与SSNIC测试法的演变进程可知，数字经济领域中价格要素的影响在市场结构与竞争变化中不断弱化，在价格要素无法作为界定相关市场的敏感反馈指标时，界定方法应向非价格要素这一界定新指标转移。

第二，有学者认为，在相关市场具有支配地位的大企业由于处于发展的成熟期，竞争压力较小，反而对非价格要素（如隐私数据）的保护水平较小企业更高，[71]简言之，其认为在非价格要素市场中，企业的大小与非价格要素保护的水平在一定程度上呈现正相关，因此更加充分的竞争并不能推动对非价格要素更强的保护，《反垄断法》对该领域的适用性不强。笔者认为，该观点具有一定的可取性，但仍值得商榷，因为其只看到了“正相关”这一端，而没有看到“负相关”那一端，因此直接将《反垄断法》排除出对非价格要素领域的适用未免有些绝对，未能站在经济法学系统的角度看待问题，只要在此过程中引入“消费者评

---

69 参见李剑：《论反垄断法对标准必要专利垄断的规制》，载《法商研究》2018年第1期。

70 参见杨东、李子硕：《监管技术巨头：技术力量作为市场支配地位认定因素之再审视》，载《学术月刊》2021年第8期。

71 参见李剑：《互联网反垄断能促进数据隐私保护吗？》，载《商业经济与管理》2021年第5期。

价权”[72]便可令《反垄断法》对该领域具有更强的适用性。在通过 SSNDQ 测试法和 SSNIC 测试法判断企业在非价格要素市场上是否具有支配地位后，消费者可行使自身评价权并对这些评价进行收集，之后再对这些评价予以清洗和分析，若得出具有支配地位的企业对非价格要素的保护水平更高，即“大企业多保护”的结论，那这是我们希望看到的结果，自然没有必要适用《反垄断法》；反之，若得出“大企业少保护”或“大企业不保护”的结论，那么《反垄断法》自然应该适用。

概言之，从经济法系统论[73]的角度来看，通过《反垄断法》与《消费者权益保护法》的联动配合，非价格要素的保护依旧可以被涵摄于《反垄断法》的规制范围之内。即首先通过 SSNDQ 测试法与 SSNIC 测试法进行非价格要素相关市场的界定，判断该企业在该领域是否具有市场支配地位；其次再通过消费者评价权判断市场支配地位与非价格要素保护水平的“相关性”，若为正相关，《反垄断法》没有适用空间，反之则意味着存在滥用，《反垄断法》应予以规制。

（三）RSM：适用本身违法原则

针对“转售价格维持”（Resale Price Maintenance，RPM）实践中向来有合理原则与本身违法原则之争，学界亦对此有诸多探讨，但依旧没有得出较为一致的结论。[74] 相较于价格，服务这一非价格要素由于自身的特殊性，其对竞争、创新、消费者利益以及产业升级都会产生重要影响，尤其在我国亟须促进服务升级、消费升级进而向中高端产业链进军的大背景下，应当对服务这类非价格要素给予更加充足的保护。因此，笔者建议针对 RSM 这类垄断协议，将其作为针对非价格要素的“核心卡特尔”，[75]直接适用本身违法原则，新《反垄断法》的“安全港”规则亦不应适用。

（四）行政性垄断：完善监督与问责机制

针对非价格要素的行政性垄断，应当认定其是比 RSM 这一本身违法的“核心卡特尔”更严重的行为。因为其不仅严重侵蚀消费者的利益，同时损害行政

72　参见许恋天：《消费者网络评价权的配置法理与立法表达》，载《法制与社会发展》2021 年第 3 期。

73　参见张守文：《数字经济发展的经济法理论因应》，载《政法论坛》2023 年第 2 期。

74　参见王晓晔：《转售价格维持的反垄断规制适用“合理原则”之批判》，载《法商研究》2021 年第 1 期；王先林：《论反垄断法中的本身违法规则和合理分析规则》，载《中国物价》2013 年第 12 期；张骏：《转售价格维持反垄断法实施的冲突困境及其解决路径》，载《当代法学》2022 年第 4 期。

75　参见王晓晔：《〈反垄断法（修正草案）〉的评析》，载《当代法学》2022 年第 3 期。

机关的公信力,更有甚者,会危害社会的稳定。鉴于我国的施政特色与行政习惯,该类行为更是屡见不鲜。因此很有必要加强对该类垄断行为的监督,建立完善的监督机制。如通过消费者、社会团体、纪委监委的监督合力,对此类行为进行坚决查处。应秉承“三段式”的问责方式对相关单位及负责人进行问责。如限制相关单位对非价格要素的获取范围及使用期限,当影响日常工作的展开进而影响政绩或公职时,相关行政机关会有所收敛;对相关负责人亦应予以问责。

(五)小结

以上针对非价格要素反竞争行为的规制路径分析均建基于对“竞争损害”的考察,因为《反垄断法》被定位为通过保护竞争进而追求人类珍视的基本价值。[76] 但诚如前文所述,笔者认为,《反垄断法》所关注的竞争依旧是手段,最终仍需落实在消费者利益上并予以检验,即竞争是手段,保护消费者利益是目的。[77] 因此,在对非价格要素的反竞争行为进行规制时,若市场因为竞争扭曲无法为消费者提供期望的非价格利益保护时,则不应该被特定的竞争损害后果捆住手脚,此时《反垄断法》便具备了干预的正当性。在此,可采用反事实分析(counterfactual analysis)[78]的方式来判断消费者利益是否受到损伤。即针对非价格要素的反竞争行为(如并购)给消费者带来的利益增加是否高于市场竞争给消费者带来的收益,若答案是肯定的,《反垄断法》无干预的必要;反之,若此时有特定的竞争损害,《反垄断法》自然可介入,即“竞争损害+消费者利益损害”,双重损害使得干预具备正当性。但即便此时无特定的竞争损害,消费者利益受损也使《反垄断法》的干预具有正当性。[79]

---

76 参见张占江:《个人信息保护的反垄断法视角》,载《中外法学》2022年第3期。

77 若市场上的竞争是充分的,而消费者利益却最终受到了损害,那么这样的竞争应当定义为“良性”还是“恶性”呢?易言之,市场在运行的过程中具备充足的竞争,但最终的结果却是消费者利益受到了损害,那么最终的受益者究竟是谁,而这样的竞争又有什么意义呢?这是值得我们思考的问题。

78 See Daniel A. Crane, Market Power without Market Definition, 90 Notre Dame Law Review 31, 31-80(2014).

79 对此有学者持不同态度。参见兰磊:《判断竞争损害的消费者选择权益说驳论——〈反垄断法〉修正草案第17条第二款引发的转售价格维持理论反思》,载《南大法学》2022年第2期。

五、结　语

数字经济时代,非价格要素发挥着愈加重要的作用,价格要素不再是市场竞争的唯一维度,消费者所重视的非价格要素竞争可能与价格要素具有同等重要的地位。[80] 实践中,针对非价格要素的各种反竞争行为层出不穷,理应对此投入更多竞争关切,从《反垄断法》的层面对其进行思考。首先,从应然层面的法律证成来看,提高非价格要素的保护水平对《反垄断法》中所关切的竞争、创新与消费者利益均有助益。其次,从实然层面的反竞争行为来看,《反垄断法》的传统三大支柱行为均有涉及,同时也触发了具有我国特色的行政性垄断,对其规制便十分必要。最后,针对并购行为,应完善申报门槛并突出审查重点,以行为性救济为核心;针对滥用市场支配地位,可以发挥《反垄断法》与《消费者权益保护法》的联动作用,通过 SSNDQ 测试法与 SSNIC 测试法及消费者评价权的先后使用进而判断《反垄断法》是否可以适用;针对 RSM 的垄断协议行为,秉持本身违法原则处理这类"核心卡特尔";针对行政性垄断,应建立完善的监督与问责机制。在我国面对技术创新与消费升级双重压力的背景下,提高对诸如数据、知识产权、服务等非价格要素的保护水平至关重要。只有对非价格要素投入更多的竞争关切,才有可能为我国冲破发达国家"卡脖子"困境并向世界中高端产业链进发提供技术支持与制度保障,同时为促进我国消费扩容提质并形成强大国内统一大市场以促进内外循环奠定坚实基础,以期不断提升我国科技水平和全球竞争力,逐步跳出"中等收入陷阱"。

80　See Viktoria H. S. E. Robertson, Excessive Data Collection: Privacy Considerations and Abuse of Dominance in the Era of Big Data, 57 Common Market Law Review 161,161 – 190(2020).

证人在线出庭作证的困境及其破解

杨　菲*

【内容提要】 伴随在线诉讼的快速发展,证人出庭作证作为传统诉讼的关键环节同样面临着线下出庭作证向线上出庭作证方式的转移和变迁。在线出庭作证具有独特的技术优势和广阔的适用前景,有利于破除时空阻隔提升出庭作证便捷性、丰富直接言词原则实现形式拓展证人证言的质证空间、削减证人不出庭风险来源增强证人出庭作证意愿。然而,这种方式在实践中几乎遭到弃置。目前立法层面的规则设计过于单薄,无法为其规范运行提供有效指引,在线出庭作证主要存在功能导向失衡、适用位阶低下及启动模式混乱三方面困境。未来应当强化证人在线出庭作证的真实性保障,明确证人在线出庭作证高于材料入庭作证的适用位阶,将在线出庭作证的启动由合意模式转向单方申请模式以促进其有效运行。

【关键词】 证人　在线出庭作证　在线诉讼　法庭作证

证人在线出庭作证在民事诉讼中由来已久。在规范层面其发端于2001年12月发布的《关于民事诉讼证据的若干规定》(以下简称《民事证据规定》),确立于2013年修订的《民事诉讼法》,发展于2021年出台的《人民法院在线诉讼规则》(以下简称《在线诉讼规则》),迄今已有20余年。然而,证人在线出庭作证的方式在实践中不仅未受到司法办案人员推崇,反而呈现消极适用的情形。据笔者实证考察,自2001年证人在线出庭作证方式得到规范层面的确认至今,证人在线出庭作证的案例数量仅占据有证人参与民事案件数量的0.0059%(见

---

* 杨菲——吉林大学法学院博士研究生,主要研究领域:刑事诉讼法学、民事诉讼法学、智慧司法。本文系国家社科基金重点项目“刑事诉讼事实形成机制研究”(21AFX014);最高人民法院2021年度司法案例研究课题“人民法院在线诉讼规则的案例研究”(2021SFAL042)的阶段性成果。

下文统计数据),证人在线出庭作证方式在实践中几乎遭到弃置。办案人员普遍对证人在线出庭作证认识不清,法律层面也缺乏有针对性的规范指引,理论研究也缺乏及时跟进,这造成实践运用随意性过大,出现了功能导向失衡、适用位阶低下、启动模式混乱等问题,严重制约了其良性发展,抑制了其制度价值的发挥。实际上,证人在线出庭作证是互联网技术与司法融合的必然产物,也是在线诉讼发展完善过程中必须面临的重要环节。推行证人在线出庭作证不仅有利于破除出庭作证的时空阻隔,提升出庭作证便捷性,而且有利于丰富直接言词原则的实现形式,拓展证人证言的质证空间,更有利于削减证人不出庭的风险来源,增强证人出庭作证意愿,相较于传统作证方式,其具有独特的技术优势和广阔的适用前景。鉴于此,笔者将首先结合线下出庭作证的基本要求回答何为证人在线出庭作证以明确在线出庭作证的基本内涵。在此基础上,从实证研究视野出发进一步观察证人在线出庭作证的现实困境并反思其应然走向,最后结合应然层面的发展方向提出切实可行的应对方案。

一、证人在线出庭作证的内涵阐释

根据最高人民法院发布的《〈人民法院在线诉讼规则〉的理解与适用》可知,在线出庭作证是在线诉讼的表现形式之一,是互联网技术对证人线下出庭作证的一种网络化再造,也即将证人出庭作证的基本要素统一转移到网络空间中予以实现。这意味着,对证人在线出庭作证内涵的理解既要结合"在线"这一技术特征,又不能脱离"出庭作证"的基本要求。

首先,证人必须处于"在线"的状态进行作证,这种状态决定了证人出庭作证不仅要存在于网络空间当中而且要具备交互性、同步性和即时性。只有通过互联网交互即时同步的出庭作证才能称为"在线"出庭作证,这也使其呈现出明显的技术依赖特征。[1] 实践中出现的诸如"手机作证""手机视频作证""电话作证""视频电话作证""视听传输技术作证""视频作证""远程视频作证""远程作证""在线作证""线上作证""远程微信作证""QQ 远程视频作证"等方式都

1 参见王令宝、王婷婷、杨雷振:《移动微法院远程视频作证常态化建设困境与解局——以远程视频作证规则构建为研究重点》,载刘贵祥主编:《审判体系和审判能力现代化与行政法律适用问题研究——全国法院第 32 届学术讨论会获奖论文集》(上),人民法院出版社 2021 年版,第 254 ~ 264 页。

具有交互性、即时性和同步性,都可以作为在线作证的技术手段,这种方式既克服了空间束缚也摆脱了时间限制,具有灵活性、便捷性、动态性等优势。《民事诉讼法》、《民事证据规定》以及《在线诉讼规则》虽然分别采用"视听传输技术作证"和"在线出庭作证"两种表述形式,但在法律指代层面具有同一性,前者突出的是作证技术的手段或工具特征,而后者突出的是作证技术的状态特征。[2]

其次,证人必须以"出席法庭"的方式进行作证活动,这也构成了证人在线出庭作证时对作证场所的要求。通常情况下,法律层面的"出庭"均指证人在线下进入物理空间进行作证的法庭。然而,互联网技术改变了人类社会对"空间"理解,网络空间早已成为独立于物理空间的另一场所,司法人员对于出席法庭的理解也早已不再局限于线下到庭,线上法庭也成为在线诉讼的重要场所。因此,采用互联网视听传输技术在线还原的"法庭"同样应当属于证人作证的合法场所,而这种观点在笔者进行的大量实践调研中也得到了印证。多数办案人员认为,只要证人通过网络的方式接受了法官当庭的调查询问就可视为"出庭"。当然,仅将通过网络接受法官当庭询问视为"出庭"实际上远远不够。证人在线上出席的法庭仍需要满足"线下法庭"应当具备的基本元素。从理论层面来看,证人之所以需要出庭是因为可闻性法官指令、可视化的法庭环境和可感知的法庭规则对证人证言的真实性具有实质约束作用。如果线上环境无法具备法庭的动态性、可视化、仪式感和严肃性,无法实现直接言词审理,无法保证证言真实,则不能将其视为严格意义上的"出庭"。因此,线下的法庭要素必须被完整地通过技术手段予以线上还原并被证人所实际感知方可视为"证人出席法庭"。

最后,证人在线出庭必须以"作证"为目的。证人以在线的方式出庭的目的在于提供证言,而非进行其他诉讼活动。无论是采取线上还是线下方式,证人出庭都旨在以口头的方式如实提供证言。其作证的内容来源于证人对案件事实的所见所闻,属于在人脑中的客观记忆,并不会因线上或者线下环境的改变而使得证人所感知之客观事实发生变化。如果证人以在线的方式出庭但却并未履行如实陈述客观事实之义务则不能将其视为在线出庭"作证"。

可以说,只有当证人采取某种技术手段以在线的状态出席与线下法庭基本要素相一致的线上法庭进行作证活动时,才能将其视为证人在线出庭作证。无

2 参见段厚省:《远程审判的程序正当性考察——以交往行为理论为视角》,载《政法论丛》2020年第2期。

论采用何种表述方式,对证人在线出庭作证与否的判断都应当围绕这三个方面展开。[3] 而通过解构其实质内涵的方式理解在线出庭作证不仅能明确出庭作证规范的实质要求,更能凸显在线司法的时代特征。

二、证人在线出庭作证的现实困境

为全面了解证人在线出庭作证的实践状况并反思现存的问题,笔者以“证人”为关键词,以“民事”为案由标准,在北大法宝司法案例数据库中对2001年12月21日至2022年9月13日的案例进行检索,得到裁判文书6,231,465份。在此基础上,通过增加“视频作证”“视听传输技术作证”“远程作证”“线上作证”“在线作证”“电话作证”“手机作证”“视听资料作证”等与证人在线出庭作证相关的关键词分别进行检索,累计得到样本案例共计883件,剔除无关案例筛选出证人在线出庭作证的案例共计365件,占据总体检索样本的0.0059%。可以说,实践中证人在线出庭作证的方式几乎遭到弃置。笔者基于对规范文本、样本案例以及实证调研的分析,发现困扰证人在线出庭作证适用的关键问题主要集中在以下三个方面。

(一)证人在线出庭作证的功能导向失衡

功能导向是制度设计的逻辑起点和目标追求,决定了制度设计的整体思路和未来发展方向。[4] 不同的制度在进行宏观构建时都会融入立法者的价值目标并使之通过制度功能予以外化进而表露出制度发展的主观倾向性。然而,现代科技的发展使互联网司法产生了另外一种脱离于立法者主观意志的技术功能,这种功能不因制度设计的目标而有所改变,是独立于制度功能之外的技术本身所固有的客观功能。证人在线出庭作证属于在线技术和传统证人出庭制度结合的产物,由于其在立法层面的制度构建薄弱,缺乏明确的制度功能导向,因而在实践运行时不免会受到互联网司法的技术功能和传统出庭作证的制度功能双重影响。实践中,以效率性和便捷性为特征的在线技术功能被逐步放大,以

3 对于实践中出现的诸如“手机作证”“手机视频作证”“电话作证”“视频电话作证”“视听传输技术作证”“视频作证”“远程视频作证”“远程作证”“在线作证”“线上作证”“远程微信作证”“QQ远程视频作证”等方式是否属于在线出庭作证,同样需要结合上述三个内涵要素判断。满足上述三个内涵要素属于在线出庭作证。

4 参见范伟:《行政诉讼起诉期限功能定位之反思与修正》,载《行政法学研究》2021年第2期。

通过证人出庭来保障真实的制度功能被逐步压缩,[5]证人在线出庭作证实践的功能导向呈现出失衡状态,影响了制度的良性运转。

首先,证人在线出庭作证的实践功能受到在线技术本身的技术功能和在线诉讼的制度功能双重影响,促使其实践功能倾向于对作证效率和作证便捷的追求。一方面,在互联网技术的加持下,证人出庭作证无须再受制于时间和空间的限制而呈现空前的灵活性。这种实践功能因在线技术而存在,具有客观性和内在性。另一方面,在线出庭作证属于在线诉讼制度的重要一环,因而其功能导向也必然会受到在线诉讼的影响。其一,受到在线诉讼探索初衷的影响。根据《〈人民法院在线诉讼规则〉的理解与适用》可知,在线诉讼主要在于回应人民群众对公正、高效、便捷、多元解纷的司法需求,着力解决审判效率低下和诉讼成本高昂问题,具有灵活、简便、全天候、易操作等内在特点。实践中多数地区推行证人在线出庭作证皆出于此原因。[6] 其二,受到在线诉讼基本原则的影响。公正高效、便民利民是在线诉讼的基本原则,而证人在线出庭作证同样要受到该原则的影响和约束。这意味着推行证人在线出庭作证同样不能脱离提高纠纷解决效率、提供司法便利、降低诉讼成本的基本要求。实践中,法官往往对证人在线出庭作证的技术工具、作证平台、作证环境不做过多要求而采取简便易行的方式,这使得证人在线出庭作证呈现出极强的以效率和便捷为追求的实践功能。

其次,传统出庭作证保障真实的制度功能在在线出庭作证实践中逐步失效,证人在线出庭作证实践在对效率和真实的追求中呈现出明显的功能失衡,诱发了真实性保障风险。在线技术的出现使证人与法官和法庭之间出现了网络介质,这使线下法庭对线上证人的控制能力减弱,并对法庭环境、法庭场景、法庭仪式等保障证言真实性的制度设计产生了一定的过滤和简化作用,削减了法庭保障证人作证真实性的制度功能。其一,证人的身份认定程序过于简化,难以保证证人身份的真实性。在笔者统计的样本案例中,几乎所有的在线证人

5　法律之所以要求凡知晓案件情况的人都应当出庭作证,是因为相较于刑事诉讼而言民事诉讼缺乏诸如侦查机关收集证言和检察机关审查证言等保障证言真实的审前程序。出庭作证实质上发挥的是保障查明证言真实性的作用。

6　参见《关于推进证人及鉴定人远程视频出庭以确保庭审效率的建议提案的答复》,载宜昌市中级人民法院网2022年10月29日,http://www.ycszx.gov.cn/content-62222-987263-1.html;爱岁:《解锁新功能 证人"隔空"出庭作证助力高效审判》,载内蒙古自治区正镶白旗人民法院网2022年12月29日,http://zxbqfy.nmgfy.gov.cn/article/detail/2022/07/id/6775327.shtml。

作证的案件都简化了身份认定程序,要么通过当事人之间的确认,要么通过法官问答的形式对其身份进行确认,这种方式极粗泛化,身份同一性存在风险。[7] 其二,证人的作证环境过于随意,难以排除作证干扰。在笔者统计的在线出庭的样本案例中,证人线上出庭作证的场所几乎都在其生活或者工作地开展,有的甚至在出租车上、工地等嘈杂的环境中进行。这种方式不仅无法保证证人作证的严肃性,更无法保障作证空间的独立性。部分案件当事人和证人甚至直接出现在同一画面中,并未采取相关隔离措施。[8] 此外,实践中还普遍存在在线作证工具随意、作证过程不规范等诱发证言真实性风险的问题。这意味着,欲通过出席法庭来保障真实的传统制度功能受到实质性削弱。

(二)证人在线出庭作证的适用位阶低下

根据《民事诉讼法》及其相关司法解释之规定,我国证人法庭作证方式主要有出庭作证(线下)、书面证言作证、视听传输技术作证、视听资料作证等。而后三种方式只有在证人确有困难不能出庭作证时方能够适用。如果按照是否出庭为标准,则可以将上述作证方式划分为线下出庭作证、在线出庭作证和材料入庭作证三种。当前我国民事证人出庭作证已然形成了以线下出庭作证为原则,以在线出庭作证和材料入庭作证为例外的作证格局。在线出庭作证的法律位阶似乎与材料入庭作证的法律位阶并不存在差异性。这也就意味着当线下作证例外情形满足之时,民事诉讼主体既可以选择以在线出庭的方式进行证人作证,也可以选择以材料入庭的方式进行证人作证。

首先,在线出庭作证的法律位阶可能低于证人证言作证,但高于视听资料作证。证人在线作证的法律位阶虽然与材料作证的法律位阶相一致,但仍具有细微差别。如果对历年《民事诉讼法》以及《民事证据规定》涉及证人作证方式的条款细加考察,则不难发现立法者对在线作证与其他作证方式适用位阶的态度存在一定的倾向性。2001年《民事证据规定》第56条将线下出庭作证的例外方式按照书面证言、视听资料、双向视听传输技术手段的顺序进行列举,这意味着在线出庭作证似乎属于最后一种使用方式,2008年《民事证据规定》再次修改时也延续了这种表述顺序。值得注意的是,在2013年修改的《民事诉讼

7 例如,在蒋某1与凌某1遗嘱继承纠纷案中,法官对通过视频作证的证人曹某4身份确认主要是通过蒋某1在微信中备注曹某4为"曹舅舅"的方式进行。但这种方式相较于线下提交身份证明材料的方式过度简化,难以保证证人身份真实性。

8 参见山东省泰安市中级人民法院民事判决书,(2022)鲁09民终1668号。

法》中虽然吸收了视听传输技术作证方式,却改变了《民事证据规定》中的列举顺序,将视听传输技术作证置于书面证言作证之后,视听资料作证之前。在线出庭作证的使用顺位似乎得到了一定提升。当2019年《民事证据规定》再次修改之时,立法者吸收了2013年《民事诉讼法》对视听传输技术作证表述顺序的调整。这是否意味着证人在线出庭作证在线下出庭作证例外种类中的法律位阶得到了提升?然而,即便立法者存在这种选择倾向,也不能改变规范条款中对证人线下作证替代措施的非层次化设计。这也预示了在线证人出庭由于其在实践中相较于材料入庭作证更加复杂,[9]因而存在被搁置适用或者末位适用的极大可能。

其次,证人在线出庭作证在实践中呈现末位适用的情况。如果在规范层面无法判断证人在线出庭作证的位阶层次,那么实践案例则能够很好反映办案人员对这种作证方式的使用倾向。在6,231,465份有证人参与的裁判文书中,证人在线出庭作证的案例仅有365件,其占比仅为0.0059%。若以"书面证言"为关键词进行检索,则可粗略得到样本案例102,474件,占据总体有证人参与样本案例数的1.64%。若以"视频作证""视听资料作证""视听资料""视频资料"等关键词在总体有证人参与的样本案例中分别进行检索可得到累计案例41,144件,从中剔除无关案例,粗略估计通过视听资料作证的案例在3000件以上,约占总体有证人参与样本案例数的0.059%。据此可粗略得出材料入庭作证的案例数在105,474件以上,约占总体有证人参与样本案例数的1.67%。实证数据反映,在所有有证人参与的样本案例中,线下出庭的适用位阶最高。在线下出庭的替代措施中,书面证言作证的适用位阶最高,视听资料作证的适用位阶次之,在线出庭作证的适用位阶最低。因此可以得出,在线下出庭作证、在线出庭作证和材料入庭作证三种方式的实践适用位阶当中,线下出庭作证原则得到了贯彻,但材料入庭作证的方式已然成为线下出庭作证替代措施中高于在线出庭作证方式适用位阶的首要选择,在线出庭作证实践适用位阶低下,处于边缘化适用的窘境当中。

需要指出的是,证人在线出庭作证的边缘化适用困境目前只存在于除互联网法院审理的在线诉讼案件以外的传统诉讼案件中。这是因为,一方面,互联

---

9 参见陈锦波:《电子诉讼可控复杂性与可行简单性之均衡》,载《河南财经政法大学学报》2022年第2期。

网法院管辖的案件主要以涉网案件为主,这类案件对电子证据具有较高的依赖性,而对证人证言的依赖性相对较低,通常不需要证人出庭便能够认定案件事实。[10] 另一方面,互联网法院通常以全流程在线作为其审理民事案件的基本原则和要求,因而在此类案件中,证人在线出庭作证相较材料入庭作证而言具有当然的优先性而并不存在适用位阶难题。

(三)证人在线出庭作证的启动模式混乱

证人线下出庭作证往往遵循以当事人申请为原则,以法官职权启动为例外的法定启动方式,因而并不涉及程序选择权的问题。[11] 与之不同的是,由于互联网技术对线下诉讼按照功能等值原则进行了电子化再造,因而在线诉讼产生了线上与线下的程序选择问题。[12] 而程序选择权的出现促使证人法庭作证的启动程序也随之发生相应的变化。[13] 如果在理论层面将程序选择权按照不同的标准进行划分,则可产生不同类型的程序启动模式。[14] 然而,《在线诉讼规则》并没有对证人在线出庭作证的启动作出有针对性的制度设计,这也就意味着其启动程序需要借助于其他法律规范加以参照。若比照《民事诉讼法》、《在线诉讼规则》以及《民事证据规定》的相关条款则可以发现,上述法律不仅无法为证人在线出庭的启动程序提供明确的指引,反而加剧了程序启动模式选择疑惑。这种疑惑同样困扰着实践领域的办案人员,致使在线证人出庭作证启动模式面临选择混乱的局面。

首先,《民事诉讼法》、《在线诉讼规则》以及《民事证据规定》无法为证人在线出庭作证的启动模式选择提供明确的规范指引。2019 年《民事证据规定》第

10 截至 2022 年 9 月,北大法宝司法案例数据公布的三大互联网法院审理的民事案件共计 199,898 件,其中有证人作证的案例不到 1000 件,占比不到 0.5%。这说明证人在互联网法院审理的案件中出现的频率极低,互联网法院在审理案件认定案件事实时对证人证言的依赖性不高。

11 2022 年最高人民法院《关于适用〈中华人民共和国民事诉讼法〉的解释》(以下简称《民诉法解释》)第 117 条以及 2021 年《民事诉讼法》第 76 条规定了当事人依申请启动的基本原则。《民事诉讼法解释》第 96 条规定了法院依职权启动的 5 种例外情形。

12 参见高翔:《民事电子诉讼规则构建论》,载《比较法研究》2020 年第 3 期。

13 2019 年《民事证据规定》第 68 条创设了一种崭新的证人法庭作证启动方式,即“双方当事人同意证人以其他方式作证并经人民法院准许”,这种启动方式虽然仅适用于线上出庭作证和材料入庭作证两种情况,却凸显了当事人程序选择权。

14 按照程序选择意思表示的主体可将程序启动划分为当事人启动、法官启动和证人启动;若按照程序选择意思表示的主体数量可将程序启动划分为合意启动模式和单方启动模式;若按照程序选择意思表示的有无以及程度则可将程序启动划分为职权启动模式和选择启动模式,选择启动模式又可细化为主动选择启动、主动选择 + 法官准许启动、法官告知 + 同意启动等模式。

68 条所规定的启动程序属于合意启动,这也是规范层面直接对证人在线出庭作证启动程序进行明确的唯一条款。而无论是《民事诉讼法》还是《在线诉讼规则》都只规定了在线诉讼程序启动的方式而没有规定证人在线出庭作证的启动方式。本质上,在线出庭作证属于在线诉讼的组成部分,这意味着证人在线出庭作证同样可以遵循在线诉讼的启动程序。然而,《民事诉讼法》对在线诉讼程序的启动采用的是被动同意启动模式,即法院需要经过当事人的同意方可实施在线诉讼。[15] 而《在线诉讼规则》对在线诉讼程序的启动则设置了主动选择、合意启动和单方启动三种模式,那么在线证人出庭作证究竟应当采取哪一种启动模式则成为困扰司法实践的疑难问题。

其次,实践层面证人在线出庭作证的启动模式各异,程序操作也具有明显的随意性,亟待加以统一和规范。在部分案件中,当事人与法院在证人在线出庭作证的启动模式上存在认识分歧,最终导致关键证言无法被采纳,影响事实认定。根据笔者统计的样本案例反映,实践中证人在线出庭作证呈现出多种模式并存的局面。有的法院采取当事人合意启动模式,[16]有的法院不经当事人申请直接采取职权启动模式,[17]也有的法院遵循单方申请启动模式。[18] 此外,在操作程序方面,有的法院要求证人在线出庭作证的申请应当在举证期间内提交,[19]而有的法院则允许当事人当庭提出证人在线出庭作证的申请。[20] 这种对不同案件在同一情况下采用不同的处理方式的操作实践由于缺乏明确的规范指引,因而具有较强的随意性,若不加以规范将削减裁判权威。

三、证人在线出庭作证的应然面向

面对证人在线出庭作证在规范和实践层面带来的困惑,研究者应当首先从理论层面给予其应然解答,以为后续的制度设计提供明确的宏观指引和方向选择,促进其正向价值的发挥。

---

15 参见《民事诉讼法》第 16 条第 1 款:“经当事人同意,民事诉讼活动可以通过信息网络平台在线进行。”

16 参见山东省济宁市中级人民法院民事判决书,(2020)鲁 08 民终 5691 号。

17 参见黑龙江省绥化市中级人民法院民事判决书,(2020)黑 12 民终 1035 号。

18 参见河北省唐山市中级人民法院民事判决书,(2019)冀 02 民终 1747 号。

19 参见西藏自治区拉萨市中级人民法院民事判决书,(2020)藏 01 民终 556 号。

20 参见江苏省靖江市人民法院民事判决书,(2020)苏 1282 民初 2359 号。

（一）证人在线出庭作证应以真实发现为功能导向

目前，证人在线出庭作证缺乏明确的制度功能导向，这就需要制度设计者将真实性保障的制度功能注入其中，促使客观层面的技术功能与主观层面的制度功能之间形成张力以保证两者达致平衡。

首先，功能等值原则要求证人线上出庭作证应当与线下出庭作证的真实性保障目标保持一致。传统线下诉讼中，要求证人出庭的目的在于保障法官查明案件事实、保障证言真实。作为线下出庭作证行为在网络空间当中延伸的在线出庭作证方式，为保证其与线下行为具有同等法律效力以获得合法性根基，就必须要根据功能等值原则对线下行为进行线上再造。[21] 然而，目前法官采用证人在线出庭作证模式则更多考虑的是其提高效率的功能。这种实践倾向表露出办案人员主要将在线出庭作证作为一种提升效率的工具，将便捷效率作为其主要的功能设定。[22] 但这种功能导向是以牺牲真实性保障目标为代价实现的，存在较大隐患。这就意味着证人在线出庭作证的功能设定应当倾向于保障真实而非追逐效率。

其次，证人在线出庭作证可以实现真实性保障功能。第一，证人在线出庭作证能够落实法官直接言词审理原则，有利于法官审查核实证言。根据直接言词原则的基本要求，证人作证必须亲历法庭现场接受法官的言辞调查。互联网技术可以将线下法庭审判环境和审判活动动态即时、一比一地还原并传输至网络视频画面中，使证人可以通过视频感受法庭环境、接受法官询问、接受对质诘问、口头陈述证言。法官通过在线审理既可以观察证人的神态变化，也可以通过询问证人从而发现其陈述的破绽核实证言的真实性。第二，证人在线出庭作证能够保障当事人对质权的实现，有利于证言质证实质化。在线出庭作证方式的出现得以使因距离遥远无法线下出庭的证人得以出现在法庭之上接受对方当事人的诘问，这种方式具有材料作证所不具有的互动性和即时性。仅通过材料作证难以判断证言的真实性，难以保障当事人的对质权。当事人对通过在线出庭的证人进行网络诘问质证能够实现线下对出庭证人对质诘问的同等目标。实际上，实践中出现诸如身份认证简化、作证场所不规范等问题都属于技术适

---

21 参见谢登科：《在线诉讼的中国模式与未来发展》，载《中国应用法学》2022年第4期。

22 这种现象表明，办案人员在认可在线出庭作证本身所具有的提高便捷和效率的客观技术功能基础上，进一步通过诸如简化在线身份认证程序、灵活选取在线作证环境、随意使用在线作证工具等方式以表达在主观层面对便捷和效率追求的制度功能。

用问题，只要在宏观制度上加以针对性设计，便可实现追求效率与真实保障之间的功能平衡。

（二）应将在线出庭作证的适用位阶定位为次优选择

如果说在线出庭作证是互联网法院适用证人法庭作证方式中的最优选择，那么在传统诉讼中，在线出庭作证则应当是证人法庭作证方式中的次优选择。

首先，当前在线出庭作证与材料入庭作证相比，在实现效果层面具有增益性，不应低于材料入庭作证的适用位阶。材料入庭作证虽然免去了证人到庭的麻烦，却加重了法院查明事实的负担。在对方当事人对证言内容有异议的情况下，证人不出庭作证不仅会使法官无法通过言词视听的方式观察证人作证表现，获得情态证据，而且无法实现当事人与证人的当庭对质。[23] 相较材料入庭作证而言，在线出庭作证具有诸多优势：第一，通过技术手段消解了证人不能到庭的客观因素。互联网线上技术的出现打破了线下物理距离的阻隔，实现了万物互联，即便证人足不出户，只要具有网络设备便可实现线上出庭作证，这使传统线下出庭中遇到的无法到庭困难被逐步消解。新冠疫情期间，大量案件需要出庭的证人正是借助“在线”这一形式克服了距离难题，满足了法院对到庭陈述证言的司法要求。[24] 第二，实现了法官、当事人、律师与证人之间的言词互动，为诉讼主体呈现出更大的信息量。互联网在线技术的使用促使证人可以亲历虚拟法庭现场，接受法官的言辞调查，从而实现法官、当事人、律师与证人之间的互动交流。[25] 这种方式相较材料出庭作证而言，具备动态性和直观性，能够向法庭传递出更多的涉案信息，促进法庭事实查明。[26] 第三，为证人呈现了法庭作证环境，抑制虚假作证心理，保障证言真实性。互联网技术将法庭的环境、法官的询问以及当事人的诘问进行线上呈现，能够抑制并威慑证人虚假作证的心理。法官也可以在线上观察证人的神态变化并通过在线询问证人从而发现其陈述的破绽以核实证言的真实性。若仅通过静态视频材料作证和书面证人证言证明案件事实，无论如何也无法实现在线出庭作证所具有的动态直观、庄严肃穆和

---

23 参见张鸿绪：《论我国远程作证中情态证据的程序保障——兼评〈人民法院在线诉讼规则〉》，载《政法论丛》2021 年第 4 期。

24 参见闵以荣：《证人“云出庭”远程助力案结事了》，载《云南法制报》2022 年 8 月 29 日，第 3 版。

25 参见景汉朝：《互联网法院的时代创新与中国贡献》，载《中国法学》2022 年第 4 期。

26 参见李峰、丁娟、李辰澍：《视听传输技术作证的“三对关系”解析》，载《浙江工业大学学报（社会科学版）》2015 年第 3 期。

直接言词的效果。因此,证人在线出庭作证的适用位阶应当优于材料入庭作证的适用位阶。

其次,当前在线出庭作证与线下出庭作证相比,在实现效果层面具有克减性,[27]不宜与线下出庭作证适用效力等同。第一,网络信号的稳定性影响了集中审理原则的实现。相较线下出庭作证而言,证人在线出庭作证对网络技术具有严重的依赖性,在线庭审过程中极易遇到网络信号不稳定、网络设备卡顿等问题,影响庭审的连贯性。[28] 第二,视频画面的局部性削弱了作证环境的全面呈现,难以判断证人是否独立作证,是否受到外部干扰。目前证人通过在线方式进行作证使用的工具主要是手机或者电脑,然而这两种工具受制于摄像头视频技术,无论是法庭环境还是证人作证环境目前都无法全面呈现,这不仅会造成法庭对证人的控制能力弱化,降低法庭环境为证人带来的仪式感和严肃性,而且会导致法庭因为观察范围受限,无法判断证人是否独立作证,最终不采纳证言。[29] 由于证人通过在线出庭的方式作证尚且无法达到线下出庭作证的同等效果,因此其适用位阶不应高于线下出庭作证。

在线出庭作证对线下出庭作证效果的克减性根源在于技术发展程度,伴随科学技术的提升,线上出庭作证效果终能与线下出庭作证效果实现一致性,但这需要较长的技术迭代周期。[30] 而材料入庭作证的方式无论如何也无法实现出庭作证所具备的直观、动态、言辞等审理要求,这也就决定了目前在线出庭作证在线下出庭作证替代方式中应当属次优选择,应将其放置于低于线上出庭作证但高于材料入庭作证的位阶层次加以适用。

(三)在线出庭作证应以证人或当事人单方主动申请为启动模式

《在线诉讼规则》第2条第2款明确将合法自愿作为开展在线诉讼的基本原则之一,这意味着证人在线出庭作证同样要遵循合法自愿原则。完全剥夺当事人以及诉讼参与人程序选择权的职权启动模式不应当作为证人在线出庭作证启动模式的应然选择。然而,在享有程序选择权的基础上,采用不同的程序

27　参见胡昌明:《“司法的剧场化”到“司法的网络化”:电子诉讼的冲击与反思》,载《法律适用》2021年第5期。

28　参见北京市丰台区人民法院民事判决书,(2021)京0106民初31484号。

29　参见广州互联网法院民事判决书,(2020)粤0192民初4665号。

30　当前,三大互联网法院管辖的所有案件基本上都已经实现全流程的在线诉讼,在这些案件中,在线审理成为原则,而线下审理则成为例外。这在一定程度上也印证了在线技术的发展能够实现线上与线下的审判效果一致性。这一变化会直接改变线上与线下适用位阶的优先性。

启动模式却又会影响当事人或证人程序选择权的大小和自愿性实现的程度，这就必须针对规范层面和实践层面出现的多元化的程序启动模式加以比较分析，从而在多种启动模式中实现最优选择。

首先，不应当将合意启动模式作为证人在线出庭作证的启动模式。合意模式的启动主体为当事人而非证人。[31] 在这种模式下，当事人的共同选择可以实质性地约束证人意愿以及法官指挥。[32] 这种方式虽然保障了当事人的程序选择权，却会对证人在线出庭作证产生严重的负面效果。第一，压制证人对在线程序的选择意愿。证人在线出庭作证的主体首先应当是证人，这就意味着对证人程序选择权的保障同样重要。[33] 证人能否在线出庭作证将直接影响证人时间、精力、金钱以及安全等合法权益。合意启动模式以当事人达成合意为前提，这就意味着即便证人出于正当理由想要在线出庭作证，也可能会因为双方当事人无法达成一致意思表示而无法展开，这就使证人不得不采取耗时、耗力的线下方式开展作证，或者要么直接拒绝作证，要么仅提供书面材料，最终可能导致证据失效甚至阻碍事实认定和当事人权利实现。第二，增加证人在线出庭作证程序的启动难度，加剧程序适用边缘化危机。采取合意启动模式的最大问题在于只要其中有一方当事人不同意采用就会直接导致该程序无法启动。从实践层面来看，原、被告双方进行民事诉讼往往存在激烈的利益冲突，一方当事人申请证人在线出庭作证的目的在于克服证人线下出庭作证难题，提供支持己方利益的证言，这意味着该证言可能不利于对方当事人。在这种情况下，要求在双方当事人共同同意的情况下才启动该模式难免违背人之常情。[34] 在笔者统计的采用合意启动模式的样本案例中，对方当事人多发表不同意采用该方式的质证意见，最终导致在线出庭作证无法启动，现实增加了证人线上出庭作证的启动难度。

其次，不应当将被动启动模式作为证人在线出庭作证的启动模式。如果将程序性选择权划分为申请权和同意权，那么申请权则为主动启动而同意权则为

31 参见《民事证据规定》第 68 条第 2 款以及《在线诉讼规则》第 4 条第 2 款第 2 项。

32 参见李峰：《论视听传输技术作证的规范化——基于民事裁判文书的分析》，载《华东政法大学学报》2018 年第 5 期。

33 当前研究者对在线诉讼程序选择权的研究多侧重于当事人程序选择权，忽视了对其他诉讼参与人程序选择权的研究。

34 参见占善刚、王超：《智慧司法背景下视听传输技术作证的证据评价》，载《新疆大学学报（哲学・人文社会科学版）》2021 年第 3 期。

被动启动。前者表现为当事人或者证人积极主动申请开启在线出庭作证程序，后者表现为当事人或者证人消极被动等待法官征询或者告知。[35] 我国《民事证据规定》第 68 条第 2 款以及《民事诉讼法》第 16 条均采用以同意权为核心的被动启动模式。在这种启动模式中，法院处于积极主导地位，决定着证人在线出庭作证的提出和开启，当事人和证人仅能够在法院征询其意见时作出是否同意的意思表示，既无益于程序使用率的提升，也无益于证人选择权的实现，更不利于当事人权利的保障。在实践调研过程中，多数办案人员反映，证人在线出庭方式的主要价值在于对证人出庭的低成本和便捷性促进，但对法院而言不仅要提前调试设备而且要就该方式提前予以沟通，这也是办案机关对证人在线出庭持消极适用态度的原因之一，倘若坚持被动启动模式，则会导致法院因工作烦琐程度考虑而不去主动选择，最终导致该种作证方式被弃置或者架空。

综上所述，证人在线出庭作证不应当采取被动启动模式与合意启动模式，应当构建以单方主动申请为核心的启动模式，这种模式仍需要坚持法院的最终同意权。在启动主体上既可以由证人主动申请，也可以由单方当事人主动申请，而无须受制于相对方的异议。这种模式能够克服被动启动与合意启动的固有问题，既有利于凸显证人选择权，又能够便于程序开启，防止程序失灵的出现。当然，这种模式也可以与被动启动模式并存，即可采取以单方主动启动模式为主导，以被动启动模式为补充，既能保障当事人和证人的程序选择权又能兼顾法院的诉讼指挥权。

四、证人在线出庭作证的实现路径

宏观上的方向指引必须落实到微观上的实施路径方能实现理想层面的制度目标。

(一)真实发现导向功能的保障

首先，应强化在线身份认证，确保证人身份真实。身份认证是证人参与民事案件事实作证行为的前提和基础，当前证人在线出庭作证的身份认证程序相较以往证人线下到庭并提供身份证等信息的方式过于简化，实践中多采取双方当事人认可证人身份或者法官当庭核实证人提前提交材料的方式以确认其身

35 参见谢登科：《在线诉讼的中国模式与未来发展》，载《中国应用法学》2022 年第 4 期。

份。在部分案件中也可能会要求证人当庭在视频画面中出示证件材料,也有部分使用专门在线诉讼平台的法院会采取登录电子诉讼平台专用账户的形式确认证人身份,但这种认证方式较为单一,且不具有连续性,无法消除材料作假以及冒用账号登录的可能性。基于此,可采取混合多种方法以及动态连续认证的方式加以验证身份以保证证人真实性。[36] 例如,在身份认证的方式上可以引入生物特征识别技术、短信验证码、支付宝、微信等账号关联的形式进行身份验证,以保证身份认证的准确性和快捷性;在身份认证的时间上可以引入连续认证,即在初次认证之后,作证过程当中再次通过如人脸识别或者短信验证码等其他方式加以认证,从而保障证人身份真实性。

其次,应规范在线作证环境,保障证言内容真实。证人在线作证可能会受到来自线上和线下的干扰,因而对证人作证环境的规范也应当从线上和线下作证环境两个层面加以规范。线上作证环境应从在线作证平台、法庭场景、隔离场所等方面提出要求。就线上作证平台而言,实践中多数法院已经开发出成熟的在线诉讼平台,如“移动法院”“移动微法院”“指尖微法院”等 App 系统,即便只有证人出庭作证环节采取线上的案件,也应当在统一官方平台上进行而不应任意采用即时通信软件。就法庭场景而言,法院端必须将物理法庭场所中出现的基本元素尽可能还原在视频中,以保证审判场景的严肃性。就隔离场所而言,则主要保证证人不旁听案件,具体可借鉴实践中部分法院推行的线上候审室来实现证人虚拟隔离。[37] 除了线上作证环境之外,证人端的线下作证环境要求同样重要。《在线诉讼规则》第 26 条规定,法院可以指定在线出庭场所,但对指定何种场所供当事人作证则并未加以说明。笔者认为线下作证场所的目的在于排除外部干扰,出于灵活性考虑,线下作证场所只要能够保障独立性、封闭性,能够将线下证人作证状态完全呈现在画面中即可,无须要求证人必须到附近法院视频作证室作证。

最后,应规范在线作证过程,保障作证过程真实。作证过程真实性应从两个方面加以要求:其一,作证中证人状态的规范性要求。在作证过程中,证人应当采取双机位视频,保证视频画面内能够呈现证人完整的作证状态。为防止作

---

36 参见周莹莹:《在线诉讼中身份认证制度研究——基于〈人民法院在线诉讼规则〉第 7 条的分析》,载《贵州民族大学学报(哲学社会科学版)》2021 年第 6 期。

37 参见《建立“智能化 制度化 隔离实质化”的证人在线出庭作证机制》,载《人民法院报》2021 年 7 月 15 日,第 4 版。

证过程中的外部干预,证人的视线始终应当直视法庭而不能左顾右盼。证人作证时必须保证衣着整洁,不能过度随意。其二,作证中网络状态的稳定性要求。证人在作证过程中应当保障作证过程的连续性,而作证过程的连续性则与网络状态具有密切关联。证人在作证前应当提前检查网络状态和视频设备,必须保证信号的流畅,如果遇到信号中断的情况,则需要视中断时长决定是否转为线下。证人作证一经结束,应当令证人立刻退出线上法庭,结束作证程序。

(二)次优选择适用位阶的实现

首先,在规范层面区分在线出庭作证与材料入庭作证的适用等级。《民事诉讼法》第76条虽然通过设置证人线下出庭例外适用情形的方式确立起了证人线下出庭作证的优先等级,但线上出庭作证和材料入庭作证的优先等级却并未实现层次化设计。鉴于在线出庭作证相较材料入庭作证在程序原则的贯彻以及案件真实查明方面的优越性,理应将在线出庭作证的法律位阶提高到材料入庭做证的法律位阶之前,从而确立起按照线下出庭作证、线上出庭作证、材料出庭作证这一顺序排列的法律位阶设计。换言之,证人在民事案件中原则上应当线下出庭,当具有诸如健康、路程、灾害等正当理由而无法线下到庭时,则优先采用线上出庭的方式进行作证,只有无法通过线上出庭方式进行作证时方可允许通过材料入庭的方式作证。

其次,通过明确材料入庭适用情形的方式确立起在线证人出庭作证的优先等级。明确材料入庭作证的适用情形可以通过设置积极情形或者设置消极情形的方式予以实现。前者主要通过在法律上明确列举可以适用材料入庭作证的具体情形的方式实现,而后者主要是通过在法律上明确列举不适用出庭在线作证的具体情形的方式实现。相较设置积极要素而言,笔者认为通过设置不适用在线出庭作证的消极情形来确立在线出庭作证高于材料入庭作证法律位阶的方式更具有合理性和可行性。原因在于,当前在法律层面确立线下出庭作证对材料作证和在线出庭作证的优先等级时,也是通过列举线下出庭作证的消极情形的方式来实现的。例如,当证人由于健康原因而不能线下出庭时可采用线上出庭或者材料入庭的方式予以作证。采用消极情形来实现在线出庭作证高于材料入庭作证法律位阶的方式不仅可以保障法律条款设置技术的延续性和连贯性,还有利于避免因适用情形过多而带来的列举不周延的问题。可以将不适用在线出庭作证的具体情形设置为:(1)证人不具备在线作证的技术条件;(2)申请方当事人不同意证人采用在线出庭方式作证的;(3)证人因健康原因丧失线上作证能力。

最后,对《民事诉讼法》第76条规定的线下出庭作证例外情形条款进行重新编写。具体可参照以下方式进行:“经人民法院通知,证人应当出庭作证。如果有正当理由无法线下出庭作证的,应当优先采用在线出庭作证的方式进行。有下列情形之一的,经人民法院许可,可以通过在线出庭方式作证:(一)因健康原因不能出庭的;(二)因路途遥远,交通不便不能出庭的;(三)因自然灾害等不可抗力不能出庭的;(四)当事人双方一致同意主动选择的;(五)其他有正当理由不能出庭的。”在此基础上增加第2款规定:“在有正当理由无法线下出庭作证的情况下,如果也无法在线出庭作证的,可以采取材料入庭的方式进行作证。有下列情形之一的,经人民法院许可,可以通过材料入庭方式作证:(一)证人不具备在线作证的技术条件;(二)证人因健康原因丧失线上作证能力的;(三)申请方当事人不同意证人采用在线出庭方式作证的;(四)其他有正当理由既不能线下出庭又不能在线出庭的。”

(三)单方主动申请启动模式的落实

首先,修改《民事证据规定》第68条的表述,删除双方当事人同意的条件限制。要想破除合意启动模式造成的启动难题,必须从规范条文本身加以修改,即将合意启动模式转变为单方申请启动模式。这种转变的核心在于破除双方当事人合意的门槛限制,将其由启动的最低门槛限制转变为启动的部分因素之一。换句话说,双方当事人可以通过达成合意以启动证人在线作证程序,但即便对方当事人不同意,只要申请方当事人、证人以及法官对该种方式不持异议,即可开启该程序。值得注意的是,该条款并非仅是证人在线出庭作证的启动程序条款,材料入庭作证同样要遵循该条款要求,但两者在启动要求上具有一定的差异性。材料入庭作证在本质上属于不出庭作证,而证人不出庭的前提主要是出庭不能或者双方当事人、法官对该证言都予以认可不持异议,这种情况下双方当事人合意同样仅是启动的原因之一而并非必要条件。因此,该条款可以修改为“部分当事人、证人主动选择或者同意证人在线出庭作证的并经人民法院准许的,证人可以在线出庭作证。”在此基础上再增加一条作为材料入庭作证的启动规则,即“证人既无法线下出庭又无法在线出庭作证,或者双方当事人同意证人以材料入庭的方式作证并经人民法院准许的,证人可以采取材料入庭的方式作证。”

其次,明确证人在线出庭作证的权利义务告知与申请程序。证人在线出庭相较线下出庭而言无论是法庭环境的严肃性还是法官对证人作证过程的控制能力都有一定的减损,这就意味着在线出庭的权利义务告知相较线下出庭更具有必要性和紧迫性。在单方申请启动模式下,法律应当赋予证人对在线作证程序的主动选择权,这就意味着法院应当提前履行权利告知义务,即在当事人提交证人作证申请时,应当告知当事人或者证人有权申请在线出庭作证。当事人或者证人在向法院提交在线出庭作证申请时,同样应当遵守举证时限的要求,即当事人或者证人向法院提出在线出庭作证申请的,必须在举证期限届满前提交申请书,申请书必须载明在线出庭作证的理由以及相关证明材料。[38] 该证明由于仅涉及程序事项,因而可以采取自由证明的方式而无须严格证明。证人在线上出庭作证时必须进行宣誓,法官在法庭上应当严格履行对证人作证的权利义务告知程序,并要求其严格遵守法庭规则和法庭秩序。

最后,增加当事人对在线出庭作证的知情和异议程序保障。证人通过在线方式出庭作证可能会对另一方当事人的诉讼权益造成一定的影响,基于诉讼程序控制均衡状态的要求则需要为对方当事人提供相应的知情和异议通道。[39] 这就意味着当一方当事人或者其证人在举证期间申请以在线方式出庭的,法院应当向对方当事人告知该情况的存在,并允许其提出对在线出庭作证适用的异议。为保证当事人不滥用异议权阻碍证人在线出庭作证方式的适用,仍应当坚持法官最终裁量决定原则。在举证期间内,对方当事人若提出程序异议,则应当要求异议方提供充分且合理的能够推翻申请方申请理由的相反证明材料。若在举证期限内没有提出异议,或者虽然提出异议但没有提供相应的证明材料,则视其同意证人适用在线出庭作证,程序异议权丧失。

五、结　语

证人在线出庭作证是互联网技术融入司法并迅速扩展的必然结果,也是在线诉讼推行过程中所必将面对的关键环节,对其在实践中和规范层面出现的问题加以反思也是在线诉讼良性运转的必然要求。虽然证人在线出庭作证目前

38　参见欧龙松:《远程作证制度研究》,载《重庆邮电大学学报(社会科学版)》2014 年第 1 期。

39　参见杨焘:《论民事在线诉讼中的当事人程序选择权——以〈人民法院在线诉讼规则〉为视角》,载《北京航空航天大学学报(社会科学版)》2022 年第 4 期。

仍存在些许问题,但这都可以在预见的时间内通过技术发展和制度完善加以解决。在不远的未来,证人在线出庭作证也许不会完全取代线下出庭作证方式,但终将成为供当事人或证人主动选择的重要方式。

非法植入基因编辑胚胎罪的法益释明与适用

袁佳音*

【内容提要】《刑法修正案(十一)》新增非法植入基因编辑胚胎罪是对基因编辑技术的非法使用作出的正面回应,但该罪的保护法益与构成要件尚未清晰,需要对其进行法教义学解读。非法植入基因编辑胚胎罪的保护法益不是科研伦理与公共卫生安全,而是公共安全,将其作为保护法益有利于实现代际正义以及司法适用的规范化。在公共安全法益观的指导下,结合医学标准的阶段性区分与刑法学的规范厘定双重标准,将该罪实行行为的完成限定为临床试验阶段受精卵种植在人体子宫内并发育出神经系统的状态。"情节严重"作为该罪的罪量要件,需依托公共安全法益得以明确。多次植入、违规招募受试者作为整体性规范评价要素,应认定为"情节严重"。对婴儿造成实质性伤害等属于溢出性评价要素,应排除在"情节严重"之外。

【关键词】 非法植入基因编辑胚胎罪　保护法益　实行行为　情节严重

一、问题的提出

2018年11月26日贺建奎团队基因编辑婴儿案在社会上引起轩然大波,刑法作为保障法对这一事件做出了积极应对,最终将这一案件认定为非法行医罪。虽然行为人被认定为非法行医罪追究刑事责任,但这类案件的发生,暴露出我国法律特别是刑法在防止基因技术的非法使用方面存在短板。为了解决这一问题,同时与生物安全法相衔接,于2020年12月26日公布的《刑法修正

---

* 袁佳音——东南大学法学院博士,主要研究领域:刑法学、医事法学。本文系国家社会科学基金一般项目"积极预防主义视野下生物安全风险的刑法规制研究"[课题编号:21BFX177]的阶段性成果。

案(十一)》中新增了非法植入基因编辑胚胎罪。[1]

根据《刑法修正案(十一)》第39条"将基因编辑、克隆的人类胚胎植入人体或者动物体内,或者将基因编辑、克隆的动物胚胎植入人体内,情节严重的,处三年以下有期徒刑或者拘役,并处罚金;情节特别严重的,处三年以上七年以下有期徒刑,并处罚金"的规定,可以得出将基因编辑过的人类胚胎、动物胚胎植入人体,或者将基因编辑过的人类胚胎植入动物体内可能构成犯罪,而将基因编辑过的动物胚胎植入动物体内不构成犯罪的结论。[2] 这使对相关行为的刑法规制更有据可循,也有利于该罪在司法适用中贯彻罪刑法定原则。进而,在完成了立法的语境下,我们应该对保护法益进行教义学解读,以完成它对该罪司法适用的指导功能。例如,有学者在司法机关未对该罪进行司法解释的情况下,直接建议在"危害公共卫生罪"之下设立"非法人体试验罪"[3]。但刑法学的任务不是"查找漏洞"之后"创设漏洞",而是在"查找漏洞"之后"填补漏洞"。较为肆意地将相关行为创设为一个新罪名,是对该罪尚未形成完整理解的表现,也体现出目前对该罪保护法益及其司法适用功能进行教义学解读的必要性。

从既有的法律规定与现有问题出发,本文要探讨的核心问题是非法植入基因编辑胚胎罪的保护法益为何?法益指导下的实行行为如何理解?该罪的罪量要素"情节严重"如何判断?显然,在我国缺乏对基因科技犯罪的概念了解以及理论建构的现实面前,如何对基因科技犯罪作出妥当处理,是新时代背景下对刑法教义学研究提出的历史拷问。基于以上问题意识,围绕该罪的保护法益、实行行为、"情节严重"的判定这三个核心问题在下文展开论述,希望可以对非法植入基因编辑胚胎罪在今后的司法实务认定工作作出少许贡献。

---

1 《〈刑法修正案(十一)〉的理解与适用》,载正义网2023年3月13日,https://baike.baidu.com/reference/56157870/5428sV7HEjhy2WXZiT04OA22xWmTpE8skfi42PR8nSpnk0p6Hvq3J9LXFrplUn0kwxyrBG0fx3xzVDaHkh2UUXVwpdxXYVwVNZz6Tl71re0zDKX6LWUmJIS5lKg。

2 姚万琴:《基因编辑技术应用的刑事风险与刑法应对——兼及〈刑法修正案(十一)〉第39条的规定》,载《大连理工大学学报(社会科学版)》2021年第2期。

3 黄鹏:《论"非法人体试验罪"的设立兼评——〈刑法〉第三336条之一》,载《医学与哲学》2021年第14期。

二、公共安全法益观的提倡与检验

"规范与事实之所以能够取得一致,是由于存在一个第三者,即当为与存在之间的调和者——事物的本质"[4],这里事物的本质即是指法益。了解以宾丁和李斯特为代表的德国刑法法益论可知,法益是可以提供衡量犯罪轻重,进而指导刑法立法配置与犯罪相称的刑罚的工具。[5] 所以,明确非法植入基因编辑胚胎罪的保护法益,是发挥法益的违法性评价机能与解释论机能的关键步骤,是正确理解和解释该罪实行行为和"情节严重"的核心要义。

(一)该罪保护法益的既有观点及不足

如果要明确非法植入基因编辑胚胎罪的保护法益,需要对目前学界既有的观点进行梳理和评析,找出其立场及不足,以便提出更为合理的法益观。

1. 科研伦理法益观的立场及不足

一种理解进路,是将科研伦理理解为非法植入基因编辑胚胎罪的保护法益。之所以将此作为非法植入基因编辑胚胎罪的保护法益,主要基于以下三点原因:其一,由于《刑法修正案(十一)》增设该罪的舆论背景是基因编辑婴儿案严重违背了科研领域的伦理道德,该罪的立法目的也是维护基因科学技术发展的伦理性与道德性、弥补因刑法规范的缺失造成的法益保护缺位。[6] 其二,根据法院对贺建奎基因编辑婴儿案的判决推知该罪的保护法益是科研伦理。此案判决书中显示:"被告人故意违反国家有关科研和医疗管理规定,逾越科研和医学伦理道德底线,贸然将基因编辑技术应用于人类辅助生殖医疗,扰乱医疗管理秩序。"[7]其三,科研伦理法益观背后蕴含人本主义与人类尊严价值。人类作为造物主制造出来的高级动物,有区别于一般动物和植物的高级特征,这些特征就包括基因的延续性与不可更改性,这是作为人最基本的尊严所在。基因技术可能产生的"脱靶效应",不仅可能影响第一代基因编辑儿童的健康与生存,

---

4 张明楷:《刑法分则的解释原理》(第二版)(上),中国人民大学出版社2011年版,第9页。

5 冯文杰:《法益一百五十年的嬗变史》,载《西部法学评论》2021年第3期。

6 阴建峰、冷枫:《非法植入基因编辑、克隆胚胎罪之检视与完善》,载《扬州大学学报(社会科学版)》2021年第3期。

7 《"基因编辑婴儿案"贺建奎因非法行医罪被判三年》,载北大信息网2023年3月13日,http://www.pkulaw.cn/case/pal_a3ecfd5d734f711df4b048a0c1d731ed6c5b899e2e647280bdfb.html?keywords=基因编辑婴儿案&match=Exact。

更会剥夺下一代的选择权,造成社会阶级严重分化,伤害人类尊严。为了防止恶性结果的出现,将非法植入基因编辑胚胎罪的保护法益认定为科研伦理。[8]

将非法植入基因编辑胚胎罪的保护法益理解为科研伦理虽然有一定的价值与指向,但是存在以下困境:首先,科研伦理是该罪的立法背景而非立法目的。立法背景是指法规范产生的社会背景与立法原因,侧重于法规范设立前的社会反思与经验总结。而立法目的是立法者根据立法背景产生的保护性意愿与指向,目的是规范相应的社会行为。后者需要探寻立法者设立该罪时想要保护和调整的社会关系。其次,科研伦理法益观过于抽象。如果将科研伦理作为该罪的保护法益,该罪就会彻底沦为道德犯。道德犯是对伦理、价值、民族情感造成侵害,如果将抽象概念作为刑法的保护对象,那么国家权力就会突破"防线"。[9] 单纯的道德犯是不值得刑罚处罚的,必须结合具体的法益才能判断行为的危险性上升与否。最后,将价值规范与哲学追求作为刑法教义学指引,似有"偷梁换柱"之嫌。科研伦理背后的人本主义与人类尊严是指导所有法律规范的价值指引,而不单是刑法学某个法条的保护法益。两者只是刑法教义学发展的价值规范与哲学追求,而不应是非法植入基因编辑胚胎罪的保护法益。

2. 公共卫生安全法益观的立场及不足

另一种理解进路,是将非法植入基因编辑胚胎罪的保护法益理解为公共卫生安全。之所以将此作为非法植入基因编辑胚胎罪的保护法益,主要基于以下两点原因:其一,立法者将非法植入基因编辑胚胎罪规定在我国《刑法》第六章妨害社会管理秩序罪中的危害公共卫生安全罪一节中,说明在立法层面确认了类罪集聚效应,按照体系解释应将该罪的保护法益理解为公共卫生安全。[10] 其二,公共卫生安全虽然尚未统一概念,但是根据1988年美国医学研究会的研究报告《公共卫生的未来》中对公共卫生的界定可知,公共卫生安全大致包括公众健康安全与医疗卫生管理秩序安全这两个方面。[11] 因为非法基因编辑行为存在

---

8 易显飞:《人类生殖细胞基因编辑的伦理问题及其消解》,载《武汉大学学报(哲学社会科学版)》2019年第4期。

9 王文娟:《生殖系基因编辑技术风险的样态评价与刑事规制路径——基于中国首例"基因编辑婴儿"案刑事裁判的思考》,载《中国人民公安大学学报(社会科学版)》2021年第4期。

10 陈超:《整体主义视角下非法基因编辑犯罪圈的审查与评价》,载《宜宾学院学报》2022年第4期。

11 Institute of Medicine, The Future of Public Health (Washington. DC: National Academy Press. 1988), p. 4.

不可预测性,一旦出现脱靶效应,将来可能会对公众健康产生严重损害。而贺建奎事件的非法性也表明人体试验是违反了医疗卫生管理秩序的。由此可以说明,非法植入基因编辑胚胎罪的保护法益是公共卫生安全。[12]

然而,这两个方面的论据本身存在说服力不足的问题。首先,将非法植入基因编辑胚胎罪规定为第336条非法行医罪之一这种体系安排存在较大问题。非法行医罪的设立主要是为了规制未取得医生执业资格的人非法行医,保护法益确实为医疗卫生管理秩序。但非法植入基因编辑罪的立法目的主要是防止基因编辑技术的滥用造成危害人类安全的严重后果。两罪的立法目的并不相同,前者侧重于公共卫生秩序的保护,后者侧重于公众健康的保护。将立法目的并不相同的罪名放置在一起,是当初立法便利的体现,但这也是我国立法体例上一直存在的通病,它本身就存在较大的争议性。其次,在《刑法修正案(十一)》修订的一审稿和二审稿中有将“违反国家有关规定”作为该罪的罪状,但是在最终成稿中并未有“违反国家有关规定”的表述。这说明,该罪的认定虽然需要通过前置性违法要件的限制,但是前置性违法要件并不是认定该罪的核心。由此可知,将医疗卫生管理秩序作为该罪的保护法益并不是立法本意和侧重点。

(二)公共安全法益观之合理性检验

既然科研伦理法益观、公共卫生安全法益观无法为非法植入基因编辑胚胎罪提供更为明确的解释方向,就应当寻找更为合适的法益观为该罪的正确解读做出指导。相较而言,公共安全法益观更具备合理性。

1.公共安全法益观的立场

长期以来,学界将法益分为集体法益和个人法益,集体法益是与个人法益相对,但又与其相关联的法益。[13] 目前我国刑事立法为了强化对风险社会的防控,倚重对集体法益的保护,扩张了国家权力。为了避免集体法益沦为象征性立法和国家权力扩张的工具,有必要对集体法益进行重新定义。基于如此考虑,相关学者提出广义集体法益与狭义集体法益的概念。前者指个人法益的集合,它尽管涉及多数人的利益,但实质上可以还原为个人法益。后者是系统结合的全体法益,具有独立意义且对人类整体具有意义的法益。例如,货币规则、

12 盛豪杰:《非法植入基因编辑、克隆胚胎罪的解读》,载《医学与法》2021年第20期。

13 王永茜:《论集体法益的刑法保护》,载《环球法律评论》2013年第4期。

司法制度等。[14] 刑法真正需要预防的是狭义集体法益的滥用，而对广义集体法益来说，仍然可以发挥固有的限制权力扩张的功能。

所谓公共安全，是指不特定多数人生命、健康、重大公私财物以及公共生产、生活的安全。公共安全尽管也涉及不特定多数人的利益，但不特定多数人的利益实质上仍然可以还原为个人利益，所以公共安全属于广义集体法益。[15] 这说明，公共安全并非一个毫无边界的刑法“兜底性”法益，它是具备刑法保护边界的合理存在。作为刑法具体规范的保护法益，可以对公共安全进行合宪性审查，利用比例原则的合目的性、手段正当性以及法益衡量这三个维度，将与国家任务无关的、不具有价值的事物排除在相关犯罪的保护范围之外。关于合目的性，是指只有在对法益的损害难以恢复的情况下，事前预防才会比事后处置更有效；关于手段正当性，只有在民事、行政手段无法对公共安全起到保护作用时，才允许被刑法所保护；关于法益衡量，对法益的保护大于或者等于对该罪惩罚的不利益时，该法益是值得保护的。

正因如此，非法植入基因编辑胚胎罪的保护法益应是公共安全。即基因编辑技术的非法使用，特别是对生殖细胞进行非法基因编辑，可能会存在脱靶风险而将突变基因遗传给后代，造成基因库污染和生物安全问题，从而对不特定多数人的生命健康造成危害。但是，这些危害本质上仍然可以还原为个体的生命健康利益受损。总之，在公共安全被划归为“广义集体法益”之前，学界可能认为公共安全法益本身过于宽泛，是一个不同情境下可以随意附加主观性理解的法益。一旦刑法将安全作为核心词，会导致刑法的预防不断“前置化”，最终导致刑法退化为政治。但是，将公共安全的本质含义和属性明确化之后，以上的疑虑就会在很大程度上得以消解。

2. 公共安全法益观的检验

首先，非法植入基因编辑胚胎罪属于生物安全犯罪，生物安全犯罪的保护法益为公共安全，从逻辑解释角度来看理应将该罪的保护法益理解为公共安全。生物安全主要是指为保障生物技术能够稳定健康发展，人民生命健康和生态系统相对处于没有危险和不受威胁的状态，生物领域具备维护国家安全和持续发展的能力。生物安全法益虽然包含三层结构，但相较而言都是围绕公民生

14 姜涛：《论集体法益刑法保护的界限》，载《环球法律评论》2022 年第 5 期。
15 姜涛：《论集体法益刑法保护的界限》，载《环球法律评论》2022 年第 5 期。

命健康、生活自由而展开的讨论，所以生物安全的本质与核心还是应当归属中观结构——人类安全。[16] 无论是从《民法典》第1009条规定的从事与人体基因、胚胎等有关的医疗科研活动，不得危害人体健康，不得损害公共利益，还是《生物安全法》第34条规定的国家禁止从事危及公众健康、损害生物资源、破坏生态系统等危害生物安全的生物技术研究和应用活动，都可以看出生物安全的意义在于维护公民生存空间处于稳定健康状态，从而保障公民健康自由的生活与发展。

其次，公共安全法益观有利于实现人类命运共同体下的代际正义。人类基因编辑行为除了对个体层面产生影响外，主要还对社会和人类共同体产生渗透式的长远影响。[17] 在之前的权利理论中，无论是约翰·罗尔斯还是弗莱切特，都将人与生态环境一分为二，忽略了人自身的生物信息就是一种资源和生态环境。随着人类基因编辑技术的日益成熟，以及对自身生物信息的认识，生物信息本身成为一种内在资源和生态环境，即人类共有的生物资源。这种人类命运共同体关注的与其说是利益，不如说是面对未知风险的安全。代际正义就是当代人和后代人共同维护人类自身生物信息安全的义务。[18] 人类基因编辑行为引发的风险属于现代风险，具有不可感知型、不确定性、整体性和建构性等特征。风险刑法通过法益抽象化来满足人们对于安全的价值需求，将公共安全作为非法植入基因编辑胚胎罪的保护法益，与新科技时代人类命运共同体下追求的代际公平价值需求刚好一致，强调了当代人和后代人需要的安全利益。

最后，公共安全法益观为该罪的司法适用提供明确指导，有利于司法机关准确定罪。一方面，坚持公共安全法益观有利于正确理解实行行为。《刑法》第334条之一的罪状表述中有"危害公众健康或社会公共利益"，属于具体危险犯。由于第336条之一非法植入基因编辑胚胎罪中无此表述，所以通过体系解释该罪应当理解为抽象危险犯。[19] 抽象危险犯侧重行为本身对法益的危害，但非法植入基因编辑胚胎罪的实行行为判断标准尚不明确。如果要准确理解实

16 姜涛：《生物刑法与环境刑法分理论之提倡》，载《政法论坛》2021年第5期。

17 石佳友、刘忠炫：《人体基因编辑的多维度治理——以〈民法典〉第1009条的解释为出发点》，载《中国应用法学》2021年第1期。

18 钱继磊：《论作为新型权利的代际权利——从人类基因编辑事件切入》，载《政治与法律》2019年第5期。

19 马永强：《基因科技犯罪的法益侵害与归责进路》，载《法制与社会发展》2021年第4期。

行行为的内涵和特征,必须结合具体法益加以判断。科研伦理法益观无法为实行行为提供更为明确的判断标准,而公共安全内涵相对具体,可以为实行行为提供明确的判断指向,实现风险社会对抽象危险的预防。需要说明的是,将该罪理解为抽象危险犯并不会阻碍基因科技的发展。因为该罪只规制突破生命伦理底线的基因编辑行为,对于以诊疗为目的的合法基因编辑行为,刑法保持了应有的谦抑性。另一方面,将公共安全解释为该罪的保护法益,便于将其归于"危害公共安全犯罪"这一章节中。在这样的立法结构安排下,能够强化生物安全的保护意识,不仅有利于实现刑法打击违法犯罪行为、保障公民安全的目的,更有利于司法机关准确定罪。[20]

三、法益指导下实行行为的规范化认定

实行行为一般是指刑法分则规定的、具有法益侵害现实危险并为社会生活所不允许的行为。对实行行为的准确判断直接影响罪与非罪的认定,所以对此应有明确的判断标准。但目前来看,司法机关尚未对此作出相关解释,这将对今后的司法认定工作造成一定困难。基于此,在公共安全法益观的指导下,将医学标准作为首要步骤为该罪实行行为划定讨论前提,继而在此基础上厘定刑法适用标准,希望可以为司法实践作出正确指引。

(一)实行行为的规范化认定前提:医学标准

1.生殖系基因编辑行为的阶段性区分

生殖系基因编辑是指以生殖为目的进行阶段性研究的行为,具备研究的过程性与阶段性。刑法允许风险可控、社会危害性小的行为在合理空间内展开科研活动。所以,非法植入基因编辑胚胎罪并非规制所有的生殖系基因编辑胚胎行为。生殖系基因编辑行为的不同风险阶段,对该罪的实行行为认定具有重要作用。

借鉴医学学科分类方法,可将生物科学研究阶段划分为基础性研究、临床前研究、临床试验、临床应用等。具体到人类基因编辑胚胎技术的基础性研究,则是指对正常基因的结构和功能及其相互关系、环境因素对基因及人体系统的影响等诸多领域的系列研究活动,主要目的在于发现疾病。临床前研究是指在

20 赵天红:《生物安全刑事立法保护势在必行》,载《人民论坛》2021 年第 22 期。

临床试验前发现并分析基因当中的先天性遗传因素,可在此阶段修饰胚胎当中的基因。临床试验是指对人体进行基因编辑技术的系统性研究,以证实或揭示基因编辑的效果,目的是确定基因编辑技术的有效性与安全性。临床应用是指将基因编辑技术投入实践展开适用。[21] 通过生殖系基因编辑行为的划分可知,前两个阶段尚未将基因编辑胚胎植入人体,基因编辑风险较小且可控。但是,后两个阶段已经将基因编辑胚胎植入人体,其所造成的危害尚未可知且代际风险不可测。

根据我国《人体胚胎干细胞研究伦理指导原则》规定可知,可以对人体胚胎进行基因编辑基础研究,但应当遵守 14 天原则。基础研究和临床前研究有利于发现并预防重大疾病,出于鼓励科学发展的目的不应对此行为予以禁止。目前,从国际和国内研究进展来看,法律应当规制的是生殖性基因编辑行为的临床试验与临床应用行为,因为这两者都将基因编辑的胚胎植入人体,其实行行为造成的危害后果和风险是现代技术不可预测和把控的。未来,随着医疗条件和科研技术的发展与成熟,可能会在基础研究和临床前研究阶段排除经基因编辑胚胎存在的未知风险因素,那时法律也许可以逐渐开放临床试验和应用,以检验基础研究和临床前研究的合理性。

2. 胚胎保护地位

非法植入基因编辑胚胎罪实行行为的对象是经基因编辑的胚胎,所谓基因编辑,是指改变细胞或生物体的 DNA,包括插入、删除或修改基因或基因序列,以实现基因的沉默、增强或其他改变其特征的技术。CRISPR_Cas9 是细菌和古细菌在长期演化过程中形成的一种适应性免疫防御,可用来对抗入侵的病毒及外源 DNA。[22] 以贺建奎基因编辑婴儿案为例,其团队利用 CRISPR_Cas9 系统删除了对艾滋病毒有帮助作用的受体基 CCR5,从而使基因编辑儿童具有应对艾滋病的免疫能力。[23] 由此可知,基因编辑的胚胎是指科技人员利用包括 CRISPR_Cas9 在内的基因编辑工具,进行精准定位、关闭或者替换基因片段,使带有致病基因的特定 DNA 被替换的胚胎。

---

21 胡新平、石佳友:《我国人类生殖系基因组编辑治理框架的问题及其完善》,载《经贸法律评论》2021 年第 1 期。

22 Jiang F., Doudna J. A., CRISPR-Cas9 structures and mechanisms, Annual review of biophysics, 2017, p. 505 – 529.

23 陈博文、胡尚慧:《论基因编辑的风险及法律规制》,载《中州大学学报》2019 年第 2 期。

对于胚胎的保护地位,德国“阶层理论”认为,从受精到出生的某一刻,胚胎就存在受保护性,如着床(胚胎附着在子宫上)、神经细胞的发育或者自我意识。[24] 据此可知,胚胎并非不受保护,但保护的范围是随着它的发育程度不断扩张变化的,直至出生才能达到最大限度。另外,其《胚胎保护法》第8条对“胚胎”做了定义。由该定义可推知,对胚胎保护地位理解不同,实行行为完成的判断标准也随之不同。例如,如果坚持受精时其胚胎就具有保护性的观点,那么临床上只要将基因编辑胚胎植入人体,而无论胚胎是否着床,都可以被认定为非法植入基因编制罪的实行行为完成。如果坚持胚胎自着床起才具有被保护性,那么只有将基因编辑胚胎植入人体,并通过医学观察认定着床,才能被认定为非法植入基因编辑胚胎罪的实行行为完成。如果坚持胚胎自出生时起才具有保护性,那么非法植入基因编辑胚胎罪的实行行为完成的判断时点就应当延至婴儿出生时起。

有学者会认为,借鉴西方国家承认胚胎具有人格权地位,是将科研伦理作为该罪的保护法益,这与公共安全法益观相矛盾。从表面上看,人性尊严与生命权作为认定胚胎法律地位的道德指引,是以胚胎伦理作为保护法益。应该注意的是,虽然法律本身一定程度上是道德伦理的上升与凝练,但两者之间的区别也应当被予以重视。如强奸罪,将性道德上升为女性的性自由权作为该罪的保护法益,但性道德与性自由是两个不同的概念。西方国家虽然强调胚胎伦理,但并不意味着在法律层面直接承认胚胎伦理是其保护法益。如德国《胚胎保护法》第5条规定,人为改变人类生殖细胞系细胞遗传信息的行为,应处最高5年以下监禁或罚款。由此可看出,法律是将不特定多数人的生命健康即公共安全作为保护法益,而不是抽象意义上的胚胎伦理。

(二)实行行为的规范化认定标准:刑法厘定

首先,在公共安全法益观的指导下结合第一个医学标准,将实行行为限定于临床试验与临床应用阶段。实行行为是对法益侵害具有现实危险性的行为,由于该罪的保护法益是公共安全,所以必须对不特定多数人造成了现实危险才能被认定为实行行为。据此,第一个医学认定标准当中生殖系基因编辑阶段的不同风险,在刑法上可以理解为对公共安全侵害的大小。根据文理解释,前两个阶段属于在体外进行的基因编辑行为,是单纯的研究与试验阶段,根本无法

24 Clausen, in: Maio/Just, Forschung an embryonalen Stammzellen, S. 203.

对公共安全造成现实危险,所以前两个阶段不属于刑法规制的范围。只有将经基因编辑的胚胎植入母体,才有可能使经过基因编辑的胚胎成为社会的一分子,最终通过繁衍后代使其基因遗传给未知的数人。[25] 为了避免临床试验和临床应用对公共安全造成严重危害,应当将实行行为的判断限定在这两个阶段。从另一个角度讲,刑法不能成为人类基因编辑技术进步的障碍,应当有所为有所不为。根据被允许的危险理论,在对引起结果的危险性与法益保护的利益性进行利弊衡量、必要性考量和灾难性后果评估之后,刑法规制人类基因编辑行为的限度应为临床研究与临床应用阶段的生殖系基因编辑技术。

在基因编辑技术不太成熟的情况下,将基因编辑的胚胎植入人体可能对母体产生伤害。如果经编辑的基因产生脱靶效应,还可能对出生的婴儿造成实质性的身体伤害。而通过代际传播,带有致病因子的遗传基因可能会导致数代人的生命健康受损。该罪中的实行行为不仅对母体和胎儿具有紧迫现实危险性,更具备对后代人健康影响的不可控性和未知风险性。所以,对于该罪实行行为的现实危险性,不应当单纯理解为时间上的紧迫和短暂性。

其次,在公共安全法益观的指导下结合第二个医学标准,实行行为完成的法律判断节点更宜理解为受精卵着床后具有发育出神经细胞或者具有自我意识时。有学者认为实行行为的完成即将体外培养的受精卵或者胚胎移植到子宫内的过程,至于是否着床或者着床是否成功不影响实行行为的完成。[26] 对于刑法学来说,遵照公共安全法益观,第二个医学标准中胚胎的受保护性其实就是公共安全的受保护性。如果植入的胚胎尚未着床并发育出神经细胞,其就不存在发育成人的可能性,就不会有将带有缺陷和致病因子的基因遗传给下一代的危险性,更不可能对不特定多数人造成损害。受精卵着床并具有发育出神经细胞或者具有自我意识时才可能具有发育成人与基因的遗传可能性,这样才更具备对不特定多数人健康造成损害的特征。以着床后发育出神经系统为实行行为完成的判断时点,有利于现代医学对此作出检测与判断,有利于司法机关认定实行行为的完成状态。例如,受精卵到达子宫时,需要6~8天进入子宫内

---

25 虞红平、叶斌宇:《非法植入基因编辑、克隆胚胎罪之法教义学检视》,载《医学与法学》2021年第5期。

26 王爱立主编:《中华人民共和国刑法释义与适用》(下册),中国民主法制出版社2021年版,第1345页。

膜,这个过程叫做着床或种植。[27] 但是此时受精卵刚完成着床,羊膜腔才形成超声,还看不清妊娠迹象。到5周至6周胚胎长到0.4厘米时,胚胎发育出神经系统,原始心血管出现,此时经做B超才能够看到胎囊、胎芽、胎心是否正常。

总之,根据公共安全法益观的指导并结合医学标准可知,该罪实行行为完成形态是指在临床试验阶段将受精卵种植在人体子宫内并发育出神经系统的状态。从临床试验阶段开始,并非一将基因编辑胚胎"植入"母体就构成犯罪既遂,如果植入后的受精卵并未着床并发育出神经系统,其尚未形成对公共安全的紧迫威胁,行为仅构成犯罪未遂。

四、法益指导下"情节严重"的要素判断

由《刑法》第336条之一非法植入基因编辑胚胎罪的规定"情节严重的,处三年以下有期徒刑或者拘役"可知,对于非法植入基因编辑的行为必须达到"情节严重"的程度才能被认定为犯罪。"情节严重"的正确判断对非法植入基因编辑胚胎罪的认定具有至关重要的作用,如何理解和判断"情节严重"的犯罪论体系地位、内在要素以及认定规则是今后司法实践中不可回避的问题之一。

(一)该罪中"情节严重"的体系定位

根据我国《刑法》第13条规定"显著轻微危害不大的,不认为是犯罪"可知,我国在犯罪成立条件上采取的是立法定罪又定量的理论模式。在我国刑法中,以一定的情节作为构成犯罪要件的被称为"情节犯","情节严重"在传统上为罪量因素。由于非法植入基因编辑胚胎罪的成立要求"情节严重",所以只有先确立了"情节严重"与犯罪构成的关系,才能在体系性地位的指导下明确判断"情节严重"的类型,在司法实践中正确认定该罪。

1."情节严重"传统体系定位的不足

犯罪成立消极条件说认为,可以将情节犯视为与正当防卫、紧急避险一样的违法阻却事由,当情节尚未达到严重程度时行为就不具有违法性。这一理论从体系结构的解释来看还是存在一定矛盾,由于正当防卫与紧急避险是阶层理论当中对违法性的判断,如果行为构成正当防卫与紧急避险则不具有违法性。按照该观点,非法植入基因编辑胚胎罪中情节严重的程度可以抵消实行行为的

27 邢涛、龚勋:《时代青少年百科全书》(自然卷),江西教育出版社2014年版,第4页。

违法性。但是对于情节严重的判断需要基于定性行为得以判断,而量的轻微并不能使定性行为的违法性得以抵消。定罪与定性对于违法性的判断是两位一体不可分割的,所以情节在行为的判断顺序与功能价值上与正当防卫和紧急避险并不相同。[28]

所谓可罚的违法性说,依据佐伯教授的说法,乃是"构成要件该当之后,违法性层次本身质与量的要件之充足问题"[29]。也就是说,如果行为符合构成要件但缺乏实质的违法性,就不值得在刑法上予以处罚。但是,一方面,根据这种观点,将会把情节置于和正当防卫与紧急避险这类违法阻却事由相同的地位,这仍然会出现和犯罪成立消极条件说一样的问题。另一方面,对于行为是否具有违法性,我国采取的是实质违法性说。刑法上的违法性是客观的法益侵害或危险,如果非法植入基因编辑胚胎的行为已经具备了违法性,就说明该行为已经达到了值得科处刑罚的程度,没有必要再提出可罚的违法性概念。它的提出只会架空构成要件和违法性的存在意义,使之变成单纯的裸概念。

客观处罚条件说认为,我国刑法中存在众多情节犯与数额犯,它们的存在不仅要求行为符合构成要件,还要求行为达到一定的违法程度才构成犯罪,这对于限制刑法处罚范围具有有效性。但是,德国刑法中的客观处罚条件理论并不是判断行为是否符合构成要件与是否具有违法性的条件,而是与违法性判断与有责性判断完全无关的另一个理论。[30] 例如,德国刑法的"攻击外国的组织或者代表罪"中规定,只有当德国与该外国保持外交关系或对等关系时,才可以对这些行为进行追诉。此处的"外交关系或对等关系的存在"就是客观处罚条件。我国刑法中的"情节严重"是犯罪构成要件,自然是行为人主观认识的对象,其本质上与德国客观处罚条件理论不同。关于非法植入基因编辑胚胎罪中"情节严重"的判断,目前尚未发现明确支持该学说的见解。

2. 构成要件基本不法量域修正说的提倡

构成要件基本不法量域说认为,如果判断要素是对行为不法与结果不法的不法含量提出的程度要求,那么自然可以被认定为"情节严重",如果判断要素超出了不法含量的程度范围,就应当排除在"情节严重"类型之外。根据构成要

---

28 王莹:《情节犯之情节的犯罪论体系性定位》,载《法学研究》2012 年第 3 期。

29 胡同春:《功能差异:罪量与可罚的违法性的本质区别》,载《学习论坛》2018 年第 1 期。

30 Vgl. Roxin, Strafrecht AT, 4. Auflage, Muenchen2006, § 23, Rn. 1f.

件基本不法量域说，对“情节严重”的判断要素可以分为两种，一种是构成要件基本不法量域之内的情节，它需要价值评判才能被正确理解，所以称之为整体性规范评价要素。另一种是构成要件基本不法量域之外的情节，称之为溢出性评价要素。同时，根据构成要件基本不法量域说，“情节严重”的认定仅限定于客观因素，并不包含主观因素。但是，考虑到法益受侵害程度的不同，对于行为人的主观因素也应当予以考虑。例如，出于杀人目的对被害人实施的伤害行为与出于轻伤害目的对被害人实施的伤害行为最终对被害人造成的法益侵害程度往往不同。

据此，在构成要件基本不法量域说的基础上，提出包含主观因素的构成要件基本不法量域修正说。一方面，该学说有利于廓清非法植入基因编辑胚胎罪当中“情节严重”的判断因素。我国司法机关对“情节严重”的认定经常出现整体性规范评价要素与溢出性评价要素混合的情况。例如，最高人民法院、最高人民检察院《关于办理利用信息网络实施诽谤等刑事案件适用法律若干问题的解释》（法释〔2013〕21号）将“造成被害人或者近亲属精神失常、自残、自杀等严重后果”包含在诽谤罪“情节严重”的认定内。但实际上，这一严重后果并不是诽谤行为所造成的直接结果，它是超出诽谤罪构成要件不法认定范围的溢出性评价要素。诸如此类的规定在我国司法解释文件中比比皆是，这导致司法机关对“情节严重”肆意认定的严重结果。而根据构成要件基本不法量域修正说，溢出性评价要素因为不属于违法量域而应当被排除在“情节严重”外。另一方面，有利于将行为人的主观方面也囊括在非法植入基因编辑胚胎罪“情节严重”的认定中。[31] 例如，最高人民法院、最高人民检察院《关于办理侵犯公民个人信息刑事案件适用法律若干问题的解释》（法释〔2017〕10号）第5条对侵犯公民个人信息罪中“情节严重”的认定包括“知道或应当知道他人利用公民个人信息实施犯罪，向其出售或者提供的”。与之类似，在非法植入基因编辑胚胎罪的认定中，“情节严重”也应当包括主观罪过。

（二）该罪“情节严重”的认定要素

“情节严重”的认定不能脱离犯罪的保护法益，具体到非法植入基因编辑胚胎罪“情节严重”的认定，体现在行为人对公共安全的客观危害程度和主观罪过程度。结合情节严重与构成要件的关系分析，将属于构成要件的情节严重类型

---

31 石聚航：《侵犯公民个人信息罪“情节严重”的法理重述》，载《法学研究》2018年第2期。

归至整体性规范评价要素中,将不属于构成要件的类型归至溢出性评价要素中。由于溢出性评价要素超出了法益保护目的,所以应当排除在本文讨论的情节严重类型之外。

1. 整体性规范评价要素

(1)多次植入基因编辑胚胎

从文理解释角度来看,这里的多次植入实际上是指行为人对一个行为对象进行多次植入或对多个行为对象进行植入。一般而言,我国刑法将"多次"都规定为三次或三次以上。例如,抢夺罪罪状中规定的多次抢夺就是指三次或者三次以上抢夺。具体到非法植入基因编辑胚胎罪,是指对行为对象进行三次或三次以上的基因编辑胚胎植入行为,或者对三个或三个以上的行为对象进行基因编辑胚胎植入行为。在生殖系基因编辑中,经过基因编辑的胚胎会将性状改变的基因特征遗传给下一代,这些被改变的基因在未来会发生什么样的危害是我们现代科技无法预测和逆转的。代代相传将会使遗传基因人数呈几何倍数增长,如果多次植入基因编辑行为,将会对更多的人的生命和健康造成危害,那时行为对公共安全造成的侵害将更是我们不能控制的风险。

(2)违规招募受试者

情节严重所反映出的法益侵害性除了体现在以上客观行为的危害程度外,还体现在行为人的主观罪过方面。由于该罪的行为涉医疗活动与试验研究不好区分,受招募者可能在完全不知情的情况下成为试验者,存在以医疗为由行试验之实的情况。即使获得了受招募者本身的同意权,但生殖系基因编辑的对象是将来可能发育成人的胚胎,行为人如果未将行为可能对胚胎造成的伤害和危险告知父母,也是违规招募的表现。而且,父母能否代替胚胎做出危及其生命及重大健康的行为,本身就存在很大疑问。因此,行为人是否存违规招募受试验者的行为,可以成为证明行为人有无主观罪过的判断因素。此处的违规招募受试验者,包括欺骗、引诱、威胁等手段。

2. 溢出性评价要素

(1)对基因编辑婴儿造成实质性损害

虽然受脱靶风险的影响,在敲入或者切除基因的过程中可能会将正常表达功能的片段破坏,极有可能造成被编辑基因胚胎发育成人后表现出异常的特征,但正如前文所言,非法植入基因编辑胚胎罪属于抽象危险犯,以对法益发生侵害的危险作为处罚根据。抽象危险犯的危险,是行为本身的危险,即行为本身所具有的导致侵害结果发生的可能性，而不是作为结果的危险。将对基因编辑婴儿造成实质性损害作为“情节严重”的判断因素，显然混淆了危险犯和结果犯的区别。

（2）曾受过刑事处罚或两年内受过行政处罚，又非法植入基因编辑胚胎的

一方面，行为人曾经受过刑事或者行政处罚并不能反映出行为人此次行为责任的大小，其行为对公共安全的现有危害或者威胁，只能通过现存的行为予以判断，而不能追溯之前。另一方面，行为人曾经受过刑事或者行政处罚是反映行为人再犯可能性的情节，这属于预防型情节，与案件本身不法与责任的判断并无关联。所以，“曾受过刑事处罚或两年内受过行政处罚，又非法植入基因编辑胚胎的”行为属于溢出性评价要素，与公共安全的法益保护目的并无关系，不能作为“情节严重”的判断类型。

（3）造成恶劣社会影响、负面国际影响

现有观点认为，为了杜绝诸如贺建奎基因编辑婴儿案产生的恶劣社会影响和负面国际影响，应当将恶劣社会影响、负面国际影响视为“情节严重”的判断因素。[32] 但是，一方面，立法背景和立法目的并不相同。非法植入基因编辑胚胎罪的立法背景是杜绝如贺建奎基因编辑婴儿案产生的恶劣社会影响，以此维护我国科研层面在国际上的形象和发展。而立法目的是防止基因科技的滥用对公众生命健康造成不可估量的损害。构成要件不是宾丁理念中空洞的规范违反概念，它是具有反映行为违法性程度的实质性概念。如果将立法背景当作犯罪构成要件，会使构成要件丧失限制入罪的机能。另一方面，将恶劣社会影响认定为“情节严重”，将导致司法认定过于肆意。社会影响受媒体传播力的影响，具有不确定性与复杂性，司法机关根本无法对社会影响进行精准测量与评估，所以将社会影响恶劣作为“情节严重”的因素具有肆意性。[33]

五、结　　语

非法植入基因编辑胚胎罪作为《刑法修正案（十一）》新增罪名，对于预防

32　何帆编：《刑法注释书》（第二版），中国民主法制出版社 2021 年版，第 925 页。

33　陈洪兵：《“情节严重”的解释误区及立法反思》，载《湖南大学学报（社会科学版）》2019 年第 3 期。

和规制非法植入基因编辑行为具有重要作用。从该罪立法目的以及法律规定可知,公共安全才应是该罪的保护法益。为了今后司法机关准确适用该罪,必须对其实行行为与“情节严重”做出精确解读。由于该罪涉及医学领域的专业知识,所以对实行行为的判断应当结合医学标准,在此基础上再结合刑法判断标准为实行行为厘定认定范围。“情节严重”作为该罪的罪量因素,对于判断行为是否构成犯罪具有重要作用。在构成要件基本不法量域修正说的指导下,溢出性评价要素不应该作为“情节严重”的认定要素。这可以纠正司法解释中整体性规范评价要素与溢出性评价要素混合的认定模式,为划定该罪构成要件的范围作出正确指导。

民事抗诉权配置的同级化重构

周 虹*

【内容提要】 我国《民事诉讼法》将民事抗诉权主要配置给作出生效裁判法院的上级检察院，“上级抗诉、下级再审”的设计，导致权能配置错位、同级监督弱化、程序空转烦冗、权利救济不效率等司法运行困境。检察院作为外部监督者具有超然性地位，同级抗诉监督不存在诉讼原理障碍，且能够发挥优化职权配置、提高救济效率、弥补再审检察建议商议性质、强化整体监督效能以及与法院审级制度改革相协调的优势。因此，民事抗诉层级制度应当重构为以“同级抗诉、同级再审”为原则，以限定事由上级抗诉为例外，并配置相应质效保障机制的科学体系。

【关键词】 民事抗诉权　上级抗诉　再审检察建议　同级抗诉

我国《民事诉讼法》确立的民事抗诉制度，从该制度设置以来便以刑事审判监督程序抗诉制度为参照，以上级抗诉为原则设置层级。然而，由于民事抗诉和刑事抗诉制度存在理论和实践上的较大差异，在司法实践的运行过程中，这一抗诉层级制度逐步显现出诸多弊端，遭遇较多现实困境。造成这一困境的深层次原因在于，民事抗诉层级制度与民事诉讼程序的相关制度设置存在根本性的内部逻辑背离，亟须对此进行审视，以此推动其结构性再造与重塑，进而构建符合现代化法治要求的民事抗诉层级制度体系。

一、民事上级抗诉制度的运行困境

民事上级抗诉制度是指由作出生效判决、裁定法院的上级检察院提出抗

* 周虹——广东省中山市人民检察院检察长、二级高级检察官。

诉,启动再审的层级监督方式。1991年《民事诉讼法》建立起以上级抗诉为主的抗诉层级制度,历经《民事诉讼法》数次修订未做实质性修改。根据现行法律规定,除最高人民检察院同时享有同级抗诉权外,抗诉权均配置给上级人民检察院,在三十余年的司法实践运行过程中,民事抗诉层级制度特别是上级抗诉制度遭遇了不少现实困境。

（一）“提请抗诉+上级抗诉”系一种权能配置错位

《民事诉讼法》确立上级抗诉原则的同时,规定地方各级人民检察院可以提请上级人民检察院向同级人民法院提出抗诉,形成“同级检察院提请抗诉、上级检察院抗诉”的职权配置模式。上级抗诉制度导致当事人申请抗诉的案件大量集中在上级检察院尤其是省级人民检察院和最高人民检察院,而上级检察院的力量配置严重不足,长期以来案件“上多下少”的“倒三角”态势与检察力量配置“下多上少”的“正三角”矛盾十分突出。为解决这一问题,《人民检察院民事诉讼监督规则》(以下简称《监督规则》)作出规定,把当事人申请检察监督的案件一律下放给同级检察院受理审查,同级检察院审查后认为符合法定监督事由的,有权决定制发再审检察建议或提请抗诉,认为不符合监督条件的,作出不支持监督申请决定或终结审查决定,当事人不服该不支持监督申请决定,可以向上级检察院申请复查。这就随之带来两个延伸问题:一是提请抗诉权与抗诉权强制粘连。监督规则规定由同级检察院负责受理全部申请监督案件,承担抗诉申请的审查职责,却无法为其配置抗诉权,以致当事人申请抗诉的案件无一例外要通过“同级检察院提请抗诉+上级检察院抗诉”或者“同级检察院不支持抗诉决定+上级检察院复查+抗诉”抑或“同级检察院再审检察建议+法院不采纳+提请抗诉+上级抗诉”的复杂内部程序,这种“接力棒”式的接续监督,至少需要流转两级检察院的重复审查,无端浪费了有限的检察资源,不符合经济检察、效率检察的要求。二是抗诉权与不抗诉决定权不当分离。唯负有抗诉权的检察院,才有权否定当事人的抗诉监督申请。同级检察院没有抗诉权,监督规则却授予其不抗诉决定权,将是否抗诉的决定权分离给上下两个不同层级的检察院,这在权能配置上难以自圆其说。

（二）上级抗诉在实践中大多数最终转化为同级再审

上级抗诉制度导致抗诉检察院对应的同级法院接收大量抗诉案件,形成较大的抗诉案件审理压力,有的省级法院专门增设一个审判监督庭审理抗诉案件。为了尽快将案件处理完毕,接受抗诉的法院推动了抗诉案件的向下分流和审级下沉，根据《民事诉讼法》关于抗诉再审的审级安排，以事实审和法律审为界分，依法将属于事实认定类抗诉事由的案件发回原审法院或其他同级法院再审。然而司法实践中，抗诉事由往往并不单一，当包含事实认定类事由在内的多种抗诉事由并存时，上级法院一般都交由下级法院审理。如此一来，通过上级检察院抗诉的案件，绝大多数又回到作出生效裁判的原审法院再审，形成"上级检察院抗诉、下级法院再审"的异位监督，不仅徒增接受抗诉的上级法院分流案件时界分事实审与法律审的程序负累，还会出现抗诉机关与审判机关在层级上难以对应，抗诉权与审判权无法对等，更是限制了上级抗诉权的完整、充分、有效行使，作为抗诉监督权重要组成部分的出席再审法庭支持抗诉、监督再审活动、列席再审法院审判委员会等职能，抗诉检察院只能指令下级检察院代替履行，变相降低了民事抗诉监督层级，上级抗诉制度并未得到彻底落实。又因抗诉书为上级检察院制发，负责出席再审法庭的下级检察院或者没有亲历抗诉案件审查、调查过程，或者无法全面了解抗诉思路，在一定程度上影响了出庭支持抗诉的质效。

(三)上级抗诉制度严重影响检察监督运行效率

民事诉讼当事人依法可以向人民检察院申请抗诉或检察建议，通过检察监督救济其因错误判决而受损的民事权利。对于当事人申请抗诉的案件，司法办案流程为：审查抗诉申请—提请抗诉—提出抗诉—裁定再审—发回原审法院审理，或者是审查抗诉申请—不支持抗诉—上级复查—提出抗诉—裁定再审—发回原审法院审理。对于当事人申请检察建议的案件，司法办案流程为：审查检察建议申请—发出再审检察建议—裁定不予采纳—提请抗诉—提出抗诉—裁定再审—发回原审法院审理，以上流程均形成了倒"U"形的抗诉监督模型，各环节的诸多程序设置不仅复杂还有空转之嫌，抗诉案件办理周期十分冗长，非但不能及时救济当事人合法权利，反而对权益保护形成一定程度的阻滞。按照现行法律和司法解释对于办案期限的规定[1]，一个案件自当事人向检察院申请

1 《监督规则》第52条规定，人民检察院受理当事人申请对人民法院已经发生法律效力的民事判决、裁定、调解书监督的案件，应当在三个月内审查终结并作出决定，但调卷、鉴定、评估、审计、专家咨询等期间不计入审查期限。目前提请抗诉案件，上级检察机关的办案期限同样以三个月为限。该规则第92条规定，人民检察院提出抗诉，应当在决定抗诉之日起十五日内将《抗诉书》连同案件卷宗移送同级人民法院。《民事诉讼法》第211条规定，接受抗诉的人民法院应当自收到抗诉书之日起三十日内作出再审的裁定。

抗诉监督始,即使在环环紧扣、不存在任何扣除审限的情形下,也至少需要经过大半年时间才能进入再审程序。如果遇上存在不计审限需扣除的情况,周期会无限拉长,通常需要经过一年以上时间,抗诉目标实现的滞后性与延缓度,严重影响当事人权利救济的效率,不能高效办好每一个案件,就不能实现努力让人民群众在每一个司法案件中感受到公平正义的目标。

(四)上级抗诉制度大大削弱了同级检察监督职能与权威

上级抗诉原则导致地方各级检察院缺失同级抗诉监督权,同级监督职能因此弱化,不可避免地削弱了检察机关整体监督职能。虽然民事诉讼法授权检察机关以再审检察建议方式开展同级监督,并规定再审检察建议事由与民事抗诉事由、当事人申请再审事由一致,是为了在将来实行同级抗诉而探索的过渡性办法[2],但经过为期不短的实践观察,从诞生之初就承载着弥补同级监督功能缺失期盼的再审检察建议,因没有直接启动再审程序的法律效力,且缺乏必要的配套制度保障,被广为诟病"刚性不足"。从司法运行来看,法院将再审检察建议与其自行决定再审的程序衔接,把再审检察建议视为申诉案件的线索来源之一,能否启动再审程序的主动权完全由法院把控。这实际上违反了《民事诉讼法》关于再审检察建议适用事由的规定,变相提高了再审检察建议的采纳门槛,制约了同级监督职能的充分发挥。虽有观点提出以"检察意见"代替"检察建议"来增强监督刚性[3],但监督的刚性体现在程序效力上,目前仅抗诉具有必然启动再审程序的效力。只有将再审检察建议改造为同级抗诉方式,才能弥补同级再审检察建议的商议性质,增强同级监督的程序启动刚性。

二、民事同级抗诉制度的正当性基础

同级抗诉,是指由作出生效裁判法院对应的同级检察院提出抗诉,启动再审的层级监督方式。这一制度具有坚实的民事诉讼理论根基与强大的功能优势,足以破解上级抗诉制度与生俱来的理论缺陷与实践窘境。

(一)民事抗诉层级制度的法理澄清

1982年《民事诉讼法(试行)》规定检察机关有权对民事审判活动实行法律

2 孙佳瑞:《新民事诉讼法有关检察制度的若干问题》,载《国家检察官学院学报》2014年第3期。

3 冯键:《民事诉讼同级检察监督问题研究》,载《人民检察》2022年第15期。

监督,确立了民事检察监督原则,但无具体的可操作条文,这一时期民事检察监督工作处于探索阶段,直接借鉴了刑事诉讼中审判监督程序的上级抗诉。1991年《民事诉讼法》正式设立抗诉制度,在法律条文上直接采用了刑事诉讼中“应当按照审判监督程序提出抗诉”的表述,并规定了上级抗诉原则。不难发现,民事抗诉制度自诞生伊始便带有浓厚的“刑事”色彩,立法者在细化设置这一制度时并没有经过充分的理论论证,无疑带有很强的偶发性与一定的盲从性[4],这给民事抗诉层级制度本身的理论根基带来了“先天不足”。刑事检察监督之所以实行上级抗诉,源于刑事诉讼中检察院的双重身份属性,是刑事诉讼程序设计的应然要求。绝大多数刑事案件是公诉案件,起诉主体是检察院,其与被告分别位于刑事诉讼等腰三角形结构的两端,彼此之间相互制衡。如果让启动刑事诉讼程序的起诉机关继续履行对生效裁判的监督职能,便会出现既是法庭之下的当事人又是法庭之上的监督者的情况。因此,刑事诉讼立法考虑交由上一级检察院启动审判监督抗诉程序,以此回避抗诉机关与起诉机关的身份重合。与刑事诉讼不同,民事诉讼系“对抗·判定”式诉讼结构,以两造当事人平等对抗、法院居中裁判为基本架构,由此形成法院与原告、法院与被告、原告与被告的三面诉讼关系。[5] 近代以来的民事诉讼经典理论,如诉讼主体、诉讼行为、诉讼标的、既判力、诉讼法律关系等,均是以《民法典》中的民事权利保护为目的、以法院和双方当事人为中心发展起来的。[6] 可见,普通民事诉讼一、二审的程序运行主体有且仅有法院与当事人,同级检察院非案件当事人,没有参与原审诉讼,故盲从照搬刑事诉讼,一律实行民事上级抗诉模式缺乏充足依据。民事抗诉监督外挂于原审民事诉讼程序之外,在当事人申请法院再审程序之后,具有超然性、事后性、补充性特点,使得同级检察院抗诉无疑具有坚实的民事诉讼理论基础。

同样,民事抗诉层级制度设计也不宜简单比照当事人向上级法院申请再审的层级设置,因为法院乃原审民事诉讼参与人和原审案件裁决者,为解决当事人“申诉难”,避免原审法院和再审法院重叠引发的纠错动力不足、矫正功能失

---

4 据曾任最高人民检察院民事行政检察厅厅长的王鸿翼先生介绍,就1991年《民事诉讼法》为何选择以抗诉作为监督方式的问题,他专门向当时参与立法的5位学者请教,答案是参考了《刑事诉讼法》中的抗诉制度。参见杨会新:《论我国民事检察权的运行方式与功能承担》,载《法学家》2016年第6期。

5 肖建国:《民事程序构造中的检察监督论纲——民事检察监督理论基础的反思与重构》,载《国家检察官学院学报》2020年第1期。

6 肖建国:《民事程序构造中的检察监督论纲——民事检察监督理论基础的反思与重构》,载《国家检察官学院学报》2020年第1期。

范问题,《民事诉讼法》明确了再审申请由上级法院审查原则,但同时保留了当事人一方人数众多或者当事人双方为公民的案件也可以向原审法院申请再审的例外规定。在《法院审级职能定位改革试点实施办法》中亦规定了当事人不服高级人民法院生效民事判决、裁定,认为有错误的,应当向原审高级人民法院申请再审,确定高级人民法院重在再审纠错、统一裁判尺度的职能定位。可见,确定法院再审审级并非"一刀切"地选择上级法院,而是需要综合考量审级职能定位、科学配置司法力量、监督矫正功能的最大化以及当事人诉讼的便捷性、权利救济的可能性等因素。同理,抗诉层级制度设计也应遵循司法的共性特征,体现法律监督的特色,鉴于检察院非原审诉讼参与人,抗诉监督具有外部性特征和严格的客观公正义务要求,对当事人的抗诉申请,由同级检察院审查是否提出抗诉具有正当性。对于依职权决定再审,《民事诉讼法》规定了各级法院院长发现本院错误生效判决、裁定的纠错程序,基于同等位阶职能之间的匹配性应然,各级检察院也应当有权通过同级抗诉启动审判监督程序。

(二)民事同级抗诉制度的功能优势

同级抗诉制度不仅拥有厚实的理论基础,从实践效果的角度预判,还可以发现其同时保有强大的功能性优势。

一是优化职权与力量配置的科学性。从检察机关内部职权配置看,同级抗诉制度将抗诉申请的受理权、审查权、抗诉决定权、不抗诉决定权赋予同一级、同一个检察院行使,克服了上级抗诉制度需要提请抗诉权和抗诉权结合、两级检察院接力才能完成是否决定抗诉的弊端,破解了抗诉权与不抗诉决定权分离的权能配置悖论,减少了同一案件多程序处理、多人员多机关办理的司法成本,推进抗诉案件审级进一步下沉,优化了司法力量配置,从根本上解决"同级审查、上级抗诉"带来的实践难题。从与审判权衔接关系看,检察机关对诉讼活动开展监督,主要是通过对相应审判机关开展同级监督来实现。同级抗诉制度有利于抗诉权与裁判权的对应设置、平行对接,体现出权力运行的平等制约性;有利于保证抗诉权完整准确行使,由同级检察院提出抗诉,抗诉检察院得以直接对接再审法院,并通过出席抗诉再审法庭,发表抗诉意见,监督抗诉庭审,列席审判委员会讨论抗诉案件等,充分参与再审程序,全面履行抗诉监督职能,确保抗诉意见能够最为贴切、真实且周全地传达到法院,最终实现最佳抗诉监督效果,从根本上扭转"上抗下审"倒置型监督模式的诸多弊端,强化检察机关整体监督实力。

二是彰显权利救济的效率性。针对公权力的监察督促，并不是法律监督的唯一目的，救济也是其不可或缺的内涵之一。我国民事抗诉制度的演进过程体现出其功能定位从单纯监督到监督与救济并存的嬗变与延展。1991 年《民事诉讼法》框架下的民事抗诉制度由抗诉和抗诉再审两阶程序构成，强调检察院依职权启动抗诉程序，体现的是“维护国家法制”的监督职能。[7] 2012 年修改后的《民事诉讼法》坚持了 2007 年《民事诉讼法》中当事人申请再审事由与检察院抗诉事由的“同一化”处理原则，并新增了当事人申请监督的程序环节，赋予检察院依申请抗诉的可能，民事抗诉制度由此获得“权利救济”的功能，与当事人申请再审制度的功能有所统一。[8] 由此可见，民事抗诉制度承载着救济当事人合法权益的重要功能。而救济就一定要有效率性，因为公正不能仅被看见，还要及时被看见。效率是公正实现的应有之义，也是权益救济的必然要求。承前所述，上级抗诉制度设置的复杂程序和冗长路径，对救济效率性目标的实现无疑形成了阻滞。同级抗诉制度在程序设计上更加简洁流畅，删减了倒“U”形诸环节各程序，如提请抗诉程序、复查程序、涉及事实审案件的分流程序，至少节省了半年到一年的案件流转时间，缩短了抗诉到再审的办案周期，有效破解上级抗诉带来的不效率、不经济问题，从制度设计上为当事人合法权益获得及时救济提供了可能，无疑是新时代经济检察、效率检察的应有之义。

三是保持与审判职能定位改革的协调性。正在进行的四级法院审级职能定位改革试点工作，在优化审判力量配置、实现审判重心进一步下沉的同时，充分体现了事实审与法律审界分的民事诉讼程序设计意图。在民事案件审理过程中，由于事实审与法律审承载的功能不同，前者注重对纠纷原生事实作出全面客观的判断，后者强调以专业的法律知识和思维实现审判的正当性与合理性，虽然事实问题和法律问题难以绝对分离，但是民事诉讼的程序设计一直致力于对二者进行尽可能清晰的界分，明显地体现出希望将事实审更多地交由初审法院来解决，而法律审则由更高级别的法院来把关的意图。其原因在于，随着时间的推移，人的记忆信息不断衰减，多次多层级审理并不能让人们对原发

7　宋小海：《论民事抗诉制度构造与功能的嬗变》，载《浙江社会科学》2017 年第 5 期。

8　如刘家兴教授所言：“检察院抗诉以当事人申请为前提条件，实质上回到了当事人申请再审的原点，不同的则是向法院申请还是向检察院申请，就当事人而言是求助抗诉权，希望案件获得再审而已。”参见刘家兴：《关于审判监督程序的回顾和思考》，载《中外法学》2007 年第 5 期。

事实的回忆更加清晰[9]，下级法院是距离事实发生地更加接近、关系更加密切的审判机关，由其审理事实认定问题更加便捷与科学，更容易接近真相，查明事实。而上级法院是更加接近立法主体的法院，能够更加清晰且全面地了解立法背景，掌握立法意图，由其负责审理案件争议涉及的法律问题，不仅有利于推动立法宗旨的正确体现与实施，而且能够在更广泛的地域范围内保障法律适用的统一性。设立同级抗诉制度，由各级检察院监督同级法院生效判决、裁定，可以同步推进法院优化再审力量配置和审判重心下沉的改革目标；能够弥补基层检察院抗诉权的缺失，发挥其接近事实发生地开展监督调查核实的优势，着力开展事实审的监督，以同级抗诉助力基层法院准确查明事实、实质化解纠纷的职能定位；还可优化最高人民检察院的抗诉案件范围，不再抗诉事实、程序事由，免去其繁重的对下级法院事实类错误案件的监督任务，与最高人民法院的审理范围和审级职能定位保持一致，集中精力办理具有引领、进步、规范价值的涉及普遍法律适用的案件，确保法律统一正确实施。

（三）民事同级抗诉制度的监督能力保障

理论界和实务界在一定程度上认识到了上级抗诉的弊端，早已开始尝试同级监督模式，2012年修订的《民事诉讼法》将检察建议这一同级监督方式正式写入法律。立法者没有直接规定抗诉这一刚性方式，更多的是对民事检察监督队伍履职能力的担忧。此后，各级检察院广泛实践，就确有错误的生效裁判以再审检察建议的方式向同级法院提出监督意见。2016年，全国检察机关针对民事裁判提出抗诉3282件，发出再审检察建议2851件。[10] 占生效裁判结果监督案件数的46%。2022年，全国各级检察机关针对民事裁判提出抗诉4500件，改变率91.7%；提出再审检察建议9500余件，占生效裁判结果监督案件的67.9%，采纳率95.1%。[11] 对比可见，经历十年的探索实践，再审检察建议这一同级监督方式的数量得到成倍增长。再以南方某大省G省为例，2022年G省民事抗诉改变率和再审检察建议采纳率分别从2018年的54.79%、72.73%提升到2022年的97.39%、94.80%，该两项数据都达到了G省民事检察监督历史记录最高值。可见，检察建议与抗诉两种监督方式的精准度已经高度接近，这

9 张卫平：《民事诉讼法律审的功能及构造》，载《法学研究》2005年第5期。

10 参见最高人民检察院官网。

11 2022年全国检察机关主要办案数据，参见最高人民检察院官网、官方微信公众号。

也充分印证了同级抗诉的现实可行性,有力反驳了对民事检察队伍监督能力不足的质疑,再审检察建议作为同级抗诉的过渡性制度安排已然完成了使命,以抗诉取代检察建议、对生效裁判的监督统一为抗诉一种方式的时机已经成熟。

此外,还可能存在的质疑是,“提请抗诉+上级抗诉”制度虽然程序烦琐,但也在检察机关上下级之间形成了一种制约,在一定程度上能避免抗诉权的滥用,同级抗诉制度会不会削弱这种制约功能?笔者认为,首先,将抗诉权下配至同级检察院,本质上还是作为整体的、享有民事监督职权的检察机关在自身内部的权限配置问题,对于民事抗诉制度本身高效运行与顺畅运转的现实需求而言却是迫在眉睫的。其次,规制抗诉权的滥用,关键在于充分发挥上级检察院的业务指导职能、建立有效的案件质量管控体系以及进一步深化落实检察官办案责任制,不应成为同级抗诉制度改革的阻却理由。

三、民事抗诉层级制度的体系化再造

党的二十大报告明确提出“加强检察机关法律监督”。加强顶层设计、完善制度供给是强化法律监督的重要保障,是法律监督体系现代化的应然要求。目前立法缺失地方各级人民检察院同级抗诉这一重要制度,不利于充分发挥检察机关法律监督职能作用,亟须立法填补该项制度空白,并同步推进对现行上级抗诉制度的改造,完善相关配套措施,以期建构起以民事同级抗诉为主的新型抗诉层级制度体系,确保抗诉层级制度的价值、功能、作用最大化与最优化。

(一)立法上,构建新型民事抗诉层级监督体系

一是取消再审检察建议监督方式,增设省级以下人民检察院同级抗诉制度。再审检察建议作为一种过渡性的制度安排,在一定程度上已经完成了历史使命,其刚性不足的弊端日益显现,有必要以同级抗诉制度取而代之。建议立法赋予省、市、县(区)三级检察院同级抗诉权,与现行法律规定的最高人民检察院对最高人民法院同级抗诉监督对应衔接,创建四级检察院完整的同级抗诉监督制度。检察机关统一以抗诉方式履行对同级法院生效裁判、调解书的法律监督职责,包括依职权抗诉监督和依申请抗诉监督。建议修法具体规定为:地方各级人民检察院对同级人民法院已经发生法律效力的判决、裁定,发现有《民事诉讼法》第207条规定情形之一的,或者发现调解书损害国家利益、社会公共利益的,应当提出抗诉,并报上级人民检察院备案。

二是保留上级抗诉制度,但限定于具有普遍指导意义的法律适用类抗诉事由。同级抗诉制度和上级抗诉制度的职能划分,从本质上来讲是检察机关层级履职定位问题,应该与四级法院审级职能定位改革相协调,即基层人民检察院和地市级人民检察院重在准确查明事实、实质化解纠纷、精准定分止争;省级人民检察院和最高人民检察院重在统一监督尺度、确保法律正确统一适用。按照这一思路,上级抗诉制度应当只限于《民事诉讼法》第207条第6项规定的法律适用类事由,且还应进一步限缩为具有普遍法律适用指导意义或辖区内存在重大法律适用分歧的案件。对于《民事诉讼法》第207条第1~5项规定的事实类事由和第7~13项规定的程序类事由,以及适用法律可能存在错误但不具有普遍法律适用指导意义的原判决、裁定进行抗诉。建议修法具体规定为:上级人民检察院对下级人民法院已经发生法律效力的判决、裁定,发现适用法律错误,且符合下列情形之一的,应当提出抗诉:具有普遍法律适用指导意义的;下一级人民法院之间近三年裁判生效的同类案件存在重大适用分歧,截至案件审理时仍未解决的;下一级法院已经再审的案件;其他认为应当提出抗诉的情形。

三是取消提请抗诉制度,建立同级抗诉和上级抗诉的工作衔接机制。以法院受理环节的级别管辖权移转制度为蓝本,优化完善检察监督受理环节的管辖权移转制度。对当事人申请抗诉监督的案件,由同级人民检察院负责接收抗诉申请,受理审查时发现有属于上级人民检察院抗诉情形的,应当层报至对应上级人民检察院。上级人民检察院发现属于下级人民检察院管辖的案件,移送下级人民检察院审查抗诉。取消提请抗诉制度,避免同一案件两级检察院重复审查,提高监效率。

四是明确对于上级抗诉的案件,接受抗诉的人民法院应当再审审理,不得交由下级人民法院审理,避免出现“上级抗诉、下级审理”的审级设置。按照上述改革思路,上级人民法院特别是最高人民法院和省级人民法院受理的检察抗诉案件均为具有普遍法律指导意义的案件,如果再交下级人民法院审理,将架空统一裁判尺度的设计初衷,不利于四级法院审级职能定位改革中对上级法院的职能定位,因此,应当从根本上取消“上级抗诉、下级审理”的审级设置。

(二)实践中,建立系统完备的质效保障机制

一是设立独立审监机构。同级抗诉面临最大的外部衔接机制障碍在于,由原审法院再审本院的生效裁判,对案件的客观公正处理形成了一定障碍。对于再审本院生效裁判案件,法院内部的普遍做法是:维持原裁判的,再审合议庭自

行决定;有改变原裁判意图的,提请审委会讨论决定。在审委会讨论时,再审合议庭与原审合议庭需要分述审判思路,进行观点对论。和作为自己同事的原审法官在审委会上据理力争,对再审法官提出格外严苛的素养要求,再审监督矫正功能受到影响。故建立同级抗诉制度时,必须考虑匹配客观中立的再审制度。由独立审监机构审理再审案件,是保持再审中立性的较好出路。可考虑建立审监法院或再审案件集中管辖制度,保证再审法官独立公正地进行再审审理和裁判,才能保障同级抗诉制度全面发挥监督与救济的司法功能,也才能保障再审真正成为维护公平正义的最后一道屏障。

二是压实上级检察机关的领导指导职责。根据《检察院组织法》的规定,上下级检察机关是领导和被领导的关系,这与上下级法院之间的指导关系有本质的不同。检察体制的上下级领导关系,决定了上级检察机关在层级履职分工中承担更重的领导指导职责。民事抗诉制度的同级化改造,将推动实现检察监督的重心下沉和效率提升,但是对于可能产生的质量隐忧,上级检察机关应当进一步发挥好领导指导职责,这其中包括:(1)加强对管辖区域内审判工作动态的关注,及时出台相关办案指引。随着《民法典》的出台和《民事诉讼法》的几次修改,民事实体法和程序法司法解释也进行了密集的立改废,民事法律规范进入快速发展的历史时期。为应对日新月异的民商事案件,法院审判工作日益精细化和专业化。民事检察监督面临着全新的历史发展机遇,但也面临着提升监督能力等空前的挑战。面对挑战,上级检察机关要发挥好统筹指导作用,针对检察机关受理的主要案件类型,及时研判立法修改和实践发展,统一检察监督环节的裁量尺度。(2)建立上级备案审查制度。为避免可能出现的不精准监督情况,建立抗诉备案审查制度是可行之举,让上级检察院加强对下级检察院抗诉工作的监督与指导。下级检察院提出抗诉后,应当在规定期限内将抗诉书与案件基本情况报送上一级检察院备案。通常情况下,抗诉书发送至法院后,要经过一定的流转程序才会进入再审,上级检察院可以在这个时间段内进行抗诉案件的备案审查,认为下级检察院抗诉存在错误的,通知及时撤回抗诉。在个案审查的基础上,还应当定期进行总结梳理,将质高效优的案件评为优秀案件,予以充分肯定;对不规范的问题进行整体梳理,集中研判问题成因,反馈相关检察院。(3)优化办案考核指标。考核指标是"指挥棒",在实践中发挥着显著的指导作用。应当进一步健全完善现行考核指标体系,平衡好监督数量、质量、效率、效果之间的关系,促进提升抗诉精准度,激励检察官重视锻造与提高监督能力,不断满足同级抗诉制度需要匹配的相应监督水平。

整体来论,与单一上级抗诉制度相比,建构民事同级抗诉为主与有限上级抗诉相结合的制度体系,应当成为推进民事抗诉层级监督体系现代化的路径选择。但是,该制度体系要真正落地,还需系列配套制度保障其程序价值的实现,有必要长期关注和跟踪研究。

企业刑事合规理论与实践问题研究

陈玉璜*

【内容提要】 企业合规目前已成为全世界企业的治理方式,我国开展企业合规时间不长,自检察机关启动企业刑事合规工作以来,在公司治理和刑事激励方面取得了一定的成效。本文以企业合规制度的产生与发展、国外企业合规的经验借鉴为基础,总结了当前我国企业刑事合规的现状与特点,结合开展企业刑事合规工作中出现的问题,提出了解决路径并进行相应的制度设计。

【关键词】 不起诉　简式合规　合规互认　司法贯通　分离起诉

企业合规作为公司治理的重要方式之一,同时也是刑法上的一种激励机制。在经济全球化与法律全球化并融发展的今天,企业合规"刑事化"成为全球企业合规制度发展的重要趋势和立法方向。我国开展企业刑事合规,既是与全球经济和法律接轨的重要举措,也是促进经济发展、优化营商环境的必由之路。我国企业合规在实践中前行,需要针对出现的问题对症施策,方能探索适合我国企业刑事合规的发展路径。

一、企业合规制度的产生与发展

企业合规制度源于政府对企业自我管理与行业自律的早期规划监管实践活动,起源于美国。在20世纪30年代,美国金融业最早提出"合规"一词,并将其广泛应用于银行业的风险监管。在金融合规监管取得一定成效后,先后出台了大量针对企业商业活动的政策和法律,由原有金融业的行业自律与监管向其

---

* 陈玉璜——广州市人民检察院四级高级检察官,法学博士,主要研究领域:刑法学。

他企业商业监管活动全面铺开。相关企业逐步制定和实施加强行业监管与自我监管的企业合规措施,企业合规制度由此形成[1]。

在企业合规的发展进程中,美国的《联邦组织量刑指南》(以下简称《指南》)将企业合规制度正式引入美国法律实践领域,开启了企业合规的刑事化发展。《指南》对企业合规进行了立法规定,明确企业合规计划是指"用于预防、发现和制止企业违法犯罪行为的内控机制"。《指南》规定实施有效的企业合规计划可换取刑罚减轻的形式,可改变企业犯罪传统治理方式难以实现预防、发现和制止企业违法犯罪目标的情况,通过采用刑事法的规则来推进企业合规目标的实现,使企业合规的发展逐渐走向"刑事化"。根据《指南》,企业合规既可以帮助企业减免刑罚,也是决定是否对企业适用缓刑的重要因素。此后,美国的企业刑事合规不断发展,如果检察官认定企业合规计划有效,可以不对企业提出指控。企业可以通过与政府合作,支付罚款,构建企业合规等方式获得"有条件的不起诉"。

二、国外企业合规的借鉴与参考

在企业内部建立合规管理体系,已成为世界性的趋势。西方国家将合规作为公司治理方式的同时,也将其作为一种刑法激励机制。我国可从以下三个方面作为借鉴参考。

(一)以合规作为不起诉的前提条件

一些国家检察机关会将企业是否建立有效的合规计划作为决定是否对涉罪企业起诉的考量因素。如美国早在1991年就建立了合规不起诉制度,要求检察官决定对企业起诉时考量与企业合规相关的因素:一是公司内部违法违规行为的普遍性;二是公司是否建立了合规计划且计划是否完备;三是公司是否采取了补救措施。同时,还要评估合规计划的有效性。只有企业建立了有效运行的合规机制,检察机关才会考虑对涉罪企业不起诉。

(二)以合规作为减轻、免除刑罚的条件

一些国家在对涉嫌犯罪的企业进行定罪后,可将企业建立有效的合规计划作为量刑情节,以此为据对企业进行减轻处罚,又称为量刑激励。如果涉案企

1 万方:《企业合规刑事化的发展及启示》,载《中国刑事法杂志》2019年第2期。

业制定了有效的合规计划,罚款数额将会大幅下降。因此,为了在量刑时获得最大收益,企业通常都会拥有有效的合规计划。

(三)以合规换取暂缓起诉或撤销起诉

在西方国家对合规确立的刑法激励机制中暂缓起诉协议制度影响最大。暂缓起诉协议是指检察机关与涉案企业经协商达成的附条件不起诉协议。协议规定检察机关设置一定的考验期,企业在此期间要缴纳一定的罚款,建立完善合规计划,接受检察机关的监督,定期报告实行合规计划的进展情况。考验期后,对于履行协议的涉案企业可撤销起诉。美国是第一个制定暂缓起诉协议制度的国家。英国、法国、加拿大、澳大利亚、新加坡也沿用了暂缓起诉协议制度[2]。

三、我国企业合规的现状与特点

随着企业合规全球化趋势,企业合规已成为我国关注和实施的重点工作。在合规的刑法激励机制中,检察机关发挥着重要的主导作用。我国检察机关于2020年3月在全国部分省份和基层检察院开展企业合规的初步试点。2021年3月在10个省份开展第二轮改革试点。2022年4月部署在全国检察机关全面开展企业合规改革试点工作。在企业合规刑事化过程中,国外的经验为我国提供了有益的借鉴,我国企业刑事合规在此基础上有所发展,具有自身特色。如西方国家对于涉案企业开展合规通常是对企业从宽,对个人从严。而我国大多数企业尤其是民营企业的责任人与企业往往有着密切的关系,一荣俱荣,一损俱损,如果企业的责任人受到严厉的刑事追究,将给企业带来巨大的负面影响。因此,我国的合规不起诉不仅适用于涉案企业,也适用于涉嫌犯罪的企业负责人。通过两年多来开展企业刑事合规的实践,我国的企业刑事合规特点主要体现在以下三个方面。

(一)涉罪罪名

目前,我国开展企业合规的涉案企业犯罪罪名主要包括串通投标罪、虚开增值税专用发票罪、污染环境罪、单位行贿罪、假冒注册商标罪、销售假冒注册

2 陈瑞华:《企业合规制度的三个维度——比较法视野下的分析》,载《比较法研究》2019年第3期。

商标的商品罪、重大责任事故罪、走私普通货物罪、逃避商检罪、非法经营罪、非法获取计算机信息系统数据罪、提供虚假证明文件罪、非法采矿罪和掩饰、隐瞒犯罪所得罪等。

（二）合规模式

1. 范式合规模式

这种模式通常适用于大中型企业。根据涉案罪名及实际需要，以实现重组企业组织架构、重建合规管理体系为目标。主要内容：一是合规审查。审查案件是否与生产经营活动密切相关，犯罪的形成是否主要由内部管理制度的缺陷造成。二是社会调查。调查企业经营资质方面情况，如实际经营状况、员工数量、纳税贡献等。三是合规承诺。涉案企业承诺建立或完善企业合规制度，提出合规整改计划。四是启动第三方机制进行合规评估、考察。五是考察结束。企业提交《合规整改综合报告》，第三方组织出具《监督评估综合报告》。六是案件处理。检察机关审查第三方组织的监督评估结论和企业提交的合规报告等材料后，依法决定对案件的处理。必要时可在作出决定前进行调查核实、组织听证。

2. 简式合规模式

这种模式通常适用于小型、微型企业。主要内容：一是发出检察建议；二是涉案企业提出整改计划；三是检察官审核同意；四是企业开展合规整改；五是检察机关自行审查和验收；六是案件处理。对于小微企业，既无复杂的内部管理结构，也无全面整改的现实可能，合规整改要求聚焦在关键风险点的内部防控上，可以最低标准即不再发生同类犯罪为基本要求开展简式合规。采取检察靶向主导和企业自主选择相结合的模式，检察官针对关键风险点指明整改方向，小微企业可以根据自身经营情况在合规整改期限等方面及时做出动态调整，其他部分则不做过多限制和延伸。通过抓大放小，尽力降低监督考察的成本和代价，避免因合规整改给小微企业的人力、物力、财力带来较大的经营负累。

（三）企业合规体现刑事激励的种类与检察实践

1. 企业合规与适用不起诉相结合

这是我国开展企业合规中为数最多的一种情形。检察机关通过对涉案企业开展企业合规，企业作出合规承诺、提交合规计划，经第三方组织或检察机关考察合格，即可由检察机关对该企业作出不起诉决定。如 H 省 J 公司等建筑行业串通投标系列案中，J 公司等 6 家建筑企业串通投标，导致该市 13 个建设工程项目被某建筑工程公司中标。该案涉及2家国有企业、1家民营企业、3家集体企业,均为当地建筑龙头企业。检察机关到6家企业实地走访调查,并到住建部门了解上述企业的经营状况,组织人民监督员等各界代表召开公开听证会,一致同意对6家企业作不起诉处理,并向住建部门提出对6家企业进行行政处罚的检察意见,同时向6家企业发出检察建议,要求企业开展合规建设,并进行跟踪监督,举办检察建议落实情况回复会,对合规情况进行验收。检察机关开展自行补充侦查、社会调查,推动企业合规与不起诉决定、检察听证、检察意见、检察建议等相结合,促使当地建筑行业解决行业规范等深层次问题。

2. 企业合规与轻缓刑相结合

检察机关开展涉案企业合规工作后,对于一些可能判处法定刑3年有期徒刑以上的案件,可结合考察结果及案件整体情况,提出轻缓刑的量刑建议。如在S市A公司、关某某虚开增值税专用发票案中,关某某作为实际控制人,在经营A公司业务期间,让他人为A公司虚开增值税专用发票,申报抵扣税款400万余元。检察机关走访涉案企业,向当地政府了解其纳税及容纳就业情况,了解到涉案企业是高新技术企业,对当地经济发展和增进就业贡献很大,遂督促企业作出合规承诺并开展合规建设。后以A公司、关某某虚开增值税专用发票罪提起公诉并适用认罪认罚从宽制度,提出对A公司判处罚金,对关某某判处有期徒刑3年,缓刑5年的量刑建议。法院采纳了检察机关的全部量刑建议。

3. 企业合规与撤案相结合

检察机关对尚未进入检察环节长期“挂案”的案件,可采取介入侦查的形式,通过开展企业合规,建议公安机关对其进行撤案处理。如Z市对S公司以销售假冒注册商标的商品罪立案侦查,距立案超过两年仍未结案,属于“挂案”性质。检察机关应公安机关邀请介入侦查,及时启动社会调查,发现该案证据不足,公安机关也难以再查明。公、检两家进行会商,就企业合规工作达成共识,对该公司启动合规监督考察程序,会同第三方监督评估小组,不定期检查企业合规建设情况。同时就是否建议公安机关撤销案件组织公开听证。后检察机关向公安机关发出检察建议,公安机关根据建议及时作出撤案处理,并移送市场监督管理部门作行政处罚。这种将企业合规与撤案相结合的情形非常少见,但可作为一种探索的新尝试。

四、当前企业刑事合规中存在的问题

（一）合规考察期与认罪认罚案件审查起诉期限不相适应

在将企业合规纳入不起诉制度的同时，首先需要企业认罪认罚。如果企业和相关负责人签署了认罪认罚具结书后，对于企业负责人可能判处3年以下有期徒刑的案件，在刑事诉讼阶段通常会在较短的时间内完成侦查、审查起诉、审判全流程。尤其是拟作出不起诉的案件，可能在1个月内就会作出决定。目前，虽然法律没有对企业合规的考察期作出规定，但是企业合规的考察期通常需设置为3个月、6个月，甚至1年。这样，合规不起诉与认罪认罚从宽制度在运行过程中就容易出现不衔接的情况。一方面，为了避免"形式合规""纸面合规"，我们需要较长时间的合规考察期；另一方面，如果适用认罪认罚从宽，我们一般需要在较短时间内对涉案企业作出不起诉的决定。在司法实务中，我们通常在对企业合规进行一段时期的考察、评估后，才会对企业和相关负责人作出不起诉决定，这样一来，企业刑事合规案件的办案期和考察期往往难以调适一致。

（二）对涉案企业不起诉难以与行政处罚、赔偿补救措施相衔接

根据我国的行政监管模式，只有公安机关等行政机关才有权对违法企业进行行政处罚。由于检察机关没有行政处罚权，在对涉案企业进行合规考察适用不起诉后，无法对其进行罚款、没收违法所得、责令赔偿被害人经济损失等处罚[3]。这样便容易导致涉案企业没有得到应有的行政处罚，被害人也无法得到应有的赔偿，难以达到案结、事了、人和，实现政治效果、社会效果、办案效果的统一。

（三）侦查阶段适用企业合规缺位容易损害企业合法利益

从目前来看，检察机关在适用企业刑事合规中位于主导地位，一般在案件进入审查起诉阶段才由检察机关开展企业合规。而在侦查阶段，侦查机关往往有着较长的侦查期限，短则几个月，长则1年左右。在侦查过程中，侦查机关通常会对涉案企业适用查封、扣押、冻结、拍卖、变现等强制性侦查措施，有时甚至会对企业负责人采取羁押的强制措施。这样就容易导致企业的生产、经营过程

3　陈瑞华：《企业合规基本理论》，法律出版社2021年版，第357页。

受到影响，如果企业负责人被羁押，对于中、小型的民营企业而言，更是容易导致企业运行停滞、项目停产、工人停工失业，企业利益受到损害，面临生存困难。如果在侦查阶段就对涉案企业采取上述措施，即使到了审查起诉阶段，检察机关开展企业合规，还是难以挽回前期的损失，不利于实现“六稳六保”。

（四）办理单位犯罪的合规案件存在涉案企业和企业负责人分离的特殊情形

我国的单位犯罪是双罚制，对单位判处罚金的同时，需对其直接负责的主管人员和其他直接责任人员判处刑罚。实践中，有些案件如非法吸收公众存款案，涉案金额巨大，对于涉案企业责任人员可能判处 3 年以上有期徒刑。如果这些涉案企业直接责任人没有自首、立功等法定减轻处罚情节，是否可以由于检察机关对涉案企业开展刑事合规，从而一并对其作出不起诉处理？如果不可以，那么，对于涉案企业和企业责任人员可否同时作出不起诉和提起公诉的决定，这是司法实务中亟待解决的问题。

五、企业刑事合规问题的解决路径和制度设计

（一）在《刑事诉讼法》中增设企业合规附条件不起诉制度

对于企业刑事合规考察期与审查起诉办案期限不一致的问题，在目前阶段，检察机关应当多措并举，采取有效措施解决办案期限与合规考察期的矛盾。一方面，可以视情况在立案侦查、审查逮捕阶段即着手开展企业合规审查工作，把办案时间前移；及时提出审查意见，同步开展羁押必要性审查，积极贯彻少捕慎诉慎押政策，对涉案企业责任人员取保候审，商请第三方组织合理确定合规考察期限。另一方面，可探索认罪认罚从宽制度与合规不起诉制度适当分离，在涉案企业自愿认罪，作出合规承诺，提交合规计划，采取实际整改措施一定期限后，即作出不起诉决定。

随着企业合规工作的深入，可探索在《刑事诉讼法》中设立专章规定企业刑事合规制度，参照未成年人附条件不起诉制度，将涉嫌犯罪的企业纳入法定的附条件不起诉制度中。对于符合附条件不起诉的企业犯罪案件，明确规定 6 个月至 2 年的合规考察期，使其独立于审查起诉的办案期限。在合规考察期期满后，检察机关方开始启动审查起诉程序，并受到审查起诉期限的限制[4]。

4　陈瑞华：《企业合规基本理论》，法律出版社 2021 年版，第 334 页。

（二）建立共享平台和合规互认制度

行政执法机关与侦查机关、检察机关建立企业违法犯罪信息智能服务共享平台，定期更新行政执法、侦查、起诉工作中办理的涉案企业及其责任人违法犯罪信息，实现行政执法与刑事司法信息共享。行政执法机关对于在工作中发现的单位犯罪线索应当及时移交侦查机关、检察机关。待时机成熟，以法律条文的形式，明确检察机关对行政机关的案件移送具有法律监督职责[5]。实践中，对于涉案企业而言，可能同时开展行政合规和刑事合规。为了加强行政机关与检察机关的沟通联系，确保行政合规与刑事合规形成合力，发挥企业合规的最大效能，应建立双方的双向通报和企业合规互认制度。开展刑事合规的检察机关在启动企业合规程序时，即向涉案企业的行政监管部门进行通报，会商第三方监管委员会推荐第三方监管人和第三方委员会组建的合规验收小组，协助制定有效的企业合规计划，并就其中遇到的专业性问题向行政监管部门咨询。行政机关及时将涉案企业开展行政合规的情况通报检察机关，并在涉案企业考察期内定期向检察机关反馈涉案企业对行政处罚的执行情况和对违法行为的整改情况。检察机关对于企业行政合规的成果予以确认，合理吸收进入刑事合规工作中。行政机关对于检察机关开展的刑事合规成果也予以合理承认与接纳，从而更有利于刑事合规与行政合规的有效衔接。此外，检察机关可以将涉案企业赔偿被害人，或与被害人达成赔偿协议作为作出不起诉决定和轻缓刑量刑建议的基本要求。如果确因企业经济困难无法即时赔偿或与被害人达成一次性赔偿协议的，检察机关可在合规监管协议中设立赔偿条款，要求企业提交赔偿承诺书，在合规监管过程中持续监督企业履行赔偿义务，并将其是否实际赔偿作为是否提起公诉的考量因素。同时，在对涉案企业及其责任人员作出不起诉决定后，应将不起诉决定与行政责任追究进行无缝对接，根据该企业和责任人员的违法行为向公安机关制发检察意见，要求公安机关对涉案企业和责任人员作出相应行政处罚，从而避免企业利用检察机关的不起诉来减轻行政处罚的行为。

（三）建立公、检、法三家司法贯通机制

为了避免在侦查阶段对涉案企业开展企业合规工作的缺位，我们可以尝试

5　梁莉、朱芳红：《涉案企业合规检察改革中刑行衔接的实务困境及解决对策》，载《检察调研与指导》2022年第2辑。

调整刑事诉讼法规定的程序,在公安机关对企业刑事立案以后,检察机关适时提前介入,考察对涉案企业是否适合开展企业合规,如果认为合适,可经公安机关同意后启动合规程序。同时充分考虑启动的时机,需在案件事实总体已查清,或案件基本事实已查清的前提下启动企业合规,这样也能准确查明企业犯罪的问题、存在的漏洞,从而制定相对完整、有效、针对性强的合规整改方案。检察机关在提前介入考察企业合规阶段,需要引导公安机关运用好强制措施和涉案财物处置这两项合规工作的抓手,尽可能不对涉案企业责任人员采用羁押性强制措施,最大限度保护企业的合法利益。同时,对涉案企业开展企业合规后仍需提起公诉的,及时与法院加强沟通,将涉案企业合规整改报告及考察评估报告等一并移送法院,结合犯罪事实、情节及企业合规开展情况,对企业及其责任人员提出轻缓刑量刑建议,提请法院对企业合规整改成效充分予以考量,作出较轻的判决。目前,我国浙江省绍兴市上虞区人民法院在审判阶段推动和促进涉刑企业合规建设方面已作出良好的示范。2022 年 3 月 15 日,该院在一宗污染环境案中,以判前社会效果评估作为有效参照,以开展涉刑企业合规整改作为量刑的酌定因素,根据涉案公司和相关责任人自愿认罪认罚、检察机关开展企业合规后的合规整改情况、专家评审意见等公开开庭并当庭宣判,对涉案公司及涉案人员酌情从宽及从轻处罚。这是我国在法院阶段探索适用涉刑企业合规整改评审和重大案件判前社会效果评估的第一案。如果公、检、法三家在企业合规方面建立司法贯通制度,将为企业合规在侦查、检察、审判环节的有效衔接提供强有力的制度保障。

(四)建立单位犯罪企业合规案件分离起诉制度

在办理单位犯罪案件时,如果无法一并对涉案企业和责任人员不起诉,检察机关可以根据案件的具体情况,对涉案企业和责任人员分离起诉。根据我国《刑法》及其司法解释的相关规定,单位犯罪案件中,单位责任和责任人员的责任并不完全等同,可以分离。我国刑法对单位犯罪的规定原则上是双罚制,但也有十个单位犯罪罪名采用单罚制。单罚制即以单位名义实施犯罪,但仅单独起诉和处罚责任人,不起诉单位,这即意味着单位责任与管理责任人员分离。2001 年最高人民法院《全国法院审理金融犯罪案件工作座谈会纪要》规定,检察机关未起诉犯罪单位的,法院应对被起诉的自然人按单位犯罪中的直接负责的主管人员或其他直接责任人员追究刑事责任。2002 年"两高"、海关总署《办理走私刑事案件适用法律若干问题的意见》规定,单位实施走私犯罪,对单位和单位人员的自首情节认定可以分离。2021年最高人民法院《关于适用〈中华人民共和国刑事诉讼法〉的解释》第340条规定,检察机关未起诉犯罪单位的,法院仍应依法审理,按照单位犯罪直接负责的主管人员或者其他直接责任人员追究刑事责任。第344条规定,单位被注销的,可以对单位的主管人员和其他直接责任人员单独审理。上述司法解释均认可单位责任和责任人员是可分离的。因此,在开展涉案企业合规工作中,对单位犯罪中的单位和责任人员在实体上责任分离,在程序上对单位和责任人员分别进行独立的诉讼活动,对自然人提起公诉,对单位开展企业合规考察,符合我国刑事法律政策及规定。如广州市人民检察院在办理一宗虚开增值税专用发票案中,将某涉案国有企业和涉案责任人员分案,对企业责任人员提起公诉,对涉案企业开展企业合规后作出不起诉处理。今后,我们应探索建立单位犯罪企业合规案件分离起诉制度。在办理单位犯罪案件中,根据涉案企业、责任人员犯罪事实、情节及其在合规整改中的表现情况,分别作出处理决定或提出量刑建议。如果涉案企业整改效果明显,综合考虑其实际经营情况、规模及员工人数、税收、科技创新、社会贡献等因素,可对其不起诉。对于责任人员,如果没有法定减免处罚情节,不符合不起诉条件的,可以直接提起公诉,结合其认罪悔罪程度和在合规整改中的表现提出轻缓的量刑建议。

案例分析

生物多样性保护公益诉讼案件管辖中的法律解释

——中国生物多样性保护与绿色发展基金会诉李某等环境民事公益诉讼案

范兴龙　梁树森*

【裁判要旨】

未经批准许可，对国家重点保护野生动物实施猎捕、杀害、出售、购买、利用、运输、携带、寄递等行为的，上述任一行为的实施地均应认定为破坏生态行为发生地，符合条件的社会组织向破坏生态行为发生地的中级以上人民法院提起环境民事公益诉讼的，人民法院应予受理。

【关键词】

环境民事公益诉讼　国家重点保护野生动物　破坏生态行为发生地　管辖权

【案件索引】

一审：广东省清远市中级人民法院（2020）粤18民初30号民事裁定书

二审：广东省高级人民法院（2020）粤民终2416号民事裁定书

---

* 范兴龙——武汉大学环境法研究所博士研究生、广东省高级人民法院环境资源审判庭一级法官助理；梁树森——中山大学法学院博士研究生。

【基本案情】

李某在广东省清远市经营“李某东北梅花鹿批发店”期间，自2017年1月至2018年1月，多次从其上线王某处收购国家二级保护动物穿山甲，共计10余只，然后分别加价转卖给钟某、黄某等人，交易地点包含李某在清远的店铺及买家所在地广州从化、惠州龙门等地。李某、钟某、黄某等人已经湖南省新邵县人民法院（2019）湘0522刑初25号刑事判决及湖南省邵阳市中级人民法院（2019）湘05刑终477号案刑事裁定判处刑罚。

中国生物多样性保护与绿色发展基金会（以下简称绿发会）作为符合法律规定的环境民事公益诉讼原告资格的社会组织，以李某、钟某、黄某三被告参与穿山甲非法贸易链条的非法行为严重侵害了生态环境公共利益为由，向广东省清远市中级人民法院提起环境民事公益诉讼，诉请：一、三被告赔偿因生态环境侵权行为导致穿山甲灭失的生态服务功能损失（具体金额参照《野生动物及其制品价值评估方法》予以确定）；二、三被告在国家级媒体上向社会公众公开赔礼道歉；三、三被告承担原告的律师代理费、专家咨询费、差旅费等为诉讼支出的费用；四、三被告承担本案的全部诉讼费用。

【裁判结果】

广东省清远市中级人民法院于2020年7月29日作出（2020）粤18民初30号民事裁定：对绿发会的本次起诉不予受理。绿发会后向广东省高级人民法院提起上诉，广东省高级人民法院于2020年12月28日作出（2020）粤民终2416号民事裁定：一、撤销广东省清远市中级人民法院（2020）粤18民初30号民事裁定；二、本案指令广东省清远市中级人民法院立案受理。

【裁判理由】

法院生效裁判认为，本案中，根据湖南省邵阳市中级人民法院（2019）湘05刑终477号案及湖南省新邵县人民法院（2019）湘0522刑初25号案查明的事实可知，李某在清远市经营“李某东北梅花鹿批发店”期间，多次收购国家重点保护动物穿山甲,在清远、广州及惠州等地分别转卖给他人。根据《野生动物保护法》的相关规定,未经批准许可,禁止对国家重点保护野生动物实施猎捕、杀害、出售、购买、利用、运输、携带、寄递等行为,故未经批准许可实施上述行为的,任一行为实施地均应认定为破坏生态行为发生地。现有证据能够初步证明李某在清远市从事非法收购、出售穿山甲的行为,故清远市为本案破坏生态行为发生地之一。根据《广东省高级人民法院关于调整环境民事公益诉讼集中管辖法院及管辖区域范围的通知》的规定,一审法院为具有一审环境民事公益诉讼案件管辖权的法院。因此,绿发会以李某、钟某、黄某等人的违法行为导致穿山甲灭失,侵害了生态环境公共利益为由,向一审法院提起环境民事公益诉讼,符合有关规定。一审法院认为其对本案不具有管辖权,对绿发会的起诉不予受理,属于初步审查事实不清。

【案例注解】

据《联合国生物多样性公约》第2条,生物多样性指:所有来源的活的生物体中的变异性,包括陆地、海洋和其他水生生态系统及其所构成的生态综合体;包括物种内、物种之间和生态系统的多样性。[1] 我国生物多样性的司法保护方兴未艾,法律的规定、理论的支持、制度的设计、路径的选择、审判的开展都需要作出合理且必要的创新。[2] 在程序问题上,地域管辖是民事诉讼特别是环境民事公益诉讼的难点问题。本案从案件实体出发,首先明确破坏生态行为及其发生地的内涵;其次从实体延伸至程序,全面检视现有法律规范体系;最后确立了破坏生态行为发生地认定的裁判规则,健全了生物多样性保护领域环境民事公益诉讼的地域管辖体系,完善了环境民事公益诉讼地域管辖的规则体系,对其他民事公益诉讼乃至一般侵权案件的管辖都具有较强的示范意义、指导价值。

一、对环境民事公益诉讼案件管辖权相关法律规范应作全面理解

本案三被告虽业经刑事处罚,但是,在民事案件项下的环境民事公益诉讼

---

1 《生物多样性公约》,载联合国生物多样性公约网2022年7月1日,https://www.cbd.int/doc/legal/cbd-zh.pdf。

2 参见吴满昌、王立:《生物多样性的司法保护路径研究——以预防性环境公益诉讼为视角》,载《学术探索》2021年第5期。

案件,与刑事案件分属不同的审判领域,裁判所涉的实体法依据和程序法依据都存在重大差别,在事实认定和法律适用也有较大差异。虽然《刑事诉讼法》和有关司法解释、部门规范性文件对犯罪地的认定有较为具体的规定,但在本案中,不宜直接适用或参照这些法律规范作为环境民事公益诉讼管辖权的确定依据。

本案的争议焦点十分清晰,即一审法院对原告绿发会的起诉是否具有管辖权。对于侵权案件的管辖法院,长期以来,我国《民事诉讼法》所作的规定较为简单,即由被告住所地法院或者侵权行为地法院管辖。对于环境民事公益诉讼等新类型案件,现行法律并未对此类案件的管辖法院予以明确化、具体化。司法实践中,在相关司法解释出台以前,环境民事公益诉讼案件只能根据《民事诉讼法》,由侵权行为地或被告住所地法院管辖。2015 年,在《民事诉讼法》的基础上,最高人民法院制定司法解释,细化了环境民事公益诉讼的管辖规定——《最高人民法院关于审理环境民事公益诉讼案件适用法律若干问题的解释》,其第 6 条第 1 款对环境民事公益诉讼管辖问题作出了专门规定:"第一审环境民事公益诉讼案件由污染环境、破坏生态行为发生地、损害结果地或者被告住所地的中级以上人民法院管辖。"但是,该条文在理解与适用上仍有较大争议,对于如何准确把握污染环境、破坏生态行为发生地的规范内涵,本案二审裁定对这一争议问题给出了具有指导意义的答案。

污染环境、破坏生态行为发生地的确定是管辖权确定的重要前提,当前,司法解释虽对于环境民事公益诉讼案件的管辖问题作出规定,但是司法解释的条文在司法实践中出现了适用的分化,条文设计仍不够具体,而且尚无相关指导性案例对案件管辖问题统一裁判标准。此前,在管辖权方面,各地人民法院在审判实践中对于司法解释的条文呈现出不同的理解,在涉野生动物保护案件中,部分法院对"破坏生态行为发生地"的解释过于限缩,常常将破坏生态行为发生地限定为猎捕、杀害行为的实施地。本案中,在"破坏生态行为发生地"的认定上存在以下困境:一方面,现有环境资源保护法律、司法解释以及程序法中难觅可以直接适用的法律依据;另一方面,即便三被告已经受到刑事处罚,但是环境民事公益诉讼的管辖亦不能当然引用或比照刑事案件的管辖规定。因此,应当在充分检视法律规范的基础上,结合"破坏生态行为发生地"的文本内涵及外延,对管辖权问题进行全面理解、综合分析。事实上,根据《野生动物保护法》的相关条文,国家针对重点保护野生动物已作出了一系列禁止性规定,即未经批准许可,禁止实施猎捕、杀害、出售、购买、利用、运输、携带、寄递等行为,因而,上述禁止性行为均属于破坏生态行为。

二、生物多样性保护第一审环境民事公益诉讼案件管辖权的确定

一审法院清远市中级人民法院经审理认为,绿发会本次起诉的李某、钟某、黄某住所地不在一审法院环境民事公益诉讼管辖地区范围内,且该案所涉破坏生态行为发生地或损害结果地亦不位于一审法院环境民事公益诉讼管辖地区范围,故一审法院对本案不具有管辖权。二审法院广东省高级人民法院通过搜寻环境资源单行法的条文,考察相关法律的立法目的,对公益诉讼案件管辖权的确定作体系解释,解读出"破坏生态行为发生地"的科学含义,消解法律规范的适用障碍。二审基于现有证据,查明了有关事实,结合对法律条文的体系解释,将清远市定性为符合司法解释所规定的"破坏生态行为发生地",故认定一审法院对本案具有管辖权。

在环境司法的框架下,涉野生动物保护的公益诉讼案件,即生物多样性保护领域的环境民事公益诉讼案件正日益成为环境司法专门化的重要组成部分。其与传统的环境污染公益诉讼案件虽同属生态环境保护民事公益诉讼三级案由,但是在程序上,尤其是案件管辖上,"破坏生态行为发生地"相较于"污染环境行为发生地"更难以认定。在案件审理的过程中,二审法院曾尝试另辟蹊径,循侵权法规范确定案件管辖。而实际上,生物多样性保护领域的环境民事公益诉讼案件的特殊性确定了,通过法解释学在法律体系内寻求规范支撑,才是更行之有效的司法保护进路。

1. 从被告住所地角度分析,一审法院不具有管辖权。在地域管辖方面,《民事诉讼法》(2017 年修正)第 21 条规定:"对公民提起的民事诉讼,由被告住所地人民法院管辖;被告住所地与经常居住地不一致的,由经常居住地人民法院管辖。对法人或者其他组织提起的民事诉讼,由被告住所地人民法院管辖。同一诉讼的几个被告住所地、经常居住地在两个以上人民法院辖区的,各该人民法院都有管辖权。"第 28 条规定:"因侵权行为提起的诉讼,由侵权行为地或者被告住所地人民法院管辖。"根据本案一审查明的事实,李某、钟某、黄某的户籍所在地均不在广东省清远市,且现有证据亦不能证明李某、钟某、黄某的经常居住地在广东省清远市,虽然李某经营的店铺位于清远市,但该店铺并非本案被告,故本案一审法院不能以被告住所地行使管辖权。

2. 从损害结果地角度分析,一审法院不宜确定为管辖法院。既有法律和司法解释尚未对损害结果地的概念予以明晰，一般认为，损害结果是指违法行为或违约行为侵犯他人或社会的权利和利益所造成的损失和伤害，包括实际损害、丧失所得利益及预期可得利益。[3] 损害结果地即为有关损失和伤害客观上实际发生的地点。对于污染环境、破坏生态行为的损害结果地，其认定需要结合个案案情开展具体的分析，不能一概而论。司法实践经验表明，污染环境行为的发生地往往即损害结果地，但破坏生态行为的发生地则未必等效于损害结果地。本案中，穿山甲生存的地点应当是其参与生态系统构筑的地点，也是其发挥生态服务功能的地点，因此，穿山甲的捕获地可被认定为造成生态环境损害的损害结果地。根据湖南省邵阳市中级人民法院（2019）湘05刑终477号案及湖南省新邵县人民法院（2019）湘0522刑初25号案查明的事实，涉案穿山甲的捕获地不在广东省清远市辖区内，因猎捕、杀害、出售和购买穿山甲而导致的生态破坏结果地不宜认定为广东省清远市。故从损害结果地的角度，不宜将一审法院确定为具有管辖权的法院。

3. 从破坏生态行为发生地内涵及外延分析，广东省清远市应被认定为破坏生态行为发生地，进而，一审法院具有管辖权。《最高人民法院关于审理环境民事公益诉讼案件适用法律若干问题的解释》第6条第1款虽然规定了破坏生态行为发生地的中级以上人民法院具有管辖权，但在司法实践中，如前所述，部分法院将破坏生态行为发生地仅理解为猎捕、杀害国家重点保护野生动物的行为实施地，这一理解并未正确把握破坏生态行为发生地内涵及外延。之所以作出这样的错误理解，重要的原因是只习惯于从《民事诉讼法》、一般侵权法规范及相关司法解释中去寻找对破坏生态行为的解释，而上述法律规范并未对这一概念所包含的行为种类或形态进一步予以明确化或具体化。野生动物保护法律规范正确的司法适用进路应当是从相关的单行法中寻找破坏生态行为的种类或形态，故对于侵害野生动物的各种行为，应当从野生动物保护法中去寻找。《野生动物保护法》明确规定了猎捕、杀害、出售、购买、利用、运输、携带、寄递国家重点保护野生动物等行为均为禁止行为，故行为人未经批准实施的上述行为，均是破坏生态的行为。因此，未经批准许可实施猎捕、杀害、出售、购买、利用、运输、携带、寄递国家重点保护野生动物等行为的，任一行为实施地均应认定为破坏生态行为发生地。

3 张文显主编：《法理学》，高等教育出版社2011年版，第125页。

虽然除广东省清远市外，湖南省邵阳市、广东省广州市和广东省惠州市亦可被认定为污染环境、破坏生态行为发生地、损害结果地或者被告住所地，但《民事诉讼法》(2017 年修正)第 35 条规定："两个以上人民法院都有管辖权的诉讼，原告可以向其中一个人民法院起诉；原告向两个以上有管辖权的人民法院起诉的，由最先立案的人民法院管辖。"因此，法律并未对有权管辖某一案件的若干法院的顺位作出安排，仅以立案的先后次序作出区分，明确了最先立案的人民法院的优益性。因本案原告首先在广东省清远市中级人民法院提起诉讼，故清远市中级人民法院作为本案的管辖法院具有事实依据、法律依据。

4. 刑事诉讼法律规范不宜作为确定民事诉讼管辖权的法律依据。虽然，《刑事诉讼法》第 25 条、第 26 条，《最高人民法院关于适用〈中华人民共和国刑事诉讼法〉的解释》以及有关部门规范性文件对刑事案件的地域管辖(特别是对于犯罪地的认定)有较为具体的规定，但环境民事公益诉讼案件与刑事案件分属不同的审判序列，实体及程序规则的适用都存在重大差别，不能直接适用或参照刑事诉讼法律规范作为环境民事公益诉讼管辖权的认定依据。

此外，从实体层面去分析，犯罪构成和民事侵权责任构成的差异亦决定了，将刑事案件的地域管辖规则简单地套用于民事案件是不合理的。以入罪来论，犯罪的认定并非都取决于犯罪结果的发生，犯罪预备、犯罪未遂、犯罪中止均属犯罪行为，其发生地均属犯罪地。基于犯罪形态的多样性，犯罪预备地当属犯罪行为地，由此衍生出的管辖规则也具有正当性。而民事侵权责任的认定，则必须以损害结果为构成要件，侵权人是否实施预备行为并不当然影响侵权责任的证成。司法实践中，一般不将预备行为独立认定为侵权行为，从而，侵权行为预备地亦不作为侵权案件地域管辖的考虑因素。因此，尽管刑事诉讼中的犯罪地与民事诉讼中的侵权行为地在物理空间上存在重合，但对于刑事案件和民事案件的地域管辖，仍应从各自责任构成的角度出发予以最终的确定，即本案关于破坏生态行为发生地的认定不能直接套用刑事诉讼法律规范关于犯罪地的相关认定规则。

三、本案所确立的地域管辖规则之于生物多样性司法保护的示范效应

本案中，李某在广东省清远市多次购买国家重点保护动物穿山甲，并出售给钟某、黄某，清远市为本案破坏生态行为发生地应无异议。本案的依法处理，确立了以下裁判规则：未经批准许可实施猎捕、杀害、出售、购买、利用、运输、携带、寄递等行为的，任一行为实施地均应认定为破坏生态行为发生地。在纵深层面上,本案对于确立生物多样性保护领域环境民事公益诉讼的地域管辖规则亦有贡献。上述裁判规则对于准确理解与认定破坏生态行为发生地具有指导意义,对于准确把握环境民事公益诉讼案件的管辖和受理具有示范作用。

本案是广东省近年来首例因贩卖穿山甲而被环保组织起诉的涉野生动物保护的环境公益诉讼案件。在过往的审判实践中,部分法院倾向限制社会组织的起诉资格,导致社会组织的诉权得不到有效保障,违背了公益诉讼制度设计的初衷。本案的依法处理,对激发社会组织提起环境公益诉讼的积极性具有促进作用,对生物多样性保护具有社会意义。

在中国,穿山甲是国家一级保护野生动物。穿山甲全部亚种都被收录在《世界自然保护联盟濒危物种红色名录》中。据权威报道,穿山甲是保持生态平衡的重要一环,过去10年间有超过100万只穿山甲丧命于非法贸易,穿山甲因此被称为"被非法贸易最多的哺乳动物"。[4] 在生物多样性保护的法律规制问题上,物种资源、生态环境的持续发展等标准应当融入司法保障。[5] 司法作为生物多样性保护的重要手段,人民法院理应主动作为,积极探索针对新类型案件的司法裁判规则及法律适用标准,不断完善程序法上的司法保护路径和实体法上的司法适用依据。本案以《野生动物保护法》这一环境资源领域的单行法作为认定破坏生态行为发生地的依据,具有科学性与合理性,符合生态文明建设的理念遵循。本案所确立的裁判规则以及有关逻辑推理过程,对于各类破坏生态行为发生地的认定,具有较强的指导意义。目前全世界对穿山甲的保护都愈加重视,本案对有关行为进行全链条打击,彰显了中国加强生物多样性保护的决心,为世界生物多样性司法保护提供了中国样本。

【相关法条】

《中华人民共和国野生动物保护法》第21条、第27条、第33条;

《最高人民法院关于审理环境民事公益诉讼案件适用法律若干问题的解释》第6条。

---

4 《10年来约100万只穿山甲惨遭盗猎和非法贸易,一起保护ta们!》,载光明网2022年7月1日,https://m.gmw.cn/baijia/2022-02/20/1302811945.html。

5 参见秦天宝:《论生物多样性保护法律规制的范式转变》,载《人民论坛·学术前沿》2022年第4期。

未经同意发送商业短信构成对个人信息权益的侵害

——王某诉某信息科技有限公司网络侵权责任纠纷案

麦应华*

【裁判要旨】

未经接收人同意向其发送商业短信,涉及对个人信息的不当收集、使用等行为,侵害接收人的个人信息权益。同时,结合商业短信的发送次数、时间以及收到停止通知后的处理等,达到侵扰私人生活安宁程度的,还可能构成隐私权侵权。在无相反证据的情况下,码号的登记使用者为个人信息处理者,应由其对短信发送可能引发的个人信息侵权行为承担责任。

【关键词】

商业骚扰短信　个人信息侵权　隐私权

【案件索引】

广州互联网法院(2021)粤0192民初44778号民事判决书

【基本案情】

被告某信息科技有限公司系码号10692735的使用单位。2021年4月14

* 麦应华——广州互联网法院三级法官。

日17时27分，原告王某注册的电信手机号133××××××57收到一条由码号1069273581246366发送的手机短信，内容为“【某云计算有限公司】您的话费余额即将不足，送您立减6元话费充值券，限时1天领取，点击直达3.cn/-1d8BzxM回复BK退订。”2021年4月18日11时26分，原告依照案涉短信提示回复“BK”退订，产生资费0.1元。经当庭核验案涉短信内链接3.cn/-1d8BzxM，结果显示页面以约零点几秒的速度快速闪现“1分钱充10元”的充值广告，并接连跳转最终停留至“某云计算有限公司登录注册”页面，该页面要求用户输入手机号及验证码，之后进入某平台充值话费页面。

被告某信息科技有限公司确认原告王某收到的案涉短信由其发出，但主张其仅是短信端口提供商，其从事的是增值电信产品的代理业务，是依案外人某云计算有限公司指示发送案涉短信，相关短信内容及案涉手机号均由案外人某云计算有限公司提供，其仅为案涉短信发送提供技术支撑。另外，被告某信息科技有限公司认为原告王某系某平台用户，并且已同意接收某平台向其发送相关商业短信。对此，被告仅提供一张标示某云计算有限公司的邮件沟通截图及一张账号信息截图予以证明。被告提供的上述两张截图存在大量打码遮盖，无法证明图片来源，经当庭要求被告补充提交邮件来源证据及其所述商业合作证据，被告均不予提供。

在线庭审中，经法院释明，原告明确表示在本案中不申请追加某云计算有限公司为被告，截至法庭辩论终结前，原告并未提出追加被告申请。

本案审理过程中，法院向某云计算有限公司发函调查该公司与被告是否存在商业合作关系及是否曾要求被告向电信用户133××××××57发送案涉短信等，某云计算有限公司于2022年4月11日复函称“未查询到我司与某信息科技有限公司存在合同关系，故就贵院提供的附件材料无法核实”。

王某认为，某信息科技有限公司未经其同意擅自向其发送营销类短信广告，侵害了其隐私权及个人信息，故诉至法院，要求某信息科技有限公司以书面形式向原告赔礼道歉，请求赔偿短信退订费0.1元。

某信息科技有限公司辩称：(1)被告作为短信端口提供商，仅通过代理中国电信短信产品，提供发送短信服务，短信内容和发送目的号均为第三方提供。(2)原告产生的0.1元通信费为中国电信收取，其要求支付或者退还的主体不应是被告，原告应向中国电信提出诉求。(3)被告认为原告持有多张不同电信运营商的电话卡，一次性收集短信，并通过恶意索赔，高额勒索的方式获取赔偿。综上,请求驳回原告的全部诉讼请求。

【裁判结果】

广州互联网法院于2022年5月12日作出判决:一、被告某信息科技有限公司于本判决发生法律效力之日起十五日内,以向原告王某出具书面致歉声明的方式向原告王某赔礼道歉,致歉声明内容须经法院审核,字数不少于100字;被告某信息科技有限公司拒不履行的,法院将采取在报刊、网络等媒体上发布公告或者公布生效裁判文书等方式执行,产生的费用由被告某信息科技有限公司负担。二、被告某信息科技有限公司于本判决发生法律效力之日起十日内向原告王某赔偿退订短信资讯费0.1元。三、驳回原告王某的其他诉讼请求。判决已发生法律效力。

【裁判理由】

法院生效裁判认为:本案争议焦点为:被告在案涉短信发送中处于何种法律地位;被告发送案涉短信的行为是否侵害原告的个人信息权益;被告发送案涉短信的行为是否侵害原告的隐私权;如构成侵权,被告应如何承担法律责任。

一、被告在案涉短信发送中处于何种法律地位

被告是案涉短信发送所引起的权利义务关系的承受主体,应由其承担案涉短信发送所产生的法律后果。案涉短信由被告掌握的码号端口发出,在无其他相反证据的情况下,应认定其系该信息内容的提供者,由其对该信息发送所产生的法律后果直接承责。被告抗辩其仅是短信端口服务提供者,是受案外人某云计算有限公司指示发送短信,却未提供其与案外人就短信发送服务签订的相关合作协议,也未提供由案外人编辑短信内容、其提供端口服务的相关证据,且从案外人就该问题对法院的复函来看,案外人否认与被告存在商业合作关系或确认曾指示、要求被告发送案涉短信。综合相关因素,法院认定被告是案涉短信内容的提供者,也是短信发送者,应由其对案涉短信发送产生的法律后果承担责任。

二、被告发送案涉短信的行为是否侵害原告的个人信息权益

首先,被告存在处理原告个人信息的行为,系个人信息处理者。依据《民法典》第1034条之规定,个人信息的核心特征在于“可识别性”。案涉手机号码为原告实名注册的手机号码,与原告本人特定相关,对于被告而言,从该手机号码已识别或可识别出原告本人,故案涉手机号码属于原告的个人信息。《民法典》第1035条第2款规定:“个人信息的处理包括个人信息的收集、存储、使用、加工、传输、提供、公开等。”原、被告之间并无合同关系,原告并未向被告提供案涉手机号码,无论被告从何种渠道获取该手机号码,均存在收集原告个人信息的行为。被告向案涉手机号码发送商业广告,该行为同时属于利用收集的原告的个人信息进行商业广告推送的个人信息使用行为。另外,从技术上看,该发送行为本身可能包含了将收集的原告的手机号码存储在计算机或者云服务器当中的存储行为。综上,被告存在处理原告个人信息的行为,系个人信息处理者,应遵守个人信息处理的相关规定。其次,依据《民法典》第1035条第1款之规定,公民依法享有个人信息权益,他人不得非法侵害。任何组织或个人在处理个人信息时都应当告知信息主体即其个人信息被处理的自然人,并在取得同意后,方可从事相应的个人信息处理活动,否则该等处理行为即属违法,除非法律、行政法规另有规定。被告未告知并取得原告的同意即处理其个人信息,也不符合法律、行政法规规定可以无须取得原告个人同意的情形,该处理行为侵害了原告对其个人信息的决定权,构成对原告个人信息权益的侵害。

三、被告发送案涉短信的行为是否侵害原告的隐私权

依据《民法典》第1032条之规定,隐私是自然人的私人生活安宁和不愿为他人知晓的私密空间、私密活动、私密信息。原告主张被告发送案涉短信的行为侵害其隐私权中的私人生活安宁权益,该主张不能成立。被告仅向原告的手机号码发送短信1次,且发送时间并非在深夜等明显不合时宜的时间段,在原告发送退订短信后,被告立即停止再次发送短信。结合被告发送短信的次数、时间以及收到原告退订短信后的处理,法院认为,被告发送案涉短信的行为并未达到侵扰原告私人生活安宁的程度,不宜认定被告发送案涉短信的行为构成对原告隐私权的侵害。

四、被告应如何承担法律责任

被告的行为侵害了原告的个人信息权益,该侵害确实在一定程度上造成原告因对其个人信息存在泄露等风险的精神不安,故法院对原告有关被告向其出具书面道歉声明的诉讼请求依法予以支持。被告作为个人信息的处理者,对个人信息的处理过程和结果最为清楚,应由其承担对案涉个人信息处理行为不存在主观过错的证明责任。现被告提供的证据不足以证明其对案涉个人信息的处理没有过错,故应由其承担举证不能的不利后果,法院认定被告对案涉个人信息的处理行为存在过错,应承担损害赔偿责任。原告因被告的侵权行为支付的退订短信资费 0.1 元,属于因侵权行为造成的经济损失,该损失应由被告承担。

【案例注解】

依现代社会生活及市场经济运作,以发送手机短信的方式向潜在的消费者投放商业广告,是商家常用的经营策略,同时也带来社会公众饱受短信骚扰权益受损的问题。本案即是未经同意向自然人发送商业短信引发的个人信息及隐私权侵权纠纷。本案纠纷有一定的典型性。本案中,被告作为发送短信的码号登记使用者,辩称系受第三方委托处理个人信息。如何认定案涉类似纠纷的个人信息处理者,如何对此中所涉个人信息处理行为作出认定,是审理该类纠纷的难点。本案裁判以最大化保护自然人个人信息及隐私权为宗旨,充分贯彻民事诉讼举证责任的分配原则和要求,认定在无相反证据的情况下,码号的登记使用者为个人信息处理者,并根据已知的事实和日常生活经验法则,合理推定短信发送行为所涉个人信息处理行为,为同类纠纷的审理提供有益借鉴,为规范商业推广,保护个人信息权益提供裁判指引。

一、发送商业短信属于个人信息处理行为

依据《民法典》第 1035 条第 2 款及《个人信息保护法》第 4 条第 2 款的规定,个人信息处理行为包括个人信息的收集、存储、使用、加工、传输、提供、公开、删除等。发送商业短信通常表现为通过电信网络向特定手机号点对点发送信息,此行为成立的前提是发送人知悉接收人的手机号码并以此为媒介完成发送。因此,从外观来看,无论发送人从何种渠道获取接收人的手机号码,均存在收集接收人手机号码的行为。以此,问题的关键在于个人的手机号码是否属于受《民法典》及《个人信息保护法》保护的个人信息。依据《民法典》第 1034 条及《个人信息保护法》第 4 条之规定,个人信息的核心特征在于“可识别性”,即能够单独或者与其他信息相结合识别特定的自然人。就手机号码而言,在我国,根据实名制的要求,手机号码都系实名注册。因此,手机号码与特定自然人相关。日常生活中,手机号码也常常作为自然人的联系方式与自然人的姓名等

可识别自然人本人的信息结合呈现。因此,手机号码可识别出实名认证人本人,属于个人信息。发送商业短信的行为也因此属于收集自然人个人信息的行为。

除此之外,还可依商业短信发送行为的目的、方式、行为性质、内容逐一分析其中涉及的个人信息处理行为。就行为目的及性质而言,发送商业短信属于商业广告宣传,系因商业目的而使用收集的个人信息。参考《互联网个人信息安全保护指南》第3.6条[1]对个人信息的使用采广义之规定,发送商业短信的行为应属于个人信息使用行为。就行为方式而言,根据日常生活经验法则,发送商业短信可能包含为了“发送”而将收集的手机号码存储在计算机或者云服务器当中的存储行为。就行为内容而言,如确有证据证明短信内容系根据接收人的浏览、购买记录等进行的有针对性推荐,则发送行为同时构成利用收集的自然人的个人信息进行分析,形成有关用户画像,进行精准广告推送的个人信息使用行为。

二、码号登记使用者系推定的个人信息处理者

依据工信部《通信短信息服务管理规定》,经营短信服务需要取得电信业务经营许可。现实中,从业务分工及经营策略考虑,许多短信内容提供者并不直接向个人手机号发送商业短信,而将短信发送业务批量委托给商业短信端口服务提供者,由其代发。出于种种原因,还可能存在短信发送业务多次转包的情况。此时,就出现短信内容提供者与短信服务提供者主体分离的问题,也即谁为个人信息处理者的问题。对此,《个人信息保护法》第21条第1款作出了规定:个人信息处理者委托处理个人信息的,应当与受托人约定委托处理的目的、期限、处理方式、个人信息的种类、保护措施以及双方的权利和义务等,并对受托人的个人信息处理活动进行监督。由该条文义可知,受委托处理个人信息的主体,虽然客观上实施了处理个人信息的活动,但其并非《个人信息保护法》意义上的个人信息处理者,不受《个人信息保护法》有关个人信息处理者权利义务的约束。因此,审查短信发送主体是否为个人信息处理者,是审理该类纠纷须待解决的问题。

---

1 《互联网个人信息安全保护指南》第3.6条将个人信息的使用界定为:通过自动或非自动的方式对个人信息进行操作,例如记录、组织、排列、存储、改编或者变更、检索、咨询、披露、传播或以其他方式提供、调整或组合、限制、删除等。

实践中,由于码号登记使用者经实名注册并在相关公示网站可被查询,故接收短信的用户往往以码号登记使用者为被告起诉要求其承担个人信息处理者责任。诉讼过程中,码号登记使用者往往以其系受委托发送短信为由进行抗辩。对此,应由码号登记使用者对其主体身份承担举证责任。如其不能提供委托合同、短信收发记录等证据证明确存在受第三方委托发送短信的事实,则推定其为个人信息处理者,应由其对可能存在的个人信息侵权行为承担责任。如码号登记使用者确能提供证据证明系受第三方委托发送短信,则应认定委托人为个人信息处理者,对委托人与原告之间的法律关系进行审查。前述该种举证责任分配,符合民事诉讼规则,也可倒逼码号登记使用者披露真实的法律关系事实,以认定真正的责任承担主体。

进一步而言,如确存在委托处理个人信息的事实,对受托人未按照约定处理个人信息以及委托人委托行为本身不当(如个人信息不具有正当性来源等),应如何分配双方责任,则应根据委托合同相关法律法规进行处理。在受托人未按照约定处理个人信息造成侵权的情况下,受托人需要承担侵权责任,委托人是否应当承责可类比承揽合同中定作人的过错责任约定,视其就个人信息处理是否存在定作、指示、选任错误而决定是否承责。在委托人委托行为本身不当的情况下,委托人需要承担侵权责任,受托人是否需要承责则应考量其对个人信息侵权是否存在主观过错。如委托人将专门向客户发送“黄赌毒”等明显违背社会公序良俗的短信作为委托事项委托于受托人,则应认为受托人知道或者应当知道委托事项违法而仍然实施,双方构成共同侵权,需承担连带赔偿责任。如受托人仅是受委托发送一般商业短信,基于短信发送批量化、规模化的特点,不应过度苛责受托人对个人信息处理进行合法性审查,否则与商业社会发展趋势不符。

三、未经个人同意发送商业短信侵害个人信息权益

依据《个人信息保护法》第13条之规定,公民依法享有个人信息权益,他人不得非法侵害。任何组织或个人在处理个人信息时都应当告知信息主体即个人信息被处理的自然人,并在取得其同意后,方可从事相应的个人信息处理活动,否则该等处理行为即属违法,除非法律、行政法规另有规定。经营者发送商业短信,目的通常为业务推广、业务拓展,一般不属于因“为订立、履行个人作为一方当事人的合同所必需”而可以合法处理个人信息的情形,原则上需要取得个人的明确同意,否则侵害自然人对其个人信息的决定权,构成对个人信息权益的侵害。此外,即使经营者在消费者已勾选“同意”选项等前提下向其发送短信,也应当保证是具有同意能力的个人在充分知情的前提下,自愿、明确以法定方式作出同意,即应当以“显著方式”“清晰易懂的语言”真实、全面、完整地告知向其发送短信的目的、方式等,确保消费者在完全知情的情况下作出同意,且也不能超出同意的使用方式及处理目的范畴。如消费者仅是同意经营者向其发送订单状态变动通知等短信,而经营者向其发送商业推广信息,仍应视为未取得消费者同意而可能构成侵权。同时,即使在取得个人同意的情况下,相关商业广告的发送还应符合《广告法》等法律法规规定。

四、视发送次数、时间以及收到停止通知后的处理综合判断是否构成隐私权侵权

依据《民法典》第 1032 条之规定,隐私是自然人的私人生活安宁和不愿为他人知晓的私密空间、私密活动、私密信息。隐私是一种“免受外界干扰的、独处的”权利,它强调保护的是个人对其生活安宁、精神宁静所享有的不被打扰和妨碍的权利。侵害隐私权并不一定表现为个人的“秘密”等“隐”性空间、活动、信息被公开,当个人的“私”的安宁被侵扰,也可能构成隐私权侵权。据此,认定未经同意发送短信、邮件,拨打骚扰电话等是否构成隐私权侵权,一则需考虑处理行为是否涉及处理个人的私密信息,如未经同意收集个人的长相、身高、体重等生理信息或房产地址、银行存款等私密信息并形成用户画像,以短信方式发送商业广告,可以认定侵害了个人的隐私权。二则需考虑发送骚扰短信、邮件等行为是否已经达到侵扰私人生活安宁的程度。此时,需结合短信、邮件等的发送次数、时间以及发送主体收到要求停止发送通知后的处理等作出综合判断,认定是否构成对接收主体的隐私权侵权。如总是在深夜时段拨打骚扰电话,或者多次发送短信经发送退订短信等仍不停止,则可以认定构成隐私权侵权。

【相关法条】

《中华人民共和国民法典》第 995 条、第 1032 条、第 1034 条、第 1035 条;
《中华人民共和国个人信息保护法》第 2 条、第 4 条、第 13 条、第 69 条。

销售“无人直播”手机构成不正当竞争

——快手公司与广州某网络科技有限公司等不正当竞争案

刘　靖　陈雅敏*

【裁判要旨】

对因“创新”方式竞争而引发的新型互联网不正当竞争纠纷,在法律没有明确规定的情况下,法院可综合运用道德评价、比例原则、竞争效果评价等方法,从经营者利益的损害程度、公认商业道德的违反情况、消费者利益的长远保护、技术创新及市场竞争秩序的良性互动等多角度对竞争行为的正当性进行审查认定。

【关键词】

无人直播　不正当竞争　直播平台　手机　重复播放

【案件索引】

一审:广州市花都区人民法院(2021)粤0114民初10774号

二审:广州知识产权法院(2022)粤73民终3418号

* 刘靖——广州市花都区人民法院民二庭庭长、四级高级法官;陈雅敏——广州市花都区人民法院民二庭三级法官。

【基本案情】

2021年,快手公司将进行无人直播手机研发、宣传、销售的广州某网络科技有限公司等以不正当竞争为由诉至广州市花都区人民法院,诉称被告不正当地利用并破坏了原告的竞争优势,涉案产品装有“softcam”系统软件,通过技术手段实现本地视频文件在快手平台进行“无人直播”,欺骗了观看直播的用户,严重影响了用户体验,同时增加了诚信主播的生存和发展难度,破坏了公平竞争的商业伦理,损害了原生的市场竞争力。

【裁判结果】

广州市花都区人民法院于2022年4月20日作出(2021)粤0114民初10774号民事判决,判决:一、被告广州某网络科技有限公司于本判决生效之日起十日内赔偿原告快手公司经济损失及维权合理开支共计150,000元;二、驳回原告快手公司的其他诉讼请求。一审判决作出后,快手公司不服一审判决,提出上诉,在上诉期间快手公司与广州某网络科技有限公司达成和解,未预交上诉费用。二审法院广州知识产权法院作出(2022)粤73民终3418号民事裁定,裁定:本案按上诉人快手公司主动撤回上诉处理。

【裁判理由】

法院生效裁判认为:本案争议的焦点为被诉行为是否构成不正当竞争行为。“无人直播”针对网络直播领域,区别于真人实时实况直播,无须真人现场出镜,主播可将提前录制好的内容,通过重复播放的形式进行直播。广州某网络科技有限公司销售的被诉侵权手机“无人直播”的功能是通过“softcam”系统软件实现的,涉案产品的实质在于通过技术手段实现用录播的本地视频在快手视频直播平台进行直播。由于《反不正当竞争法》对涉案被诉行为未作明确规定,应当依据该法第2条的一般性条款进行审查,具体有以下审查要件:

一、关于广州某网络科技有限公司是否构成竞争主体。广州某网络科技有限公司销售的“无人直播”手机在产品介绍和预设方案中,针对快手短视频平台指向性明确，即广州某网络科技有限公司利用了快手直播已经拥有的庞大的用户群体、在直播领域占有的份额的竞争优势，通过“无人直播”技术争夺快手用户的注意力，为自己或他人争取交易机会，获取竞争优势，而该行为并未经过快手公司同意，广州某网络科技有限公司为本案《反不正当竞争法》规制的竞争主体。

二、关于被诉行为是否损害了快手公司合法权益。“无人直播”使用“softcam”虚拟摄像头取代真实场景拍摄，破坏了快手短视频软件视频直播的正常功能，违背了快手公司的自由意志，侵害了快手公司的自主经营权，破坏了快手公司以视频直播真实性为核心形成的竞争优势。“无人直播”技术具有隐蔽性，针对直播平台规制方法在不断更新升级，快手公司需不断投入资金、人力等去研发新的技术识别“无人直播”并进行规制，进一步增加了快手公司对直播内容审核的压力和经营成本。

三、关于被诉行为是否违反了诚实信用原则和商业道德。涉案纠纷发生在互联网直播领域，公认的商业道德应该包括互联网直播行业惯例、通行做法以及行业规范文件等。“无人直播”技术具有欺骗性，违反了互联网直播行业规范中的诚实信用、信息真实原则。主播使用“无人直播”技术，可以实现多台手机不受场地限制不间断播放已录制好的视频，该行为并非互联网直播行业惯例、通行做法，实质上是以较低的成本与正规直播经营者抢夺流量资源并从中获利，打破直播主播在时间、精力等的投入产出方面的平衡性，构成“无人直播”账号与正常合法合规进行直播的主播们直接的不公平竞争，长此以往将打击正规主播的积极性，侵害正规主播遵守平台规则进行公平竞争获得利益的权利，违背互联网直播行业规范中的公平竞争原则。

四、关于被诉行为是否扰乱了社会经济秩序，损害了消费者合法权益。技术中立原则是指在提供具有实质性非侵权用途的情况下，产品或服务的提供者不构成引诱或帮助侵权。“无人直播”技术的基础就是欺骗和侵害快手短视频软件的正常功能，不具有实质性非侵权用途。广州某网络科技有限公司的被诉行为并非单纯向用户提供“无人直播”技术，而是将该技术作为破解快手等平台的规制方法进行销售获利，其目的是增加自身的用户资源和谋求更多的交易机会，不符合技术中立原则。

关于被诉行为是否有利于技术创新。平台本身已对直播和录播视频的使用途径作出设置和规范，被诉行为打破平台功能设置，不具正当性基础，并非基于技术创新必要性的考量。涉案“无人直播”使用的“softcam”系统软件早在2012年之前就被使用在计算机等设备中,不属于当下互联网领域的新技术。将被诉行为认定为不正当竞争行为予以规制,只是对于将“softcam”系统软件使用在销售的手机中进行经营的行为作出否定评价,而非对于“softcam”虚拟摄像头这类技术本身作出否定评价,也不会影响虚拟摄像头技术的进一步创新发展。

观众作为直播平台的消费者,观看直播是为了欣赏实时发生的事件,录播视频是经过事先安排、录制甚至经过后期修改的,与观看直播的体验相差巨大,由于“无人直播”视频的存在,观众无法自由实现选择观看直播或录播视频的需求,使真实感、互动感降低,对消费者的长远利益将产生负面的、消极的影响。让快手直播平台保留消费者选择的多样性、真实性,才更符合消费者的长远利益。综上,广州某网络科技有限公司的被诉行为依法构成不正当竞争。法院酌定广州某网络科技有限公司赔偿快手公司经济损失及维权合理开支共计150,000元。

【案例注解】

本案是非常典型的因“创新”方式竞争而引发的新型互联网不正当竞争纠纷。近年来,互联网行业迅速崛起带来了全新的技术手段和商业模式,网络直播作为互联网新业态,成为我国数字经济发展中的一颗亮眼的“明星”,有效提振了群众的消费意愿、促进了经济发展。“无人直播”模式是随视频直播衍生出来的“新型直播方式”,商家为了降低人力成本、运营成本、推广成本等对手机的系统进行改造,嵌入虚拟摄像头和有关软件进行“无人直播”,企图通过降低直播成本获得更大的收益。司法实践中,生产、销售以及应用短视频平台上实现“无人直播”的应用软件及包含该应用软件的硬件设备的案例越来越多,认定“无人直播”是否构成不正当竞争需结合法律规定和社会影响综合判断。

一、认定“无人直播”行为的法律依据

《反不正当竞争法》第12条规定:“经营者利用网络从事生产经营活动,应当遵守本法的各项规定。经营者不得利用技术手段,通过影响用户选择或者其他方式,实施下列妨碍、破坏其他经营者合法提供的网络产品或者服务正常运行的行为……(四)其他妨碍、破坏其他经营者合法提供的网络产品或者服务正

常运行的行为。”本案中，快手短视频软件的视频直播功能，系采用读取摄像头录制的内容并实时同步到直播室进行直播的方式实现，本案“无人直播”手机针对快手公司的视频直播功能，使用“softcam”虚拟摄像头取代真实场景拍摄，通过技术手段实现用录播的本地视频在快手视频直播平台进行直播，破坏快手短视频软件视频直播的正常功能，是破坏快手公司合法提供的网络产品正常运行的行为。由于《反不正当竞争法》第 12 条对于涉案被诉行为未作明确规定，广州某网络科技有限公司破坏快手公司合法提供的网络产品正常运行的行为不能直接推导出广州某网络科技有限公司被诉行为的不正当性，因此还应当依据该法第 2 条的一般性条款进行审查。《反不正当竞争法》的立法本意在于保护健康有序的市场竞争秩序，减少损害其他经营者或者消费者的合法权益的行为，适用《反不正当竞争法》第 2 条应当秉持谦抑原则，需要对“无人直播”进行审慎的司法判断。

二、从竞争角度评价“无人直播”的影响

核心竞争力是经营者在市场上能否脱颖而出的关键因素。直播平台的运营者立足市场、获取市场竞争优势的关键在于锁定用户的深度与广度，用户数量、市场占有率是视频软件公司谋求商业利益的重要基石，有关公司对视频直播的设置和维护，起到了吸引用户及流量，从而增强用户与直播平台之间的黏性作用。视频直播能否真实反映直播摄像头所拍摄到的实时实况性，是视频直播区别于其他直播和短视频产品的最主要特征，也是用户选择视频直播的重要原因。保证视频直播的真实性是平台设置视频直播板块形成的重要竞争优势。本案中广州某网络科技有限公司侵害了快手平台直播真实、互动的核心竞争力，影响了直播平台的可持续发展能力。

对于直播主播而言，其理应通过真实的才艺表演、生活展示、带货销售或其他形式的实况内容来吸引用户并同其他主播进行竞争。“无人直播”通过虚假直播的方式盈利，直接损害了合法合规主播的合法权益，抢占市场份额，长此以往，将造成市场主体间的不良效仿，会导致直播主播经营者的创新能力下降，使整个市场信用下降，阻碍经济社会的可持续发展。

对于观众而言，相信其看到的视频直播是主播手机摄像头实时拍摄的实时实况，与观看录播视频具有完全不同的真实性效果和互动体验。“无人直播”的存在导致消费者物质精神需求得不到满足，损害了消费者自主选择的消费权利。

三、从道德角度评价“无人直播”的影响

在我国现阶段,社会经济秩序是指社会主义市场经济秩序。维护正常的社会主义经济秩序,对于发展社会主义生产力,建设现代化国家有着重要的影响。就道德评价的角度而言,应该合理判断“无人直播”是否是属于违反诚实信用原则和公认的商业道德的行为,避免因“泛道德化”而过度限制竞争自由。

在市场经营活动中,相关行业协会或者自律组织为规范特定领域的竞争行为和维护竞争秩序,会结合其行业特点和竞争需求,在总结归纳其行业内竞争现象的基础上,以自律公约等形式制定行业内的从业规范,以约束行业内的企业行为或为其提供行为指引,这些行业性规范常常反映和体现了行业内的公认商业道德和行为标准。“无人直播”技术并非互联网直播行业惯例、通行做法,该行为实质上是以较低的成本与短视频正规直播经营者抢夺流量资源并从中获利,构成“无人直播”账号与正常合法合规进行直播的主播们直接的不公平竞争,侵害正规主播遵守平台规则进行公平竞争获得利益的权利,也违背了互联网直播行业规范文件中规定的公平竞争原则。

四、从市场秩序角度评价“无人直播”的影响

近两年,在线直播等新业态发展速度大幅提升,直播经济成为当下国民经济的重要组成部分,直播电商为数字经济产业链提效降本,直播经济在拉动经济和社会发展方面的价值不断凸显。但随着直播行业快速发展,部分经营者为了获取更多利益,导致网络直播出现一些负面问题,网络黑灰产业的治理成为当下社会治理的重要议题之一。

真实的直播流量、数据是数字经济发展的基础,只有确保数据安全可靠、流量真实有效,才能促进数字技术和实体经济深度融合,壮大经济发展新引擎。“无人直播”本质为虚假直播,这种寄生性的经营行为破坏了直播真实、互动的核心价值,有损网络用户及平台合法利益,侵害了直播平台经营者的合法市场利益,违反了诚实信用原则和商业道德,不利于保障消费者的合法权益,扰乱了公平竞争的社会经济秩序,属于新型不正当竞争行为。“无人直播”此类网络灰色产业的存在,不仅增加了直播行业泡沫,实际上也是对直播行业营商环境的破坏。有效打击网络黑灰产业,是优化直播等互联网产业营商环境的重要一环,本案在认定广州某网络科技有限公司销售“无人直播”手机对快手平台构成不正当竞争的同时,积极组织原、被告双方进行和解,要求被告披露涉案侵权产品生产厂家,协助快手公司查明生产该“无人直播”手机的上游厂家,对幕后黑灰产业链“溯源”和“断链”，进一步遏制产业滋生蔓延，切实推动治理网络黑灰产业、共同维护直播行业公平竞争的健康生态、营造法治化营商环境。

【相关法条】

《中华人民共和国反不正当竞争法》第2条、第12条。

信息网络侵权行为引发纠纷的管辖确定

——深圳市某玩具有限公司诉广州市海珠区某贸易商行著作权权属、侵权纠纷案

张东妮　郑一迅*

【裁判要旨】

线上通过信息网络平台销售侵权产品，需结合全部侵权行为进行综合考量，在网络平台使用他人拥有著作权的商品图样进行许诺销售，并利用信息网络传播获取不当利益的行为，属于信息网络侵权行为，但该行为引发的纠纷不属于《最高人民法院关于互联网法院审理案件若干问题的规定》（以下简称《互联网法院规定》）第2条第5项规定的应由互联网法院集中管辖的纠纷，故不应由互联网法院集中管辖。

【关键词】

信息网络侵权行为　互联网法院　集中管辖　司法管辖

【案件索引】

广州市海珠区人民法院（2021）粤0105民初5250号
广东省高级人民法院（2021）粤民辖831号

---

* 张东妮——中山大学法学院司法体制改革中心研究员；郑一迅——广东省高级人民法院立案庭法官助理。

【基本案情】

原告:深圳市某玩具有限公司(以下简称某公司)。

被告:广州市海珠区某贸易商行(以下简称某商行)。

2021 年 3 月 17 日,广州市海珠区人民法院立案受理了某公司与某商行著作权权属、侵权纠纷一案。某公司主张,某商行未经许可在其经营的“广州市海珠区某贸易商行”的网店中销售涉案产品海鸥挂件,侵犯了某公司的美术作品著作权。某公司为维护自身合法权益提起诉讼,请求判令某商行立即停止侵犯,将全部侵权商品予以销毁,并赔偿经济损失、维权合理支出共计 2 万元。某公司依据某商行住所地确定广州市海珠区人民法院为管辖法院,后请求将本案移送深圳市龙岗区人民法院处理。

广州市海珠区人民法院经审查认为:本案属于著作权权属、侵权纠纷。依据《民事诉讼法》第 28 条的规定,因侵权行为提起的诉讼,由侵权行为地或被告住所地人民法院管辖。从某公司的诉讼请求和所依据事实理由、提交的证据来看,其指向的侵权行为主要是某商行将某公司享有著作权的美术作品用于网络销售的行为,该行为与信息网络传播关系紧密,具备信息网络传播侵权行为的显著特征。某商行作为本案被告,其住所地在广州市海珠区。依据《互联网法院规定》第 2 条第 5 项之规定,广州互联网法院集中管辖广州市辖区内的在互联网上侵害在线发表或者传播作品的著作权或者邻接权而产生的纠纷,故广州互联网法院依法对本案享有管辖权,海珠法院对本案没有管辖权。根据《民事诉讼法》第 35 条的规定,两个以上人民法院都有管辖权的诉讼,原告可以向其中一个人民法院起诉。某公司选择向有管辖权的深圳市龙岗区人民法院起诉符合法律规定。综上所述,依照《民事诉讼法》第 18 条,《最高人民法院关于适用〈中华人民共和国民事诉讼法〉的解释》(以下简称《民诉法解释》)第 25 条、第 35 条的规定,裁定本案移送深圳市龙岗区人民法院处理。

深圳市龙岗区人民法院经审查认为:《民诉法解释》第 25 条规定的信息网络侵权行为系指在信息网络上完整实施的侵权行为。本案中,根据某公司的诉请事由,涉案被控侵权行为仅部分环节在网上实施,并不构成上述规定的信息网络侵权行为,不能适用上述关于“侵权结果发生地包括被侵权人住所地”的规定确定管辖。另,按照本案现有证据,无法认定侵权行为地或被告住所地位于龙岗区人民法院辖区,海珠区人民法院作为被告住所地法院对本案享有管辖权,遂依据《民事诉讼法》第37条层报广东省高级人民法院指定管辖。

【裁判结果】

广东省高级人民法院作出(2021)粤民辖831号民事裁定书:一、撤销广东省广州市海珠区人民法院(2021)粤0105民初5250号民事裁定;二、本案由广东省广州市海珠区人民法院审理。

【裁判理由】

广东省高级人民法院认为,本案审查的焦点是被诉侵权行为是否属于信息网络侵权行为。依据某公司的诉讼请求,本案被诉侵权行为包括某商行通过信息网络平台销售、许诺销售以及线下生产被控侵权产品的行为。其中某商行在其网络平台使用某公司拥有著作权的商品图样进行许诺销售,利用信息网络传播获取不当利益,属于信息网络侵权行为,但该行为所引发的纠纷不属于《互联网法院规定》第2条第5项规定的在互联网上侵害在线发表或者传播作品的著作权或者邻接权而产生的纠纷,也不属于其他应由广州互联网法院集中管辖的纠纷。而某商行生产、销售被控侵权产品的行为,则并不涉及信息网络侵权。但无论是某商行在其网络平台使用侵权商品图样进行许诺销售,还是生产、销售被控侵权产品,海珠区人民法院作为被告住所地法院,对本案均具有管辖权,其将案件移送龙岗区人民法院不当,应予纠正。

【案例注解】

随着“互联网+”时代到来,商品零售的交易模式进一步转变,无论是商家还是消费者,都越发依赖网络平台进行交易。在疫情防控常态化的影响下,直播带货、短视频等更是带来新业态的勃发。然而,互联网的发展也伴生了信息网络侵权纠纷的快速增长,其独有的特性使得传统司法管辖的认定标准产生诸多模糊或交叉,当事人之间甚至法院之间就管辖权发生争议的现象时有发生,此类案件的纠纷定性和管辖确定属于司法实践中的难点问题。本案是典型的针对网络销售行为进行维权而引发的著作权权属、侵权纠纷，分歧主要在于被诉侵权行为是否构成信息网络侵权行为，以及被诉侵权行为的司法管辖如何确定。

一、如何认定“信息网络侵权行为”

正确理解侵权行为性质是确定管辖法院的基础。相较于传统的现实物理世界，信息网络世界具有跨地域、全球化、互联互通的特点。在信息网络侵权案件中，民事法律关系生灭存亡的事实以及与此相关的证据材料基本上都发生或存在于互联网这一虚拟空间之中，因此该类案件所涉及的具体地点往往不胜枚举，且涵盖了物理空间和虚拟空间二重维度交叉的地点，如原、被告住所地，信息设备所在地，侵权行为实施地和侵权结果发生地等。若难以厘清众多地点之间的关系，将给信息网络侵权案件的管辖确定造成极大困难。

2015 年 2 月 4 日实施的《民诉法解释》第 25 条规定：“信息网络侵权行为实施地包括实施被诉侵权行为的计算机等信息设备所在地，侵权结果发生地包括被侵权人住所地。”该条文在一定程度上填补了信息网络侵权行为的地域管辖在程序层面的立法空白。然而，由于“信息网络侵权行为”的内涵及外延不甚明了，还是在实际运用过程中引发了此类案件的管辖混乱。在此后的《最高人民法院民事诉讼法司法解释理解与适用》（以下简称《理解与适用》）中，最高人民法院又在“理解”和“适用”两部分采取了前后不一致的说法——在《民诉法解释》第 25 条的“条文主旨和条文理解”中，《理解与适用》给出了宽泛的解释：“本条是关于计算机网络侵权纠纷案件的管辖规定。”而在“审判实务中应当注意的问题”中，该书又专门列举了人身权和信息网络传播权两类信息网络侵权案件的管辖问题，[1] 由此便引发了《民诉法解释》第 25 条所适用案件范围的争议。司法实践中，各地法院往往对该条所涉案件的范围存在不同的理解，这导致了信息网络知识产权侵权案件地域管辖标准的不统一和不确定。裁判文书显示，各地各级法院之观点可主要总结为以下两种：

第一，限制说。采此种观点之法院严格依照《理解与适用》中“审判实务中应当注意的问题”部分内容，将计算机网络侵权纠纷限制在侵害人身权和信息

1 最高人民法院修改后民事诉讼法贯彻实施工作领导小组编著：《最高人民法院民事诉讼法司法解释理解与适用》（上），人民法院出版社 2015 年版，第 169～173 页。

网络传播权两类。如在青岛橡六输送带有限公司侵害发明专利权纠纷案[2]中，最高人民法院认为："《民诉法解释》第25条规定的信息网络侵权行为具有特定含义，指的是侵权人利用互联网发布直接侵害他人合法权益的信息的行为，主要针对的是通过信息网络侵害他人人身权益以及侵害他人信息网络传播权等行为，而并非侵权行为的实施、损害结果的发生与网络有关即可认定属于信息网络侵权行为……上述过程中，相关网站仅仅是招投标行为的媒介之一。在网络普及化程度很高的当代社会，如果案件事实中出现网站平台等与网络相关的交流或沟通方式，抑或双方系通过信息网络平台进行被诉侵权产品的相关交易等，即认定为构成信息网络侵权行为，则属于对《民诉法解释》第25条规制的范围理解过于宽泛，不符合立法本意。因此，本案被诉侵权行为不属于《民诉法解释》第25条规定的信息网络侵权行为，不应以网站服务器等信息设备所在地确定管辖。"在广州易法客网络技术有限公司与上海百事通信息技术股份有限公司侵害计算机软件著作权纠纷案[3]中，广东省高级人民法院亦赞同最高人民法院的观点。

第二，扩张说。采扩张说的法院则认为第25条的适用范围可以扩张到《理解与适用》中的两类案件之外。而持此种观点的法院根据"信息网络侵权行为"的扩张程度差异，在作出裁判文书时所使用的表述也不尽相同。在四川好医生药业集团有限公司、平安健康互联网股份有限公司侵害商标权纠纷案[4]中，四川省高级人民法院认为："'信息网络侵权行为'是指侵权人利用互联网直接侵害他人合法权益的行为，并非案件事实与网络有关的侵权行为，不存在侵权商品储存地或者查封扣押地的管辖连接点。"在同溢堂药业有限公司、郑州宏昌牧业有限公司等侵害商标权纠纷案[5]中，福建省高级人民法院认为："本案涉及侵害商标权与不正当竞争纠纷。同溢堂药业有限公司主张被告在其微信朋友圈、抖音账号、微博以及微信公众号上使用其商标进行商品宣传。根据同溢堂药业有限公司目前提交的诉状及相应证据，上述行为发生在互联网领域，应当认定属

2　最高人民法院民事裁定书，(2021)最高法知民终2163号。

3　广东省高级人民法院民事裁定书，(2016)粤民辖终549号。该裁定认为："第25条主要规范的是侵害作品信息网络传播权或利用信息网络侵害人身权益方面的侵权行为。本案中，原告并未主张被告侵害其作品的信息网络传播权，也不涉及通过信息网络侵害人身权的情形，故本案不应适用上述司法解释第25条的规定，而应依据《民事诉讼法》第28条的规定确定管辖。"

4　四川省高级人民法院民事裁定书，(2018)川民辖终138号。

5　福建省高级人民法院民事裁定书，(2021)闽民辖终127号。

于信息网络侵权行为。”而在苏州蜗牛数字科技股份有限公司与成都天象互动科技有限公司、北京爱奇艺科技有限公司不正当竞争纠纷案[6]中，江苏省高级人民法院进一步直接点明了对第25条的扩张理解：“《民诉法解释》第25条中的‘信息网络侵权行为’，并非特指侵犯信息网络传播权的行为，而是指所有通过信息网络实施侵权的行为。本案涉及的是手机游戏，游戏开发者发布游戏、玩家下载游戏、玩家在玩游戏的过程中，都需使用信息网络，因此本案应该属于涉及信息网络侵权行为的案件。”

从上述裁判文书来看，对于《民诉法解释》第25条中的“信息网络侵权行为”，司法实践中形成了“限制”和“扩张”两种截然相反的看法。笔者认为，综合各方面因素，对两种认知取“中间说”或“有限扩张说”，即对信息网络侵权行为的认定不仅局限于侵害作品信息网络传播权或利用信息网络侵害人身权益两种行为，但仍严格限制信息在网络的传递本身即构成侵权的行为而非无限扩张，这样的理论更符合《民事诉讼法》的立法精神。一方面，“限制说”并无法条文本的逻辑支持，有关“信息网络侵权行为”的概念其实在当时的司法解释是首次出现，即便立法者本意为限制这两种行为，而从司法者角度，仍应从法条的文字本身出发加以适用，否则就偏离了成文法的基本原理。而在网络如此发达，信息网络侵权行为呈现普遍性、多样性的背景下，如果还机械地限制在参与立法者当时的一些观点，难免与现实有些脱离。另一方面，过于宽泛的“扩张说”有悖《民事诉讼法》的立法精神。《民事诉讼法》第2条规定了“保护当事人行使诉讼权利”及“保证人民法院查明事实，分清是非，正确适用法律，及时审理民事案件”的立法目的。民事诉讼呈现“等腰三角形结构”，这就要求在相关规定的理解与适用中必须兼顾双方当事人的权利平等和法院审判权运行的及时便宜。第25条作为管辖的特殊规则，若任意泛化其适用，则会打破法院司法管辖的生态，有违方便确定管辖和便利诉讼的立法目的，导致管辖权异议的滥用和诉讼拖延，在无形之中提升滥诉、恶意诉讼的概率。

综上所述，应对“信息网络侵权行为”的认定进行有限的扩张。本案中，广东省高级人民法院仅将被告某商行通过信息网络传播原告拥有著作权的商品图样、获取不当利益的许诺销售行为认定为“信息网络侵权行为”，并认定生产、销售被控侵权产品的行为并不涉及信息网络侵权，正确区分了著作权的权利客

---

6 江苏省高级人民法院民事裁定书，(2015)苏知民辖终字第00145号。

体与权利载体，与法条文本表述一致，亦契合《民事诉讼法》及司法解释的立法精神，符合理论体系与审判实践的需要。

二、如何确定信息网络侵权行为引发纠纷的司法管辖

诉讼管辖是各级法院之间以及同级法院之间受理第一审民事案件的职权范围和具体分工。作为民事诉讼案件进入法院后的起步环节之一，管辖不仅代表着程序正义的第一步，也代表着迈向实体正义的第一步。以民事诉讼立法为依据，学理上将司法管辖提炼出地域管辖、级别管辖、移送管辖和指定管辖四类。本案纠纷所涉及的管辖权规定主要为以下三点：

第一，《民诉法解释》第25条的信息网络侵权行为管辖规则。如前所述，在认定本案被诉侵权行为是否为“信息网络侵权行为”时，广东省高级人民法院对“部分侵权行为”和“全案纠纷性质”进行了区分，在“信息网络侵权行为”的认定上采有限扩张说，仅认定其中利用他人享有著作权的美术作品用于许诺销售行为，在客观上为侵权人带来潜在收益，同时可能误导消费者，这种信息的传播本身即可能构成侵权，故构成“信息网络侵权行为”，案涉生产、销售侵权产品的行为则不符合相关定义，符合相关司法解释的精神。

第二，《互联网法院规定》第2条的集中管辖规则。三大互联网法院相继设立后，最高人民法院于2018年颁布施行的《互联网法院规定》第2条明确了互联网法院管辖的11类案件范围，以实现“涉网案件专业审”的目标。其中，本案是否属于上述第5项“在互联网上侵害在线发表或者传播作品的著作权或者邻接权而产生的纠纷”引发了争议。海珠区人民法院认为本案指向的侵权行为主要是某商行将某公司享有著作权的美术作品用于网络销售的行为，该行为与信息网络传播关系紧密，具备信息网络传播侵权行为的显著特征，属于上述第5项纠纷，故应由广州互联网法院集中管辖本案。此种观点实际上是对互联网法院功能定位的误读。互联网法院的专业性取决于互联网纠纷的专门性，在判断具体案件纠纷是否应属互联网法院集中管辖时，应从程序和实体两方面进行实质探究：一方面，互联网法院以在线诉讼为一般原则，这便对案件与互联网法院诉讼模式的适配程度提出了要求，即法律关系和证据材料复杂多样、线上线下高度交叉的案件不适宜纳入互联网法院管辖范围；另一方面，并非所有与互联网相关的案件均应由互联网法院管辖，案涉纠纷需与互联网具有实质关联性，才可凸显互联网法院的专业化、专门化定位。《互联网法院规定》规定的11类案件互联网特性突出，证据主要产生和储存于互联网，适宜在线审理，既方便诉讼,又有助于通过审判创制依法治网规则。在本案中,电商平台仅作为涉侵权产品流通的工具存在,并不会改变相应法律关系的定性,实际的生产、销售环节均发生在物理空间,故即使部分环节属于"信息网络侵权行为",本案也并不具备与互联网的实质关联性,广东省高级人民法院认定案涉纠纷并非《互联网法院规定》第 2 条第 5 项规定的互联网法院集中管辖之纠纷,属于对互联网法院功能定位及互联网纠纷专业性的正确认识。

第三,《民事诉讼法》第 29 条的侵权案件一般管辖规则。在明确认定"信息网络侵权行为"、厘清互联网法院案件管辖范围后,广东省高级人民法院以向侵权案件一般管辖规则的回归确定了本案的最终走向。《民事诉讼法》第 29 条规定:"因侵权行为提起的诉讼,由侵权行为地或者被告住所地人民法院管辖。"虽然本案仅有部分环节涉及信息网络传播侵权,并不属于互联网法院集中管辖的纠纷,但归根结底,被告的生产、许诺销售及销售行为属著作权侵权行为,本案为著作权侵权纠纷。《民事诉讼法》第 36 条规定:"两个以上人民法院都有管辖权的诉讼,原告可以向其中一个人民法院起诉;原告向两个以上有管辖权的人民法院起诉的,由最先立案的人民法院管辖。"在"侵权行为地"的认定经历一番峰回路转后,无论所谓的"信息网络侵权行为"是否存在于本案中,某公司起诉后最先立案的海珠区人民法院都具有管辖权。

在互联网、知识产权、案由多重因素叠加的管辖规则"剪不断,理还乱"之时,便更加考验人民法院抽丝剥茧的司法工作水平。在确定信息网络侵权行为引发纠纷的管辖时,需厘清案件本身的法律关系性质,全面把握相关法律及司法解释的立法精神,辩证对待涉网案件管辖确定的特殊性,避免由于法官认识的不准确,增加当事人依法维权的成本。

【相关法条】

《中华人民共和国民事诉讼法》(2017 年修正)第 28 条、第 35 条;

《最高人民法院关于适用〈中华人民共和国民事诉讼法〉的解释》第 25 条、第 35 条;

《最高人民法院关于互联网法院审理案件若干问题的规定》第 2 条。

《法治论坛》更改格式规范启事

《法治论坛》自2023年起出版方由中国法制出版社变更为法律出版社，文章格式规范有所变化，作者投稿时请留意使用新的格式规范。

一、稿件要求

1. 本出版物坚持正确的政治导向，秉承实用为先、学术为导的基本理念，坚持学术为实践服务，具有原创性、前沿性、创新性、实用性、独特性的突出风格，文章要求未在公开发行的刊物发表。一经采用，将向作者支付稿费。

2. 以学术质量过硬为采用标准，恪守法律专业规范，来稿须侧重应用型、问题导向型研究，以法律实践中的热点难点问题为切入点进行理论探讨，具有较高的决策参考价值。

3. 文章要求观点鲜明、逻辑缜密、论据充分、格式规范。字数不超过15,000字。非必要不使用图表，如使用图表，须为可在Word文档中编辑的格式。

4. 文章质量过硬的前提下优先选用独署文章。署名作者最多两位，超过3位一律不采用。

5. 投稿请用小程序，所有来稿请在正文末尾附上作者简介（包括法律职称、研究领域）、手机号码、通讯地址、邮政编码、电子邮箱，以便编辑及时联系作者退改稿件。

6. 提倡文责自负，反对抄袭剽窃。本出版物已获中国知网授权使用“学术不端文献检测系统”，重合率超过20%一律不予采用。

二、格式规范

1. 正文要有内容提要和关键词。内容提要言简意赅，字数300字以内，无须附英文摘要、关键词。

2. 注解采用脚注形式，并用横线与正文隔开；序号左顶格，以数字1、2、3……标示，全文连续编排。引用的专著、杂志的文章和网络文章均用书名号。例：

范愉：《纠纷解决的理论与实践》，清华大学出版社2007年版，第565页。

姜大伟：《离婚冷静期：由经验到逻辑——〈民法典〉第1077条评析》，载《华侨大学学报（哲学社会科学版）》2020年第4期。

引用期刊文章不需注明页码。援引自学位论文集的文章用书名号，学位论文集无须书名号，要有具体页码。引用学位论文集应当标明作者毕业的学术单位、年份和学位层级，例如：李小明：《准政府组织的行政法定位及其权利规制》，吉林大学2016年博士学位论文。

3. 法条使用阿拉伯数字表述，脚注法条也使用阿拉伯数字。

例：参见《中华人民共和国民法典》第1207条。

4. 不使用参考文献。如有参考文献，请转化为脚注再投稿。

5. 引用网站内容，请参照以下格式。

（1）引用网络文献脚注格式

将上传时间标注在网址之前，例：《将广州打造成为全球互联网仲裁首选地》，载法治网2022年3月3日，http://www.legaldaily.com.cn/Arbitration/content/content_8681827.htm。

若链接中已有具体时间，则网址前无须标注上传时间，例：新华社：《中国第38次南极科学考察圆满收官》，载中华人民共和国中央人民政府官网，http://www.gov.cn/xinwen/2022-04/26/content_5687388.htm#1。

（2）引用微信公众号文章同（1）

例：刘松山：《失信惩戒立法的三大问题》，载微信公众号"中国法律评论"2019年11月19日，http://mp.weixin.qq.com/s/wA3Jj923WNctVATeSKIhCw。

6. 引用报纸要注明版面。例：胡云腾：《聚焦〈刑法修正案（十一）〉草案》，载《法制日报》2020年7月22日，第9版。

7. 英文译著、期刊文献格式：

M. Polo, *The Travels of Marco Polo*, trans. by William Marsde, Hertfordshire, Cumberland House, 1997, p. 56-57.（译者姓名放在文献名之前）

Charles A. Reich, *The New Property*, 73 Vale Law Journal 733 (1964).（文章名用斜体，期刊名用正体，不缩写，期刊卷数和文章首页页码分别标注在期刊名前后，出版年份括注于后）

8.裁判文书格式：

审判法院用全名，标明文书性质，法院数字代码开头的“0”不能省略。例：北京市海淀区人民法院民事判决书，(2018)京0108号民初142号。

《法治论坛》自2017年1月起入选南京大学CSSCI集刊目录，2023年被中国社会科学评价研究院评定为“中国人文社会科学集刊AMI综合评价”入库集刊。文章刊出同步被中国知网(www.cnki.net)署名转载，如不同意转载，请在投稿时作出声明。

编辑部地址：广州市越秀区小北路113号8楼广州市法学会。邮编：510046。

投稿方式：微信小程序搜索“广州市法学会”，进入后点击“我的”，选择“微信登录”。进入主页点击《法治论坛》—我的文章—我要投稿。审核进度将以短信告知。

特别提醒：本出版物不收版面费及其他任何费用。任何个人或机构向作者索要版面费或其他费用的行为均为诈骗。

编辑部版权声明